罗马法教科书

（2017年校订版）

ISTITUZIONI DI DIRITTO ROMANO

〔意〕彼德罗·彭梵得◎著　　黄风◎译

中国政法大学出版社

2018·北京

声　明
1. 版权所有，侵权必究。
2. 如有缺页、倒装问题，由出版社负责退换。

图书在版编目（CIP）数据

罗马法教科书：2017年校订版/（意）彼德罗·彭梵得著；黄风译. —北京：中国政法大学出版社，2017.10
ISBN 978-7-5620-7809-8

Ⅰ.①罗… Ⅱ.①彼… ②黄… Ⅲ.①罗马法－教材 Ⅳ.①D904.1

中国版本图书馆CIP数据核字(2017)第258785号

出 版 者	中国政法大学出版社
地　　址	北京市海淀区西土城路25号
邮寄地址	北京100088信箱8034分箱　邮编100088
网　　址	http://www.cuplpress.com（网络实名：中国政法大学出版社）
电　　话	010-58908437(编辑室) 58908334(邮购部)
承　　印	北京华联印刷有限公司
开　　本	720mm×960mm　1/16
印　　张	31.25
字　　数	530千字
版　　次	2018年1月第1版
印　　次	2018年1月第1次印刷
定　　价	89.00元

2017年校订版说明

彭梵得教授的《罗马法教科书》中译本出版发行已逾25年，这部融教科书与学术专著于一体的作品颇受中国读者的欢迎和青睐，在出版后相当长的一个时期，曾成为我国民商法研究和法律史研究领域被引用较多的外国学术著作。这本书的2005修订版早已脱销。在中国政法大学出版社朋友的支持下，从2017年1月到5月，我坚持每天抽出一段时间对该书中译文进行再次校订。每天所用的时间虽短，却令本人重新领略着二十几年前的罗马法研习状态，沉浸在公平与正义艺术的沐浴之中。

这次对《罗马法教科书》中译文的校订主要是文字上的勘正，纠正了先前版本中的一些文字错误。考虑到目前出版技术的发展，新的校订版恢复了原中译文中一些曾经因排版技术问题而被删略的希腊文术语及相关语句。从一定意义上讲，本书对罗马法术语的迻译是一群中国、意大利学术合作伙伴们年复一年共同努力的结晶，虽然目前国内也存在着某些不同的译法，但这里的术语译法基本上得到了学术界的认可。这次的校订没有对术语译法做大的改动，译者依然本着科学与开放的精神欢迎各位专家提出修正意见，希望罗马法术语的中文迻译日臻准确、规范，并且更易为中国学者所理解和使用。

每次完成对译文的校订，译者都会因剔除其中被发现的讹误而顿感舒心；不过，面临读者和行家对新译文随之而来的品鉴和评判，又会萌生一种新的紧张。学术翻译本该如此。

黄风
2017年11月26日
于太仆寺街

修订版说明

《罗马法教科书》中译本于1992年首次出版后，曾经数次再版。1996年再版时，译者对译文做过校订。现在，译者再次结合原文对中译文进行了一次审校，修正了其中的一些错误，调整了某些译法；特别是参考译者后来编著的《罗马法词典》和《罗马私法导论》，对有关的术语和名词进行了校订，尽量使其统一和规范。

借此修订版付梓之际，再次对中国政法大学出版社对罗马法翻译与研究项目所给予的重视和支持表示由衷的感谢！

黄　风

2005年5月16日

于太仆寺街再版说明

再版说明

借本书再版之机,译者对第一版中出现的一些翻译和校印方面的错误进行了修正。翻译盖尤斯《法学阶梯》的工作使译者加深或者澄清了对某些罗马法术语和概念的理解,在对《罗马法教科书》译文的订正中,译者力求反映自己上述学术认识的提高,并尽量使有关术语的译法统一起来。译者还特别感谢丁玫、徐国栋、张礼洪、阿尔多·贝杜奇这些真诚的学友,他(她)们在认真研读原文时仔细指出了译文中的错漏和疑点,给予译者以很大的帮助。

新版的《罗马法教科书》增加了一份详细的中外文对照索引,这不仅将大大方便读者查阅所感兴趣的议题和相关论述,也特别有助于对罗马法术语的比较研究,能使本书的学术价值得到更充分的体现。

黄 风
1996 年 5 月 15 日
于比什凯克

前　言

彼得罗·彭梵得（Pietro Bonfante）是20世纪前半叶意大利和欧洲最伟大的罗马法学家之一。他生于1864年，卒于1932年。他曾就学于罗马大学法学院并在数所意大利大学（卡麦里诺大学、玛切拉塔大学、墨西拿大学、帕尔马大学、都灵大学、巴维亚大学）任教，后来又在罗马大学教学多年。他也是意大利民法典修改委员会的成员之一，这部经修订的《民法典》于1942年颁布。

彭梵得的学术成果颇为丰硕，最近，他的具有永恒价值的6卷本《罗马法教程》又被米兰的鸠弗雷（Giuffre）出版社再版。他还著有《所有权》（上下册），552页；《物权》，516页；《债》，500页；《继承》（总论），566页。他的被再版的著作还有：《罗马法史》，第一卷512页，第二卷342页；《贸易史教程》和《罗马法教科书》。

彭梵得的著作汲取了19世纪德国学说汇纂派的研究成果，他对该学派有着深刻的了解，曾把该学派的一些著作译成意大利文并加以注释，这些注释为正本清源做出了贡献（为Federico Glück的《学说汇纂注释》和B. Windscheid的《学说汇纂法》所加的注释极为重要）。彭梵得的著作还接受了社会学、民族学和经济学的一些学术观点（他本人还翻译过H. Post的《民族法学》和A. Schaube的《地中海拉丁民族贸易史》等著作）。

彭梵得的作品超越了学说汇纂派在罗马法研究领域所取得的成果。他的成就体现在两个方面。

他注重对各种法学教条进行历史的分析，注重将政治形式和社会形式的变化同各种制度的历史变化联系起来，同这些制度在古代和当代实践中的差别联系起来。他的观点体现着从"有机的"全局角度对罗马法律制度发展的研究,体现着对该制度同社会——历史现实的交错关系的研究。对于他来说,这一方面意味着采用自然科学的实证主义科学模式,另一方面意味着以对社会和法的密切关系的准确反映为基础。因而,他竭力克服使法学脱离于社会的形式主义,但同时又不降低对法学特有的技术成分的注意,不降低对各种法律概念、原则、制度和规范特有的内在联系和逻辑的注意。

他还努力克服19世纪的许多学者将私法孤立化的倾向,注重再现法学本身所具有的统一性,也就是说,把罗马民族在组织、民众大会、政府以及僧侣团体方面的制度,同公民个人在生活、家庭组织以及家庭间关系方面的制度统一起来。

除上述方法论上的贡献以外,彭梵得的科学成就在许多具体问题上意义重大,其中应当特别指出的是他对罗马家庭和"家父"权力的"政治特点"的洞察。在19世纪的研究中,随着"私法"与"公法"的分裂,随着将民法归纳为私法的倾向的出现,人们不再注视家庭的"政治特点"。但是,彭梵得指出:每个家庭的习惯都调整着它的内部生活,这种家庭生活不是由家父所任意支配的;相对于家庭的外部关系,家父则将一切家庭利益集于己身,从而表现为家庭"自主的"统治者,就像"政治实体"的君主一样,在罗马城邦建立前的社会中,家父同其他家庭发生关系。后来家父以这种身份组成罗马城邦共同体,因而家父们的自主性导致罗马城邦的自主性。彭梵得观点的合理性颇为重要,它有助于人们理解为什么在罗马法中"支配权(potestas)"这个词是指家父的自主性和权力(Patria potestas)和罗马共同体的权力(potestas populi);它揭示了这一原理:个人是共同体的组成部分,个人的地位在于参与共同体的自主权。彭梵得的洞察力表现为:他注意到家庭的"政治性"以及家父的支配权不仅反映着罗马城邦建立以前的原始状况,而且也表现着在整个罗马法的发展进程中市民地位及其"自主性"的现实状况,即便是当市民地位被授予所有人之时。对于罗马法来说,这种自主性在结构上具有"民法的（civile）"和"政治的"意义，即便它带有所谓的"私的"色彩，因而，这种自主性总是注重个人的利益和罗马人民共同体的利益。

彭梵得的《罗马法教科书》是一部为大学生撰写的教材。它是这个领域的一部经典著作。它体现着作者上述的方法论观点，虽然它并不包括有关公法制度的论述，作者在《罗马法史》中作了这方面的论述。它简洁地汇集了对罗马法极其广泛的考察的成果，创造了一种新型的作品，把系统的学理方面的论述同前所未有的、深刻的历史叙述结合起来。后来的大量教科书有时对在学者中有争议的这样或那样的具体问题提出新见解；有时进行一些更为宽泛的、因而对学生帮助不大的论述；但是无论在怎样的情况中，它们都没有超越彭梵得著作的模式。有时候，后来的教科书在一些方面重新描述早期罗马法、古典罗马法和优士丁尼罗马法[1]，它们运用历史学家们的研究成果，然而，这并未抹杀罗马法的总体形象。

翻译彭梵得的《罗马法教科书》是由我本人倡议的，这是为了用一部意大利和欧洲罗马法学家的经典著作配合其他翻译工作的开展。我想：这部著作将同中国同事的其他论著一起，帮助人们了解罗马法的主要制度，它对于中国的罗马法学者、民法学者和其他法律工作者，尤其对于青年学生和法学爱好者将有所裨益。

在阅读彭梵得的《罗马法教科书》时应当结合参阅《民法大全选择》[2]和优士丁尼的《法学阶梯》[3]，从那里人们可以为

---

[1] 这后一类著作有 M. Kaser《罗马私法》（两卷本），慕尼黑 1971—1975 年版；G. Pugliese 等合著《罗马法教科书》，都灵，1991 年版；F. Serrao《罗马历史中的私法，经济和社会》，那波里，1984 年版（尚未出齐）。

[2] 中国政法大学出版社现已出版了该丛书的以下各册：Ⅰ.1.《正义和法》，黄风译；Ⅰ.4. A.《司法管辖权审判诉讼》，黄风译；Ⅳ.1.《债契约之债》，丁玫译；Ⅳ.2. A《债私犯之债阿奎利亚法》，米健译。

[3]《法学总论——法学阶梯》，张企泰译，商务印书馆 1989 年版。

更深入的研究找到原始文献[1]。这种更深入的研究可以具有双重的目的：一方面可以侧重于介绍古代罗马法，介绍对它的各种解释以及罗马法在其他国家的发展；另一方面可以将罗马法同中国法的伟大传统加以比较和沟通，为现时法的发展和完善提供有益的材料。

根据目前正在实施的翻译计划，深入研究罗马法学者所讨论的各种问题以及不同时代的各种观点，对于科学研究也具有重要意义，翻译有关的专题论文集将有助于更好地实现这一目的。此外，我们还计划翻译一部关于罗马法历史的著作，它将使人更完整地了解罗马共同体制度的发展。

本书的翻译工作是由黄风博士根据中国政法大学（罗马法研究中心）同意大利"罗马法传播研究组（Gruppo di ricerca sulla diffusione del diritto romano）"和罗马第二大学"法的历史和理论部"罗马法教研室达成的协议完成的。本协议得到意大利"国家科研委员会"的支持。全书的出版也得到该委员会的支持。

桑德罗·斯奇巴尼[2]
1992年5月23日写于
罗马——北京

---

[1] 在罗马法文献和论著中，"D."代表《学说汇纂》（Digesta），"C."代表优士丁尼《法典》（Codex），"J."代表《优士丁尼法学阶梯》（Justiniani Institutiones），后面的数码依序代表编、章、条、款的编号，"pr."代表头段（Principium）。

[2] 桑德罗·斯奇巴尼（Sandro Schipani），意大利罗马大学和萨萨里大学罗马法教授，"罗马法传播研究组"成员。

目录 CONTENTS

前　言 | 001

引　言

§1. 罗马法 | 001

§2. 法的概念和罗马观念 | 003

§3. 法的沿革和罗马法的发展阶段 | 005

§4. 公法和私法　命令性规范或绝对规范和任择性规范或补充规范 | 007

§5. 个别法或特殊法和共同法或一般法特权 | 009

§6. 自然法、万民法和市民法 | 010

§7. 法的渊源 | 013

§8. 法的解释 | 015

§9. 私法的议题及其各个部分　主观法 | 018

§10. 罗马法学的系统方法 | 020

总　论

Ⅰ. 权利主体或权利能力

§11. 权利主体总论 | 025

§12. 权利能力的要件——Ⅰ. 人的存在 | 026

§ 13. 权利能力的要件——Ⅱ. 自由身份　自由人和奴隶 | 027

§ 14. 取得自由地位的方式 | 029

§ 15. 权利能力的要件——Ⅲ. 市民身份 | 033

§ 16. 权利能力的灭失 | 034

§ 17. 变更权利能力的条件 | 036

§ 18. 法人 | 042

§ 19. 团体（Universitates personarum） | 042

§ 20. 基金会、国库和尚未继承的遗产 | 044

§ 21. 法人的消灭 | 045

Ⅱ. 权利的取得与丧失

§ 22. 法律事实　继承 | 046

§ 23. 法律事实的分类 | 047

§ 24. 适法行为　意思的要件 | 048

§ 25. 通过他人表示意思和意思代理 | 050

§ 26. 对适法行为后果的自愿限制　条件、负担和期限 | 051

§ 27. 适法行为的原因 | 054

§ 28. 适法行为的种类 | 055

§ 29. 适法行为的无效　意思瑕疵概述 | 056

§ 30. 意思瑕疵　障碍性错误 | 057

§ 31. 诈欺 | 059

§ 32. 胁迫 | 061

§ 33. 对无效性的补救 | 062

§ 34. 非法行为 | 063

§ 35. 非法行为的后果：赔偿损失 | 065

§ 36. 时间 | 066

§ 37. 错误 | 067

Ⅲ. 权利保护

§38. 诉讼 | 070

§39. 诉讼的不同种类 | 071

§40. 罗马民事诉讼程序的一般沿革 | 076

§41. 诉讼起始和争讼程序 | 080

§42. 辩护和抗辩　证据 | 082

§43. 判决和执行程序 | 084

§44. 非常程序　令状和恢复原状 | 086

§45. 诉讼的消灭 | 087

分　论

家庭法

§46. 家庭关系的性质和基本制度 | 093

Ⅰ. 罗马家庭

§47. 罗马家庭的实质和历史起源 | 094

§48. 罗马家庭对家子的接纳——Ⅰ. 遵从"父权" | 097

§49. 罗马家庭对家子的接纳——Ⅱ. 归顺"夫权" | 099

§50. 家子脱离罗马家庭　最小人格减等 | 101

§51. 家父 | 103

§52. 父权和对人的权力 | 104

§53. 父权和财产方面的权力　特有产 | 107

§54. 对奴隶的支配权 | 110

§55. 受役状态 | 112

§56. 他权人的债 | 113

Ⅱ. 家社会或自然家庭

§57. 自然家庭的实质 ┃ 116

§58. 婚姻 ┃ 117

§59. 婚姻的要件和障碍 ┃ 119

§60. 婚姻的效力 ┃ 121

§61. 婚姻的解除　离婚 ┃ 122

§62. 订婚 ┃ 126

§63. 姘合 ┃ 127

§64. 父母与子女的关系 ┃ 129

§65. 嫁资的概念及其历史发展 ┃ 131

§66. 嫁资的设立 ┃ 132

§67. 婚姻存续期间的嫁资 ┃ 133

§68. 退还嫁资　有关诉讼和保障 ┃ 134

§69. 结婚赠与 ┃ 138

Ⅲ. 监护和保佐

§70. 监护和保佐的实质及其历史起源 ┃ 140

§71. 妇女监护 ┃ 141

§72. 未适婚人监护　监护人的权力和监护的种类 ┃ 143

§73. 未适婚人监护的承担、能力、豁免和期限 ┃ 145

§74. 监护人与受监护人间的法律关系 ┃ 147

§75. 对精神病人、浪费人和未成年人的保佐 ┃ 149

物　法

§76. 一般概念 ┃ 151

Ⅰ. 物

§77. 物及其分类　交易物和非交易物 ┃ 153

§78. 可替代物和不可替代物，消耗物和非消耗物，可分物和不可分物，主物和从物 | 155

§79. 要式物和略式物　不动物和可动物 | 157

II. 所有权

§80. 所有权的概念 | 160

§81. 所有权的取得方式 | 163

§82. 原始取得方式　先占和取得埋藏物 | 164

§83. 添附 | 166

§84. 加工 | 169

§85. 混合与混杂 | 171

§86. 对孳息的原始取得 | 171

§87. 取得的传来方式　让渡 | 172

§88. 要式买卖和拟诉弃权　善意拥有 | 175

§89. 取得的其他传来方式 | 177

§90. 时效取得和长期取得时效的概念及其历史沿革 | 178

§91. 优士丁尼法中的时效取得和取得时效 | 181

§92. 所有权的丧失 | 185

§93. 要求返还所有物之诉 | 186

§94. 排除妨害之诉 | 188

§95. 共同所有权或共有 | 189

§96. 基于相邻关系的责任和诉讼 | 192

§97. 对所有权的限制 | 196

§98. 有关相邻关系的一般限制 | 200

§99. 善意占有和善意占有诉讼 | 203

III. 役权

§100. 一般概念 | 205

§101. 地役权 | 206

§102. 各种地役权 | 207

§103. 人役权 | 209

§104. 用益权和准用益权 | 210

§105. 使用权、居住权和对奴隶和牲畜的劳作权 | 211

§106. 役权的设立 | 212

§107. 役权的消灭 | 214

§108. 确认役权之诉 | 215

IV. 永佃权和地上权

§109. 关于永佃权和地上权的历史概述 | 216

§110. 优士丁尼法中的永佃权 | 218

§111. 优士丁尼法中的地上权 | 219

V. 占有和准占有

§112. 占有的概念及其要件 | 221

§113. 各种占有 | 223

§114. 占有的取得和丧失 | 224

§115. 占有诉讼 | 227

§116. 权利的占有或准占有 | 229

债 法

§117. 一般概念 | 232

债法总论

I. 债的标的

§118. 标的种类和要件 | 235

§119. 种类之债和选择之债 | 236

§120. 可分之债和不可分之债 | 238

Ⅱ. 债的主体

§ 121. 同可变主体的债 | 240

§ 122. 份额之债和连带之债或共有之债 | 240

Ⅲ. 债的效力

§ 123. 市民法债和裁判官法债 | 245

§ 124. 市民法债和自然债 纯自然债 | 245

§ 125. 非纯正的自然债 | 249

Ⅳ. 债的渊源

§ 126. 债的渊源或债因的概念和分类 | 251

§ 127. 契约 | 252

§ 128. 契约中的代理和为第三人达成的契约 | 254

Ⅴ. 债的转移

§ 129. 转移的起源和性质 | 258

§ 130. 转移的原因、限度和效力 | 259

Ⅵ. 债的消灭

§ 131. 一般概念 | 261

§ 132. 履行或清偿 | 262

§ 133. 清偿的效力和替换 | 264

§ 134. 债的更新 | 265

§ 135. 正式免除和其他当然消灭的原因 | 266

§ 136. 抵销和因抗辩消灭的原因 | 267

Ⅶ. 债的变更

§ 137. 一般概念 | 269

§ 138. 迟延 | 270

§ 139. 看管的责任 意外事件 | 271

§140. 对于追夺和暗藏瑕疵的责任 | 272

§141. 支付利息的义务 | 273

VIII. 债的担保

§142. 一般概念 | 275

§143. 定金，违约金协议，宣誓和债务协议 | 275

§144. 一般的债务承保 | 276

§145. 偿还保证 | 277

§146. 关于他人债务的协议和特定委托 | 278

§147. 实物担保　概念及其历史发展 | 279

§148. 质押和抵押　本质、条件、标的 | 281

§149. 质押和抵押的设立 | 283

§150. 质押债权人的权利 | 284

§151. 抵押之诉和质押或抵押的消灭 | 285

债法分论

I. 允诺

§152. 允诺 | 287

II. 口头契约

§153. 债务口约，誓言，嫁资口约 | 289

§154. 要式口约 | 290

III. 文字契约

§155. 债权誊账 | 294

§156. 约据和亲笔字据　新的文字债 | 295

IV. 实物契约

§157. 信托 | 296

§158. 消费借贷 | 297

§159. 使用借贷 | 300

§160. 寄托 | 301

§161. 质押 | 302

V. 合意契约

§162. 买卖 | 304

§163. 租赁 | 308

§164. 合伙 | 310

§165. 委托 | 312

VI. 无名契约

§166. 无名契约的性质和起源 | 315

§167. 主要的无名契约 | 317

VII. 简约和协议

§168. 无形式简约和附加简约 | 321

§169. 裁判官法的正当协议 | 323

VIII. 准契约

§170. 无因管理以及类似之债 | 325

§171. 不当得利 | 327

§172. 共有 | 328

IX. 非法行为和狭义的法律行为

§173. 私犯及其个人后果 | 329

§174. 盗窃和抢劫 | 330

§175. 契约外损害和侵辱 | 331

§176. 准私犯 | 332

§177. 其他非法行为 | 333

§ 178. 对债权人的欺诈和保利安之诉 | 334

§ 179. 出示义务 航海者之间分担损失 | 335

取得的一般原因和方式

赠与和生者间概括继承

Ⅰ. 赠与

§ 180. 赠与的概念 | 337

§ 181. 赠与的限度和特定形式 | 338

§ 182. 特殊赠与 | 340

§ 183. 对赠与的撤销 | 340

Ⅱ. 生者间概括继承

§ 184. 概括继承的概念和生者间概括继承的种类 | 342

§ 185. 生者间概括继承的效力 | 343

死因概括继承或遗产继承

Ⅰ. 一般原则

§ 186. 罗马遗产继承的一般概念和起源 | 345

§ 187. 遗产继承的标的、效力和性质 | 347

§ 188. 遗产继承的要件 | 351

§ 189. 直接取得和接受继承 未继承的遗产 | 353

§ 190. 遗嘱继承与无遗嘱继承的关系 | 355

§ 191. 继承指命中的接替和继承转移 | 356

§ 192. 增添权 | 358

§ 193. 弃权照顾、分离照顾和财产清单照顾 | 359

§ 194. 遗产占有 | 362

§ 195. 遗产继承和遗产占有的关系以及两种制度的趋同 | 364

§ 196. 要求继承之诉 | 365

§197. 获得占有令状 | 367

§198. 共同继承人间的关系和遗产分割之诉 | 368

§199. 遗产的转让 | 369

Ⅱ. 遗嘱继承

§200. 遗嘱 | 370

§201. 遗嘱能力和遗嘱继承能力 | 372

§202. 优士丁尼法以前的遗嘱形式 | 375

§203. 新法中的遗嘱形式 | 377

§204. 设立继承人的形式和要件 | 378

§205. 各种各样的设立 | 379

§206. 设立特定物继承人 | 381

§207. 设立继承人的方式 | 384

§208. 继承替补 | 385

§209. 遗嘱的无效 | 388

Ⅲ. 无遗嘱继承或法定继承

§210. 一般概念 | 391

§211. 依据早期市民法的无遗嘱继承 | 392

§212. 依据裁判官法的无遗嘱继承 | 394

§213. 以后的发展 德尔图里安和奥尔菲梯安元老院决议以及希腊—罗马时期的改革 | 396

§214. 《新律》118 和 127 | 397

§215. 财产合算 | 399

Ⅳ. 违反遗嘱的法定继承

§216. 一般概念 | 401

§217. 形式的法定继承 | 401

§218. 实际的法定继承和法定继承份额制度 | 403

§219. 《新律》115 | 406

V. 遗赠和遗产信托

§220. 遗赠的概念和历史 | 407

§221. 遗产信托和遗嘱附书的概念和历史 | 409

§222. 优士丁尼法中的遗赠和遗产信托 | 411

§223. 遗赠的取得 | 413

§224. 共同受遗赠人之间的合并和增添权 | 414

§225. 受遗赠人的诉权和保障 | 416

§226. 削减遗赠"法尔其第法的四分之一" | 417

§227. 遗赠的无效 | 419

§228. 先取遗赠 | 420

§229. 概括的遗产信托 | 422

§230. 遗产信托受益人的替换和家庭遗产信托 | 425

VII. 各种死因取得

§231. 死因赠与 | 426

§232. 死因得利 | 427

§233. 国库继承 | 427

索　引 | 428
译后记 | 470

引　言

§1. 罗马法

本教科书研究的基本对象是**优士丁尼**[1]**罗马法**，即由东罗马皇帝优士丁尼于公元6世纪编纂的罗马法律和学说，包括该皇帝自己的立法。

优士丁尼罗马法包括以下四个汇编：《**学说汇纂**》（Digesta 或 Pandectae）、《**法学阶梯**》（Institutiones）、《**优士丁尼法典**》（Codex Iustinianus）和《**新律**》（Novellae）。

《学说汇纂》是法学理论的汇编。它由一系列摘自罗马主要法学家著作的片段汇集而成，划分为50编，除三编以外，每编又划分为各带标题的章。选入各章的片段都注明了作者的姓名和作品的出处。《学说汇纂》于公元530年12月15日决定编纂，533年12月16日公布，533年12月30日生效。

《优士丁尼法典》是法律和谕令的汇编，分为12编，每一编又分为若干章。第一部《法典》于公元528年2月13日下令编纂，529年4月7日公布，同月16日生效。该法典的第二版（Codex repetitae praelectionis）于534年11月16日公布，同年12月29日生效。其中包含新的法律以及优士丁尼在编纂过程中对过去争议所做的裁断。

---

[1] Iustinianus，中文又译作"查士丁尼"。从语音的角度，译者认为"优士丁尼"这一音译名比较贴切。——译者注

《法学阶梯》[1]是皇帝为便于青年们学习法律而向他们列举他的基本法律原则的作品。它也是对罗马法学家的同类著作的单纯汇纂，主要是生活在安东尼时代的盖尤斯的同名著作《法学阶梯》。它分为4编和若干章，但未指出文献出处。编纂者在其中介绍了优士丁尼所做的变更，并且常常先介绍一下法的先期状况和发展。《法学阶梯》是在编纂《学说汇纂》过程中决定编辑的，于公元533年11月21日公布，533年12月30日与《学说汇纂》一起生效。

《新律》是在结束上述编纂工作后由优士丁尼又逐渐颁布的谕令（从公元535年至565年）。优士丁尼的上述三部分汇编在总体上被视为同一天颁布的统一法典，而《新律》则不仅变通规定在这三部分中的法律原则，而且较新的新律可以给予较旧的新律以变通。

人们通常用来统称优士丁尼法律汇编的术语是**《民法大全》**（Corpus iuris civilis）。作为立法者在优士丁尼的立法工程中起主导作用的人是他的大臣特里波尼安（Tribonianus）。

需要注意的是，在将法学著作和谕令的片段收入优士丁尼立法时并非未做改动。皇帝意图汇编一部对于自己的时代实用的法典；因此，他不仅授予编纂者以变通权，而且明确地命令他们筛选和节略原始文献并通过增补或替换加以变更。这样的改动有些是相当厉害的，以致使整个片段都变成了编纂者的作品，它们被称为"特里波尼安的标记"或者被更通俗地称为"添加"。很多更新和改革就是以此方式由编纂者引入的。有些添加是为了使古典法学家的文风适应于优士丁尼时代，有些则是为了使学者们更加明了立法思想。撇开这些形式上的添加不谈，大部分添加是出自这样的意图：使法学家的作品和谕令与在优士丁尼前已更新的或由优士丁尼本人所更新的法相协调一致。这种添加在《学说汇纂》中比在《法典》中更为必要，因为《学说汇纂》的片段一般摘选自古典法学著作，它们的昌盛期是帝国的前二百年，也就是说，至少先于优士丁尼时代三个世纪，而且是一个相当不同的时期；而谕令则主要是在帝国的后几个世纪和新的时期发布的。同我们偶然掌握的那些保持着原始面目或近似原始面目的文献（主要是盖尤斯的《法学阶梯》、保罗的《判决》、乌尔比安的《规则》、梵蒂冈的片段和《狄奥多西法典》）的

---

［1］ Institutiones，中文也译作《法学总论》，如商务印书馆的张企泰译本。——译者

对照，原则和文风同古典法学家所处年代的不相容，同新法原则和编纂者们的文风的相吻合，文献各部分之间逻辑上的不协调，影响了论理的逻辑特点的强硬结论，被选择的片段与原著的相同议题顺序，以及佛罗伦汀（Fiorentina）文本（最早的《学说汇纂》文本）中的大量错误和本身的自相矛盾，这些都帮助我们准确地或有相当把握地识别出这些添加，对于其中最为重要的内容，我们将慢慢予以指出。

从中世纪到文艺复兴时期，由于波伦亚学派法学家的活动以及大量历史原因和社会原因的影响，优士丁尼的罗马法逐渐变成了所有拉丁民族和日耳曼民族的共同法。从18世纪中叶开始，它让位于一些民法典，并且在这些民法典的制定中发挥了重要作用。直到1900年，优士丁尼罗马法在经过教会法、习惯、神圣罗马帝国的法律和新德意志帝国的法律的修改之后，仍在一些尚未颁布民法典的日耳曼国家有效；在德国，它叫作"学说汇纂法"，并作为"德意志普通法"的主要部分。随着适用于日耳曼帝国的民法典于1896年颁布并于1900年生效，罗马法失去了最后一块显要的领地。

今天，罗马法真正的不朽价值在于在解释新法典方面仍具有的重要意义，在于罗马法学家技艺的完美无瑕，在于它是惟一能让人追溯其一千多年的历史发展并为我们研究法律沿革的有机规律提供了最佳园地的法学。

在罗马法教学中，分别设有预备课程——法学总论，和更为广泛的课程——学说注释。这个区别起源于优士丁尼，这位皇帝提出了《法学阶梯》的目的[1]。这两门课程也具有不同的特点，前者具有教义性和综合性，后者则具有批判性和分析性。

§2. 法的概念和罗马观念

（参考：J.1, 1, 1; D.1, 1)

法是人在社会生活中的行为规范，即在一定范围内为维护所有人的利益而对个人行为规定限度的规范。法不是惟一的社会规范，它的目的

---

[1] 参见J.1, 1, 2。

和实质并不有别于其他规范，无论是那些真正意义上的道德、名誉、习俗，还是共处规范等等。但是，它是最重要的社会规范，在一定历史时期中，它以**强制力**而显著地区别于其他规范。因为国家强求对它的遵守并负责对它的保护。

法的技术性称谓，从外部的和实在的意义上（即作为必须实施并希望得到遵守的规范），在罗马人中叫作 ius，这是个词源含混的词。

ius civile 是所有市民的法，无需任何定语，是指罗马民众的法，因为 civitas（城邦）这个名词被罗马人理解为有秩序的民众共同体。而 iustus（正义）则是对合乎实在法的关系和行为（即合法的、法定的、正当的关系和行为）的称呼。

为了从内在的和目的的意义上，即从法的宗旨和实质上表述法，罗马人使用 aequitas（公正）这个词。这个词则有着确定的和似乎明显的词源，它产生于一个含有"统一""平等"意思的词根，它生动地体现着法的宣告性原则，即：为单个人的活动确定条件和限度，在人民意识中，考虑到每个人的理由以及与联合体的其他人的关系，这些条件和限度对于每个人都是平等的。

但是，有时候某些法律规范已经过时或者在某种方式上不再适合于一定的社会环境，或者有时候立法者采用的方式不完善，因而并非一切法的规范均与法的目的相吻合或者并不是永恒地与之相吻合，所以，经常出现 ius（法）或 iustum（正义）同 aequum（公正）之间的矛盾。

在我们的术语中，没有一个同罗马词 aequitas 相对应的词，含有较为理想和充实概念的词是"正义"和"公正的"，这两个词在我们这里不再单纯表示合法性。

然而，在优士丁尼的谕令和编纂者作了添加的法学家著作中，aequitas 和 aequus 有了温和、宽让的含义，尤其当涉及审判员所欣赏的情形时，类似于希腊文ἐπιείκεια，这个希腊词与罗马词 aequitas 没有任何语言学和实质内容的联系，后者的词义也是严格的；由于后来文献的影响，有了现代的公平含义。

既然古代概念同现代概念之间存在着矛盾，把原始文献中的 aequum 和 aequitas 笼统地译成"公平的"和"公平"，这纯属误解，它给论理造成了影响。

外部强制力是国家从法中所借用的最有效的形象，但是，自动实现法的原则，即在不考虑外部强制力的情况下自动实现法的各项原则这一主观美德，也同法相符合，就像同道德和其他行为规范相符合一样。在这个意义上，人们使用 iustitia 这个词，它恰恰被优士丁尼皇帝用乌尔比安的话定义为"给每个人以稳定和永恒权利的意志（constans et perpetua voluntas ius suum cuique tribuendi）"。

乌尔比安也提出了法的准则，优士丁尼皇帝将其表述为："法的准则是，诚实生活，不犯他人，各得其所"。这些准则是那些在各自领域都具有相同内容的其他各类规范所共有的。但是，毫无疑问，这些准则在最重要和最权威的社会规范中是突出的。

法律科学，ars iuris（法的艺术）或 iurisprudentia（法学），或简单地说 ius（法），被杰尔苏定义为"善良和公正的技艺（ars boni et aequi）"[1]；这从整个外延上表述了法学的概念，即不是把法学的任务限定在对实在法的解释上。另外，罗马法学家不仅在理论上而且在实践上参与了法的沿革进程，因为，他们的解释在一定程度上超越了真正解释的限度，并且创造着新法。

§3. 法的沿革和罗马法的发展阶段

（参考：D.1, 2）

法同各民族生活的其他表现如艺术、习俗、文学一样，是社会意识的产物，因而在不同的时代有不同的表现，随着需求、感情和文明的变化和日臻细腻，而在各民族间互不相同。这是法发展的原则。

从19世纪开始，这一发展原则被应用于科学，并促进了一系列科学的更新和创立，如地质学、生物学、语言学、心理学等等。斯宾塞把它作为哲学概念用来对宇宙作出普遍的解释。但是，这一原则的最先应用是在法学领域，在那里，提出上述观念的先驱是 G. B. 维科，它的倡导者是19世纪前半叶出现在德国的历史学派法学家，其主要代表是萨维尼（Savigny）。

现在，罗马法是惟一能追溯其一千多年的、跨越人类历史最壮观和

---

[1] 参见 D.1, 1, 1pr.。

最关键时期之发展进程的法。

在这一漫长的时期中,两个重大危机标志着社会最深刻的革命,第一次危机继阿尼巴利战争(公元前218年—公元前200年)而发生,当时粗鲁的拉齐奥农耕者在60年的时间中变成了古代世界的主人和最昌盛文明的继承人;第二个危机继亚历山大·塞维鲁(Alessandro Severo)死亡(公元235年)而出现,当时蛮族不断增长的力量和波斯人的新生势力打破了莱茵河、多瑙河和幼发拉底河的边界,虽然帝国复辟了,但罗马和意大利的霸主地位却消失了。

这两次大的危机划分出三个不同的法律体系,或者说三个时代,同时需注意的是:由于存在着使最陈旧的制度得以保存并延缓新萌芽发展的惰性,发展对于各种各样的制度来说并不平衡,因而,某一时代结束时法的状况并不反映同一法律体系的一切方面。

这三个体系可以被称为:奎里蒂法(ius Quiritium)或叫纯粹的罗马法,罗马—世界法(万民法),和希腊—罗马法,或叫朝圣者法。

第一个法律体系或第一个时代向我们呈现的是一个同狭窄的社会、简朴的乡村生活相适应的法律制度。一系列相互依从的政治组织:城邦(civitas)、家族(gentes)、家庭(familiae)(同在原始时期一样,以城邦为基础建立的罗马国家的早熟力只使其中最后一个组织——家庭存活下来),实质上的农业经济,在家庭首脑之间划分的、但却以农业利益为基础的所有权,几乎只采用固定套语的法律程式和程序,如:要式买卖(mancipatio)、誓约(sponsio)或市民法的要式口约(stipulatio iuris civilis)、誓金之诉(actio sacramenti)等等,《十二表法》和根据祭司法学理论制定的市民法,这些都是对这一时代的表述。

第二个时代向我们展现的是另一种法,它尽管仍在早期基础上通过智囊机构、执法官、学说和皇帝的力量而运行,却变得精练了,并逐渐同更为广阔和更为文明的社会宗旨以及更加多样化的贸易关系相适应。家庭集团衰落并且部分地崩溃,家社会或现代意义上的家庭常常取代了它的位置,家庭成员即"家子"在某些关系中变得独立于家庭。一系列制度和特殊的补救措施扩展了早期法的领域,它们纠正着严酷的粗糙或再无任何正当理由的苛刻后果。早期的程式失去了它们最为严苛和琐细的特点(比如市民法誓约或要式口约让位于万民法的要式口约),或者它们的效力和遵守程度降低了。"法官法(ius honorarium)"作为执法官的作品，在努力实现新的目的，并通过对旧制度的调整平息旧程序与新观念之间最激烈的冲突，这种法是这一时代最富有特色的表现。在该时代（公元1—3世纪）出现了古典法学。

罗马法最后的发展阶段出现在与其土生土长之地全然不同的土地上和罗马帝国中最不罗马化的民族之中。在公元3世纪的危机发生前不久，卡拉卡拉（Caracalla）的告示（公元212年）就已使帝国的所有臣民成为罗马公民。后来，那场危机因伊里尼（illirici）[1]的伟大皇帝克劳迪二世、戴克里先和君士坦丁的功劳而被克服，帝国的重心从意大利转到东方，立法活动在那里紧张地进行着，整个古老的生机和威力一直保持着其全部光彩，直到第四次十字军远征。当时这些朝圣者的希腊精神是活跃的和人道的，但却缺乏逻辑性和务实性，它给罗马法后来的发展打上了烙印，这个法连同公民身份被一起赐予了这些希腊人。罗马的家庭（familia）迅速解体，那些曾同早期田野生活相联系或扎根于最顽固的传统和古罗马民族特有的思想倾向和习惯之中的基本制度，虽然未被废除，也没在东方扎根，正义常常为怜悯而牺牲；在法律行为中，个人意志获得了最广泛的权力；公共文书和私人文书的大量使用代替了令人尊敬的罗马程式。但是，与此同时，罗马法的地位在很多方面提高了，并从那时起成为一般性的法律，以它为基础，人们确立或试图确立各地区的特殊制度。优士丁尼的编纂活动在很大程度上代表着这一发展的完成。

对于这些不同的发展阶段，最好在论述具体制度时加以考察。

§4. 公法和私法　命令性规范或绝对规范和任择性规范或补充规范

（参考：J.1, 1, 4; D.1, 1, 1, 2）

法或市民法区分为**公法**和**私法**。这一区分在罗马人中具有双重意义，它同"公""私"这两个词模棱两可的含义有关，"公"（来自

---

[1] 伊里尼是古代巴尔干地区的名称，该地区位于意大利与马其顿的交界处。——译者

"populus"〔民众的〕）是一个介于国家和社会之间的概念，在我们的语言中，它既可以接近前一个含义（比如：国库），又可以接近后一种含义（比如：公共经济、公共崇敬），或者其含义是两者兼有的（比如：公共财富）。这种情形在拉丁文中更为突出，因为它没有我们术语中的"个人的"和"社会的"对应词。

《法学阶梯》中接受的定义，同那些法的最高概念一样，来自于法学家乌尔比安，它反映着国家与个人之间的对立。公法调整政治关系以及国家应当实现的目的，"有关罗马国家的稳定"；私法调整公民个人之间的关系，为个人利益确定条件和限度，"涉及个人福利"。

乌尔比安在《学说汇纂》中随定义而列举的例子能使这种含义更为明显，他写道："它们有的造福于公共利益，有的则造福于私人。公法见之于宗教事务、宗教机构和国家管理机构之中。"

然而，在罗马法渊源中，大量调整私人关系的规范又被说成是公法，查其原因，这种情形恰恰出现在社会利益或一般利益与个人利益重合之时。此种公法有着它特殊的意义，因为它的规范尽管是为个人关系制定的，但其效力不能通过简约降低，也不能由公民加以变通。比如，人们完全可以在契约中规定不对过失包括最严重的过失负责，但却不能对诈欺做这样的规定，因为，不让欺诈占便宜这涉及一般利益。同样，在嫁资制度中有大量旨在保护妇女的嫁资不受损害的规定，妇女不能放弃这一法律照顾，因为"国家重视维护妇女的嫁资（interest reipublicae mulierum dotes salvas esse）"；父亲也不能免除监护人报账的义务，因为"国家重视保护受监护人的财产（interest reipublicae rem pupilli salvam fore）"。历史的原因是，除非在涉及公共利益并且是在下达命令和绝对禁令的情况下，罗马国家自古不通过其机构进行立法干预。

这种性质关系的特有原则被罗马人用几乎相同的术语，像格言一样多次重复："公法不得被私人简约所变通（Ius publicum privatorum pactis mutari non potest）"，或者"私人协议不变通公法（Privatorum conventio iuri publico non derogat）"[1]。

---

〔1〕 参见 D. 2, 14, 38; D. 50, 17, 45, 1。

引 言

§5. 个别法或特殊法和共同法或一般法特权

（参考：D. 1，3，14—16）

对某个一般规范加以变通的个别规范，即由于特殊原因而表现为一般规范之例外的个别规范，被罗马人称为"**个别法**（ius singulare）"。比如，赠与一般是被允许的，但夫妻间禁止赠与，这就是个别规范。与此相对，在狭窄的例外范围以外被加以适用的一般原则叫作"**共同法**（ius commune）"。现代人使用"特殊法"或"非常法"，"常规法"或"一般法"来表达这些概念。

特殊规范和一般规范都具有相同的根据，即：为了所有人的利益，对每个人谋求本人利益的活动确定最适当的限度。功利理由是这两者的依据，同样，这两者也应当尽可能地按照符合"公正（aequitas）"的方式设置自己。

保罗给个别法下了这样的定义："个别法是立法当局为某些功利而引入的违背法的一般规则的法（Ius singulare est quod contra tenorem rationis propter aliquam utilitatem auctoritate constituentium introductum est）"[1]。对"功利（utilitas）"的强调并不意味着它是个别法的特有根基，而是说，给原则带来例外的特殊功利当然地受到较为深切和直接的注意。另一方面，同"法的一般规则"或"法原理（ratio iuris）"即同本来应从基本原则中推导出来的逻辑结论的矛盾也不应当使人以为：共同法的规则仅仅建基于逻辑原则，而不以功利为基础；正如我们将在§8中看到的，这些话所指的仅仅是为确立和适用最一般原则所必需采用的逻辑进程；但是，这些原则的功利性和公正性丝毫不被否认。

当然，在罗马法渊源中，常常以"由于功利（propter utilitatem）"或"因功利原因（utilitatis causa）"这样的表述提醒注意个别法的原则。

最突出的个别法是那些在某些情形中适当软化对一般原则的严格适用的照顾性条款。这些例外形成一个广泛的范畴，被称为"照顾（ben-

---

[1] 参见 D. 1，3，16。

eficia legis）",比如"财产清单照顾（beneficium inventarii）",根据它,提出死者财产清单的继承人,一反罗马继承的最高原则,不对超过财产总额的债务负责（见§193）；另一个例子是所谓"弃权照顾（beneficium abstinendi）"（见§193),与前一种照顾相似；还有所谓"能力限度照顾（beneficium competentiae）"（见§132)。

不应当同个别法相混淆的是**特权**,即没有相应目的作为合理根据因而完全与"公平"不相符的例外规定。用以表达特权含义的最古老术语看来是 privilegium。在《十二表法》中,它被明确禁止:privilegia ne inroganto（不得适用只针对单个人的法律）。但是,在帝国时代,privilegium 这个词也被用作"个别法"的同义语,人们使用委婉的说法"constitutio personalis（对个人的谕令）"等表示真正含义上的特权。

特权通常是对一个人或一个阶层的照顾性条件,对其负担或其他义务性规则的豁免；但是,也有可能有令人憎恶的特权。

虽然总的说来,个别法和特权是根本不同的,但在一些极端的情况下,它们之间的界线是相当模糊的,这导致这两个术语和概念的混淆。在帝国时代一个极为个别的制度是军人遗嘱,它构成对罗马继承的一切最高原则的变通,并开现代制度之先河。如果说某些这样的豁免（比如有关严格的遗嘱程式的豁免）可以由军人的处境、他们远离城市中心和对法的实际不知（他们常常在入伍时变为公民并因而成为罗马法的参与人）加以解释的话,对于其他大量豁免来说,人们所寻求的公平正义则常常是很脆弱和勉强的理由；而且,当皇帝害怕某个阶层的势力并想方设法给予其优待时,人们从对该阶层有利的广泛例外中得到的印象当然不是一个纯粹的个别法制度。

§6. 自然法、万民法和市民法

（参考：J.1, 1, 1, 4；J.1, 2, 1；D.1, 1, 2）

真正所讲的私法,即调整公民个人间关系的法,在《法学阶梯》中分为三部分：自然法、万民法和市民法。

由于市民法（ius civile）即使在自己狭窄的适用中也具有分别不同于自然法（ius naturale）和万民法（ius gentium）的意义,因而,这种三分法溶解为一种双重的对应关系。

市民法与万民法之间的对应关系,从它们的用词(gens 的意思只是指"人民","民族")以及罗马人的大量说明中一目了然;"市民法"是纯粹为罗马人民所特有的法律制度总和,"万民法"可以说是罗马人与其他所有民族共有的法[1]。因而,万民法可以归纳为少量的基本原则,而它在罗马法中的规范则比市民法多得多并且在第二时代逐渐增长。这是因为这个万民法并不是精确地同它的称谓以及由此产生的极其普遍的概念相吻合。尽管"gens(民族)"这个词有着极广泛的含义(不仅包括王国、城邦,还包括最野蛮的部落),然而那些以其共同法造就这一"ius gentium(万民法)"的民族均为围绕地中海盆地的文明民族。当时在这些"万民"之间,共同的起源,古老的和频繁的交往,共同的经济和文化发展,早已造成大量的共同习惯和制度。再加上,罗马人在自己的公民同这些外国人的关系中,并不像在现代国际法诉讼中那样根据情况适用自己的法律,而是适用这些共同的规范,当没有这种规范时,则尽可能地从各种不同的规范和制度中提取比较简单的内容,去掉各民族特有的成分;因而,万民法确实可以被定义为:"罗马人与古代文明民族共有的或在同他们的关系中逐渐创立的规范总和。"

市民法与自然法之间的对应关系更为微妙。"自然""自然的""自然地"是指在世界上存在或发生的、无需主动劳作(即人的表现)的一切情形。比如说,自然道槽(naturalis alveus)是河床;自然堤堰(naturalis agger)是非由人建的堤坝;从天上降下的雨有着"自然原因"等等。这时,自然法是指"不是为体现立法者意志而产生的法",而市民法却是"表现至少部分表现为立法者的任意创制的法"。法是意识和社会需要的产物,它本应总是同它们相符合。许多规范和法律制度准确地符合其目的并同它相融合,因为它们只不过是这一目的法律确认;但是,也有许多规范和制度并不如此,或者是因为它们已陈旧过时,或者是因为立法者可以掌握的手段不完善。前一类规范由于立法者未施加任何主动的作用,因而确实像是自然的产物,并且被称为自然法;而第二种规范则来自市民法。前者同"正义"和"公正"永远相符合;后者则并非总是这样。

---

[1] 参见 J. 1, 2, 2。

在我们所研究的文献中，"自然法"并不是总不同于"万民法"。我们时而面对三分法，即自然法、万民法和市民法；时而发现是两分法，即万民法（它同自然法可能是同一个东西）和市民法。根据一个意大利的学说，古典法学家只知道两分法，至于三分法，那是拜占庭时代的创造，载有它的那些文献都是被"添加"了的。

盖尤斯提出的定义把自然法和万民法综合为一个统一的概念，这就是："自然理由在所有人当中制定的法（quod naturalis ratio inter omnes homines constituit）"。《学说汇纂》借乌尔比安之口，在谈到所有古代民族所共有的、但却违反"自然法"的奴隶制度时，则宣告了自然法的独立[1]。"自然法是大自然教给一切动物的法（ius naturale est quod natura omnia animalia docuit）"，这个概念的确不那么合适。首先，人们不宜说人和动物共有的法律规范或法律关系，而只能讲共同的需要；乌尔比安提到的雄性和雌性的结合并不是婚姻，就像并非男女之间的一切结合都是婚姻一样。但是，这个自然法的定义（似乎是为了求得同万民法的传统定义相近似）太狭窄了，它只适合于某些伦理性的制度。但有很多贸易性的制度如让渡、买卖等等也被罗马人称为自然法制度，而它们依然是人类所独有的。

保罗给自然法下的定义比较合适和准确："永远是公正和善良的东西（quod semper aequum ac bonum est）"[2]。如果说副词"永远"并不是想暗示这些规范具有不可变易性的话。

但是，确有可能这位法学家所暗示的正是这个。在优士丁尼的《法学阶梯》中明确指出：自然法的原则"在一定程度上是根据神明制定的，总是保持稳定和不变（divina quadam providentia constituta semper firma atque immutabilia permanent）"，而纯粹的市民法则会发生很多变化。现在这就不对了，因为没有任何法律制度能够摆脱发展的规律。人们只能说，自然法的原则是比较稳定的，因为它们没有必要去改变自己以更好地去适应目标或使自己更为公平，然而应当承认，民众的需要、意识和心灵均在变化之中；任何一个凭借本能行事的人，即使在今天，也难以推测未来。

---

〔1〕 参见 D.1, 1, 1, 3; 1, 1, 4; D.50, 17, 32。

〔2〕 参见 D.1, 1, 11。

不过，既然已有了自然法的概念和确定自然法原则的方法，自然法是绝对的和不可变易的这种想法就不会给罗马人造成损害。相反，当人们想把自然法建立在纯投机基础之上时，它对现代人则不是无害的。

§7. 法的渊源

（参考：J.1, 2；D.1, 1；D.1, 3；D.1, 4；C.1, 14—17；C.1, 23；C.8, 52（53））

需要将法的最高渊源或者说理想法的渊源同实在法自己的渊源区别开来。法的最后雏形存在于**人民意识**之中。这种意识在社会的高级阶层尤其是法学家阶层中是比较明了和确定的，这些阶层在演进的一般条件下是人民感情的参与者和解释者。

实在法的渊源是法制发展自有的或直接的组织，换言之，"是借以将法律规范确定为实在的和强制性规范的那些方式"。当人们一般地谈到法的渊源时，他们想讲的正是这些实在法的渊源。

制定法的基本方式分为两种：习惯和法律。按照希腊模式区别这两种渊源，考虑的是规范表现的外部形式：**成文法**（ius scriptum）是法律，**不成文法**（ius non scriptum）是习惯。

习惯（consuetudo, mos, mores）是法形成的最初方式。这从两个方面体现出来：一、习惯是法的最自然和最自发的渊源；二、其他一些在原始时代与法无重大区别的社会规范也正是发源于此[1]。

习惯可以定义为："对符合人民法律信念的规范的自发遵守"。因此，对于法律习惯的形成或者说习惯法的建立来说，必须具备以下条件：一、**法律信念**，或者叫认为应当把规范当作法来遵守的信念；二、**对规范的自发遵守**。在《法学阶梯》中，习惯被定义为："由最广泛的同意所认可的长期习俗（diuturni mores consensu utentium comprobati）"。在这一定义中，普遍的同意则被作为要件，但是，它没有讲这种同意应当针对习惯规范的法律价值，也就是说，它未真正地将法律习惯同法律以外的习惯区别开来。另一方面，对规范的实际遵守要求规范早已被制

---

[1] 上列术语，尤其是 mores，也被用来指法律以外的社会习惯。

定出来；显然，习惯的古老性和根深蒂固性是习惯的外在特点，而不是实质条件。罗马法渊源之所以坚持习惯的这一特点，是因为它在论证习惯的存在尤其是习惯的法律价值方面具有实际意义。

由习惯制定的法叫作习惯法，即"由习俗认可的法（ius quod usus comprobavit）"。

法律是"通过明确为此目的而设立的机构来制定法的方式"。

在罗马法发展的各个历史时期曾确立过各种各样的成文法渊源，它们相互角逐并一步一步地相互取代；它们当中的一些渊源具有模棱两可的特点，无法按照法律和习惯这两个明确的范畴加以划分。在第一个时代，古老的**库里亚民众会议**（comizii curiati）似乎只是由贵族组成的，尔后**百人团会议**（comizii centuriati）和**部落会议**（comizii tributi）则根据不同的基础，分别由贵族和平民组成，这些都是本义上的**法律**（lex）的制定机构，第一个机构得到国王的合作，即根据他的提议（rogatio）立法；另外两者则需执政官或裁判官的合作，**平民的部落会议**（concilii tributi della plebe）（它的立法权在经过长期斗争之后最终被《霍尔滕西法〔Lex Hortensia〕》所承认）是根据行政长官的建议制定**平民会决议**（plebiscitum）的机构，该"决议"后来也被叫作"法律"。在第二个时代，**裁判官**作为最重要的渊源，以其年度告示（Edictum perpetuum），成为"荣誉法（ius honorarium）"的制定者，哈德良曾阻止过该告示的发展，要求裁判官逐年公布由萨尔维·尤里安（Salvio Giuliano）依其命令编纂的告示，即使在哈德良之后，从法律上讲告示也不创造法，但在当年内，它因裁判官的权力而具有法律效力。**元老院决议**（senatusconsulta）一般是根据皇帝的建议（epistola, oratio）颁布的，开始时，它们曾被塞进告示之中并由裁判官加以适用，后来它们获得与早期法律相同的效力，但这并非未遇到阻力。最后还有**皇帝**，他的一般规定是**诏谕**（editti），即向全体或部分臣民发布的通告，或**训示**（mandati），即向各省总督发出的指示，在皇帝当政期间，它们具有法律效力，不仅是当年有效，而且在其王国的整个生存期间均有效；这些规定被称为**谕令**（constitutiones）。同时，君主在**裁决**（decreta）、给予私人的意见（rescripta **批复**）或给予执法官的意见（rescripta **批复**、epistulae **诏书**）中不断地制造着法律，而执法官只是自由解释者。在罗马—希腊时代，谕令，尤其是表现为诏谕形式的谕令，一直是惟一的渊源并具有完全的法律效力（因为批复的效力只限于特定的案件）。人们一般使用会议立法的古老术语"lex"表示体现为皇帝谕令的法，而产生于更早期渊源的并且保存在法学家著作中的法则称为"iura"。优士丁尼《法典》是对Leges（法律）的汇纂，《学说汇纂》则是对iura（法学）的汇纂（见§1）。

学说在罗马曾是法的自由解释者和渊源，这一直持续到帝国时代，对于拥有"依君主授权解答问题之权利（ius respondendi ex auctoritate principis）"的法学家来说，其意见只要不是忤逆的，均被承认具有约束力，同皇帝的批复一样，对于审判员具有约束力。

历史学派夸大了作为人民意识较明显表现的习惯的价值。实际上，法律作为法的渊源具有很多的优点：它的存在、它的内容以及法律约束性都具有肯定性，它的概念精细严谨，它在一个难以产生统一习惯的大国中具有独特的统辖力。文明的发展以及人民和国家权力的不断增长逐渐地削弱了习惯，把它的职能限定于在任择性规范领域对法起补充作用，而不能创造或变通由法律规定的命令性规范。在罗马社会，习惯也很快就被其他渊源的活动所压倒了。很少有原则涉及它，而且原则一般从裁判官的告示和其他合法渊源那里接受立法的确认。然而在哈德良时代，法学家尤里安却承认习惯具有变通法律的效力[1]。在罗马—希腊时期，君士坦丁皇帝宣布习惯绝不应当具有压倒法律的权威[2]。这两条法律都包含在《民法大全》之中，却显得公然矛盾，当必须两者择其一时，最好接受第二条法律，它在优士丁尼法中更符合立法和国家的精神。

§8. 法的解释

（参考：D.1, 3；C.1, 14）

所谓**解释**是指"为理解法律规定的内容、法律或立法者的想法或观点（mens 或 sententia legis 或 legislatoris）而进行的逻辑推理活动"。解

---

[1] 参见 D.1, 3, 32, 1。
[2] 参见 C.8, 52 (53), 2。

释通常区分为**法定解释**和**学理解释**；但是，前者是由立法者自己发布的，不是真正的解释。

真正的解释，即根据法学理论进行的学理解释，它或者阐明由法律明文规定的内容，或者发掘立法中所暗含的内容，这种解释根据上述侧重点的不同而具有不同的特点。第二种形式的解释，由于其特有的程序，而被称为类推或类推解释。

我们首先考察一下**狭义的解释**。一切法律规范都需要得到解释；不言而喻，那些在表述上含混、模棱两可或不完善的法律以及那些被纳入同一法典却看起来相互矛盾的法律特别需要解释。在这方面，人们还区分**语法解释**和**逻辑解释**。但请注意，这不是两种不同的解释，而是推理进程的两个方面或两个阶段。语法解释意在确定产生于立法者所使用的词句的语言学含义及其句法结构的含义。在这种分析中，也需要考虑法律术语往往具有与日常用语不同的特殊技术性含义，尽管罗马法学家所使用的法学术语并不像当今那样同普通用语相分离。

但是可能出现这样的情形：从语法解释中一点没有得到明确的和真实的含义。这时，逻辑解释开始承担任务。在这第二阶段中，首先需加以注意的是同一法律的各个部分之间的联系；接着是该法律同其他先前的或随后的法律之间的关系[1]；然后是法律的目的，即罗马人所说的"**法律理由**（ratio legis）"。法律的目的还要从很多因素中发现：颁布法律时的法律环境和社会环境，立法的时机（occasio legis），先例，法律制定者们的说明，等等。如果所有这些手段均不奏效，最保险的办法就是采纳那种给法律以较合理和较公正含义或不那么偏离现行法的解释[2]。

当逻辑解释发挥其最重大的作用，致使立法规范中不确切的表述得以纠正时，如果法律所得到的观念比其不确切表述更宽，它被称为**扩张解释**（plena interpretatio）；如果这一观念较窄，则被称为**限制性解释**；如果它以某种方式表现出差异，被称为**变更性解释**。然而，这些表述，尤其是前两个传统的表述，并不特别合适，因为法律本身，即它的观念，似乎在扩大或缩小，这或许不是在解释法律，而是在侵犯法律。实际上，被扩张的或被缩小的是言词，所依据的恰恰是被发现的精神，因

---

[1] 参见 D.1, 3, 26—28。

[2] 参见 D.1, 3, 18; D.50, 17, 192, 1; D.50, 17, 67。

为法律的意志在于它的精神而不是在于言词[1]，就好像在法学理论上，"glans（橡子）"是指挚息，而"tignum（梁）"则是指建筑材料一样。

类推正是如此，它作为解释的高级形式，寻找的不是明示的思想，而是立法中暗含的思想。在某一法律制度领域内的任何人与人的关系都是法律关系，因而在发生争议的情况下，均应采用法律规范加以审判。但是，立法者在一些制度中只规定了较经常出现的那种关系，当因特殊形势或社会环境的发展突然需要对立法者未规定的情形作出判决时，该怎么办呢？在这种情况下，人们应当探究什么是立法者的思想；根据立法者在其他最相类似的制度中调整同一关系的方式，我们可以获得正确的归纳。比如，如果未明文规定应当如何处理缔约人在易物情况中的过错，则应当适用立法为买卖规定的规范。显然，这种类推解释是依循法的逻辑（ratio iuris），在适用于一系列法律制度包括整个立法体系的一般原则的构架内进行的，当然，产生于非法律制度的关系（如友谊）不会通过类推成为法律制度。

因而，"立法漏洞"问题在法律关系中具有意义，它通过上述程序得以解决，在极端情况下，求助于法律制度的宗旨加以解决；而在非法律关系中，这个问题则没有意义。

但是，对于某一法律制度基本原则的例外规范，人们当然不应采用这一做法，人们不能依据"个别法"（见§5）进行类推论理。

对于优士丁尼法的解释，由于该法特殊的构成和遗传给我们的方式而遇到一些特殊的困难。首先，犹豫不定的是应否先对文献进行批判，因为没有一份手稿是真本。其次，这一立法的基本部分由法律著作的片段组成，它们当中包含着学理规则、论理、裁断，总之包含一切对于法的科学研究极为有用的文献，却不具有法律本应具有的那种规范性，相反，它们是学术性的和论证性的。法的规范是从这些文献中提取出来的，因而，很难轻而易举地确定规范的明确界限，并且很难非常准确地判断法学家的论述是表示一种伦理的、经济的动机，还是应当被采纳为法的原则（至少在优士丁尼法中）。此外，正如人们所说的，收录在优士丁尼汇纂中的片段经常含有编纂者们的添加，而且往往是不恰当的添

---

[1] 参见 D. 1, 3, 17。

加。即使某一片段的文本是原始的,逻辑解释也可能因它同其他法律或同优士丁尼立法的一般精神的联系或者仅仅因为脱离了原本的历史条件而改变其原始含义。在这类情况中,我们面临"双重解释(duplex interpretatio)":历史的解释和立法的解释。在法学家和编纂者的思想中,法律准则和论述常常具有截然不同的效力,这不仅产生于同其他法律的协调,而且依赖于文献是被放在特定标题之下,还是被置于"论法的规则"这一章(《学说汇纂》第50编第17章)中;将新原则类推扩用于旧制度常常应当在一定程度上自由地进行;某一原则的法律意义,它具有一般性还是具有特殊性,应当根据一系列的运用或根据从整个立法体系中获得的迹象(如新立法的宗旨和倾向)加以确定;在这方面,古典法和优士丁尼法之间一般和特殊的位置也常常被颠倒。经常出现一些纯粹历史性的文献,它们的内容在优士丁尼法中是不相容的和不可实现的,对基本原则的立法性暗示也不少,常常出现自相矛盾。为了解决那些真正的矛盾并获得原则,罗马法渊源所特有的技术措施是:看这一片段是被置于某一制度的主标题之下,还是被偶然地置于另一标题之下,分析各片段的年代顺序,因为这能帮助我们发现哪个是循序发展进程的起源,哪个更符合优士丁尼立法的精神,最后则是看对它们所做的添加。在《新律》中也遇到类似的问题,在那里,立法者也常常表现为解释者。编纂工作的任何一部分都未被赋予相对于其他部分的优先地位(人们曾一度以为《法学阶梯》或《法典》具有这样的优先地位),因为所有各部分均应被视为由立法者优士丁尼在同一天颁布的。

在这种情形下,《民法大全》对于法的解释者来说是最好的训练场,这既由于那些创造作品片段的法学家具有不可超越的优良素质,也由于在形式方面,优士丁尼立法同样具有无法克服的缺陷。关于解释的学说是罗马法学中重要的部分。

§9. 私法的议题及其各个部分 主观法

私法为人在外部世界即相对于自然界和其他人实施活动确定限度和条件。但是,同任何文明民族的法一样,罗马私法的规范只是在两个领域调整人的活动,但又不是单独地主宰这两个领域。这两个领域却代表着人的最重要的目标:从外部世界获取个人生存和幸福所必不可少的手段和努力实现种的生存和幸福。生存和幸福手段的总和构成一般意义上的财物，即罗马人所说的，自然意义上的"财物（bona）"。对于它们当中的一部分，如空气、光线等等，由于物理原因不产生通常的享用，一般也不能由法来调整；对于另一些则可以，这后一类被称为法律意义上的财物（civiliter bona）[1]。

旨在保存种和保护弱小者的人类活动主要由私法在家庭共同体的范围内加以调整。

在法所确定的限度内或者说当具备法定条件时，人的活动是自由的，国家保护它不受任何侵犯。一切受保障的、在外部世界实施行为的权能也叫作法权（ius），当人们把它同作为规范的法相区别时，称它为**主观法**。在旧的学派中，人们习惯于称主观意义上的法为"facultas agendi（行为权利）"，称作为规范的法或客观意义上的法为"norma agendi（行为规范）"。

当所要求的条件具备时可以拥有主观法的人是**法律主体**或**权利主体**；如果他实际地取得了它，就变成了**权利享有者**。与此有关的一个术语，即对其行使权利的那部分外部世界，是权利**标的**。因其存在而使主体获得或不再拥有主体权利的那些限制或条件叫作**法律事实**。这些事实在人们之间创立的关系是**法律关系**。为一定目的而有机地联系在一起并预先设定的规范总和构成**法律制度**。为保障其权利而为权利享有者提供的工具是司法诉讼或简单地称作**诉讼**（actio）。

法律保障给予某一主体以求生存和幸福的资料总和是他的**财产**，因而这种权利本身被称为**财产权**。财产权的标的可以是不同的，这带来一个重要的区别：或者权利直接针对的是受自然限制的某一局部，即针对一个物（res），这样的权利被称为**物权**或**对物的权利**；或者权利的拥有所针对的是另一法律主体，后者有义务为权利拥有方履行一定的行为，这样的权利构成**债权**，它们因其关系的性质也被称为**债**（obbligazione）**或债的权利**。从负债方说，与债权相对应的是**债务**，如同同样的称呼aes alienum（债务）所表示的，它只意味着使债务人财产的数额减少。原则是："财产不包括应予扣除的债务（Bona non intelliguntur nisi deducto aere alieno）"。集中在某一主体身上的财产权总和通常采用一个共同的

---

[1] 参见 D. 50, 16, 49。

尺度和称谓加以计算，即货币。

人们在家庭领域行使的权利——随着文明的进步逐渐废除了原始团体的政治特点，这种权利一般为相互的——被称为**家庭权利**。

任何主观法也都表现为权利享有者部分地或全部地拥有某一标的或者拥有对该标的的、受到保障的权能。

§10. 罗马法学的系统方法

对于研究法学来说较为显而易见的次序是以下两个：或者单独地解释法的各个规范（注释的方法），或者分别地解释法的各个部分，比如《学说汇纂》的各章（评述方法或法定方法）。这两种方法在不同程度上都失之于必须进行大量的重复，因为许多原则对于所有的法律规范或相当数量的规范来说是共同的；另一个弊端是掩盖各不同规范之间的现存联系和各个法律制度的有机特点，而对它们的综合观察对于解释法律则是重要的（见§8）。在论述罗马法时，这两种方法均已过时，现在采用的是"系统方法"，它从 16 世纪开始尝试，但在 19 世纪才盛行起来。根据这种方法，各个制度都被纳入一个统一体之中，并按照相似性加以分组；根据这种方法，在进行广泛的结构划分以前，先提出整个体系的一般原则。优士丁尼的《法学阶梯》借鉴盖尤斯的《法学阶梯》，从古典学派所采用的体系（人、物、诉讼）出发开展论述，这个体系被某个学者所沿用。但是，现代体系的基本脉络同由胡果（Hugo）和赫因赛（Heise）指定的方法相关联。

我们不完全沿用这个现代次序。我们认为对私法议题最有机和最准确的划分应当是这样的：**家庭法**，由于家庭关系对于权利能力（尤其在罗马法中）所具有的基本意义，它应当首先论述；第二是**物法**；第三是**债法**（见§9）。在每一部分，都将论述各种不同权利本身以及为取得和丧失它们而确定的条件。不过，有些取得方式具有一般性特点，无论被取得的权利是怎样的，它们在规则上丝毫不变（如死因继承）或者基本不变（如赠与）。对于这些方式，我们将分别在专门部分以**取得的一般原因**为题加以论述。

在整个体系的各部分，当论述本来就隶属于它的关系和权利时，还需介绍那些因必然联系而从属于它的关系和权利，因为主要关系的性质也决定着从属关系的存在和特点。因而，无论质权具有怎样的性质，它总是适合在债法中论述；嫁资作为取得的一般方式，适宜在家庭法中论述，相邻关系和交纳永佃权租金的义务宜在物法中论述，等等。在对各部分进行具体论述之前，我们仍应先加一**总论**，它可以包括关于主体或权利能力的理论、法律事实的理论和对权利的保护；但不包括关于标的的理论，各不同类型的权利有着迥然不同的标的。

ISTITUZIONI DI
DIRITTO ROMANO

罗马法教科书

总 论

Ⅰ. 权利主体或权利能力

§11. 权利主体总论

权利主体或者说具有权利能力的主体只能是人，因为，"一切权利均因人而设立（hominum causa omne ius constitutum est）"[1]。然而，并非一切人均为罗马社会的权利主体。除了是人以外，还需具备其他基本条件：是自由的（status libertatis），而且，就市民法关系而言，还应当是市民（status civitatis）。

当一个人（uomo）具备足以使其获得权利能力的条件时，在技术用语上被称为"Persona（人）"，即便他不是罗马人；因而，权利能力也被称为"Personalita（**人格**）"。

在家庭权利和财产权利问题上，罗马人将权利能力划分为两种，第一种叫作"**婚姻资格**"（connubium 或 ius connubii）；第二种叫作"**交易资格**"（commercium 或 ius commercii）。

除了权利能力的基本要件即取得**任何权利**所必不可少的条件外，还有许多决定某人是否能够取得**特定权利**的条件。其中一些条件具有相当普遍的价值，而且值得在权利能力理论中一并论述。

权利主体也不仅仅是单个人。一群被视为自在机构的人，撇开构成该群体的人或单个人的意志不谈，也可以是权利主体。还可能发生这样的情况：某种权利实际上缺少现实主体，它仅仅为某一目的而保留，该

---

[1] 见 D. 1, 5, 2。

目的可以使它对一些人或某类人有益。

主体或权利能力的理论不仅包括个人主体或自然人理论，还包括法人理论，集体主体以及权利无主体的情况也因适用相似的原则而被归入法人理论。

§12. 权利能力的要件

Ⅰ. 人的存在

为了成为实在的和具有权利能力的主体，人必须完全同母体分离开来，其次要求他是出生后存活的人；第三，分娩应当是完好的，也就是说并非产生于流产；最后，新生儿必须具有人的形态。

除此而外，对于某些法律后果来说，还溯及出生前的一段时间，并且考虑尚未出生但已孕育于母体中的人。甚至在我们论述的某些文献中，胎儿似乎同新生儿处于完全同等的地位。尤里安说道："母体中的胎儿一般来说被市民法视为处于物的自然状态之中（Qui in utero sunt in toto paene iure civili intelliguntur in rerum natura esse）"[1]。这听来同一句民间俗语相符合："胎儿或即将出生的婴儿被视为已出生儿（Conceptus o nasciturus pro iam nato habetur）"。同罗马人表述的一般原则一样，对这些准则必须谨慎地去理解，并在接受时给予适当的限制；按字面去理解是不真实的，而且同罗马人宣布的另一些准则是相矛盾的，这些准则否认即将出生的婴儿具有人格[2]。真正的原则是这样的：胎儿从现实角度上讲不是人，因而，由于它一直是一个潜在的（in fieri）人，人们为它保存并维护自出生之时起即归其所有的那些权利，而且为对其有利，权利能力自受孕之时而不是从出生之时起计算。保罗说："当涉及胎儿利益问题时，母体中的胎儿像活人一样被看待，尽管在它出生以前这对他人毫无裨益。（Qui in utero est, perinde ac si in rebus humanis esset custoditur, quotiens de commodis ipsius partus quaeritur: quamquam alii an-

---

[1] 参见 D.1, 5, 26。

[2] 参见 D.25, 4, 1, 1; D.35, 2, 9, 1。

Ⅰ. 权利主体或权利能力

tequam nascatur nequaquam prosit.）"[1]

因此，如果说胎儿不具有人格，它就既不能实际地取得权利，也不能使因其存在而设立的人取得权利。如果说胎儿的存在要求其服从监护人，人们就只是在其出生后才任命监护人。

至于为其保存自受孕时起就归其所有的那些权利，这对于死因继承尤其具有重要性，在这种情况中，上述继承暂缓，同时选择一位胎儿保佐人（curator ventris）[2]，以维护即将出生的婴儿的利益（我们且不论关于保护胎儿生命的刑事规范或治安规范）。

至于胎儿的权利能力，如果母亲在怀孕后但在分娩前丧失了自由或市民资格，子女在出生时仍是自由的并且是市民[3]。即使父亲在子女出生前丧失了产生于元老身份的特权，但只要在妊娠时他仍保留着这种特权，它就仍完好地保留给子女[4]。

§13. 权利能力的要件

Ⅱ. 自由身份　自由人和奴隶

（参考：J.1, 3；D.1, 5）

在《法学阶梯》中，自由的定义是：做一切想做之事的自然权利，以受法律禁止或强力阻碍为限[5]。这个定义是指法律意义上的自由，因而那些受到强力阻碍而无法支配自己的人身和行为的人同样被正确地视为自由人；那些被控制在强盗手中的人并不因此而是不自由的，他仍然具有权利能力。这个定义也是指私法和实在法意义上的自由，而不是公法上的自由，也不同于自由的哲学概念。

奴隶　但是，这种在法定限度内按照意愿处置自己的人身和行动的自由权，在古代社会并不属于所有人；拥有这种自由权的人叫作"自由

---

[1]　参见 D.1, 5, 7; D.50, 16, 231。
[2]　参见 D.37, 9。
[3]　参见 D.1, 5, 18; D.1, 5, 26。
[4]　参见 D.1, 9, 7, 1。
[5]　参见 J.1, 3.1; D.1, 5, 4pr.。

人";完全丧失者是"奴隶",我们称其为 schiavi(奴隶)。奴隶既无婚姻资格,也无交易资格;他不是主体,而是权利标的。

奴隶的家庭关系也不受法的调整,在他们当中不存在婚姻,这种自然关系的稳定结合叫作"同居(contubernium)"。总之,罗马人说:"奴隶完全不享受市民法上的结合(servus iuris civilis communionem non habet in totum)"[1]。

奴隶制是原始社会遗留下来的制度,这在原始社会的国家和关系中是可以解释的。但是,在较为文明的社会中,当人同自然界的尖锐斗争和民族间的常见战争停息之后,这是第一个显示出不公正的制度。开化的希腊社会早就深切地感到这种不公正,从诡辩学派开始,它的哲学家就宣告了对这一制度的道德谴责。

只是亚里士多德才使用真正的诡辩术为受到谴责的奴隶制度辩护,他把人划分为善于发号施令的人和注定俯首听命的人,在这个非凡的、但却似乎缺乏进取精神的人身上,不乏这一特点,这也体现在他向亚历山大提出的以国王统治希腊人,用主人统治蛮人的意见之中。但是,受过斯多葛哲学教养的罗马法学家却说:"根据自然法,所有人均是生来自由的;只有实在法才在他们之间造成差别"[2]。

奴隶制度并不是罗马人所特有的,而是所有古代民族所共有的,它并不是市民法制度,而是万民法制度。

无论是由于社会需要本身还是由于新的伦理影响,奴隶的人格相对于其他社会规范越来越得到发展。习俗(不是法律习惯)允许奴隶在一定程度上成为自己特有产的主人,以致奴隶通常以此实现自赎,尽管从法律上讲,主人可以控制奴隶和特有产。在宗教方面(公共礼拜和家庭礼拜、丧葬、参加殡仪会〔collegia funeratia〕等),奴隶的人格从未受到过否认。

这种对奴隶的社会人格的承认以及关于其法律人格的理想观念,也影响到法学。但是,正如我们下面将看到的(§54),奴隶的法律地位没有得到改善,只是有一些很慎重的变化,人们避免违反奴隶在法律上绝无能力的基本原则。

---

〔1〕 参见 D.28, 1, 20, 7; J.1, 16, 4。

〔2〕 参见 J.1, 3, 2; D.1, 5, 4, 1; D.1, 1, 4; D.50, 17, 32; D.12, 6, 64; D.40, 11, 2。

Ⅰ. 权利主体或权利能力

奴隶制的渊源 奴隶状态或者产生于出生之时，或者产生于一种万民法的方式：战争俘获，或者产生于市民法的一些方式[1]。

奴隶母亲生下的儿子是奴隶；由于不能同女奴结婚，因而总是能够加以确定的母亲就可以将本人的身份传给新生儿。

在整个古代社会，战俘一直被作为奴隶出卖。在第二次布匿战争后的一个时期中，大面积和快速的征服活动使意大利充满了奴隶，并且在共和国的最后时刻造成了尖锐和往往可怕的社会问题。

至于市民法的方式，特韦雷河旁的出卖（trans Tiberim）（小偷、债务人、家子、逃兵和逃役者）以及罪犯向外国的损害投偿（noxae deditio），在古典法中均已消失。但是，如果一个20岁以上的自由人为了同卖者分享价款而同意被出卖，在优士丁尼法中，这仍是受奴役的根据之一，这意味着他不想声请自由（proclamatio in libertatem）；这种制度可能是由裁判官告示引进的，在库尹特·穆齐时很有名，受到法学家们和哈德良的一项谕令的肯定，并被后期的法学家纳入市民法。另一种由克劳迪的元老院决议确定的著名情况是：同他人的男奴通奸的妇女，如果在受到三次警告后仍保持这一非法关系，就变成该男奴主人的女奴[2]。

被判处极刑（in ferrum, ad bestias）的人，从帝国时代起，成为"刑罚奴隶（servi poenae）"；但是，因判处劳役（ad metalla）而受奴役，这被优士丁尼所废除。

同奴隶制度相联系的法律关系和为行使对奴隶的权利而规定的限制，我们将在有关罗马家庭的部分加以论述。

§14. 取得自由地位的方式

（参考：J. 1, 4—7; D. 40, 1—16; C. 7, 1—24）

生来自由人和解放自由人 自由地位因出生或摆脱奴役而取得。然而，在上述两种情况中，主体的社会地位和法律地位却是不一致的，因此，有生来自由人（ingenui）或者叫生下来就有自由地位的人和解放自

---

[1] 参见 J. 1, 3, 4。
[2] 参见 C. 7, 24; J. 3, 12, 1。

由人（libertini）或者叫被解放的奴隶之分。

由自由人（包括生来自由人和解放自由人）生下的人是**生来自由人**。婚外所生子女随母亲的地位。在这个问题上，"自由权优先（favor libertatis）"，作为法学理论以致优士丁尼立法的动因之一，致使人们确立了一项广泛的原则：当母亲在子女出生时或受孕时或介于受孕与出生之间的时期是自由的时，子女就是自由人。

成为奴隶而后又被解放的生来自由人仍然为生来自由人。

解放奴隶　摆脱奴隶地位产生于万民法。它叫作"解放奴隶（manumissione）"，因为它产生于主人放弃对奴隶所拥有的支配权（potestas），在最早的法中，用来指"支配权"的术语正是 manus（手、权利）〔1〕。由于这一放弃，奴隶不仅不再服从其主人，而且，如果是以合法形式进行的，他还取得了完全的权利能力，成为自由人和罗马市民。这样的行为怎么会具有如此重大的后果？这样一种使奴隶成为罗马市民的重要权利如何授予公民个人？这是只有分析了古代社会结构以及罗马家庭的政治性质（参见§47 和以后各节）之后才能够理解的问题。这里最好考察一下解放的方式和效力，以及为防止解放奴隶的泛滥而对行使上述权利规定的限制。

解放奴隶的市民法方式　在早期中，解放奴隶的合法形式有：诉请解放（manumissio vindicta）、登记解放（manumissio censu）和遗嘱解放（manumissio testamento）。

第一种形式在执法官、执政官、裁判官面前举行，后来也可在行省总督面前举行。它是一种声请自由或宣告自由（adsertio in libertatem）的虚拟形式，但在古典法时代只要求释奴人（adsertor）在场。第二种形式是把奴隶在财产申报表中登记为市民。最后一种形式是在自己的遗嘱中宣布希望让奴隶成为自由人，这种宣告或者随着接受继承而立即产生效力，或者待期限届满或条件具备后生效；在这种情况中，奴隶在接受继承与结果实现之间的过渡期中被称为"待自由人（statuliber）"。

在这些形式中，登记解放随着财产登记制度的消失而不复存在。其他两种形式在优士丁尼法中仍然保存着，尽管在优士丁尼废除释奴人后，诉请自由已失去古老的象征性色彩。

---

〔1〕　参见 J. 1, 5 pr.；以及本教科书§47。

Ⅰ. 权利主体或权利能力

裁判官方式　除上述古老方式外，其他一些方式也得到承认，我们应当简要地介绍一下它们的起源和发展。

在最早的罗马法中，主人释放奴隶的单纯意愿是完全不被承认的，必须采取某些庄重的形式。然而，不具形式的宣告逐渐被经常采用，主人当着朋友们的面（inter amicos），或者在宴席上（per mensam），或者通过书信（per epistolam），或者以其他方式表达其释放奴隶的意思。这样的一些行为，如果说可以得到社会认可的话，却得不到任何法律上的认可。这样被解放的人在法律上仍然是奴隶，尽管主人让其享有充分的事实上的自由，但主人依然保留着令其重新受奴役的权利，而且，在主人死后，他的继承人也可以行使这一权利。

在公正感的促动下或者说在新的社会精神（它要求尊重这种被表达出来的意愿，即使它未采取应有的形式，并且优待自由）的促动下，裁判官采取了行动，给予上述行为以某种法律认可。他并不宣布被如此解放的奴隶是自由人和市民，执法官无权这样做，而是根据他通常的做法，设法保护他们抵制主人使其重新沦为奴隶的要求。总之，这种裁判官保护（tuitio praetoris）允许被解放的人不再被要求去受奴役，但是并不使他们具有权利能力，也不完全消除主人对他们的权利；因而在他们死亡时，已取得的财产转归主人所有。

尤尼亚拉丁人和优士丁尼改革　在古典法时代，这种地位在法律上由《尤尼亚法（lex Iunia）》调整，该法大概颁布于公元前44年至公元前27年之间，它授予被以上述方式解放的人以一种介于罗马市民和异邦人或外国人之间的地位，即拉丁人地位。它给人以财产权能，即"交易权（ius commercii）"；但是，这些恰恰被称为尤尼亚拉丁人的人不拥有"死因交易资格（commercium mortis causa）"，因而在他们死后，财产仍落入旧主人手中。

古典法为尤尼亚拉丁人提供了许多手段以便获得市民资格，这一般是公共功绩。

在整个古典法时期，情况一直是这样。但是在罗马—希腊时代，卡拉卡拉的告示废除了罗马帝国境内的异邦人身份和居中的拉丁人地位，赋予所有臣民以市民资格，"尤尼亚拉丁人"的特殊地位也逐渐在意识和习惯中淡漠。优士丁尼受"仁慈（pietas）"（正是这种感情在更新中取代了裁判官的"公正"）的促动，正式地将其废除，承认"在朋友中"和"通过书信"这两种解放奴隶的形式具有完全的效力,但要求它们必须在5名见证人面前进行。

除这些产生于古代法的解放奴隶方式外,在罗马—希腊时代增加了另一种方式,即"在神圣教堂中解放(manumissio in sacrosanctis ecclesiis)"。这种方式合乎新的基督教精神,但却似乎产生于希腊法的在庙寺解放奴隶的古老形式。优士丁尼就这样增加了解放奴隶的方式,以至几乎承认"主人(dominus)"的一切意思表示,有些形式甚至接近于法定的解放方式(参见本节结尾部分)。因而,奴隶在下列情况中将获得自由:主人在公共文书中称该奴隶为"儿子"或宣布收养他;主人当着5名见证人的面销毁或抛弃他的所有权证书;主人娶女奴为妻并给予嫁资;允许男奴入伍,接受一种宗教资格或职位;主人任命奴隶为监护人或继承人,等等〔1〕。

对解放奴隶的限制 在第二次布匿战争后的征服时代,奴隶的人口可怕地增长,解放奴隶的自由权再也不能被罗马社会漠然置之了。另一方面,对奴隶的解放也不总是基于道德原因,由于奴隶掏钱自赎是由习俗承认的习惯,因而这些解放自由人并非市民中健康的和有益的成分。早在共和国时代,这就经常导致对这一市民阶层采取限制性政治措施。在帝国时代,尽管新的人道主义精神主张不去触及允许市民创造新市民的个人权利,解放奴隶的自由权仍受到许多限制。

这些限制涉及两个法律,即《艾里亚和森迪亚(Aelia Sentia)法》和《富菲亚和卡尼尼(Fufia Caninia)法》,它们分别于奥古斯都时期的公元4年和公元前2年颁布。《艾里亚和森迪亚法》规定:第一,不得以欺诈自己债权人的方式解放奴隶,比如说,债务人明知在解放奴隶之后自己就不再有能力清偿债务;第二,不满20岁的未成年人不得解放奴隶,也不能解放未满20岁的奴隶,除非在这两种情况中向一个专门委员会证明具有"正当原因(iust causa)",比如是作为奴隶的儿子、父亲、亲兄弟或同胞兄弟,等等;第三,那些曾经是罪犯的坏奴隶不得通过解放奴隶的途径获得市民资格,相反,只获得异邦人或外国人地位中较差的一种,变为"归降异邦人(peregrini dediticii)"。这后一条在优士丁尼的立法中被废除,另一方面,"归降人(dediticii)"的身份早

---

〔1〕 参见 C.7, 6; C.12, 33 (34), 6, 7; J.1, 11, 12。

就开始在习惯中废弃。第二条规定，奴隶年龄限制也被废除；至于解放人的年龄，先是放宽了通过遗嘱授予自由权的情况，废弃了限制，尔后有关年龄的规定在《新律》（Nov. 119c. 2）中被彻底废除，只要求具有遗嘱能力即满适婚年龄。《富菲亚和卡尼尼法》只是限制通过遗嘱授予自由的权利，在这种情况中解放人通常是很宽泛的并对葬礼后需进行庄重的仪式抱虚无态度。该法规定，只能按照一定的比例解放自己的奴隶，并且明确地逐个点名（nominatim）。优士丁尼把这一法律"作为妨碍或不利于自由的原则"加以废除。

法定释放 在某些情况中，古典法就已承认奴隶可以在无需宣布解放的情况下而获自由，比如，根据克劳迪的一项告示，当主人遗弃患有重病的奴隶时[1]。但在罗马—希腊时代，这类情况明显增加了，不仅由于受到不可否认的基督教观念的影响，而且也由于政治、经济和社会条件发生了变化，这些条件打破了自由人与奴隶之间的樊篱；当优士丁尼订立下列条款时，已不再有什么特别之处了。这一条款同《富菲亚和卡尼尼法》相反，规定：为了不让人白白地表示豁达慷慨和通情达理而且不让奴隶受骗上当，如果根据遗嘱人或者继承人的意愿，奴隶们盖住了头（即自由的标志——戴毡帽），首先举行了死者的葬礼，那么他们就变成为自由人和市民[2]。

§15. 权利能力的要件

Ⅲ. 市民身份

具有市民身份是权利能力的另一重要条件。外国人在《十二表法》中被称为"hostis（外人）"，在以后的法中被称为"peregrinus（异邦人）"，他们对自己的行为是自由的，但不受法的保护。然而，随着贸易和文明的发展，人们开始承认外国人具有一种有限的权利能力。在布匿战争时代，人们已经承认外国人在有关万民法的关系中具有权利能力，并且接受特别法官——外事裁判官（praetor peregrinus）的审判。

---

[1] 参见 D. 40, 8, 2。
[2] 参见 C. 7, 6, 5。

行省人虽然是隶属城邦或加盟城邦的成员，但仍为"异邦人"，在格拉古时代之后，在行省中也有了罗马市民和市民殖民区。在意大利，罗马市民身份在公元前49年也被授予了波河平原的、被罗马化了的高卢人。在帝国时期，该身份扩延到意大利边境以外，公元212年，卡拉卡拉皇帝突然将它授予帝国的所有异邦人；从那以后到中世纪，这些异邦人均被称为罗马人（或"朝圣者〔romei〕"）。

一种介于市民和异邦人或外国人之间的身份是拉丁人身份，它不再是指古代的拉齐奥居民，而是指一个享有较为有限的权利能力的阶层，这些人只享有交易资格，而不享有婚姻资格，也无政治权（ius suffragii et honorum〔表决权和任职权〕）。他们被称为"移民区拉丁人（Latini coloniarii）"，因为首先被授予这种能力的人是由罗马安置在意大利的移民；但是在帝国时代，像西班牙这样的地区也拥有了拉丁人身份权。除"死因交易资格"外，这种身份同我们曾论述过的尤尼亚拉丁人的身份是相同的（见§14）。

"归降异邦人（peregrini dediticii）"是指那些被迫自行投降的民族。他们不被承认拥有任何政治自主权，因而他们丝毫不享有自己的法，他们只拥有万民法上的权利能力。事实上，他们的地位纯属过渡性的，而且人们只是针对某些相类似的特殊身份才使用这一名词，如"艾里亚和森迪亚法的归降人（dediticii ex Aelia Sentia）"和后来在帝国定居的蛮人。

同异邦人一样，移民区拉丁人也因卡拉卡拉的告示而不复存在。由《艾里亚和森迪亚法》赋予那些最悲惨的被解放奴隶的"归降人（dediticii）"地位，也在习惯中废弃不用，它的名称被优士丁尼所废除；"尤尼亚拉丁人"的身份被优士丁尼明确地加以废除。

市民身份因受到放逐而丧失；在早期，则是因被流放（aqua et igni interdictio）而丧失。

§16. 权利能力的灭失

（参考：J. 1, 16; D. 4, 5; D. 49, 15; D. 8, 50（51））

死亡和人格减等 当缺乏上述基本要件之一时，权利能力即丧失。

Ⅰ. 权利主体或权利能力

但是，人们把丧失自然要件（即人的存在）同丧失民法要件区别开来。因死亡而丧失权利能力，这符合每个人的意识，属于自然法：已死亡的人不需要权利。至于另外两个要件，罗马人则把因失去自由或失去市民身份而终止权利能力看作是纯粹任意的和实证的事实，或者说是市民法的事实。因上述两种资格的丧失而导致的权利能力灭失构成"人格减等（capitis deminutio）"，它"被等同于市民法上的死亡（iure civili morti coaequatur）"。丧失自由地位是"最大人格减等（capitis deminutio maxima）"，丧失市民身份是"中人格减等（capitis deminutio media）"，这两者均被称为"人格大减等（capitis deminutio magna）"，与之相对的是"最小人格减等（capitis deminutio mimima）"。对后者，我们将在§56中论述。

死亡的证明应当由将因之而行使权利（如继承权）的人提供。对于那些长期下落不明的人，即人们通常说的**失踪**情况，这种证明并不容易。失踪制度，从这一词今天的技术含义上讲，是纯正的罗马法所不含有的。正是中世纪的实践，才开始为这一制度奠定基础，它承认这样一种推定：当失踪人满70岁时，即认为他已死亡，或者如果他失踪时已满70岁，经过5年后，即认为他死亡。

个别制度 同"人格大减等"相关的是两项重要的个别法制度："复境权（ius postliminii）"和"科尔内利法拟制（fictio legis Corneliae）"。

被俘的罗马市民因这一事实而沦为敌人的奴隶。但是，一个极为古老的习惯法制度规定，当他以任何方式回到祖国并意图留下（mens remanendi）时，他当然应当恢复自己的权利，因此，除婚姻和占有以外，那些不依靠意思和事实的连续性的法律关系，在被俘人返回或死亡之前，处于"悬止"状态。这就是**复境权**（ius postliminii，该词起源于post limina，意为入境之后的权利）。在优士丁尼法中，婚姻的连续性受到承认，而且也承认在被俘期间通过遗嘱附书所做的遗嘱确认。

科尔内利法拟制调整的是在被俘期间死亡的情况。为了使那些与战俘死亡有关的法律关系保持完全有效，尤其针对继承（无论是以被俘前遗嘱为基础的遗嘱继承还是无遗嘱继承），大概是由独裁者科尔内利·西拉作出这样的规定：死亡的俘虏市民被视为是在被俘之时死亡的，也就是说被视为自由人和市民[1]。

§17. 变更权利能力的条件

从提高或降低权利能力的意义上讲，具有较普遍影响的条件是：成为自权人或他权人，家庭身份或宗亲关系，血缘亲属或血亲关系，年龄，性别，身体和精神健康状况，社会地位或职业，宗教，不名誉，出身和住所。

自权人和他权人 这一主要条件涉及罗马的家庭制度，罗马家庭是一个不比现代家庭严格，但却与之根本不同并且完全以另一种初始状态为基础的社会。"自权人（sui iuris）"是独立于罗马的家庭权力（manus 或 potestas）的人，自权人一般是指"家父（paterfamilias）"，即便他没有属下。"他权人（alieni iuris）"则是指从属于家庭权力（manus 或 potestas）的人，他们包括奴隶，相对来说，被称为"自由人"的"家子（filiifamilias）"也是他权人。当时，"家子"在公法方面是完全有权利能力的，但在私法领域，他们如果脱离了自然家庭的关系，在取得权利方面基本上不享有任何权能。这种情况的实质和起源最好在家庭法部分加以论述，在那里还将谈到罗马法对这一初始状态所逐步给予的变更，直到几乎彻底根除。

家庭身份或宗亲关系 家庭身份（status familiae）或简单地说"家庭（familia）"，在主体意义上，是同"市民身份"或"城邦"相对应的词。它指的是某人系罗马家庭的成员，这里所包含的不仅仅是在现实中组成一个家庭并受一个共同的"家父"统辖的人，而且还包含一切倘若共同"家父"不死亡则共同组成同一家庭的人。这些人之间的联系叫作"宗亲关系（agnazione）"，其成员叫作"宗亲属（agnati）"。

关于这一条件，我们也放在家庭法中论述。

血缘亲属或血亲关系 同"家庭身份"或宗亲关系相对的通常是血缘亲属或血亲关系，因为正是这种身份最终逐渐在宗亲涉及的一切关系中取代了宗亲身份。它是现代意义上的家庭关系或血亲关系，由一个共同的男性或女性祖先繁衍而成。它以亲等计算，或者在"直系"中从一

---

[1] 参见 D. 49, 15, 18。

Ⅰ. 权利主体或权利能力

亲属向另一亲属即在尊亲属和卑亲属之间依序推算，或者在"旁系"中追溯同其他亲属的共同祖先。每一代算是一个亲等，但是在旁系中，对代的计算应当加倍。

姻亲是联系配偶一方同另一方亲属的关系。

年龄 在年龄方面的基本区别是适婚人与未适婚人。适婚人（puberi）本应是那些所达到的身体发育程度使其适宜生育并且以此推定伴有足够的智力发育的人。在最初时，人们根据身体检查逐个地判断一个人是否应当被视为适婚人或未适婚人；萨宾派学者坚持主张对男性适用这一原则（至于妇女，似乎自古就将12岁定为身体发育期）。但是，普罗库勒派学者则坚持斯多葛学派的主张，或者说坚持某些社会习惯，把满14岁作为非适婚期的终止期限；其他人则要求既达到上述年龄，又达到足够的身体发育程度。优士丁尼结束了在这方面的分歧，为男人和女人分别确定了14岁和12岁的限度[1]。

未达到适婚期的自权人受到监护人的保护，被称为**受监护人**（pupillo）。

在未适婚人中，自古（ab antiquo）就有"幼儿（infanti）"之分，根据优士丁尼以前的法，他们实际上是指那些"不能讲话的人（qui fari non possunt）"，在优士丁尼法中是指不满7岁的人[2]。后来，也许在优士丁尼时期，出现了"近幼儿（prossimi all'infanzia）"和"近适婚人（prossimi alla puberta'）"。幼儿完全无行为能力（见§24）。超过幼儿期的未适婚人当然也不能结婚，不能立遗嘱，但是，如果他的意思得到监护人的赞同，即可有效地履行其他一切法律行为，这种赞同叫作"监护人准可（auctoritas tutoris）"。此外，他可以有效地实施一切其后果对他有利的行为，即便未得到上述准可[3]，而且如果他犯了罪，可以被认为负有责任[4]。

在布匿战争时期，在适婚期中开始出现一种区别。贸易的增长和早期"信义"的弛懈使得赋予刚成为适婚人的青年以完全能力具有危险性，而且《普莱多里法（lex Plaetoria）》（公元前192年—公元前191

---

[1] 参见 J.1, 22pr.。
[2] 参见 D.23, 1, 14; D.26, 7, 1, 2。
[3] 这也扩大适用于"近幼儿"，参见 J.3, 19, 9; 10；并参阅本书§24。
[4] 参见 J.4, 1, 18 (20)；并参阅本书§34。

年）也用公共刑罚威吓那些在同未满 25 岁的人缔约时利用其无经验的弱点而使其上当的人，为此设立了"民众诉讼（actio popularis）"，可由任何人提起。然而，行为本身仍然有效；但是，裁判官在继续这一做法时，允许不满 25 岁的人对债权人的诉讼提出"普莱多里法抗辩（exceptio legis Plaetoriae）"，也可只以该未成年人受到损害为根据，无需证明第三人的故意。这样就形成了未满 25 岁（minores XXV annis）这一新的年龄段，它的重要性不断增长。与此有关的主要制度有"恢复原状（restitutio in integrum）"和"未成年人保佐（cura minorum）"（参见§75）。

年满 20 岁的未成年人（如果是妇女，则为满 18 岁），经提出请求，可以从君主那里获得"年龄恩准（venia aetatis）"。在得到此恩惠后，那些通常使他们在公共信用上处于困难境地的特权就不再对他们有影响。

年龄很高的人，比如超过 70 岁的人，可以拒绝担任公共职务，如监护。

性别　在尚武的罗马人当中，妇女的社会地位比在希腊高得多，但是，她们的权利能力却在很多方面比男人低。妇女不能行使政治权利和一切公共职务。在私法上，她不能行使"父权（patria potestas）"和监护权（后来这方面的一些例外情况除外），不能做主持人，不能做遗嘱的见证人，不能提起公共诉讼，不能为他人提出诉求（postulare pro aliis），或者说为他人出席审判。根据《韦勒雅（Velleiano）元老院决议》（公元 46 年），由妇女提供的担保可以通过抗辩而被撤销。另一方面，人们宽恕妇女的法律错误，只要它未造成损害。

在早期法中，自权人妇女受到永久监护，《沃科尼亚（Voconia）法》（公元前 169 年）曾限制她们根据遗嘱进行继承的能力，法学理论也限制她们的法定继承或无遗嘱继承的权利。他权人妇女（无论受制于父权还是夫权）还不能举债。但是，这些限制在优士丁尼法中不再有效。

两性人（ermafroditi）不构成特殊类别，而是按照所接近的性别看待。

身体和精神的健康状况　可以被用来作为监护理由的疾病被称为 morbus（病），永久性毛病被称为 vitium（缺陷）。有很多关于盲人、聋子、哑巴等的限制或特别豁免。

I．权利主体或权利能力

被阉割者（castrati）在优士丁尼法中既不能娶妻，也不得收养。

至于精神缺陷，精神病人（furiosi）和痴呆者（dementes，mentecapti）同幼儿一样，不具有任何行为能力。他们及其财产由保佐人监管。但是，人们承认精神病人的间歇性清醒，在此期间，他们具有行为能力（见§75）。

浪费人（prodighi）被禁止经管财物，他接受保佐人的帮助，并处于"少童（infantia maior）"未适婚人的地位。

社会身份和职业 在早期罗马法中，如果我们撇开某些过渡性身份和债务奴隶（addicti）、因债受役者（nexi）、被判刑人（iudicati）等不论，"解放自由人"或许是惟一限制性地影响人的权利能力的社会身份。在帝国时代，某些社会身份开始成为对人有利或不利的因素；在奥古斯都时代，《关于嫁娶的尤利法（lex Iulia de maritandis ordinibus）》（它在优士丁尼法中不再有效）规定了有利于已婚者或多子女父母的特权和针对独身者和无子女父母的限制性条款，尤其是在继承法方面。行省长官不得在本省取得财物，不得在本省做买卖、放高利贷，不得娶本省妇女。

但是在罗马—希腊时代，社会身份获得了广泛的意义。几乎所有的社会身份或职业都涉及法律规定，并成为法律规章本身的基础，比如：地方元老院议员、自由学科教授、银行家，等等。所有的公益职业，尤其是同两个首都的生活供应相关的职业（船夫、屠夫、磨坊主、面包商、泥瓦匠，等等），其情形同样如此；在当时的没落帝国，国家逐渐吞并、调整着一切，从耕种到食品价格，个人的积极性、进步和生活都处于停滞状态，根据这种社会主义倾向，上述职业也结合成某些社团并以此相袭。不过，大量的相关规定涉及的是公法，只是有关军人的法也扩侵到私人关系领域。

这些身份中最为特别的是"佃农制"，一种对田地的役用，随着旧的奴役源泉的枯竭，它渐渐地形成。佃农也是一个由自由人甚至是生来自由人组成的世袭阶层，但是，他们被束缚在土地上，因而受治于土地的所有主。他们是自由的和有权能的人，他们的婚姻是"正当结婚（iustae nuptiae）"，他们拥有自己的财产。但是，他们的转让权受到限制，因为他们的财产被当作缴纳租金和税款的担保；如果他们抛弃了土地，他们可能被要求赔偿，他们也不得对主人提起诉讼，除非是因为后者要提高他们的租金。佃农的身份来自于出生（父亲或母亲是佃农），30年时效，自愿投身，或者乞讨（乞讨人因此成为控告者的佃农）。该身份因取得土地或获得主教资格而终止；禁止实行释放。

宗教 在古代世界，每个政治社会都有自己的神；遵奉信仰是国家的一项职责，祭司是一种公共职务。在这种情况下，对古代精神的容忍曾是一种自然现象。每个民族都有自己的宗教，就像它们有各自的制度和习俗一样。它们尊重自己的上帝，因为那是它们自己的，而不是因为它相信这些神是惟一真实的。总之，一种完全不同的宗教观念是：承认所有的宗教，但却厌恶无神论。

随着基督教的出现，情况改变了。对自己宗教的骄傲和皈依的趋势，作为政治聚合的表现，曾成为西伯莱人的特有形象。基督教作为不问民族和国界的、独统天下的宗教，它的新特点激励并改变了这种趋势。这种精神使西部人感到吃惊和烦恼，并使他们痛恨基督徒和西伯莱人，但是，基督教在约一个世纪的时间中得到扎扎实实的传播，尤其是在那些不幸的阶层当中。不过，在对不被理解的新信念和实践的宣传中，在对各民族信仰的遗弃中，在超脱社会生活和政治生活的倾向（"我的王国不属于这个世界"）中，在一定的时候，似乎也感到危险，而且不少优秀的皇帝常常因出名的迫害活动而玷污了自己的名声，在危机时刻搞乱了帝国。反对基督教的斗争是断断续续的，它特别受社会和政治忧虑的影响；基督徒为了保卫自己，宣称他们不是国家的敌人，人们也从未颁布过限制基督徒权利能力的规定。

君士坦丁，恺撒继承人中最伟大的一位（不一定是最优秀的），通过著名的313年《米兰告示》，最终确定了对基督教信仰的容忍，后来他也皈依了它。然而，新宗教却因其本性势必滥用当时获得的胜利。君士坦丁虽然优待基督徒，却信守自己的告示；但是，在他的继承人统治时期，不容忍却占了上风。君士坦兹在公元353年毅然把基督教宣布为国家惟一的宗教，下令关闭了其他非基督教庙寺。优里安王国、约维安王国和瓦伦丁尼安王国标志着一个短暂的停顿。在格拉蒂安和狄奥多西时期，宗教的不容忍现象真的变成了疯狂，相继出现了一系列针对非基督徒、犹太人、背教者以及遍布于广袤帝国疆域的异教徒的限制性规定。私法方面的主要制裁是：不能充任见证人，不能参与死因继承；对于最被痛恨的教派，还规定不得以任何名义实现取得。至于西伯莱人，他们被搞得不能担任公共职务[1]，西伯莱人与基督教徒通婚被宣布为通奸[2]，同对待一切不忠诚者一样，禁止他们占有基督徒奴隶[3]。当优士丁尼法出现时，我们在这条悲惨的道路上已走得很远。《法典》第1编中的许多章几乎完全充斥着因信仰原因而规定的刑罚和对权利能力的限制。

籍贯和住所 籍贯是指出生地，住所是指市民的主要住地。这两项条件对于市政负担和司法管辖都特别重要。"原告就被告（Actor sequitur forum rei）"，被告（reus）在其住所地法官面前被诉；但作为例外，当被告偶然处于其籍贯地时，也可在该地法官面前受审。在罗马法中，允许自由挑选住所，甚至允许有数个住所。有些人拥有必要住所，如士兵、被放逐者、受监护人和妇女，后者即便守寡，仍保留其亡夫的住所。

不名誉 罗马法把不名誉规定为一项法律制度，使某些行为、职业或判罚导致权利能力的削减，也就是说，在私法方面，丧失提出请求或出席审判（除非为本人或某些亲近的人）以及担任诉讼代理人（procurator ad lites）的权利；在优士丁尼法中，随着律师成为一种公共职业，不名誉也导致无权行使此职业；最后还导致无权提起"民众诉讼（actio popularis）"。但是，优士丁尼规定，对方当事人不得提出有关无权能问题的抗辩，因而不名誉的意义几乎在新法中消失[4]。

导致不名誉的原因有：1. 在公共审判中受到刑事处罚，而且从帝国开始，也包括对具有私人特点的犯罪的处罚，如盗窃、抢劫、侵害、欺诈行为等；2. 在关于合伙、监护、委托、寄托（以及古典法中的信托）的审判中受到处罚；3. 从事戏剧、角斗技艺，行使卑下职业；4. 妇女在一年服丧期届满之前再婚，明知无父亲命令（non iussu patris）而娶上述妇女，家父对此表示同意；此外还有：重婚，缔结双重婚约，破产，做虚假宣誓，士兵被军队开除和放高利贷。

当不名誉产生于不另作处罚的行为时，法学家们通常称其为"直接不名誉"，而当不名誉产生于某一判罚时，则称其为"间接不名誉"。

同法定"不名誉"不同的是"秽名（turpitudo）"，它被现代人称

---

[1] 参见 C.1, 9, 18 (19)。

[2] 参见 C.1, 9, 6。

[3] 参见 C.1, 10, 1；2。

[4] 参见 J.4, 13, 11 (10)。

为"事实不名誉（infamia facti）"，即某人的坏名声，法官可以在许多问题上对它加以考虑。

§ 18. 法人

在法人概念中包含两种不同的制度，然而，在产生和消灭问题上，在所能行使的权利的性质问题上，在取得和丧失这些权利的方式问题上，这两种制度在原则上却很相似。

这两者中最古老和最自然的一项制度是由数人组成的"社团（associazione）"，这种社团有着一个宗旨，而且其总体被承认为权利义务的主体，而不以单个人及其更替变化为转移。这样的主体用我们的术语一般被称为"团体（corporazione）"，由于它是结伙成员的集合体，因而人们可以说它是一个真正的现实存在体；罗马人把它等同于人，赋予它以人的资格（如"市镇人〔persona municipii〕"及"移民区人〔persona coloniae〕"，等等）。至于权利能力（"人"这一术语并不意味着它，参见§11），则只是逐渐地被承认的。

第二个制度相比之下则不那么自然而且是后来形成的，老实说，它不属于罗马法制度，这就是"基金会（fondazione）"。它不表现为权利主体，而只是一笔财产的使用所追随的目标，国家行使对它的保护，以保证该财产不脱离为它确定的目标。人所固有的人格化本能致使人们把这一目标视为权利主体，比如说财产的主人是医院，是养育院，等等。但是，如果说在语言上是这样讲的话，现实发生的情况则不同。事实上，目标不是一个人，也不是有意愿的活人的集合体。

§ 19. 团体（Universitates personarum）

（参考：D. 3, 4；D. 38, 3；D. 47, 22；D. 50, 1—10；C. 10, 31）

名词和种类 罗马人用非常繁多的术语来称呼团体（这些术语一般模棱两可，因为它们也用来指一些既不表示社团，也无人格意义的情况），如：societas, ordo, sodalitas 或 sodalicium, collegium 和 corpus, 后两个术语用得比较频繁，最后一个术语看来在我们所研究的文献中确实

Ⅰ．权利主体或权利能力

是指团体的法律人格；团体的成员叫作 socii（成员）或 sodales（合伙人）。在古典语言中，没有一个集合名词既指真正私人的团体，又涵盖政治行政性机构。只是在优士丁尼法编纂者的语言中，按照古典用法只指市民或自治市居民集合体的 universitas，才被用作一般术语，并且明确地指法律人格。

国家或"罗马人民（populus romanus）"，因其政治机构的特点，自古就被承认为权利主体。

由于同样的原因，自治市和城市委员会（即市政委员会委员们〔decurioni〕）、自由城邦、市镇和乡村（fora, conciliabula, castella, vici）、还有帝国后期的行省，都拥有权利能力。僧侣会也是团体。

私人的志愿性团体，有些很早就出现了，它们有：技艺和行业团体、国家领薪职员（如公仆〔apparitores〕、信使〔viatores〕、文书〔scribae〕等）的团体，各种商业社团（但不一定都组织成社团形式，它们一般由富有的骑士阶层为开矿、采盐、承包公共捐税而组建，如金矿社、银矿社、采盐社、包税社等〔societates aurifodinarum, argentifodinarum, salinarum, publicanorum〕），主要为祭拜各种外国神而成立的、有时由一位僧侣主持的信教者协会，虽以宗教为目的，但主要为保障丧葬的实施而设立的"殡仪会（collegia funeraticia）"（最初的基督教徒就曾采用这种形式结社）。在基督教—希腊时代，非基督教的自由团体消失了，而且没落帝国的社会主义式发展把职业团体从志愿的转变为必须的，并带有世袭关系，出现了新的宗教团体、教会和修道院。

要件 为了形成一个真正的团体，即具有法律人格的团体，必须有**数个**为同一**合法目标**而联合并**意图**建立单一主体的人。

对于罗马法来说，甚至不需要国家对该团体的明示承认。人们所说的获准，指的是目的（causae）应当是合法的[1]。

至于成员的数量，三人即可建立一个团体[2]，即按照做出多数票决议所需的数目。但是，它一旦成立，就将延续下去，哪怕只剩下一人。

权利能力 团体在同外界关系中的法律人格只是从帝国时代才发展起来，并逐渐地以国家的人格为模式。这种人格从来不是完全的。马

---

[1] 参见 D. 3, 4, 1；D. 47, 22, 3。
[2] 参见 D. 50, 16, 85。

可·奥勒留第一次赋予团体以解放奴隶的权利，这实际上包括对由团体解放的人行使庇护权，并有权对被解放者的财产实行法定继承[1]。该皇帝还授予团体以对遗赠的接受权[2]。作为特权曾赐予某些团体的、充任继承人的权利，也被优士丁尼扩及所有团体[3]。

　　法律人格的突出后果是：权利义务均由作为一个整体的团体承担，并将成员个人完全排除在外；"如果什么东西应给付团体，它不应付给团体所属的个人，个人也不应偿还团体所欠之债（Si quid universitati debetur, singulis non debetur；nec quod debet universitas singuli debent）"[4]。个人作为团体成员有另一种身份，而且，即使该团体只剩下他一人，该身份也不同其人格相混淆。

　　内部组织　团体通常有一个以国家为模式的组织，它的章程（lex collegii〔社团规章〕、pactio〔契约〕或 conventio〔协议〕等等）决定成员的接纳和除名、社会资助、理事会或全体大会的权限，它有一个共同的出纳（arca communis），有一个董事会（ordo collegii），与之相对的是"群众会议（plebs collegii）"（董事会和群众会议共同构成 populus〔共同体〕或 respublica collegii〔团体公务〕），还应设置一名或数名"主管（magistri）"以及一些隶属于他的职员，他们的职称总是使人联想到国家和城邦的职位，当不是主管本人以其名义处理事务时，则委托奴隶或受托人担任代理人（actores）或诉讼律师（syndici），在法律行为中表达团体的意思。

§20. 基金会、国库和尚未继承的遗产

（参考：C.1, 2；C.1, 3；C.1, 11；C.1, 12；D.3, 4）

　　基金会的起源和制度　基金会纯属基督教的产物，是对"仁慈"———一种全新观念的表达，在它的起源之初，只以慈善和怜悯为目的。它们表现为养育院、医院、孤儿院、向教会和宗教活动的遗赠，由

---

[1] 参见 D.40, 3, 1—2。
[2] 参见 D.34, 5, 20 (21)。
[3] 参见 C.6, 24, 8；C.6, 48；并见 §201。
[4] 参见 D.3, 4, 7, 1。

此得名为"慈善团体（piae causae）"。

为了成立基金会，本来只需要一笔由创建人指定用于某一目的的财产。然而，在罗马—基督教法中，基金会仍未完全同接受遗赠的团体（教会）相分离，只是通过适当的规章确保财产用于创建人所确定的目的。现今基金会的纯正制度——为某一目的而设立的财产——在当时尚未出现。

至于法律后果，团体与基金会之间没有差别。

国库和尚未继承的遗产　就法律特性而言，同现代基金会较为相似的组织是国库和尚未继承的遗产。国库（fiscus）起初是皇帝的财产，就像金库（aerarium）是罗马共同体的财产一样。随着帝国时代的进步，国库吸收了金库，但同时，它同君主的人身相分离，并被视为一笔财产和一个独立的实体。国库被赋予许多特权。

尚未继承的遗产（hereditas iacens）是死者的、尚未被继承人继承的财产。在罗马法中，没有人接受继承（aditio），一般就不发生遗产取得（参见§189），因而在此间隙中，罗马人说遗产"不是任何人的财产（nullius in bonis sunt）"，或者说"不被视为任何人的财产（nullius in bonis esse creduntur）"。但是，如果说权利一时没有任何主体的话，法律则行使其强制力，以便使财产保持在能够增加或减少的有机结构中（见§189后部），该遗产在必要时也被视为个人或主人。古典法学家也意识到这是一种想象和拟制，他们不喜欢说遗产是人或说是对遗产标的物的"统辖（domina）"，而是说它"代替人（personae vice fungitur）"或者"起替代作用（vicem sustinet）"，"获得所有主的地位（domini locum obtinet）"。

§21. 法人的消灭

法人随着某一实质条件的消失而消灭，因而，如果目的完成或变为非法的或成为不可能的，团体和基金会的存在都将结束；同样，如果它们依赖于某一期限或条件，该期限的届满或条件的实现也导致法人的完结。

团体还根据决议、由于所有成员的死亡或辞职而消灭；基金会随财产的消失而消灭。

II. 权利的取得与丧失

§22. 法律事实　继承

法律事实是法律使某一权利的取得、丧失或变更赖以发生的条件，换言之，是引起法律后果的事实。

取得就是权利与主体的结合；**丧失**是权利同主体的分离。取得可以有两种方式，或者是权利直接地产生，它当时的出现是全新的（ex novo），不以与某一特定人的任何关系为转移，这被称为**原始取得**；或者是某一主体所拥有的现存权利向新享有者的转移，它根据同特定人的关系而设立并以此为理由，这被称为**传来取得**。权利丧失也可以有两种形式，或者是权利的**消灭**，或者是权利与现享有人的**分离**。当一主体为使另一主体取得权利而明确放弃该权利时，依此意思发生的权利从一主体向另一主体转移即为**转让**（alienazione）。

继承（successione）是在传来取得中或者说在转让中取得和相应丧失关系的总称。以传来方式取得的人叫作**继承人**（successore），或者相对于转让人而被称为**获得人**（avente causa），转让者则被称为**原主**（autore）。原主不得向继承人转移比其拥有的权利更大的权利[1]。

但是，并非毫无例外，比如，质押债权人在出卖质物时，将其所不拥有的所有权转移。而且下列看法是绝对错误的：认为继承人的权利同原主的权利是一致的，认为这是一种不折不扣的主体更替，在其他方面

---

[1] 参见 D. 50, 17, 54；120；175, 1；177pr.。

关系保持不变。这种看法违背罗马法文献的说法，违背现实，因为人们完全可以转让较弱的权利或不同的权利，比如设立地役权，或允许对自己物品实行抵押。这后一种情况通常被称为**创设性继承**（successione costitutiva），同**平移性继承**（successione traslativa）相对峙。

在继承概念中所做的基本区分是**个别继承**或**个物继承**（successlo in res 或 in singulas res）和**概括继承**或**概括物继承**（successio per universitatem, in universitatem, universitatis, in universum 或 in omne ius）。第一种继承是指相互分离的单项权利的转让；第二种继承则是指一个权利集合体或一整份财产的转让，这种转让无需采用转让每一单项权利所使用的各个特别方式。正如我们以后将谈到的，概括继承不是任意实现的，而是发生于典型的和特定的情况之中（参见§184—§186），主要出现在遗产继承当中（在现代民法中惟一保留下来的形式）；概括继承不仅向新的享有人转移不可以个物继承方式加以转移的权利，而且继承人的设置真正针对的是那些能使人接替原主的同一法律地位的权利。在古典法中，这才是真正的**继承**（successio）。继承的一般概念是在后古典法时期形成的。

§23. 法律事实的分类

任何法律事实的本质都意味着主体与其他社会成员处于这样一种关系之中：无论法律后果对其有利还是由其负担，它均不表现为不公正，也就是说不损害任何人。不言而喻，这是根据一定的立法标准以及立法所代表的一定的法律意识做出的判断。

立法者希望将这种事实条件作为一切法定变化的内在理由，这种条件本身就足以造成权利的取得或丧失，即使主体无意思表示且对之尚不知晓。但是颇为经常的是，除那种客观条件以外，也需要主体的意思，即要求主体有意识地追求法律将其与结果连接在一起的目的。

法律事实的各种不同结构造成一个基本的区别：**本义的法律事实**，对于它们来说，当上述客观条件出现时，法律后果立即被承认，无需主体的任何意思表示；**自愿法律事实**，对于它们来说，主体的意愿必须同上述客观条件相互竞合。

在前一类法律事实中，人们通常说，法律后果（比如取得）因法的意志而当然地（ope legis 或 lege，ipso iure）发生；在第二类中，则说依人的意思而发生。事实上，人的意思只能在法律设定的条件下才发生效力。先占是个法律行为，它使人取得所有权，但这只产生在法律确定的情况中，也就是当物不属于任何人，因而任何人不会因该取得而受到损害时。

对于自愿事实这个范畴，人们能够较好地建立它的一般理论。这些行为所要求的意思有时是持续意思，也就是说，只要这种意思状态持续着或者可被推测为持续着，法律效力就得到承认，在罗马婚姻中情况就是这样的，它根本不同于现代婚姻，在占有、合伙和其他类似关系中也同样如此。不过，较为常见的自愿事实却是只需要**意思的起始行为**，它们实际上被称为法律行为；因而，**自愿事实**的概念往往同**法律行为**的概念混为一谈。

法律行为区分为**适法行为**和**非法行为**，后者是指在法律上不正当的行为。在前一种行为中，人的意思在法律规定的限度内活动，并且法律所承认的后果或多或少是主体所追求的目的；而在第二种行为中，人的意思却违背法的规范，因而法律后果与被追求的目的相抵触。

§24. 适法行为　意思的要件

依前所述，适法行为（negozio giuridico）可以被定义为："法律在规定的条件和限度内承认能够产生主体所期待的法律后果的意思表示"。

因而在适法行为中需要区分两项要件，主体的意思和事实状态或客观条件，所期待的后果因该条件而受法的保障；这种条件被罗马人叫作"原因（causa）"或"正当原因（iusta causa）"。

现在我们谈谈与适法行为的意思有关的一些一般原则。要求：1. 主体可以履行自愿的行为；2. 他实际期望；3. 他表达出这种意思。即：行为能力，实际意愿，意思表示，人们应当从这三个角度研究意思的要件。

行为能力是指意思能力和履行法律行为的可能性。精神病人和幼儿没有行为能力（见§17），未适婚人包括"近幼儿（infantiae proximi）"（见§17）只有限制行为能力，他们未经监护人准可不能履行某些可能使其财产减少的行为，而且在新法中，未成年人受到保佐。被禁治产的

Ⅱ. 权利的取得与丧失

浪费人被等同于未适婚人。具体的限制需根据不同的主体条件加以确定。

需要说明的是，行为能力与权利能力不是同质的概念，而且前者不从属于后者，奴隶没有权利能力，但他拥有为主人的利益并以其名义履行适法行为的能力。

实际意愿是指对所实施行为的**意识**，但不要求必须意识到行为的法律性质，也就是说，后果是由法规定的。

最后，意思应当被**加以表达**。如果法律未就此作任何规定，以何种方式加以表达则无关紧要；当然，所采用的方式不应当使人对意图实施的行为和期望的后果产生怀疑。在这个问题上需考察各种关系的不同性质。为了建立一种债的关系，需要有举债主体的表示，但不一定必须是口头表示，做个姿态也能算数。

就所有权而言，为表示自己取得权利的意思，罗马人所需采用的自然方式是对物的实际占据（occupatio 先占）或接受对物的交付（traditio 让渡）。

同样，根据罗马的婚姻概念，表示存在这种关系的自然方式是男人和女人一起生活，这使人推定在正派人之间存在着做丈夫和当妻子的意图（见§58）。

所谓意思的**默示表示**，只要充分，也是可接受的（罗马人称它为 re，即以事实表示），在这种情况中，意思由主体的态度和行为加以推定，虽然是通过可靠的归纳，但仍是一种间接方式。某甲对一笔本来可以今天要求归还的贷款拥有债权，但却接受了利息的支付，这意味着他目前已放弃要求偿还本金；某乙领取了分配给他的遗产债权或清偿了该遗产的债务，这意味着他接受了遗产继承。

相反，**沉默**（tacere, non contradicere），即毫无反应，一般来说不能作为意思表示。只有在法律**明确地**和**正面地**规定的情况中，沉默才产生效力，因为在这些情况中，由于关系的性质或社会功利的原因，法律满足于一种不充分的意愿，一种被动的同意，这种意愿表现为有意识的沉默，它有时甚至可以根据面对他人建议或行为的无意识沉默加以推定（即便某甲无知或患有精神病〔etiam Titio ignorante vel furioso〕）。

另一方面，在一系列众多的适法行为中，由于某一行为具有重要性，法律则要求以一种特定的方式来表达意思，这种方式具有庄重性和公开性，否则行为就是无效的。这种特定的表示被现代人称为"要式"，相关的适法行为则叫作**庄重的**或**要式的**行为。罗马人真正的要式是口头的，使用固定的和圣礼的术语，它们常常是象征性的，一般说来是类型化的，即为特定行为创造的并且同其性质相对应，古典的例子是"要式买卖（mancipatio）"或一般所说的"称铜仪式（gerere per aes et libram）"[1]以及"要式口约（stipulatio）"。文明的进步和同其他民族的贸易不断排斥着纯属罗马人的程式，使新法也变得不太讲求形式。在罗马—希腊时代，书面形式和无典型特色的公共登记广泛地渗透进具有较古老贸易传统的国度的立法之中。

程式是证明行为的有利工具，因而常常发生这样的情况：人们在法律不要求程式时也采用它。在这种情况中，人们采用它的目的是为了便利证明，这种程式被称为"为证明的程式（ad probationem）"。那些为行为有效性所要求的程式则被称为"为合法性的程式（ad solemnitatem）"。

§25. 通过他人表示意思和意思代理

意思可以通过他人加以表达，只要有关行为的形式不对此构成障碍。使用传信人（nuntius）表达自己的意图（比如：缔结婚姻、实行售卖，等等）是罗马人的一种广泛实践。传信人只不过被视为表示意愿的实体工具，同一封信或其他任何手段一样。

代理问题则不同。代理是指他人财产或企业的管理者或以他人名义经管某一单独事务的人，在法律关系上虽代表他人行事，但仍表示自己的意思，他们使被经管事务的后果直接由被经管人承担，也就是说，被经管人（dominus negotii）因经管人的行为而直接实现取得或负债。这是现在的代理，它在罗马法中并不存在。经管他人事务的人，无论是根据法律（如监护人和保佐人），还是根据协议（如代理人和受托人），抑或是主动为之（如无因管理人），均不能使他所实施的行为对被经管人直接产生效力。他直接以自己的名义实施行为，为自己取得或者使自

---

〔1〕 这是指一种用天平称作为价金的铜块的原始习惯，它在后来被保留作为买卖程式。

己负债，如果应当让被经管人享受或承担经管行为的结果，就必须根据需要在被经管人和经管人之间安排另一个行为或关系。

换句话说，在罗马法中，**管理权**，即为他人利益行事的权利（通常也叫作间接代理或非纯正代理），原则上不涉及**代理权**，即真正以他人名义行事的权利，后者是真正的或直接的代理。

在罗马法中之所以不实行代理原则，其原因主要应当在罗马家庭自主的政治结构中以及由此而产生的对委托家外人（extraneae personae）表示"家父"意思做法的反感中去寻找。至于取得，确实不非要"家父"亲自出面以实现直接取得不可，因为他在自己的家庭成员和属员——"家子"和奴隶中有着最好的事实代理人，他们必然是在为家庭财产和"家父"实现取得（见§53），由此产生了下列古典格言："不得通过家外人（或通过不受我们权利制约的人）取得［Per extraneam personam（或者 per liberam personam, quae nostro iuri subiecta non est）nihil adquiri potest］"。但是，在债的问题上，这些主体不能使家长直接负债（见§53）。

贸易的需要逐渐带来对这一原则的重要变通。我们将在论述各项制度时介绍这些例外情形。现在我们只是一般地指出：在优士丁尼法中没有对代理的完全承认。

§26. 对适法行为后果的自愿限制　条件、负担和期限

（参考：D. 35, 1; D. 28, 7; C. 6, 25; C. 6, 46; C. 8, 54（55））

适法行为的后果可以由法律以绝对方式加以预定，也就是说，采用按固定模式产生的权利义务将关系加以或多或少的限制，比如婚姻关系。但是，较为常见的是允许主体的意思在一定的范围内对自己行为的结果进行各种调整。一般说来，这首先在善意行为和荣誉法行为中得到承认，但是，一些不包括在这两类行为中的最重要和普通的行为——遗嘱以及要式口约——自古就允许给予意思以较自由的对待。借以变更合法行为后果的附带约定（dichiarazione accessoria）一般叫作条件（condicio）、约定（lex）、负担（modus），如果是发生在两个以上的人之间，也叫简约（pactum），因其得到普遍适用而应在这里特别提到的附带约

定，用现在的专业术语被称为"条件""期限""负担"；"简约"留待论述债的问题时再谈（§168—§169）。

所谓**条件**是指这样一些附带约定，人们通过它们使适法行为的效果依赖于某一未来的和不确定的事件。同附条件的行为相对，不受条件制约的行为叫作纯正行为。

停缓性条件是指使适法行为效力的产生推迟到发生某一不确定事件之时的约定。**解除性条件**是指使适法行为效力的终止、该行为的消除依赖于某一事件的约定。然而，解除性条件在罗马法中并不作为地地道道的条件，而是作为附条件的相反协议，即受停缓性条件制约的、关于解除或撤销的简约。主行为是纯正的（purum），但由于存在附加协议，主行为随条件的出现而解除（sub condicione resolvitur）。

人们还根据事件发生的原因，将条件区分为：**权利性条件**，它的出现依赖于潜在的权利享有人的意思；**偶然性条件**，它的出现依赖于偶然情况（第三人的意思也属偶然情况）；**混合性条件**，部分依赖于偶然情况，部分依赖于主体意思，比如，同某个人结婚。

条件可以处于下列三种状态：悬止状态（condicio pendet），这时条件一直尚未出现，但可能出现；条件出现（condicio existit）；欠缺状态（condicio deficit）。

在悬止状态中，负担人，即可能承担适法行为后果的人，仍在一定程度上受到约束，他不能实施可能使另一方的合法期望受损或落空的行为（比如出卖附条件转移给他的物品）。此外，如果负担人故意阻碍条件的实现，条件则被视为出现。

当事件发生时，处于停缓性条件下的行为变为完备的，当事人之间的法律关系成立；相反，如果事件不出现，行为则无效。对于解除性条件来说，问题则不那么简单，因为这完全依赖于罗马人赋予无形式简约（nudo patto）的效力。一般可以这样说：行为随该条件的出现而撤销，如果适法行为（主要是所谓的善意行为）允许附加简约，人们有权起诉要求终止其效力；相反，如果适法行为不允许附加简约，类似协议则不排除关系和诉权，但派生"既定简约之抗辩（exceptio pacti conventi）"。

一个重要的问题是：停缓性或解除性条件的出现是否具有溯及既往的效力，也就是说，行为的效力或撤销行为的效力是应当一直溯及按条

Ⅱ. 权利的取得与丧失

件达成适法行为的初始之时呢，还是应当从事件出现之时起计算？对于停缓性条件来说，应该认为它们不具有溯及既往的效力，除非人们明确表示愿意。对于解除性条件来说，一切都仍依赖于简约的性质和对它的解释。具有溯及既往效力的撤销叫作"当时撤销（ex tunc）"，不具有溯及既往效力的撤销叫作"现时撤销（ex nunc）"。

所谓非纯正条件或表面条件是：不可能条件，必要条件，法定条件或默示条件，现时条件或过去条件。

在**不可能条件**中，结果在事实上和法律上均不可能发生。从逻辑上讲，后果本应是行为无效，而且对于生者间的行为，的确是宣告无效，人们一般以典型的要式口约为例。但是，对于设立继承人、遗赠、以遗嘱解放奴隶等情形，萨宾派的一项宽厚规则规定：这种条件被视为未予附加（pro non scriptis habentur），并且行为有效〔1〕。在优士丁尼法中，除遗赠外，还明确增加了遗产信托（nec non in fideicommissis），后者现在是同前者联系在一起的制度；由于原则的一般同化作用，我们还应当补充死因赠与（donazione mortis causa）。**不净条件**（condizioni turpi）被等同于不可能条件。

必要条件是指必然出现的那些条件。行为从开始时就是有效的，也就是说，它不是附条件的，而是纯正的。

默示条件或**法定条件**（condiciones iuris）是指属于适法行为的法定要件的条件，因而无需附加，因为，即便默然不提，法律无论如何也要求它具备。

在**现时条件**或**过去条件**（in praesens vel in praeteritum）中，被设定为条件的事件在现时中出现，或者已经出现，或者一直欠缺。这种行为仍不属附条件的，而是纯正的，也就是说，它或者**立即**有效，或者无效，不考虑当事人的主观不确定性。

一种不那么绝对的限制是优士丁尼法称之为"负担（modus）"的条件，它像是较宽和的条件形式。它表现为在赠与和临终行为中通常要求受益人承担的负担，它不停缓行为的结果，在优士丁尼法中只是赋予关系人以诉讼权，以要求受益人履行"负担"或撤销利益（在古典法中，这种不被作为条件或简约的附带约定仅具有道德意义）。

---

〔1〕 参见 J. 2, 14, 10。

期限（dies，dies certus）是为适法行为的开始或者终止附加一个日期。

前一种期限叫作**停缓期限**或**起始期限**（dies a quo）；第二种期限叫作**解除期限**或**终止期限**（dies ad quem）。期限在时间上可以是不确定的（incertus quando），但是，它应当一定能届至（certus an），否则，它就只不过是在期限外表遮盖下的一项条件，而且在罗马人当中，"dies incertus（不确定期限）"只意味着条件。

终止期限，同解除性条件一样，只是一种关于期满撤销的简约，并且以相同的方式起作用。

地地道道的条件和起始期限是与某些行为不相容的[1]。

§27. 适法行为的原因

适法行为的另一要件——表示行为后果不损害他人权利的原因或客观条件，可以说是针对私人意思的法律意思。它是同他人或同社会共同体的所有成员的关系，它使适法行为所产生的法定取得或丧失合法化。当然，原因的最重要意义出现在取得问题上，而不是在丧失问题上，因为法律设置限度针对的是权利取得。

我们可以把原因分为有偿原因和获利原因，特殊原因和一般原因，近原因和远原因。

当权利的取得与相应的丧失相平衡时，有关的原因是**有偿原因**；相反，当取得权利的人并不遭受相应的丧失时，有关原因则为**获利原因**或**无偿原因**。有偿原因的典型例子是买卖：买受人取得接受商品的权利或对该商品的权利，因为他付出了或者在法律上有义务支付货币；出卖人取得向他给付的货币或债权，因为他许诺或给付了商品。获利原因的典型例子是赠与，受赠人的取得仅仅以赠与人为他放弃或许诺放弃标的物为根据，并且法律不禁止这种放弃。

那些为取得或丧失特定权利作根据的原因可以叫作**特殊原因**；那些用来为取得各种财产权利以及为买卖、赠与、嫁资、尤其是概括继承和遗赠作根据的原因，是**一般原因**。

---

[1] D. 50，17，77 列举了一些例子。

行为的直接法律原因是**近原因**，如果缺乏它或者它是非法的（比如配偶间的赠与），行为则无效。**远原因**是只是偶然地同直接原因相结合的法律原因。比如，向某人出卖一块遗产土地，因为遗嘱人确定了向其出卖土地的义务；如果以欺骗的方式使人相信存在这种义务，对上述出卖土地的行为就可以提出异议。

据以实施行为的非法定理由不能同远原因混为一谈。

§28. 适法行为的种类

适法行为首先区分为单方行为和双方行为。在**单方行为**中，行为主体是单一的和独立的，而且行为确是单一的，比如：先占，遗嘱，接受继承，等等。在**双方行为**中，有两个主体参加，而且恰恰存在两个法律行为的有机融合和两个以上意思间的协定，这种协定被称为"合意"（consensus 或 conventio），比如：让渡，债契约和债务解除契约，家庭法中的收养，等等。

由于存在两方意思的协定，现代法学家一般称双方法律行为为"契约"或"协议"。但是在罗马人那里，"契约（contractus）"并不真正是指协定，它专门被用来指债契约（参见§127）。具有一般特点的术语是"协议（conventio, conventum）"或"简约（pactio, pactum, pactum conventum）"，它们真正是指协定，因而也适用于物权领域（比如设立质权和抵押权的"简约〔pactum〕"）；但是，由于历史的原因，它们在技术上通常被用来指由裁判官赋予效力并受其法律保护的协议（参见§168 和§169）。

适法行为还区分为**要式行为**和**略式行为**，所根据的是：意思表示的外部形式是由法律确定的，还是法律未就此作任何规定。

相对于原因，行为区分为**获利性行为**或**无偿行为**和**有偿行为**，所根据的是：使取得合法化的原因或客观关系是否表现出取得者的相应丧失。"negotium（行为）"这个词在我们的术语中意指行为或事务，罗马人用它指事务。

此外，当原因产生于它具体地体现于其中并赋予其称号的行为本身时，适法行为是**原因行为**和**具体行为**；当原因产生于无表现的行为时，适法行为是**抽象行为**；这后一类行为也被称为**要式行为**，因为意思必须以一定形式加以表示，有了这种形式，人们就不再去究问原因。然而请注意，并非所有的要式行为也都是抽象行为，因而这种称谓有时可能会产生误解。当形式取代原因时，它经常有一个形态，有它自己的典型称谓，这一称谓不表示任何原因或者说仅以象征的方式表现原因，并且被用来指某些不同的其他原因，比如：要式口约，要式买卖，拟诉弃权（in iure cessio）。

最后，根据行为发挥其全部效力的时间，人们区分**生者间行为**（inter vivos）和**死因行为**（mortis causa）；根据渊源是历史的还是理想的，行为区分为市民法的和荣誉法的，或者叫**市民法行为**、**自然法行为**或**万民法行为**。"市民法行为"或"合法行为（actus legitimi）"曾是要式行为，但在优士丁尼法中只存活下来要式口约，而且与其说存活在现实中，不如说存活在外表上。

几乎同前一种区分相吻合的是**严法行为**（在古典法中叫作"严格审判行为"）和**善意行为**，所根据的是权利是否受限制，或者说是根据审判员的裁量范围（参见§39）。

§29. 适法行为的无效　意思瑕疵概述

适法行为的无效可以是多种多样的。主要区别如下：或者行为缺乏某项基本要件，以致法律不能承认它并保障它的结果，或者根据法律自己规定的其他事实，某人有权要求宣告该行为无效。

在第一种情形中，适法行为在法律上当然地（ipso iure）绝对无效；在第二种情形中，行为则可因抗辩（ope exceptionis）而被宣告无效或被撤销，因为人们运用自己的权利以求排除另一权利的诉讼形式一般为抗辩（exceptio）。

无论无效表现为绝对无效还是行为可被撤销，它的原因均可能涉及主体的权利能力和行为能力，标的自身的能力和处置该标的的权利，意思及其外部表现，尤其是当定有程式时，还涉及对程式的遵守；最后，还涉及适法行为的原因。

比较具有普遍性的情形是对意思作虚假的或不规范的确定。当某人根本不想实施某一适法行为，但根据其处部行动，比如一个心不在焉的动作或其他无意识的行为，错误地推测他有这种意思时，一般来说这是

Ⅱ. 权利的取得与丧失

表面意思。这里的错误来自于受迷惑者,至于实施了上述行动的人,由于他是无意的,他既没有错误,也无任何期望,因而行为不成立。然而,当该人对另一缔约人犯有过错时,可以要求他对非法行为负责(正如在双方适法行为中人们所一般承认的那样。因开玩笑而做的法定宣告也同样如此)。

虚伪表示是指:说实施行为而实际上却未实施(绝对假冒),或者行为并不准确地同被希望实施的行为相符(相对假冒),比如,以买卖的名义作掩盖进行赠与,在这种情况下,如果作掩盖的行为没有意义,那个偶然实施的行为,当其不是非法的时,则具有效力。"已实施的行为比假装要实施的行为更有效(plus valet quod agitur quam quod simulate concipitur)"。

在双方适法行为中,一方当事人的意思可能因**真意保留**(riserva mentale)而出现瑕疵,即实际上因单方面的作假而出现瑕疵。在这种情况中,当人们偶然成功地证明存在意识保留时,也可以认为行为在逻辑上是无效的(除非行为的意识,相对于意图,具有优先的意义,见§24)。然而,这种无效无论如何没有实际重要性,因为在这种情况中,主体将因故意造成的损害而对另一方当事人承担非法行为的责任。

单纯的表面意思,或者意思的外部表示与内在意愿不相符,在要式适法行为中不那么容易得到承认。

最后,行为人的意思可能因某些对行为人发生作用的原因而出现缺陷或者以不正常的方式形成;意思的三种著名瑕疵是:错误,诈欺(dolo),胁迫(volenza)。

§30. 意思瑕疵　障碍性错误

错误是对某一对象或标的的不真实认识;**不知**则是缺乏任何认识。由于更经常诱使人采取行动的是对事物的不真实认识,因而,在法律行为中人们更多提到的是错误而不是不知。

错误对一系列关系产生影响(参见§37)。在这里,只需考察那些可能成为适法行为意思瑕疵的错误。

不真实的内心反映或缺乏任何反映意味着意识和意思本身有缺陷,因此,当对整个法律行为或对其构成要件产生错误时,行为则因法律要件——意思的缺陷而当然地（ipso iure）无效。这种错误叫作**实质错误**，因为它涉及所实施行为的法律本质。

对整个行为产生的错误不难被认作实质性的。某人认为是在签署一封信，然而却是在一张载有遗嘱或债务承认的纸契上签名，很显然，如果能证明这是错误，该行为则不应当具有任何效力。涉及行为构成要件的错误则不那么容易评价。对此，人们区分：有关行为性质即原因的错误，它通常被称为有关特性和性质的错误（error circa indolem et naturam）；有关人身的错误；有关对象的错误，它包括"对体态的错误（error in corpore）"和"对实体的错误（error in substantia）"。

在**有关行为性质的错误**中，一个原因同另一原因相混淆，这在双方法律行为或协议中是常见的。一方认为是出卖，另一方却以为是接受赠与，或者相反，一方想赠与，而另一则以为是接受借款。在类似情况中，买卖、赠与、借贷均不发生。

对人身的错误是指对为之而实施行为或与之缔约的人的身份产生错误。比如，某人想将其兄弟设立为继承人，但却错误地书写了其内弟的相同姓名；某人以为在向盖尤斯赠与，而实际却是在向森布罗尼赠与；某人想向梯齐奥借贷或售卖，实际却是在同梅维缔约。

然而，对人身的考虑并非在任何情况下都具有实质性。人们往往不是想同某个特定的人缔约，而是同第一位自荐的人缔约。商人向任何付现金的人出售商品，即使他希望让梯齐奥而不是盖尤斯成为买受人，也不能宣称他只打算卖给梯齐奥，而不卖给盖尤斯，并宣布已完成的售卖无效。在婚姻和一些无偿行为中，意图所针对的只是特定人。相反，在有偿行为中，所针对的则更多为任何的主体。但是，不能根据此区别确定一项地地道道的法律规则。为施舍而实行赠与的人，抱有一般的意图，对人身的错误无关紧要；相反，卖物或借钱的人则可能明确打算同经济宽裕的梯齐奥成交，而不想同不守信用且无支付能力的森布罗尼做交易。因而，需要根据上述标准逐一情况地确定对人身的错误是否具有实质性。

有关对象的错误，其一体现为**对体态的错误**（error in corpore），它是指对对象的表征（identita）产生错误，如：一块土地同另一块土地相混淆，一件衣服同一件家具相差错。有关数量多寡的错误（error in quantitate）也具有这样的性质；但是，在这种情况中，通过契约所约定的数量就低不就高。

对实体的错误（error in substantia）是对对象的实体所具有的属性产生错误。"对实体的错误"这个概念在罗马法学理论中发展较晚，而且没有明确的定义。所谓实体在理论上是指构成对象的物质，所针对的是对象的自然本质[1]。然而这个标准既不易找到，也不易适用。物质可能来自于化学组合，而注意这些有时可能是荒谬的或过分的，而且，当在不同情况下确定自然本质的模糊概念时，这种标准也是不适宜的；在奴隶身上是重要的东西，可能在动物身上并不重要。一个可靠且合理的标准却是由对象的社会本质提供的，这种本质是由对象在贸易和生活中的经济、社会功能所决定的，也就是说，是由对人具有实体意义的对象品质所决定的。实际上，罗马法学家在做出最优秀的评断时所遵循的正是这一标准：男奴和女奴，由于在罗马经济中各自具有的不同用途，而构成不同的对象。在实践中人们发现，对"实体（substantia）"或"材料（materia）"的考虑都局限于根据罗马人的用途而确定的经济、社会功能的范围以内，这种用途使不同种类的金属之间产生对象上的差别，却不使不同种类的木料产生这种差别。

当对象的品质并不改变对象的经济、社会功能时，有关这类品质的错误就不是实质性的；有关物或人的名称以及有关行为动机的错误也不是实质性的。对于非实质错误，当出现事关公正的重大理由时，法律也可以排除或改变行为的结果；但是，在这类情况中对错误的考虑是各种各样的，并且产生于法律的明确规定，因为行为不缺乏任何要件，而且它也受到限制，当论述法律关系中错误的效力时（§37），我们将谈到这些限制。不过，我们需要立即论及一种情形，在这种情形中，非实质错误产生于他人的诡计和欺骗，即诈欺。

§ 31. 诈欺

（参考：D. 4, 3；C. 2, 20（21）；D. 44, 4）

诈欺（dolo）是实施行为时所具有的、损害他人的故意心态。因

---

[1] 参见 D. 18, 1, 9, 2。

而，在适法行为中，一切为使相关人受骗或犯错误以便使自己得利的伎俩或欺骗，均为诈欺；总之，任何恶意作假或对事实的隐瞒都是诈欺。拉贝奥给诈欺下了以下定义："一切为蒙蔽、欺骗、欺诈他人而采用的计谋、骗局和手段（omnis calliditas, fallacia, machinatio ad circumveniendum, fallendum, decipiendum alterum adhibita）。"〔1〕

这个词对我们来说是专属法律语言。民间语言没有相应的术语，"欺骗""欺诈"均不表示行为人的主观状态和意欲状态。法律上的诈欺自然具有较严重的特点，而日常贸易中使用的狡黠（如过分吹嘘自己的商品）则较为简单〔2〕。后者是很自然的事情，就像去伪存真是很自然的事情一样，为了将前者同后者区别开来，罗马人创造了"诈欺"一词；为了也区别于为实现合法目的而采用的狡黠，罗马人通常使用定语"malus（恶意的）"。

诈欺就其本身而言——当它并不造成实质性错误时——不使行为当然地（ipso iure）无效。人们可以说，意思虽然被歪曲了，但依然存在。还需要考虑的是：针对诈欺的补救措施是由裁判官创造的，他只能间接地排除被认为是不公正的规范和法律结果，不使自己同市民法发生公开的矛盾。这些补救措施是在共和国末期被引进的，当时贸易的发展和"信义（fides）"的降低使诈欺行为增加；另一方面，法律含义的精练使人更加关注关系的本质而不是形式，更注重内在意愿而不是宣称；而且"善良习俗（boni mores）"开始得到法律上的认可。由此出现了"诈欺之诉（actio doli）"或"诈欺抗辩（exceptio doli）"，对它们的选择采用，根据的是行为是否产生了它的后果。

"诈欺之诉"是一种极为严重的诉讼，它的结果导致被判罚人不名誉；因而，只有当其他法律补救措施无济于事时，才可以诉诸它。

法学家们将诈欺区分成为：**成因诈欺**（dolus causam dans），它是行为的原因，没有它，该行为就无法完成；**附带诈欺**（dolus incidens），没有它，行为的确仍能完成，但情形会更好些。第一种诈欺真正成为以诈欺之诉或抗辩要求撤销行为及其结果的理由；第二种诈欺看来只能获得对行为的公正执行或适当的补偿。但是，这种区别在我们所研究的罗

---

〔1〕 参见 D. 4, 3, 1, 2; D. 2, 14, 7, 9。

〔2〕 参见 D. 18, 1, 43pr.。

马法渊源中没有根据。

如果当事人相互之间实施诈欺,任何一方均无权提起上述诉讼。如果诈欺是由第三人实施的,行为一律有效,并可以针对该第三人提起诉讼,要求赔偿;如果涉及的是获利行为,也可对受益的当事人提出抗辩。

最后,需要指出的是,在诚信审判中,由于法官不需要考察特定的和固定的关系,只是根据诚信(ex fide bona)确定已在当事人之间达成的东西,因而,早在"诈欺抗辩"和"诈欺之诉"发明之前,法官就可以并且应当考虑当事人一方所采用的诈欺。这种情况后来仍保持如此。

§32. 胁迫

(参考:D.4,2;C.2,19(20))

意思可能因**物质胁迫**或**精神胁迫**产生瑕疵。前一种胁迫绝对排除意愿,因为人身成了某一行为的物质工具。比如:为了使某一适法行为成为有效的,法律要求主体自愿出席,有关人却采用武力强迫该主体出席。

法学家们称这种胁迫为"绝对胁迫(vis absoluta)"或"对人身施加的胁迫(corpori illata)"。受其影响的行为是当然无效的。

精神胁迫是指为使某人实施行为而施加的威胁,包括部分地实现威胁。考虑到这种胁迫给主体造成的心理状态,罗马人称它为"恐吓(metus 或 timor)";各学派通常称其为"对心素施加的胁迫或强制"(vis animo illata 或 compulsiva)。

精神胁迫,同诈欺一样,可以说并不绝对排除意愿。行为是因害怕威胁变为现实而被实施的,但却是自愿实施的,保罗称之为"受强制的自愿(coactus volui)"[1],因而行为并不被认为是当然地(ipso iure)无效。在这个问题上仍可参见有关诈欺的论述。

纠正胁迫的措施也是在共和国末期由裁判官引进的,这就是"胁迫

---

[1] 参见 D.4,2,21,5。

之诉"和后来的"胁迫抗辩（exceptio quod metus causa）"，其名称取自告示的首语。

胁迫这种手段，尽管其特点不那么可恶，但却比诈欺更严重地扰乱社会秩序，因而，"胁迫之诉（actio quod metus causa）"如果说不像"诈欺之诉"那样不名誉的话，却产生更严重的效力，它不仅针对实施胁迫的行为人，而且也可以针对任何第三人。比如，如果因受到胁迫而将某物的所有权按照合法形式转移，并且实施胁迫的行为人将该物卖给第三人，则亦可对该善意第三人提起诉讼，要求返还原物。由于这一特点，"胁迫之诉"被罗马人称为"确定事实之诉（in rem scripta）"（参见§39）。此外，如果行为人或第三人拒绝返还标的物，他们将被判支付4倍的罚款。

为了符合法律的规定，胁迫应当具备以下四项要件：第一，它是非正义的，即实施胁迫的人毫无法律根据（vis iniusta）；第二，借以实施恐吓的恶果应当是严重的（maioris malitatis），无论它是针对生命、民事自由、还是人身安全；第三，恐吓应当是可怕的，也就是说，其情形足以给一个严肃且有理性的人留下印象（metus non vani hominis, sed qui merito et in homine constantissimo cadat）；第四，恐吓的实施应当明显地是为了迫使他人实施行为（metus consulto illatus），也就是说，某人仅仅有理由或者认为有理由害怕，这是不够的。

早在"胁迫之诉"和"胁迫抗辩"出现之前，法官就可以在善意审判中对胁迫加以考虑，就像对待诈欺那样。

§33. 对无效性的补救

法律行为的无效可以因下列情形而获补救：对于可予撤销的行为，**放弃争诉权**（diritto d'impugnativa）；因放任法定时限经过而**丧失争诉权**；在法律允许的情况下，给予**确认**或**准可**。

确认（conferma）或**准可**（ratihabitio）是一项较为复杂的制度，它既可以是采用后来行为认可（convalidazione）可予撤销的或根本无效的行为，也可以是对并非真正无效而只是有待获得效力的不完备行为加以完善。对未经委托而经管他人事务（无因管理，见§170）的承认，就体现了准可的这种功能。类似的情况还有，为使当事人之间行为有效，需要某一第三人的同意，比如，由"家子"达成的消费借贷协议，只有当"家父"也随后给予了同意时，才是完全有效的和无懈可击的（见§158）；由未成年人实行的转让，只有当获得保佐人的批准时，才是有效的（§79）。

准可不是一项基本的和可归纳为原则的制度。无论它发挥怎样的作用，均只在法律明确认可的情况中适用。但是，在那些情况中，它也具有溯及既往的效力，也就是说，除第三人已取得权利的情况外，行为的法律结果并不是从获得准可之时开始，而是自该行为完成之时开始。

§34. 非法行为

非法行为是一切侵害他人权利的行为。非法行为也具有两个要件：行为的自愿性，它构成**过错**（colpa）；以及对他人权利的侵害，它叫作**损害**。

同适法行为中的意思一样，过错也要求行为能力（见§24）。精神病人、幼儿和近幼儿不可能有过错。

过错的不同种类 当过错发生在因同受害人的特殊关系而出现的非法行为之中时，叫作**契约过错**，因为这种关系一般产生于契约；当过错出现在其他因其本身而非法的行为之中时，叫作**契约外过错**（estracontrattuale）。这种过错也被称为"阿奎利亚法过错"，它得名于《阿奎利亚法》，当责任方和受害方之间无任何关系时，对他人造成的损害由《阿奎利亚法》调整。

此外，过错还可能表现在积极的行为或不作为之中，前一种过错叫作"作为过错（culpa in faciendo）"，后一种叫作"不作为过错（culpa in non faciendo）"。对于与之无任何法律关系或契约关系相约束的人，人们没有义务实施行为，因而在那些因本身而非法的行为中，过错绝不可能是不作为，而一律表现为"作为过错"，在早期罗马法中，对于严格审判的行为来说，情况同样如此。

最后，过错区分为**诈欺**和本义上的**过失**[1]。这种区分以及本义上

---

[1] 当"culpa"一词是指不同于"dolus（诈欺，故意）"的主观因素时，它被译为"过失"，以便同包括诈欺形式的广义"culpa（过错）"相区别。——译者

的过失的分级,与契约外过错或阿奎利亚法过错并不相关,因为在后一情况中人们对任何种类的或程度的过错一律负责,即使是轻过失,"在阿奎利亚法中最轻微的过失也予考虑(in lege Aquilia et levissima culpa venit)"。但是,上述区分和分级对于契约过错则是至关紧要的。

诈欺(dolus malus),作为适法行为中意愿的瑕疵,我们已作了介绍(见§31),它是实施侵害的邪恶意图。它的特有要件恰恰是**处心积虑地损人利己的意图,是行为人自觉的、邪恶的意图**。

过失是缺乏注意,但没有侵害的恶意,未实际预见到行为的结果。故意者知晓(scit),过失者应该知晓(scire debet)。

过失的等级 狭义的过失表现出两个等级:重过失和轻过失。

重过失(宽过失 lata culpa,严重疏忽 magna neglegentia)是一种超过一般平均值的非常疏忽,即未采用最平常的注意,未意识到所有人均意识到的东西[1]。

轻过失(culpa levis 或简单地称为 culpa)是未采用有条理的正常人对自己家务所给予的注意。这种正常人被罗马人叫作"善良的"或"勤谨的家父"(bonus 或 diligens paterfamilias),我们则称其为好家父。其实,这个罗马术语只是指对其工作或事务表现得诚实、勤谨的人[2],因为"家父"只不过是指自权人(sui iuris),他是人或法律主体的原型。以此可以回答某些现代学派想对这个罗马概念提出的批评。此外,"好家父"这一表述给人以一个颇含情理的概念,尤其是在民事过失问题上。

由于轻过失具有这种抽象特征,它也被罗马人称为"抽象过失(culpa in abstracto)"。轻过失或狭义过失的对立面恰恰是"勤谨家父的勤谨注意(diligentia diligentis patrisfamilias)"或者简单地说是"勤谨注意(diligentia)"。

一种独特的过失形式是现代人所说的"具体过失(culpa in concreto)",因为作为标准的模型不是"家父"的抽象模式,而是过错人本身。对他人事务或物品未采用对自己事务或物品所采用的勤谨注意(diligentiam quam suis rebus adhibet)就属于这样一种过失。这种形式的

---

[1] 参见 D. 50, 16, 213, 2。

[2] 这个术语也用于法学界以外,由于早期经济的特点,"勤谨家父"露宿在农场。

过失实际上是变化无常的，因为一个人对自己的事务也可能表现出疏忽或特别疏忽，或者可能按照"好家父"的严格勤谨行事；然而人们不可能超越这个标准。

损害 法律上的损害是对某一权利的侵害，而不是剥夺某种利益，即便在经济上是可估价的。如果某人建造他的房子，挡住邻居家的光线和视野，他并未造成法律上的损害，并且不负有责任，即便他这样做对自己毫无益处并怀有最处心积虑的侵害恶意（参见§98），但是，如果邻居对土地享有地役权并可能因此行为而受到侵害，情况则不同了。人们区分**实际损害**或**明显损害**，它表现为财产减损；**消极损害**或**中止获利损害**，它表现为所期待的财产赢利的丧失；**直接损害**，它是非法行为的直接结果；**间接损害**，它产生于其他行为同非法行为的竞合，而这些其他行为本来并不伴随着损害。

§35. 非法行为的后果：赔偿损失

非法行为的后果是向受害人补偿或赔偿损失，此外，当行为构成犯罪时，还要受到私人的或公共的财产性或人身性刑罚。关于私人刑罚，我们将在关于各种私犯的论述中阐释；这里需一般地谈谈赔偿。

对契约过错的责任，无论是"作为过错"还是"不作为过错"（即单纯的不作为），其学说的发展均以善意行为作为对象（主要是在尤里安时期），并且考虑过错的区分和等级划分；但是，后来在优士丁尼法和共同法中，这一学说扩大到最纷杂的法律关系。

何时应当赔偿？

对诈欺一律应负责任，在民事效果上，严重过失等同于诈欺（culpa lata dolo aequiparatur），人们也称其为"近似诈欺（dolo proxima）"。然而应当记住，人们不得以简约排除对诈欺的责任，而且，债权人自己的"领受迟延（mora in accipiendo）"并不解除债务人对诈欺的责任（参见§138），相反，人们却可以商定不对过失负责。

对于真正过失的两个等级来说，责任的基础是从某一关系中是否获利（commodum 或 lucrum）的标准。如果从某一法律关系中并不获利，那么责任就不能超过重过失的范围；如果从法律关系中获利，损害赔偿的责任则也因轻过失而发生。使用借贷的出借人对于由**无偿**出借的物品对借用人造成的损害,除故意和重过失的情况外,不承担责任;寄托中的受托人对于由他**无偿**保管的物品出现的损失和腐坏,也同样如此。相反,借用人和用益权人则对轻过失负责。然而也有一些对这一原则的例外,它们有着特殊的理由,或者可解释为历史的痕迹:委托和无因管理,尽管是无偿的,但与其有关的责任也扩及轻过失;在合伙、共有(communione incidentale)、监护、丈夫对嫁资和嫁资外财物的经管等行为中,根据具体过失的限度标准处理责任(或者说人们必须采用"对本人事务的勤谨注意");在所有这些同物的关系中,这些物似乎都可以被视为自己的(至少暂时被视为自己的)。最后,在优士丁尼法中,临时受让人和土地测量人也仅仅对诈欺和重过失负责。

赔偿应当是完整的,也就是说,过错人既应当赔偿明显损害,也应当赔偿中止获利损害;既应当赔偿直接损害,也应当赔偿间接损害,用罗马术语讲,叫作 rei aestimatio(物的估价)和 id quod interest(利益损害)。不过,在有着确定标的的契约中,优士丁尼把赔偿的最高标准限定为标的价值的一倍。

§ 36. 时间

在一系列为数众多的法律事实中,时间是个重要因素。完全的行为能力是在达到一定年龄时取得的,也就是说自出生后经过一定的时间;自丈夫去世或离婚后 10 个月内出生的子女被视为婚生子;权利因在一定时期内得到运用或未运用而被取得或丧失;等等。各方当事人的相同意思赋予时间以法律效力,比如:确定执行契约的期限。

对时间的计算可以有不同的方式:自然方式、民法方式、连续方式和用益方式。

自然方式是按时刻计算(a momento ad momentum 或 ad momenta temporum),即从准确的起始时刻,直到最后一日的相应时刻。**民法方式**是按日计算(ad dies),这种方式把日视为不可分的单位,而且不考虑日开始或期限届满的准确时刻。

法律只采用民法计算方式。因而规则应当是:期限随最后一日的完结而届满。比如:从 1894 年 1 月 1 日起到 1894 年 12 月 31 日午夜,一年的期限被视为经过;因为罗马人和我们一样,认为日的结束和次日的开始均在午夜（hora sexta noctis）。

不过有这样一个原则，它基于优士丁尼的文献并造就了一个传统格言："日一旦开始即被视为完整的（Dies inceptus pro completo habetur）"。这意味着：结束日（dies ad quem）一俟抵达即被视为完结。这一命题是仅仅适用于文献所明确列举的三种情况的例外原则（参见 D. 28，1，5；D. 40，1，1；D. 50，16，134），它不是同民法计算方式相对立的规范，当人们要确定的不是完成某一行为的期限而是一种状态的持续期（比如时效取得所必需的占有时间）时，或者当涉及的是与权利丧失相对立的权利取得时，则适用这一原则，尽管前一种算法接近于真实。上述原则只不过是对民法计算的"宽厚的一般解释"，它得到罗马法学理论的承认。但是，正因为这是一种宽厚的解释，所以凡当它可能有损于承受期限的人时，它就不适用；因而它不适于提起司法诉讼所要求的期限，即对于诉讼的失效和时效以及有关失效的任何关键性期限，均不适用。

连续方式是将所有经过的日均计算在内；**用益方式**是只计算对实施某一行为有用的日，不计算因阻碍原因（缺席、节假日，等等）而使行为不可能的时间。

§ 37. 错误

（参考：D. 22，6；C. 1，18）

可能致使一系列法律事实发生变化的另一个重要因素是**错误**。它在法中表现为两种截然不同的情况，一种错误使在一定关系中法所要求的法定要件——意识或意思缺乏（这也包括不知），另一种错误作为干扰性原因或因素施加其影响，而对于关系的法定要件来说则不排除意识和意志。

适法行为中的实质性错误（见§30）属于前一类错误。但是，也包含其他一些情况。行为人在非法行为中的故意（dolo）可能因所犯错误而被排除，比如：如果某人出卖并交付了他人的物品，当他错误地以为是自己的时，他不犯有盗窃罪；反之，法在一系列法律关系中将其作为基本要件的善意，则经常把主体的错误作为其前提条件，该主体证明他缺乏侵害他人的恶意。更直接地讲，当法要求意识时（比如，法有时要求某一期限从得知某一事实起计算〔a die scientiae〕），错误或不知恰恰排除这种意识。

第二种错误出现于以下情况：某人把无行为能力的人当作具有行为能力的人，而让其担任见证人；某人把"家子"当作"家父"，而向其借钱；或者某人误以为在罗马获得了一个职务，而在罗马买房；当法律期限自某一事实的发生而开始计算且不明确依赖于关系人的知晓时，该关系人因不知该事实的发生，而在本应做出反应的情况下无动于衷；等等。

在第一类情况中，正如我们在论述适法行为时所讲的，错误一般是实质性错误，因为它表明缺乏某一实质要件（意思，知晓）或表明存在一个改变关系结果的对立要件（善意），或者因为在无错误情况下本应产生的法律后果当然地（ipso iure）灭失。

相反，第二类错误则不改变法律关系的实质，而且它在法律上一般并不显要，因而人们一般可以说它是非实质性或**随生性错误**。

然而，法律常常因一些特殊的公平原因，抛弃对第二类错误的严格而必然的不考虑，并且根据具体情况排除或改变关系的结果。向"家子"的消费借贷一般是可予撤销的，当因错误而以为债务人是"家父"时，则被罗马法学家宣布为有效；被用作见证人的奴隶，当被错误地认为是自由人时，也不使得遗嘱无效；在古典法中，如果一位女罗马市民同异邦人结婚，当她证明自己陷入错误时，她可以使其丈夫和子女获得罗马市民资格；等等。

但是，非实质性错误的这种效力，我们再重复一遍，是逐案加以确定的。既然确切地说是一种适用于错误的考虑，法律就要求在这些情况中错误是可原谅的，即不是轻率地犯下的，而是产生于相当严重的情形之中；为了摆脱本应承担的后果，有时还要求错误产生于极为严重的情形之中。

在这方面区分事实错误（error 或 ignorantia facti）和法律错误（error 或 ignorantia iuris）是至关紧要的。如果某人在同一位 20 岁的人缔约时以为他有 25 岁，即以为他是成年人，这就是犯了事实错误；相反，如果他知道对方为 20 岁，但以为成年人的年龄起线为 20 岁，他就是犯了法律错误。法律错误一般是不可原谅的，这倒不是因为法比事实更容易了解，而是因为法律应当适用于我们的行为并调整其结果，而不问法律是否众所周知，不问它被主体理解得好还是不好，否则，所有的人都会说他们不知道或不理解对其不利或有疑问的法律规范，并以此为自己辩解。

对于某些人，不可原谅的错误和法律错误也发生对其有利的效力，这些人是：未成年人（minores XXV annis〔未满25岁者〕），完全没有文化的人（rustici），士兵（milites），在许多情况下（一般当涉及避免损害而不涉及赢利时）还包括妇女。

III. 权利保护

§38. 诉讼

（参考：J.4，6，；D.44，7）

据以实施法律强制的主要手段叫作**诉讼**（actio，agere）[1]，在私法领域，诉讼是提供给公民借以要求国家维护自己遭受漠视的权利的手段。"诉讼只不过是通过审判要求获得自己应得之物的权利（Actio nihil aliud est quam ius persequendi iudicio quod sibi debetur）"[2]。诉讼或至少说抗辩（见§42）由于代表着法律强制，因而是任何主观法所固有的，这恰恰是主观法区别于受其他社会规范保障的权利的特殊之处，这些其他规范在民众俗言中也被称为"法"（参见§9）。

一般所称的**审判**是人们意图借以证明自己权利的存在的诉讼程序（procedimento），提起诉讼的人叫作**原告**（actor），对之起诉的人叫作**被告**（conventus，reus）。**争议**或**纠纷**（lis，controversia）是提交审判的问题。在罗马法中，诉讼不仅具有主观法的一般特点，而且存在着大量不同类型的诉讼，它们有着自己名称，有的是为权利而设置，有的则是为法律关系而设置，这要看表现得较为明显和确切的是权利还是法律关

---

[1] actio 也可译为"诉权"，在那些需强调该词的主观法意义的地方，我将其译为"诉权"。——译者

[2] 参见 J.4, 6, pr.；D.44, 7, 51。

系[1]；甚至，人们经常用说是否有诉讼权利或诉权，表示有还是没有权利。这主要产生于下列情形：在罗马法发展的最昌盛时期，罗马法是在执法官手中不断形成的，而执法官并不拥有立法权，而只是为执法而设立的。当时，裁判官在引进自己的革新时，不是根据一定的条件确立新的权利（这对他来说是不可能的），而通常是一次一次地允许或在其告示中宣布在其当政之年根据特定条件可以合法地进行哪些诉讼或审判；因此，那些产生于裁判官的权利连自己的称谓都没有，而是以诉权来表示，如"善意占有诉讼（actio Publiciana）"和"质押担保诉讼（actio Serviana）"，或者以据以获得诉权的事实来表示，如"胁迫之诉（actio metur）"和"诈欺之诉（actio doli）"；在罗马制度中，比如在优士丁尼的《法学阶梯》中，诉讼理论涉及不少的法律关系。通过诉权形成法，这曾赋予诉讼理论以一种在优士丁尼法中并未得到保留的意义。

"自我救助（ragion fattasi）"，或者说私人以实际做法保护自己的权利，这种情况随着公共权利的不断增长而逐渐减少，并受到各种刑事制裁的惩罚[2]，在优士丁尼法中，一般只有当"在有节制的限度内（cum moderamine inculpatae tutelae）"努力维持现状（status quo）时，它才是合法的[3]。

§39. 诉讼的不同种类

基本的区别是**对人的诉讼**（actiones in personam）和**对物的诉讼**（actiones in rem）。对人之诉所涉及的是同某个人的法律关系，该人侵犯了产生于该关系的权利，这种关系就是债的关系。对物之诉本是借以维护物权或对物的权利的诉讼；但在较一般的意义上，对物之诉是指为维护可能遭受任何第三人侵犯的绝对权利的诉讼，这类权利除物权外，还

---

[1] 在物法中一般是为权利，而在债法中则一般是为关系。
[2] 参见 D.48，7，7；D.4，2，13；等等。优士丁尼法中的新规定见 C.9，19，6 和《新律》52 和 60。
[3] "以暴力抗拒暴力（Vim vi repellere）"是自然法；参见 D.43，16，1，27；D.9，2，45，4；D.1，1，3。

包括身份权利或资格权利以及家庭权利。然而，在某些所谓的债关系中，对之可提起诉讼的负债人并不是永久确定的，而是暂时的（pro tempore），因为债依赖于同一定标的发生一定的关系。类似的诉讼例如"胁迫之诉"，它不仅可以针对实施威胁的行为人，也可以针对任何持有因受到恐吓而被转让的物品的人；罗马人称它为"特定事实之诉（in rem scripta）"，因为在程式中列举关于威胁的事实，而不列举行为人[1]。其他一些对人之诉也具有同样的特点，比如"排放雨水之诉（actio aquae pluviae arcendae）"[2]，"防止暴力和欺瞒的令状（interdictum quod vi aut clam）"[3]。

对物之诉一般称为**请求返还**（vindicationes 或 petitiones）**之诉**，典型的是：**返还所有物之诉**（rei vindicatio），它是有关所有权的诉讼。借以要求承认一种身份或资格权的对物之诉被称为**预备审**（praeiudiciales in rem actiones），因为这样的权利构成其他权利或其他审判之主体的前提条件。

某些对人之诉，人们说它们具有一种**混合性质**，这种称呼肯定是优士丁尼创造的。这类混合性诉讼有"遗产分割之诉（actio familiae erciscundae）"，以它人们要求在数位共同继承人之间分割遗产；"共同财产分割之诉（actio communi dividundo）"，以它人们要求分割共同所有的物品；"地界调整之诉（actio finium regundorum）"，它具有相似的目标，即调整地界；也就是说，是指一切析产诉讼[4]。因为在这些诉讼中，随着时间的推移，有关物的后果（以裁判分配份额，这具有所有权的性质）同关于个人给付的审判（比如因对物的花费而决定的给付）结合在一起。

相反，"要求继承之诉（hereditatis petitio）"，由于在罗马法中它首先是为了获得对绝对权的承认（即继承人资格，它实质被理解为一种主体条件或权能条件）而成为对物之诉，它也被称为混合性诉讼，因为，归根结底它最终使继承人获得对遗产的权利，而且这些权利也包括对债

---

[1] 参见 D. 4, 2, 9, 8; D. 44, 4, 4, 33。
[2] 参见 D. 39, 3, 12。
[3] 参见 D. 43, 24, 5, 13。
[4] 参见 J. 4, 6, 20。

Ⅲ. 权利保护

的权利或债权[1]。

人们还区分**罚金之诉**（penali）、**损害赔偿之诉**（reipersecutorie）和**混合诉讼**（miste），这种区别也是优士丁尼创造的，它对产生于因本身而非法的行为的责任具有重要意义。人们以"罚金之诉"要求给付一笔罚金，即私人的和钱款的处罚；"损害赔偿之诉"则是要求恢复受到非法行为侵害的权利或获得适当的补偿；"混合诉讼"，则上述两种目的兼而有之[2]。继承人不应当遭受罚金，因此对他们不适用罚金诉讼；当从某一共犯同伙那里获得清偿之后，对其他共同犯罪人的罚金之诉并不消灭；这种诉讼一般在一个用益年（anno utile）后就不再提起。混合诉讼可针对继承人，它只限于单纯的恢复原状或者仅以继承人因被继承人的非法行为而获得的利益为限。在罚金之诉和混合之诉中，过错人的责任常常以遭受损害的倍数计算[3]。不过，这些术语并不那么严格。有些本来应叫作混合之诉的诉讼（因为，如果说要求的数额超过遭受的损害使得这些诉讼具有罚金特点的话，另一方面它们也确实侧重于弥补原告遭受的损失）时而被称为罚金之诉或准罚金之诉，时而又被说成是损害赔偿之诉；而另一些诉讼尽管是罚金的，如诈欺之诉或胁迫之诉，却不能对数名共犯给予并罚。所有这一切都反映出从原始制度向发达制度发展的过渡危机，在前一种制度中，非法行为所造成的只是罚金，而在后一种制度中，人们逐渐趋向于确定这一原则：任何损害均需赔偿（见§173）；混合诉讼本身像是后来为掩饰危机和解体而实行的一种更新。

在某些诉讼中，如果被告持否认态度，判罚的数额则加倍，比如"阿奎利亚法诉讼（actio legis Aquiliae）"（见§175）。

罗马人把一类债的诉讼称为**诚信诉讼**或**诚信审判**，在这类诉讼中，由于关系不是严格由法律或裁判官的程式确定的，因而审判员可以而且应该根据诚信（ex fide bona）去探究当事人达成的是什么东西；与此相反的是**严格审判之诉**（actiones stricti iudicii），也叫"严格审判（stricta iudicia）"。这种区别产生于在特定审判中需为审判人员留下多大的裁量余地。

有些严格审判产生于"根据自然公正（ex naturali aequitate）"和

---

[1] 参见 D. 5, 3, 25, 18; D. 3, 31, 7。
[2] 参见 J. 4, 6, 16; D. 44, 7, 35pr.。
[3] 参见 J. 4, 6, 21。

"善良及公平（ex bono et aequo）"确定的关系，如："错债索回之诉（condictio indebiti）"。然而，优士丁尼真正是从公平与严格法对立的意义上理解这一区别的，并把严格审判之诉命名为"严格法诉讼（actiones stricti iuris）"[1]。在古典法中，诚信审判有：因买卖、租赁、无因管理、委托、寄托、信托、合伙、监护、妻子财产等问题进行的诉讼。在塞维鲁时期（如果说不是优士丁尼干的话），又增加了共同财产分割之诉和遗产分割之诉。优士丁尼进一步增加了诚信审判的数量，因为他理解这一概念和这类诉讼的方式使他注重实质关系的性质。但另一方面，早在古典法中，诚信审判和严格审判之间的区别就已大大降低了其意义，特别是因为引入了并且日益广泛地适用诈欺抗辩。在这方面一直存在这样一种差别：诈欺抗辩应当在诉讼的第一阶段（in iure 即法律审）中提出，而在诚信审判中，即便在第一阶段未提出正式抗辩而且也未列入程式（见§42），审判员在第二阶段（in iudicio 即裁判审）中也考虑诈欺。随着古典法程序在第三时代的消亡，这种差别也消失了。

在**善良公正之诉**（in bonum et aequum conceptae）中，审判员有权按照他认为最公正的和最佳的标准处罚（quantum aequum videbitur, quod aequius et melius erit），比如侵辱之诉。

在程式诉讼时期，人们把针对一笔特定钱款（certa pecunia）或其他特定物（certa res）的债诉讼称为**请求给付之诉**（condictiones），在这种诉讼中，程式仅仅表达原告的要求，提出债因。这种诉讼制度也得名于"请求给付之法律诉讼（legis actio per condictionem）"，后者曾同样仅限适用于窄狭市民法的早期债因。

然而，优士丁尼从一般含义上理解"请求给付之诉"，因而允许它适用于"一切契约，一切债，一切针对特定标的的请求（ex omni contractu, ex omni obligatione, ex qua certum petitur）"；而且，除"请求给付特定物之诉"（condictio certi，针对特定的钱款）和"请求给付小麦之诉"（condictio triticaria，针对一切特定物，其名称是根据"小麦〔triticum〕"一词而来的）外，还创造了针对任何其他标的的"请求给付不特定物之诉（condictio incerti）"，并称法律准许的诉讼为"法定请求给付之诉（condictio ex lege）"。

---

[1] 参见 J. 4, 6, 28。

Ⅲ. 权利保护

所谓**仲裁诉讼**（arbitrariae）是指审判员应当根据仲裁协议判罚（在优士丁尼以前的法中，处罚为一笔钱款）并根据"善良和公平"的标准判定应向原告实行清偿（比如退还某物）的诉讼，在这种诉讼中，被告通过执行"仲裁（arbitratus）"避免受罚。这类诉讼有对物之诉和许多的对人之诉，如：胁迫之诉，诈欺之诉，出示之诉（ad exhibendum），等等。但是，在优士丁尼法中，判罚直接依照标的物的价值，因而，这样的"仲裁（arbitrium）"丧失了其基本意义。

另一些类型，虽然本身是历史上的，但对于理解优士丁尼的制度来说却有了解的必要，它们是**市民法诉讼**（actione civiles），**荣誉法诉讼**（honorariae），**直接诉讼**（directae），**扩用诉讼**（utiles），**拟制诉讼**（ficticiae）和**事实诉讼**（in factum）。

"市民法诉讼"是指由各种市民法规范或由该法的合法渊源引入的诉讼；"荣誉法诉讼"则是由执法官即一般由裁判官准予的诉讼。

所谓"扩用诉讼"是指根据某些因素将诉讼适用于与创立之初适用对象不同的情况，比如："阿奎利亚法诉讼"最初法律允许所有主为物遭受的损害而采用，后来被裁判官扩展适用于用益权人。"拟制诉讼"是说在实行上述扩用时假设原始关系中某些欠缺的条件具备；拟制诉讼的著名例子是"善意占有之诉（Publiciana）"（参见§99）。与扩用诉讼和拟制诉讼相对立的是所谓**直接诉讼**。

"事实诉讼"不是以某一获承认并符合标准的权利或关系为基础（这种权利或关系通常有自己的名称），而是以一种既无自己的类型和名称又未获承认或以任何方式被归入市民法中的新关系为基础，上述新关系通常被人们用创造该关系的事实相称呼。

"事实诉讼"这一术语也被在一种较狭窄的意义上使用，指裁判官不时地根据特殊情形所准可的诉讼，它们同永久告示中受保障的市民法诉讼和裁判官诉讼相对立，被人们称为"普通诉讼（vulgares）"。

最后，人们称那些为维护公共利益而设置的罚金诉讼为**民众诉讼**（actiones populares），任何市民均有权提起它。受到非法行为损害（即便只是私人利益受损）的人或被公认较为适宜起诉的人具有优先权。

§40. 罗马民事诉讼程序的一般沿革

民事审判的次序就是民事诉讼程序。

在原始社会，法律关系具有类似于现今国家间政治关系的特点，因为，在部落或村落的大聚居群体中，有一些较小的群体，它们有着同样的特点，这里讲的不是个人对个人，而是群伙对群伙，最小的群体是原始家庭，它随着文明的发展，根本地改变了性质。在原始时代，同其他社会规范无大区别的法律制裁不是由最广阔共同体制定的，而是由那些即便受害的是个人也被认为受到侵害的群体制定的，这就是为人身侵害的复仇，是武力恢复原状，当不可能恢复原状时，则为财产侵害实施报复。政治进步的第一个标志就是最广阔共同体（它的确表现得较为高级）介入那些较小群体的纠纷，然而，所追求的却不是正义，而是和平。国家要求大家不要动武，而是相互协商，并规定了固定的财产调解，以取代复仇，用对正义或财产要求的仲裁调解，取代武力恢复原状或报复。

罗马国家出面主持正义，最初就是这样；这正是罗马民事诉讼程序不断发展的基本特点：国家机构起初只是在维护公共和平所必需的范围内干预纠纷，后来它们逐渐在司法职能方面发挥更为积极和重要的作用，最终将这一职能全部收归己有。

在这一沿革中，可区分出三个制度，它们同我们在介绍罗马法历史时所提到的三个发展危机相对应，这三个制度是：**法律诉讼**（legis actiones）、**程式诉讼**（formulae）和**非常诉讼**（extraordinaria cognitio）。

法律诉讼和程式诉讼有着一个共同的一般特点（对于罗马法来说并不特殊），即把诉讼划分为两个阶段，一个叫"法律审"，在一名公共官员即执法官面前进行，另一个叫"裁判审"，在审判员面前进行。在这第二阶段中，一切迷信因素和碰运气的因素（如神明裁判）均为未知的。审判员或者是由数名市民组成的固定集体（百人审判团〔centumviri〕，十人争议裁判委员会〔decemviri stlitibus iudicandis〕），或者是由当事人协议选择的市民个人，当不能达成协议时则由执法官指定。因此，这两个制度被各学派称作私人审判制度（ordo iudiciorum privatorum），这个句子在优士丁尼立法文献中无此含义。

Ⅲ. 权利保护

除这一共同特点外，在这两个制度之间存在着深刻差别，在"法律诉讼"时期，公共权力的功能还是颇为有限的。诉讼当事人应当来到执法官面前（即在"法律审"中），向他陈述争议的事由，即相互的要求，但他们不陈述这些要求所依据的具体事实，另一方面，执法官不仅不审判，而且也不对应当以何种方式进行审判做出任何规定或发布任何指示。执法官仅限于设法调和双方，使他们达成公平的和解协议以实现和平，这种协议达成后称为"pactum（协议）"（该词来自于古代动词pacere，因而也来自pax〔和平〕）。但是，如果当事人不能达成协议，执法官则只有权命令他们接受审判，而且正如已谈到的，审判员的选择也主要不是由执法官定夺。

至于应遵循的程序，则是由确定的和严格的形式来调整，这些形式也叫作"诉讼（actiones）"，或诉讼方式，由于它们同法律相符合，因而通常被称为"法律诉讼（legis actiones）"。从这个意义上讲，"actio"这个词既不应当同人们提起的单个诉讼（actiones）相混淆，也不能同一切法所固有的、提起诉讼的权利相混淆。诉讼的这些一般形式或者说"法律诉讼"有：**誓金法律诉讼**（legis actio sacramento），**要求审判员或仲裁人之诉**（per iudicis arbitrive postulationem），**请求给付之诉**（per condictionem），**拘禁之诉**（per manus iniectionem），**扣押之诉**（per pignoris capionem）。

拘禁（manus iniection）和扣押（pignoris capio）可能是原始的制度，并且同私人保护时期相关联，在那时并不要求对簿公堂，而只要求通过一定的形式采取行动。在文明时期，它们只保留作为执行程序。

可以被称为调查之诉的最古老程序则是"誓金法律诉讼"。它有着庄重和象征性的形式，进程缓慢，因为它只是通过曲折和间接的途径才最终对争议的实物标的做出裁判。首先向执法官提出请求和反请求，然后，根据诉讼标的物的价值就一笔为数50至500 assi的款额打赌（当然具有神圣性并伴之以宣誓），接着，审判员对争讼进行裁判，宣判谁在打赌中获胜，谁失败（utrius sacramentum iustum, utrius iniustum esset）。

要求审判员或仲裁人之诉似乎是为这些纠纷而设立的：在这些纠纷中，法律关系并不那么确定，因而不能用"是"或"不是"做出裁断。

请求给付的法律诉讼是由《西利法（Lex Silia）》为数额确定的债而引进的，被《坎布尔尼亚法（Lex Calpurnia）》扩大适用于一切以给付"确定物（certa res）"为标的的债。这个"法律诉讼"几乎没有什么程式。原告只是通知被告在一个约定俗成的期限（一般为 30 天）内向执法官出庭，以便在那里接受审判。这一诉讼的名称恰恰来自于原告的通知，这个词早先叫作"condictio"，起源于"condicere（通知）"，后来也用来指一种特殊类型的债诉讼（见§39）。

然而，"法律诉讼"的形式在时间的演进中却像是在搞一种无益的风险，像是一种沉重且令人厌恶的程序。这种程序必然会面对国家活动和实力的发展而让却。公元前 367 年，根据罗马传统，执法（iuris dictio）活动同执政官职位相分离，作为一种特殊权限托付给执政官的下级同僚——裁判官。这个新的执法官开始采取越来越直接的行动介入法的制定和适用。裁判官取代法的真正渊源，允许在市民法未规定的情况中提起诉讼；但是，在某些纠纷中，他不把问题提交给审判员，而是撇开既定的制度自己来做决定（extra ordinem）；这种介入后来为第三代制度提供了机遇。然而，这样的法律则导致废除古老程序，稳固地扩大裁判官的活动范围。改革从《爱布兹法（Ebuzia）》（大概是在公元前 146 年至公元前 126 年之间制定的）开始，在奥古斯都时代以两项《尤利法》而完成。在此之后，"法律诉讼"只保留适用于向"百人审判团"提出的争议。

由《爱布兹法》引进的程序就是所谓"程式诉讼"，它大概同外事裁判官或行省裁判官的实践相关。程式诉讼仍然区分为"法律审"和"裁判审"，但执法官不限于聆听当事人的请求并在调解不成的情况下为他们指派审判员，而是制作一份书面训示，简要地列举被请求的权利和所涉及的事实，命令审判员：如果这些事实是真的，就处罚被告，否则就开释被告。这种书面训示正是所谓"程式（formula）"；它是一种设想中的审判。审判员应当审查列入程式中的请求和反请求，仔细推敲原告和被告提出的证据和反证据，并按照裁判官的训示做出判决。

这种程式的主要组成部分是：1. "请求原因（demostratio）"，即列举原告所提出的法律事实，在此之前先任命审判员；它的具体程式如："你将是审判员，被诉的事实是奥卢·阿杰里卖给努梅里·内基迪一名奴隶（Iudex esto. Quod Aulus Agerius Numerio Negidio hominem vendidit, qua de re agitur）"。2. "原告请求（intentio）"，即宣告原告所主张的权利，比如："努梅里·内基迪应当根据善意为此向奥卢·阿杰里给付或做必要之事（Quidquid ob eam rem Numerium Negidium Aulo Agerio dare fare oportet ex fide bona）"。3. "判决程式（condemnatio）"，即授权审判员根据当事人提出的事实是否真实决定判罚或开释，比如："判处努梅里·内基迪向奥卢·阿杰里给付一万元。如果不是事实，则开释（Numerium Negidium Aulo Agerio X millia condemna. Si non paret, absolve）"。

在分割财产的审判中，程式还有另一项内容，即授权审判员向诉讼当事人分配被划分为若干份的标的物所有权，这叫作"分配裁判（adiudicatio）"。

为"事实诉讼"（见§39）确定的程式不可能包含"原告请求"，因为原告的请求本来并不被承认为权利。这种程式叫作"所涉事实的程式（in factum conceptae）"，因为恰恰只向审判员列举"请求原因"中的事实并要求他如果所举事实属实就予以宣判。带有"原告请求"的程式则被称为"所涉权利的程式（in ius conceptae）"。

我们注意到：在程式诉讼程序中，任何争议的标的均应按照钱款加以估算，而判罚也以钱款的形式。在对物之诉中，允许被告通过对物的返还，避免遭受根据原告誓言而确定的标的物价值（litis aestimatio）罚款。

在程式诉讼程序中，人们区分"法定审判（legitima iudicia）"，它们应当在罗马或离罗马一千步远的地方，在一名作为罗马市民的审判员和三位罗马市民的面前进行；"依权审判（iudicia quae imperio continentur, imperio continentia iudicia，或 imperialia iudicia）"，在这种审判中，没有上面提及的因素。在依权审判中，审判员的权力随指定他的执法官权力的终止而终止。"法定审判"（它的名称可能同《艾布兹法〔Lex Aebutia〕》有关，该法确定了它的条件，就像"法律诉讼"同《十二表法》有关一样）原则上是无限期的；但是，它们也被《尤利法》限制在一年半内，在这一期限后，审判无效。

程式诉讼程序持续存在于罗马法学的整个古典时期。然而，"以非常方式"（extra ordinem）裁决纠纷的习惯（即不再把案件交审判员处理），在帝国时期越来越成为常事。

通常以"非常方式"加以裁决的案件是关于遗产信托、扶养费、医生或律师等的酬金的诉讼，在马可·奥勒留时代，还有关于身份的争议。然而，只是到了第三时代，关于罗马诉讼划分阶段的意识，尤其在各行省，才完全消失，人们逐渐地把审判员看作想减轻自己过重负担的司法官员的代表，认为审判员是受这些司法官员的委托审理诉讼的，因而，旧的制度也慢慢废弃了。在优士丁尼法中，古老的私人审判制度未留下丝毫痕迹，诉讼自始至终完全由公共执法官主持，因而，这位皇帝宣布：在他的时代，所有的审判均为非常审判[1]。

§41. 诉讼起始和争讼程序

奴隶是不被允许参与审判的，除非作为例外（最初通过"以非常方式"提出的请求），因遭受虐待或者为维护因遗产信托而得到的自由权或以特有产赎来的自由权而参与审判[2]。宣称自己是自由人的奴隶，在优士丁尼前的法中，也不能进行身份诉讼，除非让一位释奴人（adsertor）做自己的代表。优士丁尼取消了"释奴人"[3]。

不大清楚的是"家子"是否有权参与诉讼。如果说真实情况尚未被编纂者们篡改的话，似乎早在古典法中，当他们被诉时是可以参与诉讼的，因为他们是能够负债的；然而他们不能做原告，因为他们不能拥有财产。后来这一否定性原则被逐步加以变通，通常是通过扩用诉讼或"事实诉讼"，在优士丁尼法中，随着家子们取得了财产能力，可以认为上述否定性原则是被废除了[4]。

诉讼代理是为罗马人广泛承认的第一种代理形式。在"法律诉讼"时期，它事实上只在四种情况中才被允许：1. "为民众（pro populo）"，即为维护公益事业，比如参加公共诉讼和"民众诉讼"；2. "为自由（pro libertate）"，即为维护自由权；3. "为监护（pro tutela）"，即为维护受监护人的利益；4. 最后，"根据霍斯第里法（ex lege Hostilia）"，即以缺席者的名义提起盗窃之诉[5]。在程式诉讼时期，代理则获得充

---

[1] 参见 J. 4, 15, 8；D. 3, 5, 46 (47), 1。

[2] 参见 D. 5, 1, 53。

[3] 参见 C. 7, 17。

[4] 参见 D. 5, 1, 18, 1；D. 16, 3, 19；D. 44, 7, 9, 13；D. 12, 1, 17；D. 5, 2, 22pr.；D. 5, 2, 8pr.；D. 43, 24, 13, 1—2；D. 43, 24, 19。

[5] 参见 J. 4, 10, pr.。

Ⅲ. 权利保护

分承认，法定代理人、监护人、保佐人以及志愿代理人均获准参与诉讼。至于志愿代理人，在优士丁尼法中有两种，一种是在个案中确定的诉讼代理人，即在审判中采用"特定用语（certis verbis）"指定的代理人（cognitor），另一种是一般代表，即专为诉讼服务的代理人（procurator）。前一种代理人（cognitor）在优士丁尼法中消失[1]。

早期审判制度的**引入程式**有："传唤被告向执法官出庭（in ius vocatio）"；"出庭保证（vadimonium）"，或叫承诺按开审时间再次出庭，它一般采用保证金（satisdationes）或宣誓的形式；"起诉要旨（editio actionis）"，即告知被告欲采用的诉讼；所有这些在其性质和运作上均表现了诉讼的私人特点。然而，在马可·奥勒留时代，或者更可能是在罗马—希腊时代，允许原告避免这些程序的拖延，迅速使对方当事人了解自己的诉讼请求（denuntiatio litis 或 actionis），同其商定出庭的日期。

在新的"非常诉讼（extraordinariae cognitiones）"制度中，这种通过传唤书或诉状实行的告知是一种正常的手段。君士坦丁使它成为一种公文书；但在优士丁尼法中，"协议诉状（libellus conventionis）"又变为一种简单文书，它通过"文书官（tabularius）"送达并载有对事实和请求的简要叙述，就像旧程式中的"原告请求"和"请求原因"一样。被告在接到此诉状时，应当保证将向法庭出庭（in iudicio sisti，早期表述为 in iure），否则将受到看管，直至出庭之日。

原告的请求不应当超过其权利范围，也就是说不应成为"过分请求（plus petitio）"。所谓"过分请求"分为四种情况：1. "物或数额过分（re 或 summa）"，它发生在出现数量上的过分时；2. "时间过分（tempore）"，即超前提出请求；3. "地点过分（loco）"，即要求在应给付地以外的地点实行给付；4. "原因或性质过分（causa 或 qualitate）"，即以任何方式改变法定之事[2]。

在优士丁尼以前的法中，"过分请求"导致诉讼失败和诉讼完结，因为原告再不能提出他的诉讼。芝努和优士丁尼将"过分请求"的结果限制在赔偿被告遭受的损失，直至两倍或三倍，并将因"时间过分请求"而重新提起的诉讼加以推迟[3]。

---

[1] 因而在《民法大全》中，cognitor 通常改为 procurator。
[2] 参见 J. 4, 6, 33。
[3] 参见 C. 3, 10, 1—2; J. 4, 6, 33。

争讼程序（litis contestatio）在古典法中是诉讼的决定性时刻。它标志着"法律审"的完结并构成一种要式行为。由此诉讼才因当事人意思达成一致而真正开始，也就是说，当事人相互均受约束，就像需遵守契约一样。在"法律诉讼"的程序中，这种行为是双方当事人的正式表态（是否有见证人在场尚有疑问），他们宣誓服从选定的审判员的裁决。在程式诉讼中，原告将程式通知被告（edere, dictare formulam secundum iudicium），被告则予以接受（accipere formulam secundum iudicium）。在法定审判和"有关权利的（in ius conceptae）对人之诉"中，争讼程序具有完全消灭以前曾存在于当事人之间的关系即债的效力，并产生一种新的契约关系，即当事人必须接受审判；因而从那时起，诉权"当然地（ipso iure）"告终，人们再不能提起诉讼。

在优士丁尼法中，"争讼程序"的名称被保留下来，表示原告确定自己的请求、被告确定自己的辩解的诉讼时刻。然而，它不再体现为一种要式行为，也不再具有早期法的那些效力，这些效力一部分被废除，一部分被移到了诉讼的起始阶段（actio mota）。

§42. 辩护和抗辩 证据

（参考：J. 4, 13；D. 44, 1；C. 8, 35（36）；D. 22, 3；C. 4, 19）

被告可以为自己辩护，否认原告所主张的权利，证明它根本就不存在，或者它不是以有效方式设立的，或者它已终止存在；换句话说，就是证明诉讼缺乏法律依据。然而，在很多情况中，诉权并非本身缺乏根据，而只是被告自己也拥有一种将原告的权利完全或部分地加以排除的权利。这种权利，至少在这一功能上，具有否定的特性，当它被用来对付已提起的诉讼时（后来这常常是被允许采用的惟一办法），则被称为**抗辩**，它也属于法律强制的一种形式。

在"法律诉讼"时期，不存在抗辩。在我们看来，道理很明显：抗辩可以说是一种真正的裁判官法制度，因为，在程式诉讼时期允许裁判官最广泛地干预审判，抗辩正是随此而产生的，裁判官把它当作一种间接的手段，借以纠正法律的不公平之处。的确，有些抗辩是属于裁判官法的，如"诈欺抗辩"及"胁迫抗辩"，有些则属市民法，如"琴其亚法抗辩（exceptio legis Cinciae）""韦勒雅元老院决议抗辩"或"马切多尼安元老院决议抗辩"（exceptio senatus consulti Velleiani 或 Macedoniani），但是，裁判官经常从一项法律中为他的"抗辩"找到根据和机会，而且有时有一定的自由权。比如，《普莱多里法（lex Platoria）》规定对"欺骗未成年人（circumscriptio minorum）"的行为实行"公共诉讼（persecutio publica）"，却不宣告由未成年人完成的行为无效；然而，裁判官却允许采用"普莱多里法抗辩（exceptio legis Plaetoriae）"要求宣告该行为无效，而且也在只是简单地妨害未成年人利益的情况下适用该抗辩，而不问另一方是否具有故意。

由于这样的本性和起源，在古典法时代，抗辩必须被列入程式并在"法律审"中提出。审判员不得审查未在程式中提交给他的法律问题，更不能赋予法律未过问的情形以法律价值。只有在附加有"诚信审判协议（ex fide bona）"的诚信审判中，审判员才有权考察未列入程式中的请求和情形。由于"法律审"程序和"裁判审"程序之间划分的消失，在优士丁尼法中，地地道道的抗辩与那些也可在"裁判审"中提出的非纯正抗辩之间的所有差别也消失了，而且抗辩与被告的其他辩护形式之间的差别也减弱了。不过，这种差别，如果从实体法观点而不是从程序的观点来看，今天仍然存在，尽管该制度的重要性已大大削弱，不再存在致使裁判官频繁采用抗辩的那些条件。

除市民法抗辩和荣誉法抗辩之分外，抗辩还区分为"永久的和无限期的（perpetuae et peremptoriae）"和"暂时的"或"有限期的"（temporales 或 dilatoriae）。

古典法中的"诉求前书（praescriptiones）"是一种类似于抗辩的制度。它们也曾是对原告有利的（"为原告的诉求前书〔praescriptiones pro actor〕"），其目的在于限制纳入诉讼的标的，以防止整个案件在程序上没完没了，或者是为了在未赋予其固定形态和名称的法律关系中更好地确定或解释事实。但是，从被告方面，"为被告的诉求前书〔praescriptiones pro reo〕"则构成单纯的抗辩（尽管其性质似乎使它阻止审判并使审判在预备阶段就会完结），而且早在古典法时代，它们就让位于抗辩。这一制度的名称来自于它们在程式中的位置：或者居于程式之首，或者取代"请求原因"，这一名称在优士丁尼法的许多抗辩中依然保留。

对于被告的抗辩，原告也可以提出他自己的抗辩，这叫作**答辩**（replicatio）；对于答辩也可以提出**再抗辩**（duplicatio）；对于后者可提出**再答辩**（triplicatio），并以此类推。

当事人提出的有关法律事实的证据可以是证言、私人文书或公共文书和宣誓。在古典法中，由于诉讼的性质，曾允许审判员对证据有最大的裁量余地；只是到了第三时代，举证制度才开始由法律调整，而且很多是由优士丁尼规定的。宣誓本身在审判员面前只具有道德价值（在少数情况中，当事人一方要求另一方向执法官宣誓〔ius iurandum in iure〕，在这时，进行宣誓或要求反宣誓则是必需的，并使询问终结），被要求宣誓的当事人并不是必须要宣誓或要求反宣誓，审判员也不是必须要接受宣誓。优士丁尼则以普遍和绝对的方式规定了或者宣誓或者要求反宣誓的义务。

所谓**推定**是指当所提供的事实本身很近似真实时，在无需证明的情况下接受该事实。在这方面，古典法只承认审判员有权接受的推定，即当时法学家称之为"诚者推定（praesumptiones hominis）"的推定；法律规定的、允许或不允许相反证明的推定（前者叫作"法律推定〔praesumptiones iuris〕"，后者叫作"对法的法律推定〔praesumptiones iuris et de iure〕"），则是优士丁尼法的一项翻新。

§43. 判决和执行程序

判决，即据以对纠纷做出裁决的行为，可以是处罚或开释，或者是宣告某项权利状态的存在。

判决的执行手段同罗马诉讼本质相关联，它们最鲜明地反映出这种诉讼的起源和为实现公法强制力以及完成财产性执行而做出的长期努力。

在"法律诉讼"程序中，执行对物之诉的判决似乎由保证人（praedes）提供的质押加以确保，这些保证人对于返还物和孳息负有责任。当然，在债的诉讼中，通常所采用的程序是纯粹私人性的、人身性的和强硬的"拘禁之诉（manus iniectio）"，后者也是一种"法律诉讼"。在发生数次平民债务人的暴乱后颁布的《博埃得里亚法（lex Poetelia）》废除了"拘禁之诉"的刑罚特点，禁止杀死、出卖或拘锁无

III. 权利保护

清偿能力的债务人。程式诉讼程序大体上代替了"已决案之诉（actio iudicati）"，这后一种诉讼，在针对被告的异议证明了已决案的有效性之后，最终也导致直接对债务人的人身实施执行（duci iubere）。

一种财产性程序的最初萌芽，至少在后果方面，出现在或许由裁判官鲁第里奥·鲁佛（Rutilio Rufo）引进的"财产拍卖（bonorum venditio）"中（然而只是当债权人希望这样做时或者当因债务人缺席或逃跑而使人身执行不可能时，才诉诸它）。在债权人提出请求之后，经过一定的等待时间，则对债务人的财产实行总括拍卖。财产被判售给出价者中向债权人报价最高的人。总的来说，"财产拍卖"程序只不过是一种为债务人财产设置新享有人的方式，这位新主人同意向债权人清偿，因而执行（即对财产的获取）只能是一般的；"财产买受人（bonorum emptor）"在裁判官法中是债务人的概括继承者（或者通过在程式中改变主体，把真正的主体放在"原告请求"当中，把"财产买受人"列入"判决程式"当中；或者通过虚拟继承的方式），他行使债务人的权利并承担其义务。"财产拍卖"导致债务人"不名誉"。《尤利法》允许债务人通过自愿转让财产来避免不名誉（"尤利法的财产转让〔bonorum cessio ex lege Iulia〕"）。

在帝国初期，还开始实行一种对财产的部分变卖，即"财产零卖（bonorum distractio）"，但仅仅针对元老院议员。一般的"财产占取（missio in bona）"总是需要的，但是，财产变卖则通过"保佐人"直接为债权人进行，直到清偿了这些债权人的债务。只是在非常诉讼的程序中，才在安东尼·比乌时代第一次出现了所谓"已决案诉讼中的扣押（pignus in causa iudicati captum）"。在债权人提出申请后，执法官命令他的官吏们（apparitores）占据债务人的物品，尤其是奴隶和钱款，债权人获得对这些物品的质权。两个月后，如果债务仍未清偿，则进行拍卖。

在罗马—希腊时代，执行成为直接针对财物的并采用较为新近的形式。优士丁尼法采纳了"已决案诉讼中的扣押"，只是在不能清偿的情况下或者应数名债务人的要求，才适用"财产零卖"，这后一种方式在最后的时代已变得相当普遍。对于判处归还"特定物（certa res）"，无疑已引进了公开的"强制（manu militari）"执行。"财产拍卖"的特殊程序，即同旧观念相联系的、以主体取代的方式对财产的总括拍卖，被废除了,并在有关文献中被篡改为"零卖(distractio)"。至于人身执行,仍继续作为一种附带方式,从公元388年起,它在公共监狱中进行[1];私人监牢被废除,尽管芝诺(公元486年)和优士丁尼(公元529年)还不得不对这种旧风俗的顽强反抗做出反应[2]。

§44. 非常程序　令状和恢复原状

(参考:J.4,15;D.43,1;C.8,1;D.4,1;C.2,21;C.2,49(50))

非常程序的两种手段在优士丁尼法中仍保留着独特之处,尽管不再有本质上的程序差别,它们就是令状和恢复原状。

令状是执法官根据受害方的请求而发布的单纯命令。其名称来自于"interdicere(禁止)",因为这种决定的最常见用途是禁止某项行为。令状主要适用于受害的利益具有准公共特点的情况,比如,在道路、海滨、河流等公共场所造成损坏、堵塞或者进行建设。

在私法中,令状最重要的用途是保护占有。

然而,令状并不是一种绝对的命令,因为裁判官不去审查所提出的事实是否属实。相反,它是一种假设的戒令,人们并不是以它要求审判员判罚,就像在程式中那样,而是直接要求当事人在所提出的事实属实的情况下遵从命令。

如果被告对裁判官的命令不服,那么后者可以将案件提交审判员处理。但是,他首先要求当事人相互保证如果败诉将向对方支付一笔款额,这种义务相对于被告人叫作"要式口约(stipulatio)"或"罚金誓约(sponsio poenalis)",相对于原告则称为"复要式口约(restipulatio)"。

这是最初的程序。随着程式的发展,要求令状的程序发生了重大的变化:原告的"复要式口约"不再适用;随后也允许被告为避免立誓约而要求获得一位仲裁人,由他按照"关于事实的仲裁程式(formula arbitraria in factum conceptae)"进行审判。随着"法律审"和"裁判审"之间区别的消失,在令状程序和诉讼之间也再不存在任何程度上的区别

---

[1] 参见C.9,11,1。
[2] 参见C.9,5,1,2。

了。因而,"诉讼"这个一般术语在不少情况下取代了古典术语"令状"。

根据其不同的目的,令状区分为:禁止令状(prohibitoria),出示令状(exhibitoria),返还令状(restitutoria),获得占有令状(adipiscendae),维护占有令状(retinendae),恢复占有令状(recuperandae possessionis);根据审判程序是单一的还是双重的,分为简单令状(simplicia)和双重令状(duplicia)。

恢复原状(in integrum restitutio)是一种类似于撤销之诉的非常手段。它表现为在一定情形下完全撤除产生于某些事实的权利状态。比如,某人失踪或者被俘,与此同时,其他人善意地占有了一块由非所有主出卖的、为该某人所有的土地,并因时效经过而取得了它,上述失踪或被俘的市民返回后,要求裁判官制止时效取得,使自己的权利恢复原状,即停止他人对该土地的享用,认为未发生过权利丧失。

恢复原状只是在执法官经过认真斟酌认为有重大理由时才予准可。这些重大理由包括:胁迫,错误,因公共事业而失踪,战争被俘,未成年。

§45. 诉讼的消灭

按照前面介绍的情况看,严格地说,诉讼消灭的讲法似乎是不合逻辑的,因为诉讼只不过是权利的动态体现,因而可能会被理解为是权利的消灭。然而,有一些法律事实却对诉讼直接产生影响,以致随着诉讼的消灭,权利也发生了终止。

在诉讼消灭的原因中,有些是"当然地(ipso iure)"产生这种后果,有些则是"因抗辩(ope exceptionis)"而产生这种后果。这些原因有已决案,在古典法中还有:争讼程序,时效,数个具有相同目的的诉讼竞合,有关不提出请求之简约,宣誓,以及某些情况下的死亡。

在古典法中,当提起对人之诉和"权利诉讼(in ius conceptae)"时,**已决案**(res iudicata)是法定审判"当然"消灭(完结)的原因;相反,当提起对物之诉或"事实诉讼"时,"已决案抗辩"是所有"依权审判(giudizii quae imperio continentur)"和部分法定审判消灭的原因。在优士丁尼法中,这种抗辩总是发生。罗马法曾有一项极为古老的原则:不得对同一标的提起两次诉讼(bis de eadem re agi non potest)。

但是确切地说,应当是不得对同一议题再次提起诉讼,即不得再根据同一法律事实(ex eadem causa)要求承认同一权利。

在将民事上诉制度引入非常诉讼程序之后,"已决案"的效力为终局判决所获得。

在古典法中,"争讼程序"(见§41)使诉讼完结,有时是"当然地"完结,有时则通过"经审判物抗辩"。在优士丁尼法中,"争讼程序"的消灭效力被废除。

时效是这样一种法律制度:根据该制度,一切诉权,即一切体现在诉讼时刻的权利,在经过一定时期之后,可以通过抗辩而加以消灭。民事诉讼最初时是无限期的,只有裁判官诉讼才受时间的限制,一般为一个用益年。随着裁判官管辖权的发展,出现了"无限期诉讼"(actiones perpetuae)和"时效诉讼"(temporales 或 temporariae)之分,后一类诉讼是"荣誉法"诉讼以及仿照市民法引入的诉讼,主要指以市民法为基础的扩用诉讼和拟制诉讼。

然而在行省,对于"对物之诉"也采纳了一种类似的消灭。当某人为要求归还土地而对另一人提起对物之诉时,如果被告享用权利(即占有土地)达十年之久,或者在原告不在的情况下达二十年,而且占有是正当的,即不存在暴力、欺瞒或临时受让(参见§113和§90)的情形,被告可以采用"长期占有时效抗辩"或"长期取得时效"(exceptio 或 praescriptio longae possessionis 或 longi temporis)反驳原告的请求。这种制度是狄奥多西二世于公元424年确立的一般原则的开端[1]。除了某些例外以外,所有不受限于较短时间限制的诉讼,如"时效诉讼"和对物之诉,在经过三十年后,均被"三十年时效(praescriptio triginta annorum)"所排除。从那时起,"无限期诉讼"这个名称开始指那些需经过比这更长的时间才告消灭的诉讼。

诉讼竞合实际上是指下列情况:同一法律事实因多种关系的交叉而产生出数个具有同一目的的诉讼,因而在选择了一种诉讼时,其他竞合的诉讼就消灭(altera electa alteram consumi, altera actio alteram peremit)。比如,佃农在租给他的土地上实施盗窃。出租人可以对他提起"要求返还被窃物之诉(condictio furtiva)"和"租赁之诉(actio locati)"。在

---

[1] 参见 C. 7, 39, 3。

Ⅲ. 权利保护

古典法中，这种消灭原因只不过是因"争讼程序"而告诉讼完结的特殊适用，即对"一事不再理（bis de eadem re）"等原则的特殊适用。在优士丁尼法中，由于"争讼程序"的完结效力被废除，"诉讼竞合（concursus actionum）"就作为一种特殊的消灭原因保留下来，但是，消灭的根据不再是"争讼程序"，而是"选择（electio）"。此外，优士丁尼还规定：一个诉讼**只是在竞合的实际范围内**消灭另一诉讼；因此，在提起"租赁之诉"或"使用借贷之诉（actio commodati）"之后，受害人仍可以提起"要求返还被窃物之诉"，以获得更多的损害赔偿。在"罚金诉讼"和"损害赔偿之诉"的竞合中，优士丁尼的改革似乎对被告有利。

不提出请求之简约（pactum de non petendo）是当事人之间的一种可使其中一方据以提出"既定简约之抗辩（exceptio pacti conventi）"的协议。这种抗辩可以是"无限期的（peremptoria）"或"有限期的（dilatoria）"，前者适用于商定再不提出要求的情况，后者适用于商定在一定时间内不提出要求的情况。此外，根据是商定不对特定人提出要求还是商定也不要求第三人返还构成立约人权利标的的东西，该简约区分为"对人的（in personam）"或"对物的（in rem）"。

最后，在优士丁尼法中，**宣誓**使做出宣誓的当事人有权提出"因宣誓的抗辩（exceptio iuris iurandi）"（参见§42）。

随着**主体的死亡**，某一主体的权利及其诉权转移到其他主体身上，一般来说，转移到继承人身上。但是，针对**继承人**，只能按照其得利的范围提起罚金诉讼和混合诉讼，而且不得提起所谓的"当事人间的报复性诉讼（actiones vindictam spirantes）"。提起侵辱之诉和"当事人间的报复性诉讼"的权利**不向继承人转移**。

ISTITUZIONI DI
DIRITTO ROMANO

罗马法教科书

分 论

家庭法

§46. 家庭关系的性质和基本制度

在罗马法中,需要区分两种不同的家庭关系和家庭法,一种同罗马家庭的权力和政治机制相关联,另一种则涉及现代意义上的自然家庭。

这两类不同的关系是有本质区别的,因为,罗马人称之为"家庭(familia)"的机构和罗马人未给其以名称的自然家庭,它们的结构和社会功能是不同的。

在罗马法的历史上,这一对立逐渐减弱并确实趋于消灭,在有利于自然家庭发展的新社会环境下,自然家庭的关系趋于压倒并摧毁罗马家庭的关系,至少在这种关系中注入了另一种精神,改变着它的原有特点。在监护和保佐这两种家庭制度方面,优士丁尼法中的类似变革可以说是全面的。至于其他的关系,变革则是超出罗马法之外完成的,即随着古代世界的崩溃和新社会的形成,在罗马法后来经历的发展中完成的。只是在这个新社会中,"父权""收养""脱离父权"等罗马术语,以及"家庭"及其派生词"家父""家子"才逐渐获得了一种完全不同的含义。

由此看来,在论述罗马家庭时,应当分别介绍"罗马家庭"的关系和"自然家庭"的关系,最后再去考察被自然家庭的新精神完全改造的罗马家庭的那些关系,即"监护"和"保佐"。

按照一般的体系,在每一部分都将论述必然同某一家庭关系相关联的财产关系;这对于嫁资制度尤为重要。

Ⅰ. 罗马家庭

§47. 罗马家庭的实质和历史起源

本义上的罗马家庭（familia 或 familia iure proprio）是单纯由权力联合在一起的人的团体，在这一团体中，一人对其他人行使权力，以实现比维护家秩序更高的宗旨[1]。这种家庭的结构及其功能，尽管因其历史退化而改变，但仍表明它是为社会秩序和防卫的目的应运而生的，也就是说，它是一种政治组织。"家庭"的属员叫作"他权人（personae alieni iuris）"，即处于他人权力之下的人，他们一部分是"家子（filii familias）"或"父权下的子女（liberi in potestate）"，另一部分则是奴隶（servi）；但是只有"子女（liberi）"才被视为家庭的真正成员。

从较广的意义上讲（communi iure），"家庭"也是指一切只要共同"家父"不死就均服从其权力的人的集合体[2]。

宗亲关系（adgnatio）是指在前两种情况中联系家庭成员的纽带；**宗亲属**（adgnati）是指被这种关系联系在一起的人。

这种组织最初同原始的社会条件相关联，或许是由于特殊的环境原因，它在罗马社会得以巩固，并且经历数个世纪仍令人吃惊地保持完好无损。

---

[1] 参见 D.50, 16, 195, 2。乌尔比安："我们所称的本义家庭是指这样一群人：他们均服从某一人的权力、品格或权威（Iure proprio familiam dicimus plures personas, quae sunt sub unius potestate aut natura aut iure subiectae）"。

[2] 参见 D.50, 16, 195, 2。

Ⅰ. 罗马家庭

在原始社会，并不是只建立一个组织或设立独一无二的最高权力来维护秩序和负责防卫，而是有若干个组织系列，它们一层高于一层，因而，最高政治机构并不像我们今天的国家那样直接对个人发号施令，而是对下属的团体行使权力，这种权力不是受个人自由的制约，而是受这些团体或其首领的权力的制约，所谓封建的家族组织就具有这样的特点。

在罗马原始社会，这样的政治组织包括：1."家庭（familiae）"，它们当时建立在较为广阔的基础上（这可以从一系列历史记载和残存的法律资料中加以推论），即建立在宗亲或家族团体的基础上（见§51）；2."家族（gentes）"；3.三个原始的罗慕洛"部族（tribus）"；4.最后是"城邦（civitas）"。

罗马"城邦"在很长的时期中压制着较小的群体，成了一个相当有力的政治中心。最初的部族在前几位国王时期就消失了；家族也在共和国时期逐渐地衰落了并最终变成了私法的一个简单制度；在安东尼时期，这些部族和家族成了遥远的历史记忆。只有"家庭"仍然作为坚固和独立的组织与国家相对而立。的确，在其政治行为的最重要关系（即参与政治职位、投票权和军事义务方面）中，城邦并未在家庭的自主性面前退缩，并且把"家父"和"家子"从个人角度视为具有平等权利的市民；这似乎一开始即如此。但是，在所有其他的关系中，无论是内部关系即"家庭"成员之间的关系还是外部关系，罗马国家都尊重这一特有的自主权以及家长的重大权力。**在整个真正的罗马时代，罗马私法就是"家父"或家长的法。**

历史的相似性或许可以使人得出这样的看法：最初的罗马国家为了瓦解那些最可怕的较大团体，不仅想保留而且想巩固那些不大令人担心的较小团体的独立性和势力。只是在国家完全摆脱了这些较大团体之后，才开始其缓慢地使家庭解体的工作；这种解体在罗马—希腊时代急转直下，然而，就其外部组织而言，"家庭"在优士丁尼法中仍保留着自己的原始特点。

"家父"权力的总称，即那种由他行使的最高权力，在早期一般被称为"manus（权力）"，后来一般被称为"potestas（支配权）"；人们同样用这样的术语表述国王和执法官的权力。

然而，从很早开始，人们习惯于使用不同的术语特指这种权力的两个截然不同的方面：对人的权力叫作"manus"，对物的权力叫作"mancipium（财产权）"。

相对于人，权力还区分为：1. 对作为"家庭"成员因而隶属于家长（嫁给家长或他的"家子"）的妇女行使的权力；2. 对"家子"行使的权力；3. 对奴隶行使的权力；4. 对被卖给"家父"的或为赎罪而以其他方式转让给"家父"的他人"家子"的权力。第一种权力构成"夫权"（manus maritalis 或 potestas maritalis），第二种权力是"父权"（manus paterna 或 patria potestas）。然而，颇为陈旧的术语"manus"（无需其他定语）后来即指对加入家庭的妇女的权力，而"支配权（potestas）"或"父权（patria potestas）"这种术语后来则指对"家子"的权力，一种颇为重要的和持续的制度。对奴隶的权力只用"potestas（支配权）"这个词来表示；一些法学家也习惯于使用"主宰权（dominica potestas）"，因为奴隶都是所有权的标的。最后，人们通常使用"mancipium（受役状态）"这个词表示对卖给"家父"的他人"家子"的权力[1]。因而，在优士丁尼以前的法中，用来泛指所有服从于"家父"的人的一般法律术语是"personae in potestate manu mancipio（处于支配权、夫权或受役状态下的人）"。在优士丁尼法中，"manus（夫权）"和"mancipium（受役状态）"去掉了，还剩下"父权"和对奴隶的权力，因而上述句子简化为"personae potestate（支配权下的人）"。

最后还需注意："家父"和"家子"都不是亲属关系的术语。在这种表述中，"父（pater）"同其原始的含义"主人"或"君主"有关[2]，"家子"可以是丈夫和父亲，而"家父"则可能根本没有妻子和子女[3]。

---

〔1〕 因为这种权力最初也同财产权（mancipium）相联系，"家子"因出卖而沦为奴隶（见§55）。

〔2〕 "Pater"也曾是早期的家族首领；Patres是元老院议员、最初的家族首领或者是同平民相对的贵族；"pater"是给早期传说中的神或君主的称号。"parricidium（弑亲）"就是杀害一名pater，或由pater实施的杀人，而已不涉及父亲；因而，它后来也指杀害市民。

〔3〕 参见 D. 50, 16, 195, 2。

Ⅰ.罗马家庭

§48. 罗马家庭对家子的接纳

Ⅰ. 遵从"父权"

(参考：J.1,9；J.1,11；D.1,6；D.1,7；C.8,47(48))

取得某一罗马家庭的"家子"地位，即建立家庭关系或宗亲关系，是通过遵从家长的家庭主权（即"父权"或"夫权"）而实现的，其方式完全同在某一国家取得公民身份的方式相类似，这所指的不是形式和细节，而是指一般观念。

为了成为罗马家庭的成员并隶属于其家长，人们可依据的第一个理由是：由该家庭的男性个人（无论是"家父"还是"家子"）**在合法婚姻**（iustae nuptiae）**中生育**；就像在当时的国家中据以得到公民权的第一个理由是由公民父亲所生一样。女系卑亲属不是家庭的成员，因为他们属于其父亲的家庭。对非婚生子的认领，当在罗马—希腊时代开始实行时，具有同样的效力（见§64）。

但是，一个与之完全等同的理由是被"家父"接纳于家庭之中，确切地说，就像在当时的国家，最高权力当局可以授予外国人或附属的外国共同体以公民权一样。

这种由"家父"实行的接纳一般叫作收养，但人们将它分为**纯正收养**，即对"家子"的收养，和**自权人收养**（arrogazione），即对"家父"的收养，被收养的"家父"必然会把他的"家子"以及他的财产都带到新的家庭中来。

纯正收养（adoptio 或 datio in adoptionem）在优士丁尼前的法中采取的是一种颇为复杂的形式。首先，先前的"家父"必须通过所有法定程式，即三次解放（见§50），放弃他的权力；经过这些程式之后，父权通过"拟诉弃权（in iure cessio）"转移到新"家父"手中，在"拟诉弃权"这一虚拟的诉讼中，新"家父"来到执法官面前（in iure），佯装向先前的"家父"要求给予父权。

在优士丁尼法中，纯正收养则以较为简单的方式进行。收养人同先前的"家父"以及"家子"一起来到住所地的执法官面前，由后者记录下三方协商一致的声明。人们可以通过授予儿子或孙子身份实行收养，这对于"家子"的未来地位及其继承权至关紧要。

至于自权人收养，在早期曾要求必须在罗马当着由大祭司主持的民众大会面进行；大祭司在对情况做了调查之后，询问收养人、被收养人以及库里亚的民众（在共和国时代末期由 30 名侍从官做"形式上〔pro forma〕"的代表）是否同意。在库里亚大会面前，当然不能对妇女或未适婚人实行"自权人收养"。

在帝国时代，安东尼·比乌允许在遵守一定条件的情况下对未适婚人实行自权人收养。一种新的形式——皇帝批复许可在行省实行这种行为并且允许对妇女实行自权人收养。

收养和自权人收养的后果同在家庭内生育的后果是完全一致的。被收养人完全与自己的家庭脱离了关系，在原家庭中丧失了一切权利，并在新的群体中取得了与其他成员相同的地位和权利：名字、姓氏、信仰、宗亲关系、家族、部族，等等。被收养的自权人，在被收养前可以拥有财产和从属人，被收养后则"当然地"丧失了作为"家父"所享有的、一切对人的权力和财产权。

然而，在收养后果和收养的条件中，人们同样可觉察到自然家庭原则所产生的影响。在这些后果方面，部族、本地公民权、生来自由人或解放自由人的身份、元老院议员资格等等，都逐渐地在习惯中或通过法学理论独立于收养；姓名的变化不再被严格遵守。在条件方面，收养人比被收养人年轻，这种事不再是常事，也不再被用正眼看待，在共和国末期，这肯定是令人厌恶的。在帝国时期，法学理论开始规定：收养人必须比被收养人年龄大；但在盖尤斯时代，在安东尼看来，这一规则却是有争议的。只是优士丁尼才在法律上规定收养人须比被收养人年岁大，他确定的规范是：收养人必须比被收养人大 18 岁以上（并且补充了一个不明确的解释：如果收养孙子，收养人必须比被收养人大 36 岁以上）；他在发布新原则时说道："收养实际上被等同于自然生养，如果儿子比父亲年岁大，那将是咄咄怪事（adoptio enim naturam imitatur et pro monstro est ut maior sit filius quam pater）"[1]。

此外，戴克里先甚至早已允许妇女收养，以安慰她们丧子之损

---

〔1〕 根据同样的原则，他禁止被去势者实行收养。参见 J. 1, 11, 9。

失[1]。然而，这只是一个假想的纯正收养，妇女并不因此而取得对被收养人的父权，被收养人也不因此而隶属于妇女的罗马意义上的家庭，也就是说不变成其宗亲属。它只不过是保证被收养人获得对养母的继承权的一种方式。

但是，在纯正收养即收养"家子"的后果方面，优士丁尼实行了一次彻底的革命。他将由尊亲属实行的收养同由某一家外人实行的收养区别开来。前一种收养完全具有早期的后果，因为没有发生多少实质性变化，而且它恰恰被称为"完全收养（adoptio plena）"。第二种收养则既不使"家子"脱离其家庭，也不使他摆脱其"家父"的权力；被收养人只获得对收养他的家外人财产的继承权。正是这种新的自然家庭的精神战胜并改变了收养制度的特点。这种被称为"不完全收养（minus plena）"的制度实质上是现代的收养（参见1865年《民法典》第212条；1942年《民法典》第291条）。

至于自权人收养，它的结果对于被收养人来说至关紧要，自早期时代开始，它就受到严格的控制，以防收养人搞阴险的投机。帝国立法以一系列规定限制收养未达适婚年龄的自权人。然而，自权人收养在优士丁尼法中仍保留着早期的后果，只是收养人不再继受被收养人的财产，而仅仅取得用益权和经管权；这在新法中并不是不合逻辑的，因为被收养的自权人的财产成了外来特有产（见§53）。

§49. 罗马家庭对家子的接纳

Ⅱ. 归顺"夫权"

在早期罗马法中，已出嫁的妇女通常属于丈夫家庭的成员，服从丈夫的权力，解除同原属家庭的一切关系；准确地说，就像在当时的国家中，与公民结婚的外国妇女一般变成公民一样。

这种服从就是"归顺夫权（conventio in manum）"。通过它，妻子

---

[1] 参见 C. 8, 47 (48), 5; D. 5, 2, 29, 3。

(uxor in manu)变成"家女"(filiafamilias)"[1],服从新的"家父",如果"家父"是自己的丈夫,她则处于"准女儿地位(filiae loco)",如果"家父"是自己丈夫的"家父",她则处于"准孙女地位(neptis loco)",在后一情况下,丈夫在父亲死后继承权力。

"归顺夫权"在结婚时所举行的庄严仪式中实行,即通过"祭祀婚(confarreatio)"和"买卖婚(coemptio)"的仪式进行;如果未举行这些仪式,则通过"时效婚(usus)"实现。

"祭祀婚(confarreatio)"是一种采用专门形式的宗教仪式,新娘和新郎在重大仪式中,当着10名见证人的面以及朱庇特神的祭司(flamen dialis)或大祭司长的面,相互提出各自庄重的询问并做出宣告,上述祭司用麦制面包献祭。

"买卖婚(coemptio)"是一种采用要式买卖形式对妇女实行的虚拟购买。

在这两种仪式都未举行的情况下,妇女就不属于丈夫的家庭,而仍留在原先的家庭内。结婚是一种独立于这些仪式的关系,至少在历史时代,即便未举行这些仪式,它也是完全有效的和合法的,但是,丈夫或他的"家父"并不取得对妇女的"夫权",她仍服从于自己的"家父"或者仍作为自权人。

然而,在丈夫家居住超过一年后,妇女就实际上受治于"夫权",并变为新家庭中的"家女"。这就是"时效婚(usus)",它同后来只适用于取得所有权和其他物权的时效取得或通过占有取得(见§90)属于同一制度。由于根据《十二表法》规定的原则,除取得土地需两年外,时效取得的期限均为一年,这一期限也适用于妇女。

如果占有发生中断,对物的时效取得必须从头开始(见§91),同样,时效婚也随着在夫家居住时间的中断而终止,但这必须是妇女远离夫家三夜(trinoctii usurpatio)。

然而,"归顺夫权"面对新的社会精神也没能抵御多久。从西塞罗时代起,祭祀婚就很少实行了。由于它越来越罕见,提比留皇帝为了至少在祭司(flamines)当中保留这种仪式,便废除了它的民事效力。从

---

[1]"家女"的法律地位并不妨碍以"家母(materfamilias)"为荣誉称号来称呼她。女王是国王的从属人。

I. 罗马家庭

西塞罗时代起，买卖婚似乎也变成了自权人妇女为脱离自己的家庭、摆脱严厉的宗亲保护而采用的一种手段。至于最危险的第三种方式，由于它使夫权产生于简单的一年居住期，在安东尼时代，被法律所废除并在习俗中被废弃。

"归顺夫权"制度使得婚姻必然成为妇女断绝同自己家庭的宗亲关系的原因，或者使独立的自权人妇女成为"家女"，这种制度比"父权"制度更令新的社会条件所厌恶。面对布匿战争后发生的道德革命和民事革命，它是首当其冲的制度之一。在公元3世纪困扰着罗马世界的新危机把它的残余彻底清除干净。

但是，"归顺夫权"的消灭带来这样一个结果：相对于罗马家庭的联系而言，妇女现在归属于与其丈夫和子女所属的那个大家庭不同的家庭。

§50. 家子脱离罗马家庭　最小人格减等

［参考：J. 1, 12, 2; J. 1, 12, 5D. 1, 7; C. 8, 48（49）］

借以脱离罗马家庭并断绝宗亲关系的方式，就其基本特点而言，同丧失公民权的方式完全相同。

家庭纽带因被另一家庭所收养或"脱离父权（emancipazione）"而断裂。我们在论述家庭接纳新"家子"的方式时曾谈到收养（见§48）。**脱离父权**是"家父"据以放弃他对某一"家子"的权力并且"家子"据以变为"自权人"和"家父"的行为。在最初的市民法中，不像是有过什么解脱"家子"的方式。法学家们是根据《十二表法》中的一项规定而创造这一制度的，该规定的目的是对"家父"滥用自己的权利加以惩罚，它规定：如果"家父"将自己的"家子"出卖三次，也就是说一而再，再而三地将其出卖，在买者解放了"家子"之后，该"家子"则摆脱父权，不再重返原先的家庭并且不再受父权的管制。"父卖子三次，子摆脱父而自立（Si pater filium ter venum duit, filius a pater liber esto）"。有时候，人们为了其他的目的而运用这一原则，"家父"以要式买卖的法定形式将"家子"卖给他所信任的人三次，而且这个第三人每次都将家子解放。最后的一次解放使被解放者摆脱父权。

然而，为了防止该第三人取得对被解放者的庇主权或取得对被解放的未成年人的监护权，"家父"在第三次时亲自去解放"家子"，使其获得自由。

这种复杂的形式仅适用于男性儿子。对于女儿和孙子女，按照对《十二表法》中"子（filius）"一词的字面解释，解放一次就够了。

在优士丁尼法中实行的最为简便的形式是在拜占庭时代引进的。一种是**阿那斯塔修法脱离父权**，它同自权人收养一样，通过皇帝批复实行；另一种是**优士丁尼法脱离父权**，同收养一样，在执法官面前实行。

已脱离父权者对于罗马式家庭来说是家外人，由于他变成了自权人和"家父"，便本身组成一个家庭；这是可能的，甚至在独身自处的初期，这是必需的，因为没有子女跟随已脱离父权者。"已脱离父权者被视为一个家庭（Emancipatus familiam habet）"。

夫权可以通过下列方式加以解除：1. "解除祭祀婚（diffarreatio）"，它是与"祭祀婚"相对立的一种宗教仪式；2. "要式退卖（remancipatio）"，它是将妇女退卖给她自己的虚拟买卖形式。

不言而喻，家庭纽带也随自由权和市民权的丧失或者说随"最大人格减等"而断绝（见§16）。但是，看起来颇为特别的是：收养，自权人收养，甚至脱离父权，即一切使人摆脱家庭权力的行为，对于罗马人来说，都属于"人格减等"。而事实上收养并不改变被收养人的权利能力，曾在某一家庭中是"家子"的人，在另一家庭中同样是"家子"；至于脱离父权，它使权利能力保持完满，并不使其降低。不过，需考虑到的是：家庭是个类似于"城邦"的群体，脱离家庭同脱离城邦没有什么不同。另一方面，尤其对于已脱离父权的家子来说，国家的不断发展和民事能力所不断获得的重要性都使这种做法变成一种实际的益处，然而，在最高政治组织尚软弱无力之时，个人不能轻易离开强有力的家庭群体的保护，在这种情况下，脱离父权并不产生后来的那种好处。

然而，新的条件逐渐地改变了脱离父权制度的最初本质以及人们对它的情感。如果说它后来可以因忘恩负义而加以撤销的话，如果说优士丁尼强调贵族身份应当不受"父权"限制的话，这些都应归结为这种发展的结果或最高体现。

对于所有脱离自己家庭的人（如被收养的自权人、古典法中的被收养人以及已脱离父权者）来说，他们所遭受的人格减等均被冠以修饰语

Ⅰ. 罗马家庭

"最小的",以同其他意味着真正的人身民事消亡的人格减等相区别。

§51. 家 父

一般来说,"家父"是指那些在**罗马家庭**中不再有活着的直系尊亲属的人,既然在**罗马家庭**中人们只能把父亲作为这样的尊亲属,因而可以说"家父"一般是指没有任何活着的男系尊亲属的人。由此看来,"家父"是指家庭成员的父亲、祖父或曾祖父。

如果随着"家父"的死亡,在家庭中出现数个无尊亲属的"家子",那么,这个家庭则分裂为数个有着各自家长的家庭。"单个人始被视为单个家庭(Singuli singulas familias incipiunt habere)"。然而,这种分裂并不中断各个家庭之间的宗亲关系,宗亲属不仅是服从于同一父权的人,而且也包括如果共同"家父"不死则均服从于其父权的那些人。这证明:这种分裂不是初始就有的,家庭群体最初是应当在一个首领的统辖下保持统一的。

"家父"的资格还可以由于脱离父权而获得。

"家父"有时可能处于既无卑亲属又无从属人的境地。这种情况尤其发生在已脱离父权者身上。这是一种特殊情况,它使得"家父"地位变为一种单纯的主体条件,在取得自由权和公民权后,这种主体条件对于权利能力来说是最为至关紧要的,**甚至在整个古典法时代之前,它在私法关系中几乎同前两种条件一样地重要。**

但是,"家庭"在文明社会的分化趋势造成了另一个与妇女有关的特殊情形:妇女因"家父"死亡或因脱离父权而成为"自权人",然而,由于她们不能行使父权,因而处于孤立的地位,构不成罗马式家庭,她们不隶属于任何家庭,既不是家庭权的主体,也不是它的客体。

"家父"资格因所有可能导致"人格减等"的原因而丧失,当然,"脱离父权"除外(见§16和§50)。

§52. 父权和对人的权力

(参考：J. 1, 9；C. 8, 46 (47)；C. 4, 43；D. 43, 30)

罗马人把父权夸耀为他们特有的制度[1]。这在下列意义上是对的：在其他任何开化的民族当中，原始组织均不像罗马家庭的组织那样在历史上持续那么长的时间，并以如此特别的方式得到巩固。

首先我们按照早期的原型描述一下"家父"。"家父"对"家子"的权力具有与政治肌体中的君权相同的性质。同古代的所有政治机构一样，罗马家庭有自己的"圣物（sacra）"，即自己的特殊崇拜，"家父"就是这一崇拜的司铎。他曾是"家子"的法官，对于他们所犯的过错，他有权以任何可能的方式加以惩罚，包括采用监禁、身体刑、甚至死刑（ius vitae et necis）；对于侵犯家外人的犯罪，"家父"可以将"家子"交给被害人，以摆脱自己的责任，就像古代共同体在国际关系中经常实行的那样（移交罪犯权 ius noxae dandi）。他也可以出卖或出租"家子"，遗弃或杀死新生儿。

早期罗马法对于"家父"行使这些重大权力未加以限制，但是，我们不应当感到惊奇，也不应当中伤当时的罗马法。由于罗马家庭所具有的特点，对"家父"权力的限制将成为对"家庭"自主性的侵犯，就像在我们今天的联邦国家中，中央权力对各州权力及其权力行使活动的侵犯一样，这在古代意识中是不可想象的。

另外，我们不应当忘记，作为自主的政治组织的罗马家庭在其内部法律中（不是在"市民法"即罗马城邦的法中）有着关于家长权力的规则和限制。这样的法律，产生于国家出现前的组织并受到"神法（fas）"的庇护，构成"家庭"的习惯（mores）；它们肯定规定过各种过错、处罚及其形式。这种习惯特别要求"家父"不得在未先听取亲属意见（iudicium domesticum）的情况下给予处罚。

一些轻微的限制总是同古老的习俗有关并具有真正的宗教色彩。由罗慕洛创立的限制遗弃权的法律就具有这样的特色，它规定必须抚养所

---

[1] 参见 J. 1, 9, 2。

Ⅰ. 罗马家庭

有的长子和长女。另一项具有这种性质的法律禁止杀死三岁以下的幼儿，除非是在有五位邻居见证的情况下杀死残体儿或怪胎，《十二表法》再次重申了这一规定。另一个与此相类似的是所谓《君王法（lex regia）》，出自于努玛（Numa），它禁止出卖已获准娶妻的"家子"。

共和国试图限制"父权"的滥用，特别是想借助于监察官，他凭借自己的不特定的和道德性的权力，得以在这个领域施加影响。有时候，护民官（tribuno）也干预此领域。

在帝国时代，图拉真曾勒令一名"家父"解脱他所施以虐待的"家子"。哈德良也曾宣布放逐一名以残酷方式对犯有过错的"家子"、对其施用"生杀权"的"家父"[1]。

然而在真正的罗马世界，如果说这种习俗在家庭方面可以缓和或调整古老的政治制度的话，法律则毫不触及它。哈德良可以夸耀他特有的残暴，在此之前，图拉真时代的希腊人对那位最杰出的演说家用最令人惊奇的表情介绍"生杀权"并特别强硬地坚持这一权力也目瞪口呆。直到古典法终结时，"父权"，这种极端的特权仍未受到否定。只是"出卖权"和"移交罪犯权"，从罗马国家的最古老时代起就在下列意义上受到调节："家子"在自己的国度不沦为奴隶，而是被置于"受役状态（in causa mancipii）"（参见§55）。

新法中的父权 崩溃发生在最后一个时期并受希腊的影响，同新的基督教精神不期而遇。认为君士坦丁对过分行使父权的行为规定适用弑亲罪的刑罚，这种见解是错误的；但是似乎可以肯定，从瓦伦丁尼安时起，在犯罪问题上，"父权"必须让位于"公共权力（ius publicum）"[2]。似乎从瓦伦丁尼安开始，对杀死亲生儿的行为也处以极刑[3]，优士丁尼似乎第一次把遗弃行为也与之相等同[4]。

针对"家子"的"移交罪犯权"被优士丁尼废除，这在当时不仅符合新的社会精神（nova hominum conversatio），而且也符合新的家庭财产制度，这种权力只对奴隶继续保留[5]。在"出卖权"方面，由于黑

---

[1] 参见 D.48, 9, 5。
[2] 参见 C.9, 15, 1。（公元365年）
[3] 参见 C.9, 14, 1, C.9, 61, 7 (8)。
[4] 参见 C.8, 51 (52), 2; D.25, 3, 4。
[5] 参见 J.4, 8, 7。

暗年代的压力和行省的影响，曾在罗马—希腊时代出现过个别的倒退情况，即允许"家子"沦入真正的奴隶状态，后来，这一权力也终于被优士丁尼限制为只适用于新生儿和特别必要的情况，而且可以通过提供价金或其他奴隶使他们恢复生来自由人的身份[1]。

尽管《法学阶梯》再次炫耀了早期的做法，但在罗马—希腊时代和优士丁尼法中，父权已成为有节制的矫正权和规束权。在一些严重的情况下，"家父"必须求助于执法官或行省总督。这种权力除了是男性（甚至很远的尊亲属）的专属权利和永恒权利以外，同我们今天的矫正权和规束权在限度方面并无大的区别，但是，我们的法律将这种权力授予父亲或母亲并以罗马的"父权"相称呼（参见1865年《民法典》第220条，1942年《民法典》第315条至第317条）。

家父的诉权 对于任何未经"家父"同意而扣留"家子"的第三人，"家父"有权提起诉讼，这种诉讼是一种"要求返还之诉（vindicatio）"[2]。裁判官也为此引入一两种专门的令状："出示子女令状"和"返还子女令状"（de liberis exhibendis 和 ducendis）。

从安东尼时代开始，允许母亲根据正当理由提出抗辩，以实现将儿子留在自己身边的目的。如果"家父"对已出嫁的妇女仍保留父权，丈夫也可以对他提出抗辩或提起诉讼。

"家父"对服从夫权的妻子（uxor in maun）的权利同他对其他"家子"的权利相同，因为这种女人当然变成了丈夫或"家父"的"家女"。然而，"夫权（manus）"早在优士丁尼之前就已消亡了。可能在卡拉卡拉（Caracalla）将市民身份和罗马公民权授予帝国的所有居民时，它就成为一种濒于灭亡的制度了，至少它已不那么重要并具有纯粹的古罗马特点，以致无法在那些东部行省扎根；三个世纪之后，优士丁尼统治了这些行省。

---

[1] 参见C.4, 43, 2。

[2] 参见D.6, 1, 1, 2。

Ⅰ．罗马家庭

§53. 父权和财产方面的权力　特有产

（参考：J. 2，9；J. 2，12；D. 49，17；C. 12，
30（31）；C. 12，36（37）；C. 6，61）

根据纯粹的原则，"家父"也是财产权利的惟一主体。他不仅随心所欲地处置家庭财产，而且所有由"家子"取得的财产也归属于他。

这种情况同样是由家庭相对于国家及其法权而具有的自主地位所决定的。一般观念把财产视为家庭的共同权利并认为它是为共同福利服务的，这是很自然的。法学家们自己也宣称：家子"在活着时也被父母视为主人（filiifamilias vivo quoque parente quodammodo domini existimantur）"〔1〕。但是，面对国家，只存在作为群体的家庭，国家要想尊重家庭的独立性，它就必须承认家庭首领拥有专属的和绝对的主宰权。

特有产　"家父"常常爱给予"家子"一小笔财产，比如把一间小商行委托给他。但是，对于这一被称为"特有产（peculium）"的小财产，"家子"并不成为其主人，即便父亲愿意也不行。"家子"对特有产有权享用和经管，但不能赠与它或者采用临终行为处分它〔2〕。人们之所以把特有产设立为一种法律制度，只是因为"家父"对于"家子"达成的债务在民事上承担的责任以特有产总额为限（见§56）。这种特有产也可赐予奴隶，甚至它对奴隶具有更大的重要性（见§54）。

在古典法时代，尽管发生了经济和社会的剧变，也只是为了照顾军人而实行了一项变通，而这一变通的确立也并不绝对侵犯以前的原则，奥古斯都允许作为军人的"家子"通过遗嘱处分他在服役期间取得的一切：钱、战利品、战友的赠品或亲属在入伍时的赠品。这些财产构成所谓"军营特有产（peculium castrense）"；相对于它，"家父"给予的特有产一律被各学派称为"父予特有产（profecticium）"，以示区别。内尔瓦（Nerva）和图拉真确认了军人的遗嘱特权。哈德良将此特权扩及复员军人或养老兵。

---

〔1〕　参见 D. 28，2，11。
〔2〕　参见 D. 39，5，7pr.。

因而，随着"家子"对特有产权利的不断扩大（死因赠与权、解放奴隶权、对被解放者的庇护权，等等），这种特有产也被视为了"家子"的财产。为了表示这一原则，罗马人习惯于按照他们的思想说："家子"对于军营特有产，"享有家父的权利（vice patrumfamiliarum funguntur）"[1]。但直到优士丁尼时代，"家父"的权利仍未真正消灭，只不过是被"家子"所获准的处分权搞得惰滞了。因而，如果"家子"死前未处分军营特有产，该财产将因"特有产权（iure peculii）"而必然重归父亲，而且也不发生法定继承[2]；同样，在这种情况中，"家父"对特有产做出的处置具有溯及既往的效力[3]。

然而，由于发生了新的危机并出现了罗马法的希腊化演变，家庭的财产制度分崩离析了。

首先，新的帝国组织将民事职能同军事职能分离开来，与此相适应，军人的上述特权被君士坦丁于公元326年扩大到宫廷供职人员，并被以后的皇帝扩大到国家的所有领薪职员，他们的职位在当时也是一种"军役（militia）"。公元530年，优士丁尼把皇帝和皇后的赐品也增加了进去。就这样，它们同各种各样的"公共所得（lucri pubblici）"一起形成了"准军营特有产（quasi castrense）"。

但是，君士坦丁皇帝本人推动了一项必然会使罗马原则受到冲击的、更为广阔的变通。

他顺从希腊的影响，于公元319年颁布一项谕令，将母亲的遗产（bona materna）只保留给儿子，剥夺了父亲随意转让这些财产的权利。这项规定后来扩大适用于一切由母系尊亲属获得的财产（bona materni generis）、婚礼所得或订婚所得。

但是，在剥夺了父亲转让这些本可称为"家庭所得（lucri familiari）"财产的权利之后，父亲的享用权和经管权则开始被视为一种法定用益权，并多少要比一般用益权更宽一些，而"家子"的期待权（diritto di aspettativa）真正被视为所有权。

优士丁尼终于完成了这项工作，他毅然决然地允许"家子"对因他

---

[1] 参见 D. 14, 6, 2。

[2] 参见 D. 49, 17, 2。因而"家父"对于超过特有产总额的债务不负责任，而如果他是继承人，则本应对此负责；参见 D. 49, 17, 17。

[3] 参见 D. 49, 19, 3。

人的自由给予或自己劳作而取得的财物拥有所有权，包括对偶然所得或职业所得财物的所有权，但"家父"的法定用益权仍保持不变。在中世纪，这类财产被统称为"外来特有产（peculium adventicium）"。

如果"家父"拒绝实行遗赠或者在遗赠时明确宣告只想让儿子作为受益人，优士丁尼规定：父亲连用益权也不享有（各学派称这为"特殊的外来特有产〔peculium adventicium irregulare〕"）。

但是，优士丁尼并不满足于此，他禁止了"家父"依"特有产权"要求获取军营特有产和准军营特有产，规定：如果"家子"未立遗嘱，则当然实行普通的法定继承。

新法中的"家子" 就在这时，在罗马的财产统一观念和"家父"专有能力观念中发生了一次彻底的革命。我们见到在罗马法历史中反复出现的一幕情景：例外一点一点地动摇着规则，三世纪危机后侵入的希腊主义影响最终侵蚀了罗马制度的传统根基。剩下的事情只是赋予新事物以名称和程式。这一发展的结果是：儿子只有在"因父的财产（ex re patris）"或者"依父的指令（ex iussu patris）"行事的情况下才为"家父"取得。特有产的名称仍对军营特有产和准军营特有产保留着，但是，随着"家父"丧失了根据"特有产权"重新取得财产的能力，这一名称不再符合罗马的观念，"家父"的上述"特有产权"曾使其所有权可被视为处于休眠状态而不是终止状态。"外来财产（bona adventicia）"在罗马法渊源中绝不叫特有产。相反，"家父"倒是对这种外来财产享有用益权；这种性质次要的附属性权利，与其说是旧权力观念和家庭统一观念的痕迹，不如说它也显然是新观念的产物。除名称不同外，这种制度同现代法中的制度一样（参见1865年《民法典》第228条至第229条；1942年《民法典》第324条）。

除在军营特有产和准军营特有产问题（或许还有特殊的外来特有产问题）上外，法律关系在父子之间具有不兼容性，这是真正的不合逻辑的历史遗迹，它在共同法中不断引起争议；因而，父子之间的赠与也被宣告无效，然而，在罗马—希腊时代，当父亲未撤销向儿子的赠与而死亡时，人们承认该赠与的有效性得到弥补。

另一项并不涉及"家子"财产地位的原则在新的制度中仍保持着有益的功能，这就是"家子"在取得问题上对"家父"的自然代理；因而，如果"家子"因父的财产（ex re patris）或依父的指令（ex iussu patris）而取得，那么他就是在直接为父亲取得。

§54. 对奴隶的支配权

（参考：J.1, 8,; D.1, 6）

奴隶是权利的客体，这具有双重意义：作为人或者说作为自然意义上的人，他是智力工具，是与"家子"相同的代理人；作为物，他是足以产生财产价值的要素。这第二种意义，我们现在不谈，它涉及物权问题，而且在这方面，奴隶同其他物品也无大的差异。

对于作为人的奴隶所行使的权利，就其性质而言，同对于"家子"的权力没有差别，"支配权（potestas）"这一名词本身，或旧术语中的"权力（manus）"，都相当清楚地说明了这一点。

支配权当然地同显要物权——所有权结合在一起，作为其结果，"家父"对奴隶就像对"家子"一样拥有生杀权，对于可能因奴隶犯罪而引起的责任，他可以通过将罪犯交给被害方（noxae deditio 或 noxae dandi）加以摆脱。

然而，需要注意的是：如果说在早期市民法中奴隶的地位似乎与"家子"地位相同的话，这同样是由于家庭面对国家表现为严密的组织。

在家庭内部，情况就不一样了：子女在习惯和家事法庭中得到可靠的保障以抵御家庭管辖权的滥用，而奴隶则不享受这种保障。

主人支配权的软化　但是，在帝国时代，奴隶的待遇引起了立法者的注意；这不仅仅是由于受到伦理的和人道主义的精神影响，而且也出自于政治利益的考虑。罗马征服范围的扩张致使奴隶的数量大大地增加并使奴隶所处条件恶化，由此而发生奴隶起义，它们一度曾使国家的生存几乎陷于危机。奥古斯都试图采用治安手段约束主人的擅权，他委托城市行政长官（praefectus urbi）对主人和奴隶实行监督；公元19年的《贝特罗尼法（Lex petronia）》禁止将奴隶遗弃给猛兽，除非是根据执法官的决定；克劳迪规定：如果主人将生病的奴隶抛弃，则丧失对该奴隶的权利。法学理论将杀死他人奴隶列为惩罚杀人罪的《科尔内利法（Lex Cornelia）》追究的对象；早在克劳迪和哈德良时代，毫无道理地杀死自己的奴隶就已受惩罚，安东尼·比乌皇帝将此行为等同于杀死他人奴隶的行为，这位皇帝还惩罚对奴隶的拷问和下流行为，正式承认奴隶有权躲避自己主人的虐待，并要求残暴的主人必须以公平的价格出卖受虐待的奴隶。为这种处理决定辩护的方式是相当有分寸和特别的，法学理论援引的是公共福利原则，即：任何人不得滥用自己的物品，这位皇帝对奴隶的主人也适用这一原则[1]。

君士坦丁根据纯属基督教的新思想做出一项规定，禁止在出卖时拆散奴隶的家庭，然而，这一规定只是在优士丁尼法中才获得了普遍的意义。但是，体现着希腊世界和基督教世界仁慈精神的"自由权优先（favor libertatis）"得到最快的发展。

奴隶特有产 主人必然把奴隶的取得视为自己的。然而，特有产制度值得注意。奴隶的特有产是一份少量的财产，它可以包括由主人的赏赐或由第三者赠与的任何物品，但主要由奴隶自己的积蓄（如实物或钱款形式的生活费用的节余）构成。在法律上，这种特有产归主人所有，而在社会习俗中，它实际上被承认属于奴隶。主人自己的利益是一种强大的动力，促使他们尊重这一事实和习惯。甚至有过这样一种古老的且常见的习惯：奴隶以自己的特有产赎买自己；在帝国时代，人们甚至允许奴隶对在此类情况中违反许诺信义的主人提起诉讼。公共奴隶（servi publici）有权对其特有产的一半订立有效遗嘱。

在特有产问题上，奴隶有权同第三人发生关系并使主人受约束。另外，为了成为真正的特有产，必须具备两个要件：一是主人的准许，二是表现为独立经营（ratio separata）的对财物的实际处分。此外，如果奴隶未获准"自由经管特有产（libera administratio peculii）"，他所实施的转让行为就不是有效的。

解放自由人和对他的庇护 从罗马家庭性质和"家父"的主权特点中，人们更易理解为什么"家父"以他的一个行动就能把奴隶变成自由人。所有主可以通过放弃自己的权利而把奴隶变为"无主人奴隶（servus sine domino）"，这种事情并不超越对于私人意思来说可能是合法的限度；但是，如果说所有主可以采用一个行动（即便是一个要式行为）改变奴隶的用途，让其为他人的目的服务，从而改变该奴隶的法律地位，这才可能是对公共权力的僭越，尽管由于"家庭"是国家出现以

---

[1] 参见 J. 1, 8, 2。

前的政治组织，这曾是一种原始的权利。

被解放的奴隶，相对于他的解放者，被称为"解放自由人（liberto）"，他的解放者则被称为"庇主（patrono）"。解放自由人对其庇主有多方面的义务，它们可归纳为三种关系：（1）服从关系（obsequium），以法律制裁作保障；（2）工作关系（opera）；（3）财产关系（bona）（涉及庇主的受扶养权和继承权以及为惩处某些欺诈行为而规定的诉权，如"卡尔维西安之诉〔Calvisiana〕"和"法比安之诉〔Fabiana〕"）。

§55. 受役状态

在古典法中因犯有过错而将"家子"出卖或交出（损害投偿〔noxae deditio〕），以及在更早的法中为担保债而交出"家子"（参见§153），都使"家子"处于由第三人主宰的"受役状态"（mancipium或mancipii causa）。当然，这些表述最初只意味着"家子"落入第三人权力之下，并陷于奴隶的境地，因为在拉丁语的黄金时代，"mancipium"这个词在技术上是指财产权，或指财产权转移的要式方式，这种方式后来被称为"要式买卖"（mancipatio，参见§88），并且总是针对奴隶。

但是，从罗马早期开始，由于国家在公共权利方面将"家父"和"家子"的地位等同起来，它就再不能容忍对"家子"的出卖或"损害投偿"在国家内部产生过分的后果。罗马市民不应当变为另一罗马市民的奴隶。

然而，"家子"在被出卖或因犯罪而被移交后，一律隶属于第三者；被迫为他服务，并像奴隶一样为第三者取得财产。总之，受奴役的一切个人结果均保持不变。因而，尽管人们肯定"处于受役状态的人（caput in mancipio）"是"自由的人（liberum caput）"，但这种人仍被称为"准奴隶（servi loco）"，"受役中的人（in mancipii causa）"，因而对他的支配权被视为一种具有特殊性质的权力，从术语上它仍被称为"财产权（mancipium）"，而且，所有隶属于"家父"的人均以前面已提及的那个句子（见§47）加以表示，即："处于支配权、夫权或受役状态下的人（qui in potestate manu mancipio sunt）"。

后来的发展把"受役者（mancipio dati）"和奴隶更加明确地区分开来。"受役者"不能白白地受主人欺辱，而且允许他们提起"侵辱之诉（actio iniuriarum）"，由《艾里亚和森第亚法》和《富菲亚和卡尼尼亚法》引入的限制不扩及他们。他们可以通过财产登记而变成自由人，甚至违背主人的意愿，只要对"家子"的要式买卖不是"因损害原因（ex noxali causa）"而实行的。

另外，在古典法中，除"损害投偿"外，对"家子"的要式买卖似乎只是为了使"家子"摆脱父权才采用。然而，正如奥顿（Autun）的片段所反映的那样，在公元4世纪，"损害投偿"的做法仍在帝国西部继续实行，但在帝国东部，它或许从来就没有立住脚。

§56. 他权人的债

（参考：J4, 7; 4, 8; D. 14, 1; 14, 3; 14, 4; 14, 5; D. 15, 1; 15, 2; 15, 3; 15, 4; C. 4, 25; C. 4, 26）

必须把服从同一"家父"权力的他权人相互间的债以及他们同自己"家父"的债区别于他权人同第三人的债。

前两种债在民法上不具有效力，因为根据罗马的家庭制度，"家父"可能会成为他自己的债务人和债权人。特有产的发展使这一规则对"家子"完全过时。早在古典法中，法学家们就已确认：就军营特有产而言，"家子"可以同其"家父"订立民事上有效的债。在优士丁尼法中，这一原则被普遍化，至少扩大适用于准军营特有产和特殊的外来特有产（见§53）。

在他权人同第三人的关系中，"家父"均不因由受其管辖的人达成的债务而以任何方式负债，而是"家子"自己负债（在古典法中，"家女""夫权下的妻子"和"处于受役状态中的人"并非如此），奴隶则不能有效地使自己负债。

裁判官为了便利贸易而对这一原则实行的变通，与其说是真正的例外，不如说像是自然而然的限制。在以下情况中，"家父"仍然对债负全部责任（in solidum）：第一，在"依令行为诉讼（actio quod iussu）"中，如果债务是由他权人根据"家父"的意思表示（依照命令或指示〔iussus或iussum〕）而达成的，而且"家父"同意为奴隶或儿子的行为而负债。第二，在"船东之诉（actio exercitoria）"中，如果"家父"

任命儿子或奴隶率领船队。第三，在"经管人之诉（actio institoria）"中，如果"家父"任命儿子或奴隶经管一所商行。第四，根据新法，在"准经管人之诉（actio quasi institoria）"中，如果第三人同"家父"的儿子或奴隶根据"家父"的意思达成债（secutus domini voluntatem），即使并未真正委之以商务。

但是，还有一些使"家父"负债受限制的情况。这些情况涉及"特有产之诉""分配之诉（tributoria）""转化物之诉（de in rem verso）"，并且均同特有产制度有关，这一制度在这个问题上恰恰表现出它的法律意义；这里指的是典型的特有产，即奴隶的特有产和"家子"的父予特有产。

让与特有产的"家父"对债务负责，即使这一债务是在让与特有产之前达成的，但是，他的责任**不超过特有产的总额**。特有产也因"家子"或奴隶对"家父"欠下的债务而减少；尽管这些债务在法律上并不被这样看待，它们仍然在事实上是债务，因此，人们考虑"家父"的意愿和特有产的总额。第三人对"家父"提起的诉讼一般称为"特有产之诉（actio de peculio）"。

一种特殊的情况是："家子"或奴隶在"家父"知晓的情况下使用全部或部分特有产从事贸易活动，在这种情况中发生一种真正的竞合程序。换句话说，并不是"家父"为了使自己的债权全部得到清偿，可以近水楼台取尽特有产，而是所有的债权人按比例（pro rata）得到对各自债权的清偿[1]，"家父"本人不能从被用于贸易活动的特有产中扣除他的全部债权，他也应当按比例地同其他债权人一起获得清偿，也就是说，同其他人一起按照公正的比例分割特有产。如果其他债权人认为自己因"家父"所做的分配受到损失，他们可以对之提起"分配之诉（actio tributoria）"。

显然，根据具体情况，即根据用于贸易活动的特有产的多寡，根据"家父"对这种特有产所享债权的轻重，其他债权人可以权衡是提起"特有产之诉"有利，还是提起"分配之诉"有利。

最后，当奴隶或"家子"以某种方式把与第三人交易所得转化进父亲

---

[1] 参见 D. 14, 4, 6; D. 14, 4, 5, 19。

的财产之中时,人们可以提起"转化物之诉（actio de in rem verso）"[1]；"家父"应当准确地按照盈利转化或得利的程度承担责任,而不是对整个债务负责。

在任何情况下均可根据有关适法行为对"家子"提起的诉讼（应当指出,"家子"不同于奴隶,他在同第三人的关系中自己承担民事责任）,不因裁判官准许对"家父"提起的诉讼而被排除,后一种诉权是对前一种诉权的补充,它们被法学家们称为"主人或家父责任之诉（actiones adiecticiae qualitatis）"[2]。第三人可以选择通过裁判官诉讼对"家父"提起诉讼,或者通过产生于适法行为的诉讼对"家子"提起诉讼。

对于由奴隶造成的损害（在优士丁尼以前的法中,也包括对于由"家子"造成的损害）,"家父"通过"损害之诉（actio noxalis）"负责,并可以借助"损害投偿"（见§55）摆脱责任。"损害之诉"具有这样一个特点,它所针对的是在现实中对犯罪人拥有支配权的人,而不考虑犯罪的实施时间,即所谓"责任追踪人身（noxa caput sequitur）"。

---

[1] 在古典法中,它的程式同"特有产之诉"的程式相同,因而也被称为"特有产和转化物之诉"。

[2] 参见 D.14,1,5,1。

II. 家社会或自然家庭

§57. 自然家庭的实质

家社会或自然家庭是一种以维护两性间关系的伦理秩序、繁衍和子女教育为目的的制度。除法律外,家关系也广泛地受道德、习惯和宗教的调整;总之,其他社会规范或者对法律关系起强化作用,或者调整法律关系以外的关系,或者也同法律关系发生冲突。从这个意义上讲,人们可以说,家庭与其说是一种法律制度,不如说是一种社会制度。

但是,如果从现代社会向罗马社会回溯并且从罗马社会向更早的时期追溯,那么,自然家庭关系中的法律规范就显得稀少而且几乎消失,这在现在是容易理解的。家社会并不是真正生存在国家之中,而是生存在罗马家庭之中:当在各个服从于"家父"权力的家社会中秩序受到扰乱时,发号施令并出面镇压的不是执法官,而是"家父"。

在几百年的进程中,罗马家庭逐渐被国家挤垮和溶解,与此相反,自然家庭则得到了真正的发展,这种家庭关系因此而上升为法律关系。这表现为两种方式:或者国家出面以法律规范调整家庭关系,以取代罗马家庭并使其结构解体,或者将从前罗马式家庭所拥有的权利赋予自然家庭。然而,新的法律关系在罗马法中却没有一个总的名称。"家庭(familia)"这个名词一直是指罗马家庭共同体;我们现在可以采用"家社会"或"自然家庭"这样的名词,但是应当注意:它只不过是指我们现今的家庭。

Ⅱ. 家社会或自然家庭

§58. 婚姻

(参考：J. 1, 9, 1；J. 1, 10；D. 23, 2；C. 5, 4；Nov. 18)

罗马的婚姻是男人和女人以做夫妻为目的而实行的同居，即以生育和抚养子女并在所有方面建立一种持久而亲密的合伙关系为意愿的同居。这种意愿被罗马人称为"婚意（affectio maritalis）"。

罗马人的婚姻一直都是严格的一夫一妻制。建立永久共同体的道德意愿绝对不允许对婚姻附加条件或期限。

优士丁尼传给我们的婚姻定义是："男女间的结合就是保持不可分离的生活关系（viri et mulieris coniunctio individuam consuetudinem vitae continens）"。这一定义很好地阐明了婚姻的本质特征，即配偶间的亲密关系和自觉自愿的共同生活关系。只有这才意味着"不可分离的生活关系（individua vitae consuetudo）"。

莫德斯丁的著名定义也具有同样的意义："婚姻是男女间的结合，生活各个方面的结合，神法和人法的结合（Nuptiae sunt coniunctio maris et feminae et consortium omnis vitae, divini et humani iuris communicatio）"[1]。

在早期罗马法中，人们通常采用婚姻使妇女在"祭祀婚""买卖婚"的形式中或者通过"时效婚"归顺"夫权"。然而，"带夫权的"（con manu）婚姻和"不带夫权的"（sine manu）婚姻并不是罗马人创造的区分，这可能会引起误会，势必使人以为存在两种不同的婚姻，而实际上婚姻只有一种，"夫权"同婚姻的本质无关。

至于**婚姻的缔结**，在早期的法中，它不需要任何法定形式，虽然伴随着这种重大事件会有因时间和习俗而异的各种各样的庆贺和仪式。这种缺乏法定形式的情形与罗马婚姻的实质相符合。罗马婚姻不同于我们现今的婚姻，它不是一种**由起始合意确立的关系**，根据这一表述的现代含义，这种合意恰恰可以被称为契约。正如我们已下的定义那样，罗马婚姻是具有婚意的共同生活。当这两个因素同时具备时，婚姻成立；如果不同时具备，婚姻则不成立。因此，合意不应当只是**起始的**，而且应

---

[1] 参见 D. 23, 2, 1；C. 9, 32, 4。

当是**持续的**，**连续的**，因而罗马人更愿意把"合意（consensus）"称为"意愿（affectio）"，它恰恰表示带有上述特色的意思；罗马婚姻绝对不能说是由契约设立的。

但是，仍然可以认为，婚姻的起始表现为具备上述两项要件：**同居**和**婚意**。因而，由于婚姻无形式，它甚至可以在缺席者之间缔结，只要他们通过书信或媒介表达了各自的意愿，而且妇女已进入丈夫的家中，开始了共同生活，这后一点可以说是婚姻的客观要件。因而，当缺席者是男人时，婚姻可被承认，如果缺席者是妇女，则不能。因为她必须被嫁入丈夫家中，而不是丈夫被嫁入她家。"嫁娶必须在作为结婚住所的丈夫家中进行（deductione enim opus esse in mariti domum quasi in domcilium matrimonii）"[1]。

至于"婚意"这种意愿的和伦理的要件，它通过新郎新娘自己的表白或其家属和朋友的表白加以证明，但最重要的是，要通过它的外部表示——"婚姻待遇（honor matrimonii）"，即在所有形式方面以夫妻相互对待，以使配偶双方在社会上被看作夫妻，它使妇女获得丈夫的社会地位和妻子身份。帕比尼安说："我回答说，只有结婚证书还不足以实现婚姻关系，必须考虑有关人之间的生活结合（personis comparatis vitae coniunctione considerata perpendendum esse respondi：neque enim tabulas facere matrimonium）"[2]。此外，同纯洁的和"名誉的"（honesta，指社会地位和习俗方面）妇女共同生活，在罗马法中恰恰被理解为结婚[3]。

缺席者之间可以结婚这一事例也可以证明：共同生活和婚意应当从伦理的意义上而不是唯物论的意义上去理解。东方民族以及在某些情况中宗教学家们赋予肉体交媾或结合的法律效力，罗马人决不承认[4]。一个著名的格言表达了罗马人的这种思想，它被教会法学家们曲解，被解释为表述契约精神，"构成婚姻的不是媾合而是合意（Nuptias non concubitus，sed consensus facit）"[5]。

这一准则的含义在实践中反映得很清楚。男人和女人在有些情况中

---

[1] 参见 D. 23, 2, 5。
[2] 参见 D. 39, 5, 31pr.；C. 5, 4, 22；C. 5, 27, 10。
[3] 参见 D. 23, 2, 24；并参阅 §63。
[4] 参见 C. 5, 5, 8。
[5] 参见 D. 50, 17, 30；D. 35, 1, 15。

习惯于分开居住,就像在高等级亲属比如在执政官中发生的情形那样。他们是夫妻吗?这个问题对于了解赠与是否有效尤为重要,因为夫妻之间是禁止赠与的。法学家回答说:如果两人相互保持"婚姻待遇",婚姻就存续,"实际上不是结合而是婚意构成婚姻(non enim coitus matrimonium facit, sed maritalis affectio)"[1]。

只是对于具有"贵人(illustres)"身份的高级人员,当他们与姘妇从姘合(concubinato)发展到结婚时(见§63),优士丁尼才由于一些易于理解的原因,把订立嫁资证书规定为程式。

§59. 婚姻的要件和障碍

(参考:J.1, 10, 1)

合法婚姻叫作 iustae nuptiae,或者用优士丁尼的术语说,叫作 legitimum matrimonium。对于它来说,首先必须具备**民事能力**,即"结婚资格(connubium)"或"结婚权(ius connubii)"。这种资格只有在罗马市民之间才存在。同异邦人或外国人不存在"结婚资格",因此,同他们的婚姻是"非正当婚姻(iniustae nuptiae)";禁止贵族与平民通婚的做法,曾经是外国人最初地位的明显遗迹,这一禁令于公元前445年被《卡努勒亚法(Canuleia)》所废除。

另一项条件是**自然能力**,因而未适婚人(即不满14岁的男性和不满12岁的女性[见§17])以及在优士丁尼法中的被阉割者,均不能结婚。

其次,除夫妻合意外,需要"家父"的同意,在有些情况下还需要其他人的同意。

"家父"的同意最初是重要的,后来被法学理论降低为单纯的被动认可,因而它可以通过沉默(见§24)加以表示,即不对婚姻提出异议,但不具有溯及既往的效力。如果"家父"成为战俘或由于任何原因而不在,儿子可以在无其同意的情况下结婚,但优士丁尼法规定必须经

---

[1] 参见 D. 24, 1, 32, 13。

过 3 年[1]。如果是精神病人，无论是间歇性的还是非间歇性的（furiosus 或 mentecaptus），优士丁尼断然规定由执法官而不是"家父"发表意见，并且先听取保佐人和其主要亲属的意见。如果"家父"在无充分理由的情况下拒绝同意，从《尤利法（Lex Iulia）》开始，结婚人可以向执法官提出申诉。

谈到男性儿子，除"家父"同意外，还必须有父亲的同意，因为婚姻所生子女将处于他的父权之下。

对于女性自权人，在古典法中，可能还需要监护人的介入，在性别监护取消后，新法要求不满 25 岁的妇女必须有近亲属的同意，而且，为了消弭分歧，则需诉诸司法机关。

最后，还必须具备其他一些要件，这些要件表现为不存在某些否定性情形，因而各学派通常使用"婚姻障碍（impedimenti matrimoniali）"这一术语。

婚姻障碍产生于有关伦理秩序、社会秩序和政治秩序的考虑，在新时代也产生于宗教的不容忍。根据是绝对地规定不能同任何人结婚还是仅相对地禁止在特定人之间通婚，障碍区分为绝对的和相对的。**绝对障碍有**：已存婚姻，夫妻一方处于受奴役状态，新法中的守贞愿望和较高等级的职位。此外，寡妇如果在丧夫一年内再嫁，将蒙受"不名誉"。

相对障碍有：

第一，**血缘关系**或一定亲等内的血亲关系，即任何亲等的直系尊亲属与卑亲属之间，兄弟与姊妹之间，叔侄之间不得通婚；根据基督教法，教父与教女之间的精神亲属关系也是相对障碍。

第二，类似于上述范围内的**姻亲关系**，即公公与儿媳之间，岳母与女婿之间，继父与养女之间，继母与养子之间，均不得通婚；基督教法还禁止小姨子与姐夫结婚。

第三，**通奸**和**抢夺妇女**。前一种情况由《尤利法》规定，第二种情况则是在基督教时代引进的。奸妇与其同伙，抢夺妇女者与被抢夺的妇女，相互间被禁止结婚。

第四，**监护关系**和**公职关系**。根据在马可·奥勒留和科莫杜时代颁布的一项元老院决议，监护人、"家父"同其卑亲属和被监护人之间被

---

[1] 参见 D. 23, 2, 9, 1；D. 23, 2, 9, 10；D. 49, 15, 12, 3；D. 23, 4, 8。

禁止结婚，除非他们事先结清了账目并且为未成年人规定的要求恢复原状的期限已经届满；根据皇帝的训示，行省执法官与有本省籍贯的妇女或居住在本省的妇女不得结婚。

§60. 婚姻的效力

婚姻首先是配偶双方权利和义务的渊源。关于权利，在这个含义上不必提及在早期时代产生于"夫权"的那些权利，因为"夫权（manus）"在其政治意义上不是家庭权力，也不是由丈夫行使的，而是由"家父"行使的。

妻子因违反配偶间的忠诚义务而受到为通奸行为规定的处罚。丈夫根据纯粹的婚姻关系而取得对妻子的约束权。此外，丈夫负责保护妻子，并有权为她所遭受的侵辱提起"侵辱之诉"。在配偶之间不得实行罚金之诉和带来不名誉的诉讼；配偶间的窃取行为也不被视为盗窃，至少对这种情况不得提起盗窃之诉；在婚姻存续期间，配偶只能提起"因非正当原因要求返还之诉（condictio ex iniusta causa）"，并且在离婚后，可提起"被窃取物之诉（actio rerum amotarum）"，要求重新占有在结婚期间被窃取的物品，但必须是"因离婚（divortii gratia）"或"出于离婚意图（divortii consilio）"而窃取的物品。

配偶相互享受"能力限度照顾"（beneficium competentiae，参见§68和§132），至少自优士丁尼时代起如此；在告示规定的无遗嘱继承（§212）和新法的无遗嘱继承（§214）中，婚姻受到考虑。

对于任何非法拘禁妻子的第三人，丈夫有权要求颁发"出示和返还妻子令状（interdictum de uxore exhibenda et ducenda）"；而且，在"夫权"废弃后，如果丈夫抵御不了妻子的"家父"，他也可以获得针对该"家父"的此类令状，他也有权对该"家父"所申请的"出示和返还子女令状（interdictum de liberis exhibendis et ducendis）"提出抗辩（见§52）。

夫妻间的赠与（donationes inter virum et uxorem）被认为是绝对无效的。这一禁令在《学说汇纂》中被作为习惯加以援引，实际上它大概产生于奥古斯都时代。人们以此作为这一禁令的理由：这样的赠与可能会在夫妻关系中引进一种利益精神,并使最慷慨的配偶吃亏[1]。公元206 年,在塞维鲁和卡拉卡拉时期,一项元老院决议认可了这种赠与,条件是:赠与人在死亡前未撤销赠与。一系列仁慈的解释通过法学理论或皇帝谕令得到确认,什么"墓前赠与",什么"对丈夫参加公共赌博活动的补助",等等,这些解释都以不使受赠方配偶得利或不使赠与方配偶受穷为基础(都注意到上述禁令的理由)。无论如何,死因赠与(mortis causa)和离婚时的赠与(divortii causa)均被排除在上述禁令之外,甚至在因任何法定原因解除婚姻时实行的赠与以及皇帝和皇后之间的赠与也被排除在外。优士丁尼认为在流放或被驱逐情况下实行的赠与也是有效的,尽管他仍维护婚姻的有效性[2]。

§61. 婚姻的解除 离婚

(参考:D. 24, 2; C. 5, 17; Nov. 22; 117; 140)

婚姻由于配偶一方死亡、能力丧失或"婚意"丧失而解除。

能力丧失首先是因配偶一方"最大人格减等"而造成,无论是因为该配偶沦为了某人的奴隶,还是因受处罚而变成"刑罚奴隶(servus poenae)",抑或落入敌人之手。

在这个问题上,所出现的一些法律后果鲜明地反映出罗马婚姻的实质。因公民在战争中被俘并变成敌人奴隶而导致破裂的婚姻,不因"复境权(iure postliminii)"而恢复,就像某些家庭权利和财产权利那样,因为婚姻不是一种权利,而是一种纯事实的法律关系,只有当其存在所依赖的事实条件持续时,它才存续[3]。

然而,在这方面,人们也可以察觉到基督教新思想对婚姻观念的影响及其局限。如果丈夫或妻子确实陷于监禁之中,重新结婚是被绝对禁止的,只有在等待 5 年之后,如果仍生死下落不明,才可以再婚。如果配偶不顾这一禁令与他人结婚,就被视为离了婚,并受到在新时代为非

---

[1] 参见 D. 24, 1, 1; D. 24, 1, 3pr.。
[2] 参见 D. 24, 1, 43; 24, 1, 13, 1。
[3] 参见 D. 49, 15, 12, 4; D. 49, 15, 12, 14, 1。

Ⅱ. 家社会或自然家庭

法离婚规定的刑罚[1]。

"中人格减等"意味着丧失公民权并伴之以驱逐出境（在早期则对之发布"流放令〔aqua et igni interdictio〕"），它并不终止婚姻，但使它成为"万民法"婚姻。

有时候，能力也因后来发生的障碍而终止，主要地说就是所谓"后发乱伦（incestus superveniens）"，比如：岳父收养女婿，以致使他成为自己妻子的兄弟，然而，在优士丁尼法中，这种收养是被禁止的，因而不导致婚姻破裂。在优士丁尼以前的法中，当被解放的女奴的丈夫成为元老院议员时，则婚姻解除；优士丁尼废除了这种结果，并随后也废除了这一禁令。

最后，婚姻因配偶一方或双方失去"婚意"而解除。这是罗马的离婚（divortium 或 repudium）。它不是独立于婚姻的一种制度，而是婚姻观念的结果。如果说这种婚姻观念要求持续的合意的话，当这种合意消失时，男人和女人必然不能再被视为夫妻。这种情况曾生动地表现在罗马人当中，他们不仅把在夫妻间不再存在合意时婚姻的存续视为一种荒谬，而且认为是下流的，为了维护婚姻的道德性，他们从法律上禁止明确约定不得离婚或约定在离婚情况下支付罚款[2]。

离婚，就其性质而言，不要求形式，就像婚姻不要求形式一样。简单的口头通知、书面通知或通过传信人通知就足够了。然而，有时候是应当把夫妻分居或遗弃妻子视为离婚呢，还是视为一种无后果的不和；夫妻重新结合应当叫作重新结婚呢，还是旧婚姻的简单继续，这是一个微妙的问题。《尤利法》规定，被解放的奴隶休妻须在7名见证人面前进行，但是，罗马婚姻和离婚的性质曾使法学家们不愿意承认：在不遵守这些形式的情况下婚姻将持续[3]。

然而，存在着一些很普遍的社会形式，比如向妻子发出勒令："你自己管理你的物（tuas res tibi habeto）"。在帝国时代，流行寄发书面休妻通知（libellus repudii）的做法。

风俗的淳朴使得在罗马法的一个很长历史时期中离婚是罕见的。如果无正当理由而离婚，则将受到风俗的指责。当斯布里·卡尔维里

---

[1] 参见 D. 24, 2, 6; D. 49, 15, 8。
[2] 参见 D. 45, 1, 134pr.; C. 8, 38 (39), 2。
[3] 参见 D. 21, 2, 11。

（Spurio Carvilio）以不孕为由而休妻时，在民众中这成为丑闻并引起愤懑。至于妇女，她们在第一个时代处于依从"父权"和"夫权"的地位，使她们不可能提出与其丈夫离婚。然而，这一障碍早在共和国末期就已被克服，服从"夫权（manus）"的妇女也可以提出离婚，并要求丈夫通过"要式退卖"或"解除祭祀婚（diffarreatio）"等行为放弃"夫权"。

随着罗马势力在世界上的扩张，厚颜无耻的堕落侵袭着罗马，离婚也随之而增长，甚至它们的频繁发生成了堕落的典型标志，并成为一些著名的讽刺格言和打油诗的话题。

另一方面，用罗马人的婚姻观念来扼制离婚不是一件易事。无视意味着"婚意"终结的离婚而宣称婚姻仍在持续，这乃是罗马人的思想所不能理解的事情；对要求离婚的配偶规定刑罚是对自由权的侵犯。曾经有过财产性刑罚，但不是针对要求离婚的配偶的，总之不是为了惩处离婚本身的，而针对的是为另一方提供了正当离婚理由的配偶，所照顾的是无辜的离婚配偶的利益。

只是那些信仰基督教的皇帝才开始发动了反离婚的战斗，在基督教教规的影响下，它的最初结局必然导致婚姻观念在中世纪发生深刻的变化。当时人们明确地区分地道道的离婚（即合意离婚）和片面离婚或休妻。在尊重合意离婚的同时，人们试图限制片面离婚，规定根据哪些"正当原因（iustae causae）"它才是合法的；在无这些"正当原因"的情况下，它受到处罚。

这种敌视离婚的立法从君士坦丁开始，经历了猛烈战斗和疲惫退缩相互交替的发展阶段，直到优士丁尼，才在数项法律中从较严格限制的角度约束和调整这一问题。在优士丁尼法中，形成了一种四分法：合意离婚，休妻或因一方配偶的过错而片面离婚，"无原因（sine causa）"片面离婚，最后是"善因离婚（divortium bona gratia）"，在当时的技术含义上，这后一种类型系指因不可归责于配偶任何一方的原因而离婚。合意离婚是完全合法的。根据由法律确定的"正当原因"而单方面离婚也是合法的。根据《新律》117，这些正当原因包括：阴谋反对君主或包庇这类阴谋，陷害另一方配偶，通奸，妇女伤风败俗，丈夫拉皮条未遂或者与其他妇女来往密切（即便在婚房以外），丈夫提出虚假的通奸起诉。然而，有过错的配偶，即造成离婚原因的配偶受到处罚。"无原

Ⅱ. 家社会或自然家庭

因"离婚不是合法的,因而受到处罚;**但它是有效的**。"善因离婚"不应同合意离婚相混淆,根据《新律》117,只有根据下列三项原因它才是合法的,它们是:选择修道院生活,患有不可医治的阳痿,配偶一方在战争上中被俘。

对非法离婚即无正当原因的离婚规定的刑罚和对合法离婚中有过错配偶规定的刑罚,在优士丁尼法中,是强制送入修道院或剥夺嫁资和因婚赠与(propter nuptias),如果既未设立嫁资又没有过因婚赠与,则剥夺其财产的四分之一。

但是,优士丁尼自己也有些过分,他最后还想禁止并惩罚合意离婚。离了婚的配偶被送进修道院并丧失了其全部财产,将它们分配给子女、尊亲属或所在的修道院。

在这方面,优士丁尼的反应似乎超越了社会生活所能忍受的限度,他的接班人优士丁尼二世被迫恢复了合意离婚的合法性,为此他发布了《新律》140,该法律也属于《民法大全》的组成部分[1]。

但是,尽管有这些严厉的限制,罗马的婚姻观念和离婚观念在优士丁尼法中显然尚未发生变化。无合法原因的片面离婚或合意离婚可能受到处罚,但它们不可能被宣告无效,甚至之所以受到处罚正是因为人们不能宣告它们无效。优士丁尼自己在《新律》22 中,针对基督的同样话语再次重申了国家的法和人类的现实:"相互合意创造……婚姻……但婚姻缔结后,可以在不受处罚或受处罚的情况下解除它,因为人们之间达成的一切均可解除(Nuptias...affectus facit mutuus...Cum autem semel contractae sint...oportet solutionem sequi aut impunitam aut cum poena, quoniam ex iis quae inter homines eveniunt ligatum omne dissolubile)"。

只是到了中世纪,教会法才改变了婚姻的观念,并使其在本质上成为不可解除的。因而教会法把结婚变成了缔结契约,对于有关的现代观念来说,这是很特别的。现代的离婚制度只不过是规定一系列宣告婚姻无效的原因,它根本不能使罗马的离婚复活。因为罗马的离婚是同一种迥然不同的婚姻观念相联系的。

---

[1] 参见 C. 5, 17, 8-12; Nov. 22; 117; 134 和 140。

§62. 订婚

(参考：D. 23, 1; C. 5, 1)

在结婚之前，未来的新娘新郎（或者他们各自的父亲）可以先达成一项协议，以保证缔结婚姻。这种在历史时代非正式的协议就是订婚（sponsalia）[1]。

"家女"如果沉默，即被视为同意；甚至"家父"可以不经其同意而为其订婚，只要未婚夫不是下流人[2]。至于能力，必须具备与结婚相同的条件，而且障碍也是相同的，只是有些具有暂时性特点的障碍（如服丧的年度）不使订婚产生瑕疵。同样，订婚可以在满适婚年龄之前举行，优士丁尼为此确定了一个最低年限——7岁[3]。条件或期限的附加不使订婚产生瑕疵。

在拉齐奥人民中，据说在接受罗马公民资格之前，订婚曾受到真正诉权的保护，这就是"承诺之诉（actio ex sponsu）"，它具有强迫不诚忠的新娘或新郎支付一笔钱款的效力。但是，在历史时期的罗马法中，订婚并不意味着必须结婚，附加的违约金条款（stipulatio poenae）是不具有效力的。这是因为当时的伦理感情厌恶任何对婚姻的强制，即便婚姻已经缔结或者正待缔结（见§61）。

因而在古典时代，订婚与其说是法律制度不如说是一种社会制度。然而，它造成一种准姻亲关系，并且构成婚姻的障碍理由。未婚的新郎新娘在解除先存的关系之前，是不能同他人订婚或结婚的，否则将被宣布为不名誉。但在罗马—希腊时代，受东方和基督教的影响，出现了一种真正的历史性补救；订婚的结果增多起来并且变得严重，它们被增添到《学说汇纂》之中：未婚妻的不忠被等同于通奸，对杀死未婚新郎或新娘、未来公婆或岳父母的行为，按《关于弑亲罪的庞培法（Lex Pompeia de parricidiis）》等规定的刑罚制裁。虽然关于支付违约金的约定一直是无效的，但事实上，罗马—希腊的"订婚保证金（arrhae spon-

---

[1] 参见 D. 23, 1, 1pr.。
[2] 参见 D. 23, 1, 7, 1; 11; 12。
[3] 参见 D, 23, 1, 14。

saliciae）"制度已解了禁〔1〕。如果未婚的夫妻相互交换了这种保证金，因其过错而未履行婚约的一方就失去了自己的保证金，而且必须返还已收取的保证金，开始时是按照4倍的标准返还，后来则按照两倍的标准；未成年人只返还保证金的原额。

事情发展得有些过分。优士丁尼规定：未婚夫妻间的赠与（sponsalicia largitas）被视为是以结婚为默示条件而进行的，因而在未结婚的情况下，有权要求返还赠与，但是，对未履约负有过错的一方不能要求返还，无论这种过错表现为在无正当理由的情况下解除了婚约，还是为另一方提供了正当的解除婚姻的理由。如果婚姻因未婚夫死亡而未缔结，而且未婚妻在缔结婚约时已经被吻（interveniente osculo），新娘则只返还保证金的一半〔2〕。那些有关婚姻自由的句子，同被收进《学说汇纂》中的古典规则一样，在当时是颇有疑义的。

订婚随着死亡、出现阻止婚姻的障碍、相互不和或者一方简单地宣告退婚（repudium）而解除，根据是否存在"正当原因"而决定是否给予处罚。

§63. 姘合

（参考：D. 25，7；C. 5，26）

同正派人的婚外性关系受到坚决维护婚姻关系的《尤利法》的严厉惩罚。

然而，姘合（concubinato）则不受该法律的惩罚，相反，在帝国社会广泛存在着姘合，这可能是因为"奸淫（stuprum）"，即同具有尊荣社会地位的妇女发生性关系，受到严厉惩罚，也可能是因为元老院议员同被解放的女奴或女戏子之间，生来自由人和下贱女人之间，行省执政官同本省妇女之间均禁止通婚，还可能是因为在军人阶层中结婚受到禁止。如果说姘合在法律上是一种只是受到容忍的事实制度的话，那么在世俗法以外，从伦理和感情的角度看，它在社会习惯中同暂时的淫逸结

---

〔1〕 参见 D. 23，2，38。

〔2〕 参见 C. 5，3，15，16。

合截然不同。从这种**纯社会的**意义上讲,甚至可以说,它在当时是一种跨越门第的婚姻。

姘合曾是一种无"婚意"的、同地位低下女子的同居,一般是同自己的被解放女奴,也就是说,同与之同居不构成"奸淫"的那种女子(in quas stuprum non committitur)共同生活。由于缺乏"婚姻待遇(honor matrimonii)",使得姘合不会被人轻易地同夫妻关系相混淆;但另一方面,法律却规定同清白和尊荣的人同居一律是结婚,否则将导致奸淫罪。

在信仰基督教的皇帝统治时期,姘合的确登上了法律制度的台阶,但并不是受到它的肯定。这些皇帝试图制止姘合,因而禁止或限制向姘妇和"亲生子"(liberi naturales,当时人们习惯这样称呼姘妇所生子女)实行赠与和遗赠,禁止对这类子女实行自权人收养,但竭力采用过渡性措施鼓励人们结婚并实行认领(见下一节)。只是优士丁尼表现出赞成的态度,并把姘合上升为"低级婚姻(inaequale coniugium)"。他放松而且几乎砍掉了一半上述对赠与和遗赠的限制,允许姘妇和非婚生子女享受有限的无遗嘱继承权(§214)和扶养金权,即便有婚生子女与之相对;并把子女认领(参见§64和§72)变成一种稳定的制度。此外,他还很坚定地将婚姻的要件扩大适用于姘合,比如:严格的对偶制,结婚年龄,亲属关系障碍,也产生于姘合的姻亲关系障碍等。

但是,一个触及姘合实质的内在变化是:社会地位由于不再成为婚姻的障碍,因而也不再成为姘合的障碍(从相反的方面讲),因为人们也可以把尊荣和清白的妇女(honesta et ingenua)娶作姘妇,只要作出明确宣告(由于罗马婚姻的实质,这具有特殊的和必要的意义)。因而,尽管存在某些文献,优士丁尼的姘合概念仍独立于"奸淫",并且可将该制度定义为:同无论有何种地位的妇女无"婚意"的稳定同居[1]。

优士丁尼在排除那些具有社会性质的婚姻障碍的同时,也在很大程度上消除了姘合的基础;然而,姘合在东罗马帝国一直持续到哲学家雷奥内(Leone)时代(公元9世纪),在西帝国则一直持续到12世纪。

---

[1] 参见 D. 48, 5, 35; D. 25, 7, 1, 3; D. 25, 7, 1, 4; D. 25, 7, 3pr.; D. 25, 7, 3, 1。

Ⅱ. 家社会或自然家庭

§64. 父母与子女的关系

（参考：J. 1, 10, 13；J. 4, 16, 3；
D. 2, 4；C. 2, 2；D. 25, 3；C. 5, 25；C. 5, 27）

罗马法中有关父母与子女间关系的规定要比有关夫妻间关系的规定更晚一些，因为，从第二个时代一开始，"夫权（manus）"便迅速让位，而"父权"则仍在优士丁尼法中保持着，"家父"的这种至高无上的权力免除了法对父子间家庭关系的调整。然而，撇开父权关系不论，法也不得不在后来发展中对父子的家庭关系加以考虑。

子女区分为"婚生子"（iusti，用优士丁尼的术语称为 legitimi）和"私生子（vulgo concepti）"。姘妇所生的子女由于所获的社会地位不同而构成另一个独立的范畴，在基督教时代，从特定意义上赋予他们以"亲生子（naturales liberi）"的称呼。"婚生子"是有着在法律上确定的父亲的子女。这种合法性产生于父母的婚姻、收养和后期的子女认领。

如果子女在结婚第 7 个月以后或更确切地说在结婚第 182 天以后并且自婚姻解除之日起 10 个月以前出生，则被推定为婚生子，否则，如果丈夫否认是其后代，就必须证明这种亲子关系。有关承认的诉讼叫作"承认分娩之诉（actio de partu agnoscendo）"或"承认子女之诉（actio de liberis agnoscendis）"，前一种诉讼由母亲提起，后一种则由子女提起。

收养使被收养人被视为"家父"或"家子"的婚生子，后一种情况是指"家父"把被收养人分配给"家子"。在"准孙子女（nepotis loco）"收养中，情形同样如此。的确，在产生收养制度的时代里，罗马家庭就是一切；因而，如果说在自然家庭上升时收养仍然被视为一种可赋予婚生子身份的方式，那么它的新面目则表现为一种单纯的拟制，并且，由于优士丁尼将它区分为"完全收养（adoptio plena）"和"不完全收养（minus plena）"，它的范围也变得较为狭窄（见 §48）。

相对于养子女来说，所有其他的婚生子女均被称为"亲生子（liberi naturales）"。

允许对姘妇所生子女或专用语意义上的"亲生子"实行的**认领**,完全是后一时代的特有制度。

这种认领有三种形式:(1)因随后结婚认领(per subsequens matrimonium),(2)为库里亚社稷认领(per oblationem curiae),(3)凭君王批复认领(per rescriptum principis)。

因随后同姘妇结婚而认领,被君士坦丁准许作为过渡性补救措施,即为了照顾那些在当时出生的亲生子。只是优士丁尼才把它规定为一种固定的法律制度。

为库里亚社稷认领与狄奥多西二世和瓦伦丁尼安三世的一项规定有关,这两位皇帝为了使当时承担着极沉重负担的库里亚人丁兴旺并保障实现税收,也允许通过遗嘱向亲生子赠与或遗赠全部财产,只要男性亲生子已登记为市政委员会委员(decurioni),或者女性亲生子嫁给了市政委员会委员。这逐渐产生了真正的认领形式的特点。又是优士丁尼给予它以最终的法律认可,并允许有婚生子的人也实行此类认领。然而,它实际上同我们今天的承认一样只限于父亲,也就是说,不扩大适用于父系家庭。

至于凭君王批复认领,它纯粹是一种优士丁尼方式,适用于不存在婚生子而且与姘妇不可能结婚的情况。

婚生子的法律地位随父亲,一般来说,如果父亲是市民,他们也是市民,服从父亲的权力,或者服从父亲也受其管辖的人的支配权。在父母与子女之间存在着相互扶养的权利和义务,而与父权无关;这一新制度作为例外出现在安东尼和马可·奥勒留时代,后来获得了稳定性和常规性。优士丁尼大大发展了这一制度并把有关扶养的权利扩大到亲生子。在新时代出现了使后代生活在自己身边的权利,而不必考虑父权。子女对父母的顺从和尊敬的道德义务从早期法时代就开始体现在各种法律规定之中,比如:未经执法官许可不得传唤自己的父亲出庭受审;不得对父亲提出会带来不名誉的诉讼;对父亲造成的侵辱具有严重性;一般来说,父亲对儿子享有所有的诉讼优待(免除涤罪性宣誓,享受"能力限度照顾"〔见§132〕,等等)。此外,儿子结婚必须征得父亲的同意。

根据裁判官法和皇帝们的谕令,在遗产继承方面,儿子的身份取代了"家子"身份,在同母亲的关系上也作了此规定(见§212—

§214)。私生子在法律上没有父亲，也不可能对他们加以承认。然而，母亲总是确定的，她负有义务扶养私生子。

§65. 嫁资的概念及其历史发展

嫁资是取得的一般原因，它也必须以结婚为前提条件，因而应当联系婚姻制度加以论述。嫁资关系（dos 或 causa dotis）使得丈夫合法地取得妻子为维持婚姻生活（ad sustinenda onera matrimonii）而转交给他的财产。这一目的决定了嫁资的用途，使嫁资对于丈夫来说不具有得利的特点，而是将其归于有偿原因之列。

嫁资同婚姻的必然联系导致：如果婚姻无效，嫁资也就无效。

Dos 或 res uxoria（嫁资）是指在此名义下转移给丈夫的财产，即构成嫁资的财产。

从最早时代起，妇女在出嫁时自己带到丈夫家一笔财产或特有产，似乎从那时起人们就习惯称此为嫁资。的确，妇女一般随着结婚而归顺夫权，换言之，即转入丈夫的罗马家庭；因而，由她带来的财产也当然地（ipso iure）转归新的家庭（§49 和§184）。但是，需要说明的是，嫁资的设立人是父亲或监护人，正是他们出嫁姑娘；因而这一行为从那时起就具有了不同的色彩。无论怎样，嫁资处于新"家父"的一般权利支配之下，无论这位"家父"是妇女的丈夫还是公公。只是由于习惯的作用，"家父"才没有从丈夫手中掠走这些财产，并且不得禁止为婚姻生活而使用它们。

在摆脱了"夫权"约束的婚姻中，设立嫁资这一习惯同婚姻的其他许多形式要件和实质要件一样继续保持着，尽管由于女方仍然留在父系家庭之中，早期嫁资制度的理由之一（丧失对父亲和宗亲属的继承权，见§212）已逐渐消失。

然而，上述这些已给付的财产都是不可索回的，而且当离婚变得频繁并且不再像早期那样被习惯所承认的原因加以正当化时，遭休弃的妻子所蒙受的损失和丈夫的获利似乎也都成了正当的；人们竭力设法解决这一问题。首先，人们以要式口约的形式达成私人协议，保证在离婚情况下归还嫁资。这种以担保为目的的要式口约叫作"关于妻物的保证（cautiones rei uxoriae）"，在离婚情况中嫁资设立人提起的诉讼是"依要式口约之诉（actio ex stipulatu）"。但在共和国末期，出现了一种真正的法律诉讼，也就是说独立于任何协议的诉讼，这就是"妻物之诉（rei uxoriae）"。随着这种诉讼的出现，以维持婚姻生活为目的的古典嫁资制度才真正开始。它的特色逐渐发展并取得了特权，直到发生优士丁尼为妇女利益而进行的激进改革。

嫁资也不是一种单纯的法律制度，而是一种颇富生命力的社会制度。一个姑娘没有得到嫁资，这在罗马是不常见的，也是不体面的。名誉和礼仪的要求使得人们必须为女儿和姐妹准备嫁资，家族共同体的古老习惯也要求门客必须为其庇主的女儿准备嫁资。在新法中，这种义务被赋予了父亲[1]，并以例外的方式赋予母亲[2]。

§66. 嫁资的设立

（参考：D. 23, 3; D. 23, 4; D. 5, 11; C. 5, 12; C. 5, 14; C. 5, 15）

任何种类的财物、所有权、其他物权和债权均可设立为嫁资。撤除某一债务同样可等同为设立嫁资。

嫁资的设立或者通过实际转让财物完成，或者通过承担某一义务来实现。

实物转让叫作"嫁资给付（dotis datio）"。它要求的不是特殊形式，而是按照需转让的权利的性质采取法定的形式；比如，如果是转移所有权，根据古典法，转让"要式物"必须采用"要式买卖"或"拟诉弃权"的形式，否则丈夫只有在时效取得所要求的时间经过后才取得所有权；在优士丁尼法中，对于任何物品来说，在这种情况中只需简单的让渡。

嫁资债，即设立嫁资的第二种形式，在古典法中叫作"嫁资允诺（dotis promissio）"，它所采取的程式是任何其他债允诺所借助的形式——要式口约（见§154）；如果采取嫁资的特殊形式，则是"嫁资声言（dotis dictio）"（参见§153）。狄奥多西二世使嫁资允诺成为一

---

[1] 参见 D. 23, 2, 19; D. 37, 6, 6。
[2] 参见 C. 5, 12, 14。

种没有任何形式的简单协议（见§169），然而，在最后一个时代，制作书面文书的做法则日益发展。优士丁尼也承认为了将前婚的嫁资转变为后婚的嫁资可以实行"默示设立"[1]。

嫁资的设立是适法行为之一，对它常常需要附加附带协议或简约，比如，有关嫁资使用、返还时间、对之实行返还的人等内容的简约（pacta nuptialia）。嫁资简约或婚姻简约不应当包含任何同嫁资或婚姻本质相抵触的内容，尤其不应当含有使妇女条件变得较为不利的内容。

如果嫁资是由"家父"设立的，则叫作"父予嫁资"（profecticia，在古典法中也包括父亲为已脱离了父权的女儿设立的嫁资；但优士丁尼法又为了一些新目的回到了最初的规定）；如果是由"家外人（extraneus）"即第三人（亲属或非亲属）设立的，则为"外来嫁资（adventicia）"；这一区别对于可能的返还具有意义（见§68）。如果家外人要求在婚姻解除时返还嫁资，那么这种嫁资叫做"回复嫁资（recepticia）"。

§67. 婚姻存续期间的嫁资

（参考：D. 23, 5; 23, 3; C. 5, 12）

丈夫取得在嫁资中所包含的权利，他成为嫁资财物的所有主。然而，从嫁资的这种彻底让渡中人们恰恰可以见到这一制度历史起源的痕迹。法学家们认为这并不完全符合嫁资关系的功能，因而，如果在法律上人们说嫁资归丈夫所有的话，那么从社会方面来说，嫁资则属于妇女[嫁资是一种固定薪俸，一种补贴，从附属物的经济意义上讲（见§78），这是无可辩驳的]。"尽管嫁资在丈夫财产中，但它是属于妻子的（Quamvis in bonis mariti dos sit, mulieris tamen est）"。在普遍实行归还嫁资这一做法之后，在甚至出现具有现实效力的可退还性（见§68）之后，优士丁尼可以理由充足地认为，嫁资转归丈夫所有实际上是一种法律细节问题，它不能抹杀或混淆真实的情况[2]；的确，尽管《学说

---

[1] 参见 D. 23, 3, 30。

[2] 参见 D. 5, 12, 30, 1。

汇纂》中有些不同的说法，但新制度的逻辑结论则是把丈夫的权利看作是一种法定用益权。

至于在婚姻存续期间对嫁资的享用和经管，《关于惩治通奸罪的尤利法》早就禁止未经妻子同意而转让嫁资土地，如果用它作抵押，妇女同意也不算数。古典法学家们提出疑问：这种禁令是否也应当扩大适用于行省土地，这种土地既不是真正的所有权的对象，也同转让的市民法方式无关（见§80）。在帝国东部，古代文明和罗马法的发展继续富有活力，在那里，这一禁令如果不是也适用于行省土地，它就仍为一纸空文，当时这些行省土地同意大利土地一样被认为完全归公民所有；因而优士丁尼消除了对上述扩大适用的任何疑问，此外，他还规定，即便妇女同意，也不允许转让嫁资土地。

丈夫在经管嫁资时必须采用在经管自己物品时所采用的那种勤谨注意，也就是说，（根据优士丁尼法）他在所谓"具体过失"的限度内对嫁资物品的丧失、损坏和任何形式的贬值负责[1]。同样，根据优士丁尼法，如果嫁资面临危险，妇女可以在婚姻存续期间要求返还，只要不把它挪作他用[2]。

嫁资制度的功能还产生这样一种结果：早在古典法中并且可以说自古以来（ab antiquo），用来承担一定婚姻生活负担的嫁资就一直掌握在丈夫手中（即便他是"家子"），而不是掌握在"家父"手中，后者在法律上对嫁资也拥有所有权，他有权将其挪作他用并做其他处分（§65）。保罗下列著名格言恰恰讲的是此意："嫁资是无限期的，因为当人们设立它时希望它永远由丈夫支配（Dotis causa perpetua est, et cum voto eius qui dat ita contrahitur ut semper apud maritum sit）"[3]。

§68. 退还嫁资　有关诉讼和保障

（参考：D. 24, 3; C. 5, 13）

当人们规定在解除婚姻关系的情况下必须归还嫁资这一义务时，嫁

---

[1] 参见 D. 23, 3, 17; D. 24, 3, 24, 5。
[2] 参见 D. 24, 3, 22, 8; D. 24, 3, 24pr.。
[3] 参见 D. 23, 3, 1; D. 23, 3, 56, 1。

资的法律制度才开始定型。

人们借以要求退还嫁资的诉讼，在古典法中叫作"要式口约之诉（actio ex stipulatu）"和"妻物之诉（actio rei uxoriae）"。

"要式口约之诉"不是地地道道的嫁资诉讼。它所根据的是嫁资设立人同丈夫达成的要式口约，同其他产生于契约的债权一样，要求退还嫁资的权利可传给债权人的继承人。这种要式口约还导致严格审判诉讼，在这种诉讼中人们只能考虑以此口约达成的协议。所谓无名契约的发展使得人们在帝国时代认为在下列情况下退还嫁资的义务成立：嫁资设立人交付了物品或执行了其他形式的给付，并商定（即便通过简约）如解除婚姻则退还嫁资。在这种情况下，诉讼成了"市民法诉讼（actio civilis）"或"事实诉讼（in factum）"，在这类诉讼中，由于契约没有名称，人们就采用程式中的词句（praescriptis verbis）来表述当事人之间设立的关系[1]。

真正的嫁资诉讼是"妻物诉讼"，它最初可能是裁判官法的诉讼并且是罚金性的。对于父予嫁资和外来嫁资来说，这种诉权归妇女，如果妇女不是自权人，则归其"家父"；但在后一种情况下，为了能够提起诉讼，也必须有该妇女的同意，即便这种同意表现为温和的和被动的沉默，即表现为未向父亲提出异议（见§34）。妇女死后，这一诉权不传给她的继承人；只有父亲可以提起诉讼，而且**只能针对父予嫁资**。因而，如果婚姻由于妇女死亡而解除，外来嫁资则留给丈夫。"妻物诉讼"不同于"要式口约之诉"，因为它不导致严格审判，而是实行诚信审判，因而审判员在评估配偶间的相互关系时拥有最广泛的裁量权；它属于"善良公正之诉"（见§39），审判员必须"以最公正标准（aequius melius）"斟酌是否负有退还嫁资的义务。司法裁量权主要表现为审判员可以根据具体情况允许丈夫按较高或较低的标准留下部分嫁资。在古典法中，这种留置是有明显区别的，并且是数额确定的，它们分为：因子女留置（retentio propter liberos），因伤风败俗留置（propter mores），因赠与物留置（propter res donatas），因被窃物留置（propter res amotas），

---

[1] 参见 D. 5, 12, 6；并参阅§166。

因花费留置（propter impensas）[1]。

表现为钱款或商品即可替代物（见§178）的嫁资应当在三种期限内退还（一年，两年，三年）；其他物品则应立即退还。丈夫通奸则不再享受在上述期限内退还嫁资的优待，以示惩罚，较轻微的过错导致将上述期限缩短至6个月。

丈夫享受所谓"能力限度照顾"，即只能在其力所能及的范围内接受判罚（in quantum facere potest 见§132）。

在罗马—希腊时代，由于在一些新领土上嫁资仍然归女方所有而且母亲财产被留给子女，受这些地方的影响，立法限制丈夫对于子女的权利，禁止他转让母系财产和婚姻所得（见§53），将其保留给作为继承人的子女；另一方面，立法倾向于（仍然着眼于子女）抵制女方的父亲，时而限制时而排除他对父予嫁资的特殊权利。根据这些趋向，优士丁尼对古典制度实行了一次深刻的改造，这种改造在一些方面是不幸的，但在本质上则是恰当的，人们可以说他在这方面完成了该制度的发展。

优士丁尼以公元530年11月1日的著名谕令宣布废除"妻物诉讼"，允许妇女或她的继承人提起惟一的嫁资诉讼——"依要式口约之诉"，然而，赋予"依要式口约之诉"以早期"妻物诉讼"所具有的诚信诉讼的特点。

这个说法对于我们现代人来说是奇怪的。当优士丁尼设立的这种新诉讼不再依赖于任何要式口约时，人们本来就决不能称它为"依要式口约之诉"，它同早期的"妻物诉讼"一样，是真正的法定诉讼。默示的契约，即法定契约，就像是"同自己的契约（contradictio in adiecto）"。不过我们仍应当提醒注意，拟制在早期法中是常见的，而且"虚拟的要

---

[1] 当婚姻因女方或其父亲的过错而解除时，对该妇女实行"因子女留置"，为每个子女留置嫁资的六分之一，但总额不超过嫁资的一半。如果妻子死亡，留置可对其父实行，为每个子女留置嫁资的五分之一，且无任何限度。

因女方通奸而实行的"因伤风败俗留置"为嫁资的六分之一，因轻微的伤俗行为实行的留置为八分之一。

"因赠与物留置"和"因被窃物留置"分别与同丈夫赠与妻子的物品或妻子窃取丈夫的物品有关。

"因花费留置"最初涉及丈夫必须为嫁资支付的费用（它们当然应从嫁资中扣除），后来也包括有益费用，但至少花费时得到了妇女的同意。

式口约（stipulatio ficta）"本身也不是新东西（见《卢比亚法》）。

当然，优士丁尼的要式口约不具有早期"妻物诉讼"那种明显的人身特色，因为它可传给继承人；不过那种人身特色是一种个别的情形，因为债权和债务一般可转移到继承人身上。另一方面，既然嫁资设立人总是可以合法地达成向自己退还嫁资的协议并因此提起"依要式口约之诉"，使用这一名词称呼这种法定诉讼就显得易生误解了。

此外，《学说汇纂》也总是使用"嫁资诉讼（actio dotis）"或"关于嫁资的诉讼（de dote）"这样的名词。且不论名词，随着嫁资诉讼范围的扩大和诉权可向继承人转移，毫无疑问，退还嫁资的义务变成了嫁资所固有的。只是需要指出：对于父予嫁资，设立嫁资的"家父"也有权提起"与女儿相关的诉讼（adiuncta filiae persona）"，而且他优先于妇女的继承人；但这里只是讲"家父"，而不是父亲，而且只是直至妇女死亡之时仍对其保留着父权的"家父"（见§66）。

优士丁尼也废除了丈夫的一切留置权以及"关于风俗的审判（iudicium de moribus）"和"关于通奸的告示（edictum de alterutro）"中的古典法制度。但在必要费用问题上，他维护古典法的原则，认为它当然地从嫁资中扣除；优士丁尼也允许为必要费用和有益费用（即为改善嫁资物的花费）提起诉讼，当女方不愿支付奢侈性费用或装饰性费用时，允许行使去除添附的权利（ius tollendi）。

对于在设立嫁资时经过估价的物品，如果估价是为了确定在灭失情况下责任的确切范围（为确定标准估价〔aestimatio taxationis causa〕），则应当退还物品，如果估价是为了将物品卖给丈夫将价款设立为嫁资（卖因估价〔aestimatio venditionis causa〕），则应当按照价款退还。

丈夫必须退还一切添附，包括侍女的产儿。最后一个嫁资年度的孳息，即从结婚并交付嫁资起最后一年的孳息，应当按照婚姻在该年的存续时间在夫妻间分割；这是指在那一年中已收获的孳息。对于不动产，退还应当立即实行，对于动产，则在本年内实行退还，在这个问题上，这种罗马—希腊式的区分（见§79后部分）取代了替代物和非替代物之分。

为了保障嫁资的退还，早在古典法中，妇女对于丈夫的所有债权人来说就享有"索要优先权（privilegium exigendi）"，包括针对那些用嫁资款购买的物品。优士丁尼甚至把这种特权扩大适用于那些在交付时经过"卖因估价"因而不再具有嫁资特点的物品,他还允许妇女根据自己的选择,或者对这些物品提起质押诉讼,或者要求返还,且不受任何时效包括30年时效(§91)的限制。

最后,这位皇帝也允许妇女和可以要求退还嫁资的人对丈夫的财产实行一般的默示抵押;对于该妇女及其直系卑亲属来说,这种抵押优先于其他一切抵押。

但丈夫依然享受"能力限度照顾"。

妇女已经交出或转入丈夫财产中的"嫁资外财物"或"准嫁妆"[1],在婚姻解除时更应当加以退还。为了保障准嫁妆财物的退还,也允许妇女对丈夫的全部财产实行具有优先权的法定抵押。

§69. 结婚赠与

(参考:J. 2, 7, 3; C. 5, 3)

丈夫向妻子实行的结婚赠与,同订婚保证金一样,是从帝国东部渗透进罗马法中的制度。它的基础是一种在罗马世界以外得到普及的丰满制度,它自古就在东方扎下了根(见汉穆拉比法典),但同罗马的嫁资制度截然对立,就像丈夫馈赠同父系馈赠相矛盾一样。它的基本作用是向女方提供一份守寡的俸禄。由于它同令帝国法律厌恶的各行省地方制度相关而且立法处于忽儿被习惯牵着鼻子走,忽儿又与其相对立的波动状态(优士丁尼语),使得人们对它的历史了解得并不十分清楚,我们只介绍一下其主要阶段和这一制度的规范。

同嫁资的情况一样,在开始时立法只是为了维护设立人即丈夫的利益才施加干预。君士坦丁第一个准许丈夫或他的继承人在婚姻未实现的情况下获得对订婚赠与的法定撤销(见§62)。后来的谕令把它同与之形成对照的嫁资相并列,规定在女方先期死亡或因其过错离婚的情况下向丈夫实行退还。

结婚赠与制度的一个新阶段也同东方习俗分不开,它的标志是狄奥

---

[1] 参见 D. 23, 3, 9, 3。它指的是一类嫁资外财物,由妇女个人使用(如钱、首饰、衣物等),这些物品在交给丈夫时附有清单且常常经过估价。

Ⅱ. 家社会或自然家庭

多西于382年颁布的一项谕令。该谕令规定，在妇女再婚的情况下，财物的**所有权属前一婚姻所生子女**，只为妇女保留用益权。狄奥多西二世在439年将带子女再婚的寡妇的权利限定为用益权，即便这种赠与已转化为嫁资，如同我们前面讲的那样，一般习俗在表面上尊重罗马法律的同时保障该赠与目的的实现。

这类赠与在罗马法中早就得名为"婚前赠与（donationes ante nuptias）"，显然，这样叫是因为禁止夫妻间的赠与。但优士丁尼第一次规定这类赠与可以在结婚后增加，优士丁尼最后规定，在结婚后也完全可以进行具有此种特点的赠与；因而也把名字改为"结婚赠与（donationes propter nuptias）"。此外，优士丁尼为促进实现狄奥多西382年谕令提出的新目标，只允许妇女享有用益权，即便她未重新结婚；后来在这种情况中，他依照早期法重新赋予妇女以所有权，但只拥有赠与中的一个平等份额。如果没有结婚，被赠与的财物一律归丈夫所有；因妇女的过错而离婚，也是如此，但禁止转让财产，而是把所有权保留给子女（见§61和§53）。

有关结婚赠与的基本问题涉及"获取赠与简约（pactum de lucranda donatione）"。如果认为除依照这种专门简约外妇女取得不了结婚赠与中的任何东西，那就错了。不，妇女取得整个的赠与。这种专门简约是为了扩大得利范围，对某些奇怪的限制性谕令中的规定加以变通，我们可以在叙利亚—罗马编中见到这些规定，但它们并不被优士丁尼法所接受；因而，当不存在限制性简约时，法定所得只能表现为整个的赠与，这符合先前的法，符合该制度的真正功能，并且符合它的名称（赠与）。

III. 监护和保佐

§70. 监护和保佐的实质及其历史起源

监护和保佐是两种有关财产行为的、对人的权利。接受监护的人叫作"受监护人"（pupilli 和 pupille）。

受监护人的取得能力并不被监护和保佐所吸收，就像根据纯粹的罗马法原则并不被"父权"所吸收一样。受监护人是"自权人"，因而如果系男性，则是"家父"。另一方面，对监护人和保佐人权力的确定应当真正有助于受监护或受保佐人的利益，而不是为了担任监护或保佐职务的人的利益，就像"监护（tueri）"和"保佐（curare）"这两个动词所表示的意思那样。

不过，对于监护制度来说，人们在古典法中仍发现了大量同其保护性实质功能不相协调的成分；如果从古典法向有历史记载的更早时期回溯，这些特点就会变得越来越清晰和重要。这尤其表现在对妇女的永久监护制度上，该制度在古典法中仍保留着，罗马人自己也无法拿出一个说得过去的理由，以使它同监护的新实质相协调。

另一事实证实了这一结论并帮助我们描述事情的原始面目。在古典法中，监护也同继承保持着密切的联系，随着在时间上向前回溯，这种联系也显得越来越紧密和自然。当时，由于罗马的继承最初只不过是为家庭的最高支配权指定一位接班人（见§186），其结果显然是：后来被称为监护人的人在最初时期曾是受命统治罗马家庭的新首领，并且他一般由去世的"家父"通过遗嘱加以指定。

III. 监护和保佐

"家族（gens）"的解体同时标志着监护和财产继承的开端。

尤其在表示对妇女的监护时，人们发现法学家们仍使用的是"权力"（manus 或 potestas）这一称谓，在塞尔维所下的法律定义中，这位共和国时期最富有天才的法学家将监护定义为："对那些由于年龄原因而不能自我保护的自由人给予保护的、由市民法所赋予的权力"（vis〔或 ius〕ac potestas in capite libero ad tuendum eum, qui propter aetatem sua sponte se defendere nequit, iure civili data ac permissa）[1]。

至于保佐，这一制度在《十二表法》中就露出端倪，针对的是患有精神病的男性适婚人。然而，它的发展和广泛适用则与更靠后的时代有关，它的某些用途完全超越了家庭法，在这里不必赘述。人们甚至不能说保佐是一种单一的制度，它实际上更像是多种制度的复合体，这些制度均以经管归某一被剥夺了自管权的主体所拥有的财产或者只是帮他经管财产为共同特点。

这一明显的财产性特点使保佐与监护形成对照，监护的特有之处表现为对受监护人的人格予以补充的"准可（auctoritas）"，而不是财产管理。保佐的特点是对一句著名但含义模糊的格言的解释："监护针对的是人，保佐针对的是物（tutor datur personae, curator rei）"。但是，法律的演进逐渐使监护和保佐相似并混同。

§71. 妇女监护

在古典法中，"自权人"妇女接受永久监护。妇女监护最明显地反映出这种权力的原始特点；正是由于这种监护同"夫权（manus）"一样不适应而且落后于新的社会环境，法学理论和立法的持续活动与其说是改造它，不如说是在削弱它和摧毁它。

法学家盖尤斯公开承认：对妇女的监护没有站得住的理由。他说，未适婚人得到监护人的扶助很符合"自然理由（naturalis ratio）"，但是，以女性的轻浮为借口为性别监护辩解则似是而非。

盖尤斯还毫不犹豫地揭露这种权力的利己主义内容，即监护人所关心的只是不让妇女的财产落入他人之手；因而，妇女监护在失去真正权

---

[1] 参见 D. 26, 1, 1pr.; J. 1, 13, 1。

力的特色之后，由于不可能具有保护功能，所代表的是一种没落的制度。

妇女监护最初是"遗嘱监护"或"法定监护"。换句话说，监护人或者是由对妇女享有"父权"或"夫权"的人通过遗嘱指定的，或者是由她们的宗亲属、族人（gentili）或解放者来担任。法定监护人也可以是一位未适婚人，这是向人表明她从哪受到保护。后来又增加了所谓"官选监护（tutela dativa）"，即在无遗嘱监护人或法定监护人的情况下，由执法官任命监护人，只要妇女提出此要求并且被提名的监护人在其身旁。

"自权人"妇女自行管理自己的财产，但是，未经监护人准可（auctoritas），她不能提起法律诉讼（legis actio）或要求法定审判（legitimum iudicium）（见§40），不能举债，不能转让要式物（见§70）；一般来说，她们也不能履行市民法上的适法行为，比如：对用益权的拟诉弃权，要式解放奴隶，立遗嘱（当妇女获得了这样的能力时），等等。妇女"归顺夫权"或者允许由自己解放的女奴同他人的男奴同居结合，也必须获得"监护人准可（auctoritas）"方有效，根据《克劳迪元老院决议》（见§13），后一种情况使被解放的女奴变成他人的奴隶。

下面我们看看在需接受"准可"的行为、监护人的种类和监护权的行使方面妇女监护制度所发生的退化。

如同其他受到谴责的制度一样，性别监护首先失去了任何发展的潜在能力。对于早期市民法的一切适法行为来说，"监护人准可"曾经是必需的，当裁判官和万民法的适法行为在数量上和重要性上不断增长时，当"略式物（res nec mancipi）"的优点逐渐等同于或超过"要式物（res mancipi）"的优点时，当作为最初惟一程式的"法律诉讼"只在一些例外情形下使用而且法定审判只构成很有限的一部分诉讼时，"准可"仍只限于那些早期的行为；随着像"夫权"这类陈旧制度的消亡，"准可"的某些用途也不复存在。另一方面，在那些需要监护人准可的行为中，这种"准可"的缺欠也不再是一种根本性的瑕疵，比如，第三人可以从妇女处取得孳息或时效取得妇女给予的要式物。

至于监护人，人们逐步试图使妇女有权选择监护人。在习惯和法学理论中，对妇女拥有"夫权"的丈夫普遍允许妻子在遗嘱中选择自己的监护人（tutor optivus）。"监护人选择（tutoris optio）"也被从更广泛的

Ⅲ. 监护和保佐

意义上加以理解。可以允许妇女自行挑选一名一般监护人或者根据具体事项选择数名监护人；较为重要的是，可以允许妇女不止一次地变更她的选择，而不受任何限制（充分选择〔optio plena〕）。

后来，法学家们想出另一个办法使妇女们摆脱可恶的宗亲监护。妇女在不必缔结婚姻的情况下以"买卖婚"的形式归顺她所信任的人的"夫权"，并商定"买婚人（coemptionator）"将使她得到解脱；此后，该买婚人变为妇女的监护人并被称为"信托监护人（tutor fiduciarius）"。

立法也走上了这条道路。奥古斯都皇帝根据他所偏爱的《尤利法》规定，对于有三个子女的生来自由人母亲和有四个子女的被解放自由人母亲免除监护。克劳迪皇帝后来废除了宗亲监护。

最后，在监护权行使方面，如果说执法官只能根据一些重大原因强迫宗亲监护人给予他的监护准可的话，其他监护人如果拒绝给予"准可"均可受到执法官的强迫。

戴克里先的一项谕令（公元293年）还提到了妇女监护，在公元271年和350年的两份古埃及文献中也提及"因生子女而取得的权利（ius liberorum）"。然而，应该认为它并没有在帝国东部扎根，当时的那些文献和法律向我们显示的是一种丈夫监护制度。瓦伦丁尼安二世（公元390年）允许母亲或祖母做自己子女或孙子女的监护人[1]。

§72. 未适婚人监护　监护人的权力和监护的种类

（参考：J. 1, 13—22；D. 26, 1及以后各章；C. 5, 28—72）

未适婚人监护，因连续的立法活动，在新法中不仅彻底丧失了权力的特色，而且也失去了任何个人利益的特点。与此同时，它变成了一种纯粹的保护制度，逐渐发展为一种义务性职责（onus tutelae），并且由于国家常常干预这一职责的授予并监督它的行使而成为公共职务（munus publicum）。与其说它是一种权利，不如说是一项义务，它可以定义为"管理未适婚人的财产并在适法行为中以自己的参与使未适婚人

―――――――――
〔1〕 参见 D. 18, 1, 27。

意思变得完整有效的义务"。

因而这种监护人的两项职责就是：1. 经管受监护人的事务（negotiorum gestio）；2. 给予监护人的准可（auctoritatis interpositio）。

一般来说，监护人有权选择是以受监护人名义实行管理还是给予他的"准可"。这种"准可"应由监护人在参与受监护人的行为时给予，不能为所给予的准可设定条件或期限。至于"事务管理"，它应当明显地区别于代理，也就是说，它不像是代理性管理那样，行为的后果直接由受监护人个人承担（见§25），而是一种单纯的管理。代理以及对未适婚人的教育（这一般由母亲或近亲属负责）不包括在罗马监护的原本概念之中。因而监护人不是以受监护人的名义缔结债，而是自己负债或者为自己取得债权；他绝对不可能实施那些不应由他个人履行的行为，比如接受一笔分给受监护人的遗产。因此，如果受监护人还是幼儿，最好设置一名奴隶为他取得遗产，或者等待着该幼儿超过幼儿期。

反过来讲，管理是从罗马的"经管（administratio）"所含有的完整的经济意义上来理解的，它不排除转让权、抵押权、投资权和实施那些超越我们今天一般管理概念的行为的权利。罗马人说，监护人是"准主人"（paene dominus 或 loco domini）。这种区别解决了该制度在其后来发展中出现的一个表面矛盾：因为自由管理在最后一个时期经历着不断的衰退，而另一方面代理却得到发展。至于前者，早在古典法时代末期，塞维鲁时代发布的一项元老院决议（公元195年）就禁止未经执法官批准转让乡村的和城郊的土地。君士坦丁和优士丁尼将这一禁令扩大适用于受监护人的一切物品，易腐坏物品除外。一些较小的管理行为（投资，领取钱款，支付钱款，等等）也不断受到执法官的监督。

相反，代理，即监护人以受监护人的名义实施行为，所产生的直接效力则在取得占有（以及新法的所有权）方面得到允许，并在"遗产占有（bonorum possessio）"或者叫裁判官法遗产继承中，在罗马—希腊时代，在真正的接受继承或取得市民法遗产以及取得债权和承担义务方面，均得到承认（见§87，§114，§128，§189，§194）。

未适婚人监护也分为遗嘱监护、法定监护和官选监护。

遗嘱监护原则上由父权享有者加以安排。然而，在古典法中也承认某些变通的做法，通常确认由母亲、近亲属、庇主或家外人安排的监护（一般需先提出请求，并以未适婚人被设立为继承人为条件）。优士丁尼

Ⅲ. 监护和保佐

也允许执法官确认由生父安排的监护；在生父实行遗赠的情况下，无需事先提出有关安排监护的请求。在其他情况下，则应先提出请求。

法定监护人是宗亲属。宗亲关系尽管在继承法中逐渐削弱，却依然是监护的基础。只是到了优士丁尼，才让血亲属负责监护。

"庇主（patrono）"、庇主的儿子以及使未适婚人从父权下解脱出来的"家父"，也是法定监护人。

在古典法中，实施了解脱行为的第三人，在将"家子"或其子女最后一次从受役状态（mancipium）中解放出来后，则成为"信托监护人"。在优士丁尼法中，如果"解放者（parens manumissor）"的儿子继承对已脱离父权的兄弟姐妹或其子女的父系监护，这种继承监护权的儿子则叫作"信托监护人"（tutores fiduciarii）[1]。

官选监护（这个称呼来自于优士丁尼法，古典学者称遗嘱监护人为官选监护人）是由《阿梯里亚法（lex Atilia）》引进的，并由《尤利和提第法（lex Iulia et Titia）》扩大适用于行省，以解决既无遗嘱监护人又无法定监护人的情况。它表现为公开任命监护人，在罗马城，这由裁判官和大多数平民护民官负责；在行省，则由行省总督负责。在帝国初期，更多的执法官取得了这一任命权，然而，各自治市执法官却从未得到过这一权力，他们只能通过"总督令"（iussu praesidis）指定监护人。在罗马—希腊时代和优士丁尼法中，被授予此权力的执法官是罗马城的执政官、裁判官、行省总督、地方执法官以及主教，这些人根据财产数额的不同拥有不同的权限并遵循不同的规范。

§73. 未适婚人监护的承担、能力、豁免和期限

（参考：J. 1, 14；1, 22；1, 22；D. 26, 1；27, 1；C. 5, 60—69）

遗嘱监护人和法定监护人的职务在早期一直都是一种权利，因而不是义务性的，而是志愿的。这种监护人均可以放弃监护，法定监护人通过"拟诉弃权"放弃，遗嘱监护人则通过"监护弃权（abdicatio tutelae）"放弃。在关于监护管理（de administratione tutorun）的裁判官告

---

[1] 参见 J. 1, 19。

示中，遗嘱监护人的职务也是志愿的，在数名监护人中，裁判官将管理职责授予保证将使受监护人财物完好无损（satisdatio rem pupilli salvam fore）的人，而且只有通过这种授权，监护人才承担行使监护职责的义务。

遗嘱监护被一些执政官变成了义务性职责，克劳迪赋予这些执政官以"监护人指定权（datio tutoris）"，从此"弃权"不再可能。这些执政官还要求法定监护人必须提供保证（satisdatio necessaria），因而不再允许"拟诉弃权"；但是，监护人的经管活动仍然是志愿的。

所谓"官选监护"，从一开始就是义务性的职务。

各种监护在其他关系中也有区别。"最佳任命（potioris nominatio）"，即提名最合适的监护人，在逻辑上只允许在官选监护中实行。对位于其他行省的财产的管理责任免除，则只可以适用于遗嘱监护人。

在新法中，任何差别（关于法定免责理由〔excusationes〕，见下）都消失了。官选监护的精神取得了胜利。

根据新制度即所谓官选监护的特点，监护变成了一种责任（munus）和负担（onus），而不再像最初那样是一种权利（ius）或权力（potestas），从此，"家子"也能够行使它了。在新法中，根据瓦伦丁尼安二世的一项谕令（公元390年），妇女可以成为自己子女的监护人，只要她们不再结婚[1]。

然而，正是这些使权能得到扩大的原因也带来新的无能力情况，即所谓监护的"法定免责理由（excusationes）"，它们显然产生于官选监护，而后适用于变成了义务性的遗嘱监护，最后，但只是在4世纪，也适用于法定监护。

根据元老院决议，不能行使监护责任的人一般是：精神病人，哑巴，盲人；士兵也被免除行使监护职务。优士丁尼宣布不满25岁的人不能实行监护[2]；在新律中，僧侣、主教、受监护人的债务人和债权人也不能。

法定免责理由是很多的，它们或者产生于人身原因（年迈、特别贫困，等等），或者产生于各种不同的负担，包括个人负担（子女负担、

---

[1] 参见 C. 5, 35, 2—3；D. 26, 1, 16；18。

[2] 参见 C. 5, 30, 5。

Ⅲ. 监护和保佐

其他监护人义务，等等）和公务负担（高等职务或级别），还有些产生于单纯的特权（语法学家、演说家、养老兵、荣誉运动员〔atleti coronati〕，等等）。提出免责理由的期限，对于官选监护人来说，从送达监护人设立令时算起；在优士丁尼法中，对于所有监护人来说，均从"得知之日（a die scientiae）"起计算。

当受监护人满适婚年龄时，监护终止。除因死亡外，监护人还因"大人格减等"（见§16）、法定免责理由、法定中止原因（参见下节）、解除性条件出现或遗嘱人所附期限届满而终止行使职责。

§74. 监护人与受监护人间的法律关系

（参考：J. 21, 26; D. 26, 7; 27, 2—9; C. 5, 37—58; 75）

监护人所承担的妥善管理义务和受监护人得到的保护，随着国家介入的不断加强而逐渐发展，而且每一种保护也在自己的范围内扩展。

在《十大执政官法典（Codice decemvirale）》中规定了"控告嫌疑监护人之诉（accusatio suspecti tutoris）"和"侵吞财产之诉（actio rationibus distrahendis）"这两种补救措施，第一种针对的是遗嘱监护人，第二种则针对法定监护人，这两种诉讼均可在监护实行期间提起，不具有撤销监护人职务的效力，而只是暂停其职务。前一种曾是导致"不名誉"的民众诉讼，只有在管理中真发生了贪污或欺诈时才能提起，因而以故意和重过失行为为根据。一项元老院决议准许以执法官选定的监护人取代有嫌疑的监护人；随着时间的推移，最终允许以缺乏能力或未行使经管为由撤销监护人的职务，而且无需提出控告，就像对官选监护人所通常采取的做法那样。"控告嫌疑监护人之诉"，它当时具有两种形式（导致或不导致"不名誉"），并且针对一切监护人。在古典法中，也曾经允许妇女提出控告，只要她们是受监护人的近亲属，在优士丁尼法中，也允许不名誉者提出此类控告。

"侵吞财产之诉"是一种针对法定监护人实施的、不能被视为盗窃的盗用行为而实行的罚金诉讼。它是根据受监护人所受损失给予加倍处罚，但在优士丁尼法中，它几乎完全丧失了罚金的特点，而且可以针对一切监护人提出此诉讼。

在共和国末期，出现了对受监护人的最广泛的保护方法——"监护之诉（actiotutelae）"，它也带来不名誉。这种诉讼只能针对实行管理的监护人即依法被（遗嘱人、多数监护人等）授予管理职责的人提出，并连带地针对数名监护人，也可由于未实际行使管理（针对未行使职责的监护人〔tutori cessanti〕）而提起，但它也通过扩用和附带的方式扩大适用于非经管监护人，即不负有管理职责的监护人。在优士丁尼法中，未行使职责的监护人与非经管监护人之间的区别是不明确的，因而这两种人都同样附带地负有责任。这种诉讼应当在监护的期限内提起。

监护人在"监护之诉"中所负的责任以轻过失为下限，而且以具体过失为限，也就是说，他对于受监护人的事务应当采取对自己物品所采用的勤谨注意[1]。

优士丁尼还附带地将这种责任扩展到"执法官选定的监护人（tutori honoris causa dati）"，用他的术语叫作"honorarii"[2]。在优士丁尼法中，对于为购买土地（ad praediorum comparationem）储存钱款的义务做出了严格的规定。在阿卡丢和奥诺里时期，有关财产清单的习惯也变成了确切的规范，并伴之以特殊的程式和形式。

在一些情况（缺席、暂时放逐、不严重的疾病、事务繁忙〔diffusa〕、由于尊严〔dignitas〕和年龄〔aetas〕的原因）下，监护人可以要求设置一名保佐人或代理人（actor），但风险仍由他本人负担。在优士丁尼法中，这种"增补的保佐人（curator adiunctus）"成为独立的制度，因而在设立他时风险不再由监护人承担（periculo tutoris），同时，还出现了"具有监护人地位的保佐人（curator in locum tutoris）"。另一方面，未适婚人的监护人常常改变为未成年人的保佐人（见下节）[3]。因公共事务（rei publicae causa）缺席是可以原谅的并可由人代替。

从克劳迪时代起，监护人在承担监护职责之前应当提供担保（satisdatio rem pupilli salvam fore），除非他是由父亲或一名高级官员任命的。此外，债务担保人（fideiussores，在古典法中叫作 sponsores）、确认监护人的适宜性的人（affirmatores）以及监护人的提名人（postulatores 或 nominatores privati），当他们宣布风险自负（suo periculo）时，被视为责

---

〔1〕 该限度由 D. 27, 3, 1pr. 所确定，并在新律 22 第 8 章中被重申。
〔2〕 参见 D. 26, 7, 3, 2；D. 46, 3, 14, 1；D. 23, 2, 60, 2。
〔3〕 参见 D. 26, 1, 13。

Ⅲ．监护和保佐

任承担人，而且从图拉真时代起，应当向上级官员做类似提名的各城市执法官也被视为责任者，这真是一个责任的无限游戏。在优士丁尼法中，提名的母亲，当她宣布风险自负时，也是责任承担者，尽管《韦勒雅元老院决议》另有规定。最后，还允许受监护人享受"索要优先权（privilegium exigendi）"，在君士坦丁时代，允许对监护人财产实行法定抵押。

监护人也有权对受监护人提起"监护反诉（contraria tutelae actio）"。

§75. 对精神病人、浪费人和未成年人的保佐

（参考：J.1，23—26；D.26，3；D.26，5；D.26，10；D.27，1—10；C.5，31-75）

对精神病人（furiosi）的保佐是由《十二表法》确定的。该法将财产管理托付给精神病人的宗亲属，在无宗亲属的情况下托付给其族人。对作为家父"无遗嘱继承人"的浪费人（即挥霍父亲和祖先财产的人）实行保佐也同《十二表法》有关，这类人被该法禁治产，这种保佐也由宗亲和族人负责。

后来，裁判官获准任命保佐人，在罗马，由"城市行政长官（praefectus urbi）"任命，在行省则由总督任命；同样，当浪费人已根据遗嘱成为父亲的继承人时，他通常被禁治产并接受官选保佐。

在优士丁尼法中，对精神病人和浪费人的保佐**实质上**具有同监护相同的作用，先是遗嘱保佐，再就是法定保佐（然而，这两者均由执法官确认，因而形式上是官选的）和官选保佐。

"未成年人保佐（cura minorum）"，即对不满25岁者的保佐，随着《普莱多里法》（公元前191年）而出现。起初，这种保佐人的设立需由未成年人提出请求；保佐人只参与一些孤立的活动，或者面对《普莱多里法》允许未成年人提出的抗辩，作为给予第三人的道德保障（见§17）。未成年人保佐人在古典法中似乎从没有变为地地道道的管理人或者至少变为义务性管理人，也就是说，似乎没有出现过后来由马可·奥勒留最终加以确定的该制度的演变。这种演变只发生在罗马—希腊时

代，当时，一方面，接受保佐的未成年人开始同受监护人一样在其行为能力方面受到限制；另一方面，对于所有未成年人来说，保佐人成为必需的一般管理人，而且保佐人的介入具有了与监护人的"准可"相类似的法律特点，即对未成年人行为的"协助"或"同意"，正是这种同意使得这些行为在法律上成为完全有效的。因而未成年人再不能诉诸"普莱多里法抗辩（exceptio legis Plaetoriae）"，也再不能要求"恢复原状（restitutio in integrum）"。

对于优士丁尼法中的未成年人保佐来说，父亲在遗嘱中的提名也须得到执法官的确认；但是，保佐人一般由执法官指派。法定保佐是不被承认的。

关于转让问题的限制，有关经管、预先担保和责任关系的规范，以及有关不能任职、免除职责和撤职的理由等，均从监护扩大到保佐，但这基本上是由优士丁尼搞的。

在优士丁尼法中，保佐人也可能通过"嫌疑保佐人之诉（actio suspecti curatoris）"被加以撤换。

这种针对保佐人的诉讼涉及的是对精神病人和浪费人财产的管理和其他一些完全保佐，如"妇女保佐（cura mulieris）"及"兵役保佐（cura militis）"，或许还包括"未成年精神病人（minoris furiosi）保佐"，它在优士丁尼法中是"无因管理之诉（actio negotiorum gestorum）"，有时采用直接的方式，有时则采取扩用的方式（大概是根据后古典时期的理论）。保佐人为获得赔偿则可提出"无因管理之反诉（contrarium iudicium negotiorum gestorum）"。但是，由于在罗马—希腊世界监护和保佐这两个起初大不相同的制度几乎变成了一种制度，对于未成年人来说，只是因年龄不同而采用不同的名称（在希腊文献中，繁杂的多名现象的确是混乱的），因而，优士丁尼法的编纂者们试图把针对保佐提起的诉讼变为按照监护之诉模式设立的诉讼，而且宁愿称之为"无因管理扩用之诉（utilis negotiorum gestio）"，或者创造出"保佐诉讼（curationis iudicium）"，或"扩用的保佐之诉（utilis curationis actio）"，这种新诉讼同"监护之诉"一起出现，就像在当时监护人与保佐人总是一同出现一样。

物 法

§76. 一般概念

（参考：J.4，6，1—2）

物权可以定义为对某物的**独立**支配权。这意味着：对该物的权利行使以及对其不同程度的享用均**独立于**同一定人的关系（债，参见§9和§117），因而，也独立地通过对物之诉（即可对任何第三人提起的诉讼）获得保护。

总的讲，物权都是典型的权利，也就是说，它们本质上是由法律确定的并可归入固定的类型，当事人的意思只能在一定限度内改变这些类型；因而在论述物法时，可以先适当地论述一下各种形式的物权。

罗马人所承认的物权形式或种类有：所有权，役权，永佃权，地上权，根据一般的观点还包括质权和抵押权。所有权是最重要和最广泛的权利，而且它同物本身融合在一起，因为物品以最绝对的方式归某人所有，其他物权尤其是役权是从属的权利，它们只能对已属某人所有的物而产生。罗马人称它们为 iura（权利）或 iura in re（对物的权利），现代人称其为"他物权（iura in re aliena）"。

在论述物法时，也应提及那些必须依赖于某一物权关系的义务，比如：相邻义务，交纳永佃租金的义务，等等。相反，质权和抵押权由于同债权关系有相同的联系，则最好在债的理论中加以论述。

有一个问题只在物权问题上具有法律意义或至少具有明显的重要性，这就是对在法律上并不对其拥有权利的物品行使权利的问题，即法律将其归纳为一定物权并加以保障的、行使权利的**事实状态**。这种事实状态，同所有权相对应，叫作"占有（possessio）"，同其他物权相对应，则称为"准占有（quasi possessio）"或"权利占有（iuris possessio）"。为了准确地理解它，首先需要了解相对应的那些权利，因而应先对这些权利加以论述。

I. 物

§77. 物及其分类　交易物和非交易物

（参考：J. 2, 1, pr.—10; D. 1, 8）

物（res），在具体的和特定的意义上（即与物权相联系），是指外部世界的某一有限部分，它**在社会意识中**是孤立的并被视为一个自在的经济实体。罗马法物权的标的只能是这种意义上的物，即实体的物，罗马人也称它为"物体（corpus）"。这种实体性，作为物的要件，在古代就已存在；物权标的物的确都是可见的，可触觉的，即可明显感知的；像瓦斯、电力这类物质并不为罗马人所知，至少罗马人不知道它们可以作为经济实体并因而可成为权利的标的。

给付和服务不是物，含有纯粹思想内容的所谓"非实体物（cose immateriali）"一般也不被视为物。

首先，应当区分易产生法律关系的物（财产物〔res in patrimonio〕，或罗马法学者常说的交易物〔res in commercio〕）和不易产生法律关系的物（res extra patrimonium 或 extra commercium〔非交易物〕）。后来人们称在现实中不归任何人所有的可交易物为"无主物（res nullius）"；称所有主将其遗弃并对其放弃所有权的物为"遗弃物（res derelictae）"。

"非交易物（extra commercium）"区分为"人法物（res humani iuris）"和"神法物（res divini iuris）"，这要看它们是由人间规范还是由神的规范（早期叫作"神法〔fas〕"）调整，这后一种规范将它们排除在交易之外。

不可交易的"人法物"在罗马法文献中又区分为"共用物（res communes）""公有物（publicae）"和"团体物（universitatis）"。

"共用物（res communes omnium）"是那些被认为不易由个人获取或实行经济管理的物品；因而它们不是由法来调整，而是放任由大家使用，个人在享用它们时造成的侵犯是人身侵犯，以"侵辱之诉（actio iniurarium）"加以惩处（见§175）。这种具有哲学和修辞学根源的观念以其自然主义的烙印及其含糊的特点而为人所共知，但是，它说到底是空洞的，因为那些不易被获取的物（如星球、空气等等）既无经济价值，也无法律价值，而且在其用途上也是不明确的和混杂的。共用物包括空气（在古代它确实是不易分离和获取的）、流水（acqua profluens）（从法律的观点看，根据其性质，它现在归个人或公共所有）、海洋（现在它至少在国界内是"公有物〔res publica〕"）和海滨（它现在是公有物）。海滨被定义为：冬季海浪最远能够波及的边缘地带。

但海滨仍属于一种特殊制度调整的对象。在那里不仅捕鱼、布网等等是合法的（这属于共同使用或公共使用的范围），而且还可以搞建筑，只要不妨碍公共使用并获得当局的批准（至少在优士丁尼法中如此）；然而，建筑物被摧毁后，地皮仍属共用。此外，在海滩上发现的（inventae in litore maris）无生命物可以被自由先占（见§82）。

"公有物"，就其自身而言，是易获取的和易对其实行经济管理的，但是，出于公共福利的目的，它们被实证法保留给公民普遍使用，比如：公共河流（在罗马法上系指一切永久性河流）、河岸、港口、公共道路等。所谓"团体物"也是这样的情况，它们为某一共同体的居民所共同使用，比如：剧场、竞技场、公共建筑物、城邦的道路，等等。

"神法物"是因所为之服务的神圣目的而被排除在交易之外的物品。它们分为"神圣物（res sacrae）""神息物（res religiosac）""神护物（res sanctae）"。这是优士丁尼法中相当确定的术语。神圣物是在礼仪中专用于祭祀的物品，寺院、寺院区（即使建筑物已被破坏）和向神捐献的物品。只是在一种情况下，即在为赎买战俘而筹款的情况下，优士丁尼才允许转让或典当神圣物。神息物是指墓地和陪葬物品；神护物是指城市的围墙和城门；早时，或许还包括田地的界标（见§80）。

神法物和人法的非交易物，由于不用于经济目的，不归任何人所

Ⅰ.物

有；法学家们称它们为"非财产物（nullius in bonis）"。国家对它们行使的保护，在我们看来，是在行使主权，这是与所有权平行的概念，因而产生某些相似的效力（宝藏的取得，见§82）。至于神息物，它们也是私人监控权、祭祀权和墓葬权（ius sepulcri）的对象，在新法中，由于受基督教的影响，神息物所具有的严格的非财产观念几乎消失殆尽。

§78. 可替代物和不可替代物，消耗物和非消耗物，可分物和不可分物，主物和从物

可替代物（cose fungibili）指这样一些物品：每一特定种类的物品被认为与同一种类的任何其他物相等同，因而可以被同一种类的任何其他物所取代，比如：相同质量的啤酒、油和小麦，同一本书的复本，最主要的是指货币。**不可替代物**（cose infungibili）则是指：每一种物品具有自己不同的个性，因而不能毫无区别地由同一种类的其他物所取代，比如：一块土地，一幅图画，一匹马。艺术品是不可替代物，工业产品则是可替代物。但是，这种区分在习惯中是可变化的，可以由当事人在契约中根据自由意志加以改变。

正因为可替代物不具有使其在自己的种类中得到区别并表现出个性特征的特殊性，因而被罗马人称为**种类物**（genera）或"量物（quantitates）"，或者叫"以数量、重量、度量计算的物（res quae numero, pondere, mensura consistunt）"。可替代物这一名词是根据《学说汇纂》中的一段语录而创造的，在那里，法学家保罗称它们为"可以在相同种类中相互替代的物品（res quae in genere suo functionem recipiunt）"[1]，它们还可以相互部分地替代，相互代表；因而现代人也称它们为"可代表物"或"可替换物"。名词 corpus 或 species（**特定物**）则是指具有自己个性的物品，它主要用来指不可替代物。

消耗物和非消耗物是另一个表面看具有自然主义属性而实际上仍以社会经济标准为根据的划分。

所谓消耗物，它的经济用途恰恰在于消费掉它，也就是使它的实体消灭或以其他方式消失（res quae usu consumuntur, res quae in abusu con-

---

[1] 参见 D.12, 1, 2, 1; D.12, 1, 6。

sistunt）。这类物品有：食用品和货币。相反，非消耗物的用途却不在于真正地将其消耗掉，尽管可能会产生损耗结果，比如衣物等。

可分物是可以被划分为同质的数部分、而其每一部分均保留整体的实质和功能的物品，除此以外的物品是**不可分物**，这种划分仍以社会经济标准为着眼点。土地是可分物，因为被划分后的各部分仍然是土地；一块宝石、一尊塑像均为不可分物，因为分裂后的各部分不再具有原物品所具有的同一功能。

另一个区分是简单物和复合物，它并不是以物品的化学构成（简单的或复合的）的标准为基础，也不看物是属于自然形成物还是人工制成物，而仍旧以经济—社会标准为根据。

简单物在人们的意识和习惯中被视为一个单位（只含有一个灵魂〔quae uno spiritu continentur〕），即便该单位也表现为各种成分的结合，只要人们公认这些成分被有机地融合在一起，这种物如：一株植物，一尊塑像，一块石头，一块砖。**复合物**（corpora ex contingentibus 或 ex cohaerentibus）则表现为数个简单物的机械组合，比如：一座建筑物，一条船，一个衣柜。一个与之不同的范畴是**集合物**或物的集合体。罗马法学家们所说的"物的集合体"（universitates rerum 或 facti，文献中使用的术语是 corpora ex distantibus）[1]，系指虽未实际结合在一起，但可以被视为一个统一体的物的群体，因为从经济—社会的观点看，这些物总合起来具有不同的实质，然而，在古代社会，这种集合体只是动物集合体，它们构成"群"，当时的哲学所依据的理由是：这些单个分子被同一本能和同一习性纳入这种集合体之中。群的单位主要出现在返还要求之中，它可上溯到法律诉讼时代。

如果两个物结合在一起或者相互联系，决定整体或复合体的本质和社会功能的那个物叫作主物，用来为另一物服务但未被其吸收的物叫作从物（accessio），该物如果被主物吸收，则真正成为它的一部分（见§83）。从物的例子有：工具（instrumentum），画像的镜框，镶在戒指上的宝石，这枚戒指无论是否带有这块宝石，都保留着戒指的名称和用途。

经济—社会标准，除了决定着物的概念及其分类外，也决定着"物

---

〔1〕 这个词是指集合物。参见 D. 7, 1, 70, 3。

的部分"这一概念。

所谓"部分（pars）"是指从某物中分离下来局部物，即使它本身也构成一种物；也就是说，在罗马人的思想上，"部分"是指任何对于完整性（perfectio 或 consummatio）具有意义的物件。在罗马法渊源中不存在现代的"附属物（pertinenza）"概念。

费用是指为某一物所花费或使用的支出。它区分为从生息物中获取孳息而付出的费用和为物本身付出的费用；后一种费用一般分为**必要费用**，即为保存该物而必不可少的费用（它们又可是**正常的**和**非常的**）；**有益费用**，它使该物的收益增加；**奢侈费用**，它们用来使物品更为美观。

孳息是指从某物中分离出来的、在社会习惯中被视为该物收益的部分；不仅植物的果实，而且动物的分娩、奶乳，甚至矿场的产物，均构成孳息。穆齐、斯凯沃拉和马尼留的早期学说曾认为女奴的产儿是孳息，这种学说后来被抛弃；相反，布鲁图的观点占了上风，它注意到奴隶的道德人格以及奴隶真正的经济—社会用途。"人们不会轻易地为繁殖的目的而购买女奴（non temere ancillae comparantur ut pariant）"。

孳息可以处于各种状态：**孕育状态**，即附着在原物上；**分离状态**，即由于自身重量、风或冰雹等任何原因而脱离原物；**被收获状态**；**应收获状态**，即应当被生产或收获、但却被忽略了的孳息；**现存状态**，即仍处于物的占有者手中的孳息；**已消耗状态**，即占有者已将其消耗、改变或转让的孳息。

"孳息"这一术语也常常被用来指运用资本所带来的货币赢利，如房租、租金、利息等等。这种孳息被称为"民法的（civili）孳息"。

§79. 要式物和略式物　不动物和可动物

（参考：C. 7, 31）

在每一种法中都有一个"对物的最基本划分（summa divisio rerum）"，也就是说，整个经济—社会制度都以它为基点，由于其特有的经济功能，它不是单一地涉及这个或那个法律关系，而是关系到整个法律机制。具有重要社会意义并接受较严格的公共保护的物和那些主要涉及个人利益的物之间的区别，就是这种"最基本划分"。在某些法中，尤其是在初始时期，这种划分明显地表现为归某一社会群体所有的物同真正私有物之间的对峙关系。

这种基本的划分在现代法中表现为不动产和可动产之分，这是惯用的名词，因为分属这两个范畴的财物在历史上和各不同法典中，随着社会需求的变化而发生变化，并不看它们是具有可动性还是不可动性。在优士丁尼前的罗马法中，"要式物（res mancipi）"和"略式物（nec mancipi）"曾具有这样的意义。**要式物**是：属公民所有的（因而位于意大利的）土地、房屋、领地、奴隶、马、牛、骡子和驴，即所有用来牵引或负重的牲畜，除这些有形物外，还有乡村地役权，至少最早期的乡村地役权，即通行权的三种形式（iter, actus, via）和用水役权（aquaeductus）。除此而外的一切其他物均为**略式物**；由个人占有（而不是所有）的、位于行省的同样不动物也属于略式物，除非通过授予"意大利权（ius italicum）"而使土地获得豁免权。

在古典法中，要式物和略式物之间存在着颇为重大的法定区别，尤其是在转让形式上，对于略式物来说，转让形式是自然的和简单的，表现为占有的转移或让渡（traditio）；而对于要式物来说，转让则是庄重的和公开的，通过要式买卖（mancipatio）或拟诉弃权；此外，妇女转让还必须有"监护人准可"（见§21）。越向早期法回溯，这些区别就越深刻，而且要式物在那个时代表现出同家族群体具有紧密联系，同物的所有类似划分相比较，使人得出这样的结论：这些要式物最初体现着家族共同体的社会所有权，即早期的真正所有权。

要式物和略式物的划分一直是罗马法的基础，直到拉丁世界发生危机为止。它一直同在意大利占主导地位的农业经济相对应，盖尤斯仍称要式物为"具有较大价值的物"。

但是，在罗马法发展的真正古典时代结束后，这一划分和要式物的转让形式，同古罗马的一切制度一样，当然地趋向于没落。此外，一切使意大利土地优于行省土地的理由，都随着豁免特权一起消失（在戴克里先时代）。过去，行省土地曾被荒谬地认为具有较低的价值，随着罗马法在行省境内的发展，这种区分不仅被废弃，而且也变得越来越不可理解。在根据古典文献编纂自己的立法时，优士丁尼势必要明确废除要式物和略式物之间的划分以及意大利土地和行省土地之间的划分；但他

Ⅰ．物

这样做时所使用的词句却表明：他再未从生活中发现这些制度的痕迹，也不理解它们的古代精神[1]。

在新法中取代要式物和略式物表示具有重要社会意义的物与具有个人意义的物之间的基本对应关系的划分是"不动物"和"可动物"。**不动物**包括土地或地产（它们分为城市的和乡村的，即建筑物〔aedes〕和田野）；其他物则为**可动物**（mobilia et moventia）。这种划分在古典法中几乎不存在。《十二表法》曾根据时效取得所需要的时间（两年或仅一年）确定过一种划分，但不是在不动物和可动物之间，而是在"土地（fundus）"和所有"其他物（ceterae res）"之间，在后一类物中还包括遗产，甚至妇女（见§90）。人们可能有这样的疑问：建筑物在当时怎么会被视为土地，却又同"其他物（ceterae res）"一样仅在一年后实现时效取得？古典法学理论从未使用过"不动物"这种表述，而是使用各种颇为复杂的称呼，如：土地（fundus），土地和建筑物（fundus et aedes），包容或附着在地面上的物（res quae solo continentur 或 tenentur）以及地面物（res soli）。只是到了最后时代，在罗马法发展的新地域内，皇帝、大区长官以及地方习俗才开始引进转让不动产的、公共的要式手续和对这类行为的登记程序（gesta publica），它们时而可自行选择，时而又是必需的，由此，人们确定了可动物和不动物的划分，它后来在西罗马同皇家物和个人物的日耳曼式划分混合在一起。[2]

---

[1] 参见 C.7, 31, 5。

[2] 参见 D.3, 3, 63; D.41, 3, 23pr.; D.2, 8, 15pr.; D.19, 2, 48, 1; C.3, 34, 2。

II. 所有权

§80. 所有权的概念

所有权可以定义为**对物最一般的实际主宰或潜在（in potenza）主宰**。我们说"最一般的主宰"，而未对这种主宰权的内涵作进一步的确定，这是因为所有主的权利是不可能以列举的方式加以确定的，换句话说，人们不可能在定义中列举所有主有权做什么，实际上，所有主可以对物行使所有可能行使的权利；物潜在的用途是不确定的，而且在经济—社会运动中是变化无穷的，在某一特定时刻也是无法想象的。法只以否定的方式界定所有权的内涵，确定对物主宰权的一般约束，即规定法律限度（见§97）。我们又补充说主宰是"实际的"或"潜在的"，因为，除所有权的实在结构所固有的法律限度外，所有权所一般保障的权利，甚至最基本的权利（如对物的处分权、转让权和请求返还权）都可能在不同程度上甚至在其整个外延上，因某些关系或竞合的权利（如对转让或索还的禁止、地役权、用益权、永佃权，等等）而被从所有主那里剥夺；但是，即便在这些最一般的情况中，所有权仍潜在地保留着其完整性，因为上述关系或竞合权利的终止将使它当然地（ipso iure）重新取得它通常所固有的那些权利。这种主宰权的潜力，在因权利竞合降低到最低限度之后，可能重新得到扩张和充实，现代学者称之为"所有权的弹性"。

所有权相对于其他物权也被称为**对物显要的主宰**（signoria eminente sulla cosa）。一切其他物权均从属于所有权，并且可以说它们体现所有

Ⅱ. 所有权

权。一切其他物权，至少在其产生时，均以所有权的存在为前提条件，它们是对他人物品的权利（ius in re aliena）。

然而，如果说现代所有权可以从实质的和经济的观点加以界定的话，罗马所有权却只能从抽象的和相对的观点加以界定，这种观点把土地所有权同"地域主权"等量齐观。在罗马法中有**许多对物的一般主宰权**，虽然现代人对它们滥用所有权的名称，但它们中的一些并不属于所有权，在这些主宰权中，人们可以发现充实性和不确定性的特点。反过来说，罗马所有权有着自己的特点，这些特点赋予所有权以特有的烙印。原始形态的所有权的确是绝对的和排他的权力，它排斥任何限制、任何外来的影响（§97）；它**必然**吸收一切添加进来的东西（添附原则，参见§83）；它是永久的（§92）。典型的早期土地——"划界地（ager limitatus）"有着神圣的边界（limites），就像城邦有自己的城墙和城界（pomerio）一样。最后，根据罗马人的观念，所有权应当免除土地税，因为在早期人看来这种税具有为使用和占有支付补偿的性质，而应当接受这种补偿的人相反应该是所有主。当时，位于意大利域内（in solo italico）的土地，即位于意大利或位于意大利以外但被授予了"意大利权（ius italicum）"的其他城市的土地，享受这种豁免；相反，位于行省的土地却不享受这种豁免。因此，行省土地的所有主不是占有人，而是国家，也就是说，对于帝国行省的土地（fundi tributarii）来说，所有主是皇帝，对于元老院行省的土地（fundi stipendiarii）来说，所有主为罗马人民，这是由奥古斯都确定的划分。转让所有权的真正方式即市民法方式因而不能适用于行省土地。

在罗马—希腊时代以及在优士丁尼法中，这些特点大大地消失了。"划界地"早已不存在，所有权的永久性原则被优士丁尼所废除（见§92），在相邻关系中的自主制度带来了对所有权的一系列严格限制（见§97）。在戴克里先时代（公元292年），意大利土地的豁免权终止；随着"要式买卖（mancipatio）"和"拟诉弃权"的消失，意大利所有权和行省占有之间的区别不再具有意义，优士丁尼正式将它废除，消除了有关时效取得、嫁资土地等问题上的最后差别和争议。然而，有关添附的绝对原则却保存了下来，虽然优士丁尼法对它也不无影响；除公共捐税外，也不能够针对所有权征收土地税赋，这使得地上权和永佃权被排除在罗马法的所有权概念之外。

· 161 ·

在罗马人中,所有权的早期称谓是"mancipium"。"proprietas(所有权)"作为对物的最高权利的技术性术语,在帝国晚期开始主要相对于"ususfructus(用益权)"被加以使用(见§103)。另一个称谓"dominium"则更为古老,但不那么具有技术性,而且它也被用来指"家父"的一般权力或对任何主体权利的拥有。

罗马人也用一种肯定的说法表示是所有主:"这个东西是属于我的"或"这个东西是我的"(res in bonis meis est, res mea est),并加上一句"根据罗马人的法(ex iure Quiritium)",在古典法中,这表示真正的市民法所有权。这种表述方式实际上并不确切。任何一种主体权利都可以表现为主体对物在一定程度上的拥有,其程度则由权利的性质加以表示。因而,一个人可以说:我根据永佃权或用益权而拥有一块土地;也可说:这个女人是我的妻子,或者说我的妻子是属于我的,等等。但是,既然在所有权中这种归属是最为完整的,所有主完全可以说"这个东西是我的",而无需附加任何限制词以说明这东西在何种意义上并在何种程度上属于他。

在罗马早期或最早的时期,要式物曾为家族共同体所有。家族群体的解体从很早起就使罗马所有权成为个人的。个人的所有权仍必须由独立共同体(如罗马家庭)首领掌握,这仅仅是出于同国家和市民法相对应的需要。

真正的个人所有权在法律上和在社会上都仅仅产生于这一时期:那些原始群体的解体进程又在古典家庭中重演,并且该家庭的单个成员在财产方面成为独立的主体。

正如我们所谈过的(见§53),这一演变在第三时代发生飞跃,并最终完成于优士丁尼法中。只是在那时,家庭的财产统一和"家父"的排他性权力才变为一种荒谬的观念,从此之后,才可以说个人所有权被完全确立并适用于一切关系。

在优士丁尼前的法中,人们也区分市民法所有权(ex iure Quiritium)和裁判官法所有权,后者受各种诉讼(主要是通过"善意占有诉讼〔actio Publiciana〕")的保护,并曾被直接叫作"善意拥有(in bonis habere)"。"善意拥有"的最重要情况表现为在未借助市民法所要求的方式的情况下转让要式物;关于这个问题,最好在谈到转让方式时(见§88和§89)再加以论述。

Ⅱ. 所有权

§81. 所有权的取得方式

（参考：J.2, 1, 11）

所有权的取得方式是法律据以承认某一主体享有这种对物的显要权利的法律事实。

人们一般将所有权的取得方式区分为**原始的**和**传来的**。在原始取得中存在着同物的直接关系；在传来取得中，使取得合法化的是同原所有主的关系，而且由于物曾掌握在前所有主手中，因此它的取得也带来相应的权利和义务（役权、用益权、抵押权等等）。

优士丁尼《法学阶梯》中的分类为：市民法取得方式，自然法或万民法取得方式。按照这种划分的一般观念，前一类方式具有形式的特点，体现着立法者的裁断，并且是罗马人所特有的；而后一类取得方式则具有所有权的本质及其内在意识所要求的特征，而且可以被看作是所有民族共有的。

在盖尤斯的《法学阶梯》中，尽管对每一种取得都宣布它是符合自然法或"自然理由（naturalis ratio）"，还是属于市民法，但原始取得方式和传来取得方式之间的区别都隐含其中，而且似乎处于萌芽状态。盖尤斯首先提出转让的方式，而且只是在论述了这种方式之后才注意到有些物是以自然方式转让的，而另一些物则是以市民法方式转让的。当时，在转让问题上，自然方式和市民法方式的区分对于古典法具有实践的意义，因为只有略式物才能有效地以自然的让渡方式加以转让，而对于要式物则要求采用市民法的方式。

这种意义在优士丁尼法中消失了，该法不再承认要式物和略式物之区分；由于"要式买卖"和"拟诉弃权"的市民法形式也消失了，因而这种分类不仅不具有实践的意义，而且几乎变得毫无价值。在这样的情况下，编纂者们的一个过分之处就在于不仅提出而且夸大了这种分类，把它确定为一种基本的东西。这种做法产生于对自然法和市民法之间划分的理论爱好；这种过分造成了有关对自然法方式效力的晚期承认的错误理论。

在这里，我们略而不谈取得的一般方式，如概括继承、遗赠、死因赠与等等，也不谈那些与各种不同性质的关系相关联的、极为特殊的方式，如在再婚情况下前婚子女对婚姻所得的取得。

§82. 原始取得方式　先占和取得埋藏物

（参考：J.2, 1, 12—18; J.2, 1, 22—39; D.41, 1; C.10, 15）

先占就是以据为己有为意图获取或者占有不属于任何人所有的物（无主物〔res nullius〕）。这种事实上的占据（或占有〔possessio〕，罗马人就是这样理解这个词）被法律承认为合法占据，由于物是无主的，因而不会侵害任何人（见§24和§27）。先占是自然法方式的典型代表。

野生动物（ferae bestiae, volucres, pisces〔野兽、鸟、鱼〕）显然是无主物。这类先占方式包括狩猎和捕鱼。

狩猎者只是在捕获到活的或死的动物时才取得对该动物的所有权，"因为可能发生很多事情妨碍我们获得它（quia multa accidere possunt ut eam〔feram bestiam〕non capiamus）"。在古典法中这是有争议的，有些人认为狩猎者只要未停止对受了伤的动物的追捕，就可以取得对该动物的所有权。对于取得来说，并不要求狩猎要在自己的地界内进行。进入他人地域的狩猎者可能因所实施的侵害行为，在关于占有或所有权的诉讼或者在侵辱之诉中被追究责任；但是，被捕获的动物仍是他的。

当然，驯服的或家养的动物以及被驯化的或被饲养的动物不是先占的对象，因为它们根本不是无主物；这些动物走离主人也不能导致主人丧失对其的所有权。然而，如果被饲养的动物（如孔雀、蜜蜂、鹿等等）失去了回到主人身边的习性（consuetudo 或 animus revertendi），它们就恢复了自然的自由属性，作为无主物归第一位先占者所有。

敌人的物品也是先占的对象（occupatio bellica），甚至罗马人"认为俘虏的物品归他们〔罗马人〕所有（maxime sua esse credebant quae ex hostibus cepissent）"。战利品归国家所有，相反，偶尔被个人占有的敌人物品则归这些个人所有[1]。

---

[1] 参见 D.41, 1, 51, 1。

Ⅱ. 所有权

"复境权"（ius postliminii，见§16），除适用于人身外，也适用于一些战争用品，如军舰、运输舰、战马、备鞍的骡子，但不包括以不体面方式丢失的衣服和武器；如果把这些东西从敌人手中夺回，它们就重新归旧主人所有。

在海洋中产生的岛屿是无主物，因而是先占的对象。

对被合法所有主遗弃的物品（res derelictae）实行占有，这不被罗马人视为一种先占的情况，而被视为一种传来取得，不过，这同其他制度有着更密切的联系（见§89）。

有些物品不能像野生动物那样躲避先占者，对这类物品实行的占有颇有些丧失自己的物质特点。对此，罗马人提到石头、宝石和一切在海岸发现的、不属土地组成部分的物品（无论是私人的，还是公共的）。在这种情况下，仅仅发现本身（不是实际获取）就产生取得，它恰恰被称为"发现（inventio）"。

取得埋藏物也属于因发现而取得。埋藏物是指任何自远古时代就被隐藏的可动物，因而任何人再不能声称对它拥有权利，因为它的所有主不仅无法查找，而且确实是**不存在的**；"对之失去记忆的早期财产储存不再拥有主人（vetus depositio pecuniae, cuius non extat memoria, ut iam dominum non habeat）"[1]。在罗马法的历史进程中，取得埋藏物曾受不同规范的调整。最初时似乎是遵循纯粹的唯物主义吸引原则，在历史时代产生了发现者的权利，它符合罗马所有权的特点（参见§80和§83）；自帝国初期，由于《尤利法》将无继承人的遗产（bona vacantia）转归国库所有，由此导致国库的奢望在这个问题上也产生了影响。优士丁尼法的制度以哈德良的一项谕令为基础，拜占庭皇帝利奥（Leone）重新确定了这项谕令。如果埋藏物是在他人土地中发现的，发现者将取得一半，另一半归土地所有主所有。只有当不是在私人土地中而是在公共土地中发现埋藏物时，国库才取得一半。

因而在埋藏物问题上存在着两种取得：发现者因先占或更准确地说因发现而实现的取得和土地所有主的法定取得，后一种取得只不过是整个添附的一半。在他人土地中发现埋藏物的人，只是当他偶然发现该物（non data opera）时，才按他应得的份额取得埋藏物。

---

[1] 参见 D. 41, 1, 31, 1; C. 10, 15, 1; C. 10, 18, 2。

§83. 添附

（参考：J. 2, 1, 20; 24; 26; 29; 34; D. 41, 1; C. 7, 41）

添附（accessione）是指因两物（其中一物为主物，另一物为附属物）合并而发生的所有权取得，它发生在附属物被主物吸收因而变成主物的组成部分或构成要素之时。主物的所有者就是这个整体的所有者；"附属物添附于主物（accessio cedit principali）"。

在罗马法文献中有添附的两个阶段或两种形式之分。如果说两个物的混合在社会意识中是有机的，也就是说，该整体构成一个简单体（见§28），以至两个物再不可能相互分离（重新获得原先的个性，即罗马人所说的，恢复到先前状态），那么取得就是彻底的；如果物的合并是机械的而且整体是个复合体，那么曾经是附属物所有者的人对于已成为整体组成部分的附属物，可以通过"出示之诉（actio ad exhibendum）"要求将它从整体中分割出来，因而他可以提起"返还所有物之诉（rei vindicatio）"，换句话说，这种取得是可解除的。

我们认为，确定主物的标准在古典法的两大学派之间是有差异的。在萨宾派看来，主物是具有较大体积或至少具有较大价值的物；而在普罗库勒派看来，主物却是决定整体性质（或用我们的话说，决定整体的社会功能）的物；因而他们不承认同质物之间的添附。

有些情况根据传统也被列为添附，比如：江河中产生的滩涂，河水改道后弃置的河床（见后面的论述）等。还可以补充其他一些情形，如：部分埋藏物，落下的陨石等。在这后一类情况中，与我的物相结合的物是"无主物"，因而既不要求它是真正附属于主物，也不要求任何地地道道的依附。

添附的观念以及一切因合并实现取得的观念对于罗马所有权的实质来说是富有特色的，因为它表现着这种所有权对于属其主宰范围内的一切所施加的唯物主义吸引（见§80），表现着它对自己势力范围内的外人权利的不容忍。

罗马法家把各种添附和一般性的合并划分为以下三个类别：可动物添附于可动物，可动物添附于不动物，不动物添附于不动物。

Ⅱ. 所有权

可动物对可动物的添附有：熔合，编织，印染，书写和绘画。

罗马人把同样的金属无需中介手段而相互结合称为**熔合**（ferruminatio）；而把同样的或不同的金属或非金属物借助铅或锡（plumbum album）相结合称为**焊接**（plumbatura 或 plumbatio）。只有前者才被认为是真正的添附，并意味着彻底的取得。的确，"熔合"产生的是高强度合并，它能抵御锤击，在高温作用下仍不可分离；而"焊接"则是一种低强度结合，抵御不了锤击，并且在高温作用下可出现分离。但是，导致这一法律区别的关键恰恰在于这样一种假设：两块性质相同并直接结合在一起的金属，在熔合中出现分子间的相互渗透，即真正的**有机结合**[1]。

因**编织**（tessitura）而产生的添附发生在将他人的纤维编织进一块布料中的情况。罗马法文献所讲述的情形是指将红线织进一件衣服中，但是，我们并不认为这种添附至少在古典法中被承认为最终取得。

印染（tintura）是指颜色添附于纸张；相反，在**绘画**（pittura）中，画布添附于图画。这后一种说法并不当然地同前一种情况相和谐，而且在古典法学家当中是有争论的[2]，考虑到在绘画中艺术作品未同画布合二为一，因而这后一种情形好像是不合逻辑；它不同于文字作品。从添附的观点看，人们也不明白为什么在绘画中颜色应当是主物，而在印染中却不是这样。盖尤斯没能为不同的论述提出有利的论据，优士丁尼则以蔑视的口气提到：同画布相比，图画具有较高的价值。

可动物对不动物的添附有：播种（satio），栽植（implantatio），建筑（inaedificatio）。

在他人土地上**播种**使得长出的苗立即归土地所有主所有。

当树木不仅被移植到他人土地上而且已在那里扎根并从新土壤中吸取营养时，因**栽植**而发生的添附则是有机的和完全的。

建筑则是使建筑物添附于地皮。罗马所有权的典型规范是这一原则："根据自然法，地面上的物品添附于地皮"，或者说"建筑物添附于地皮，一切被建筑在地皮上的物添附于地皮"（Natura 或 iure naturali superficies solo cedit，或者 aedificium solo cedit，omne quod inaedificatur solo cedit）。正如上述格言所表现的，这是一项绝对的原则，是罗马人

---

[1] 参见 D. 6, 1, 23, 5。

[2] 参见 D. 6, 1, 23, 3。

思想中的所有权实质所具有的,而不是像我们今天只是一种推定。

然而,如果说这项原则宣布它不容忍地皮的所有权同处于该地皮之上的建筑物的所有权相互分离的话,它并不意味着在只存在简单的机械结合或简单的接触性附合(如瓦片)的情况下人们也不能要求分离。这种不可分离性曾由《十二表法》中的一条规定确认过。

不动物对不动物的添附一般产生于河流的扩张:冲刷地(avulsio),淤积地(alluvio),滩涂(insula in flumine nata),被弃置的河床(alveus derelictus)。

当土地的一部分因水流或其他力量的冲击同一块沿岸土地相分离并逐渐附合于另一块土地时,则产生**冲刷地**。就像栽植中的情况一样,当时间和生长把泥土以及它带来的植物同新的土地有机地结合在一起时,则出现添附[1]。

淤积地是一种缓慢的和潜伏的扩张,它出现在由河流带来的泥土随着河水的后撤而逐渐同沿岸土地相结合的情况之中。

被有了新河床的河流所弃置的旧河床,也从其中线起分别添附于两岸的土地,它根据所占两岸土地横断面的宽度一分为二。这通过从每块沿岸地的边线向河中心拉一条垂直线加以确定。

河流所流经的新土地也变成了河床,因而,如果它被河水所弃置,则不再归先前的所有主所有,而是添附于新的沿岸地。但是,公平理由在这个问题上导致对严格法的变通[2]。

产生于河流的滩涂不是先占的对象,而是同河床一样,添附于沿岸的土地。

在吸收他人的物品的添附中,也需要调整前所有主的地位,在优士丁尼法中,他一般有权要求补偿。在熔合等情况中,允许提出"事实之诉(actio in factum)"。在绘画的情况中,画布的所有主有权对绘画者和任何第三人提出"扩用的对物之诉(utilis in rem actio)",即便他的所有权已经终止。然而,这种诉讼的目的只在于获得对画布价金的赔偿,因为实现取得的绘画者或第三人可以提出"正当所有权之抗辩(exceptio iusti dominii)";如果他们不支付画布的价款,他们的抗辩就

---

[1] 参见 D. 39, 2, 9, 2。
[2] 参见 D. 41, 1, 7, 5。

被"诈欺抗辩（反抗辩）"所排除。树木的前所有主也有权提起"扩用的对物之诉"。

在任何情况下，对于持有物的人均可提出"诈欺抗辩"；如果从物、画布、颜料等是被窃走的，前所有者有权提起"盗窃之诉（actio furti）"和"要求返还被窃物之诉（condictio furtiva）"。

在冲刷地添附的情况下不允许前所有主提起诉讼，这并非不公平，因为添附不是立即发生的，因而所有主有时间在实现有机结合和取得之前提起"返还所有物之诉"。

根据《十二表法》的一项规定，在任何情况下均不得要求将已并入建筑物之中的材料分离出来。法学理论曾规定：在材料并入建筑物期间，"返还所有物之诉"中止，只有当由于所有者的意志或任何其他原因而出现分离时，才能提起此诉讼。优士丁尼追随普罗库勒派法学家的观点，承认在不对建筑构成损坏的情况下，所有主可以在返还物品之前将材料抽出（ius tollendi，见§93），而且在偶然出现分离的情况下，允许对恶意的建筑者提出"返还所有物之诉"。

此外，材料的所有主有权对建筑物的主人提起罚金之诉，要求获得加倍的价款。优士丁尼把这种罚金之诉改为混合诉讼，把双倍的价款变成惩罚和对一段时间的补偿，因而，一旦"添附材料之诉（de tigno iuncto）"被提起，当以任何方式发生分离时，就再无权提起"返还所有物之诉"。

§84. 加工

（参考：J. 2, 1, 25; D. 41, 1, 7, 7; D. 41, 1, 24—27）

加工（specificazione）是对**原材料**的改造，以使物获得一种自己特有的性质，即它的经济—社会功能，比如：人们用葡萄制成葡萄酒，用青铜或大理石制造雕像，用羊毛制作衣服。劳作、工业生产均属于这一制度的原因和领域。

古典文献使用下列句子表示加工："speciem facere（制造物件）"或"speciem mutare（改造物件）"。"species（物件）"指创造出来的新物；

"materia"或"materia et substantia（材料）"是指所使用的原料[1]。

作为取得的方式，加工的效力是罗马法学家争论的议题。

萨宾派根据一般的解释标准，认为物的性质存在于原料当中，因而否认通过加工实现的取得，主张原料的主人也应当保留对新物的所有权。普罗库勒派则把新物的所有权归之于加工者。在古典法学的最后时期，出现了一种折中的理论，它以萨宾派的观点为基础，达成一种折中的解决办法，试图按照以下标准确定原料保存与否：物能不能还原为被用来制造它的原料。如果不能还原，该物即被看作是真正的新物，所有权归加工者；如果可以还原，那么原料就不被视为已消灭，因而它的所有主就未失去对它的所有权。根据上述标准，檀木家具、大理石雕像都属于新物并归加工者所有；相反，银碗、青铜像则属于银或青铜的所有者，因为这些金属可以熔化并完好地还原到原始状态，再用它们制造出新的物品。当人们考察原料是否保存下来，即从经济和工业的角度看原料是否继续存在时，可还原性的标准本身并不错，但它并不适合，而且同这种折中主义相比，纯粹萨宾派的理论在实践中更为高明。

优士丁尼接受了这种折中的理论。但他也做了一些轻微的修改：当加工者使用了一半自己的材料和一半他人的材料时，那么，在任何情况下物品均不可还原为原料，加工者成为该物品的所有者。优士丁尼还要求加工者具有善意，如果被加工的物品是盗窃所得，即便在具有善意的情况下，也不承认取得。

在通过加工的取得中，也应当调整前所有主和可还原物的加工者的地位。

他俩均有权要求补偿，如果他们掌握着物，他们可以诉诸"诈欺抗辩"获得这种补偿。如果不掌握物，看来只能根据具体情况和可能涉及的关系获准采用专门的债的诉讼。在优士丁尼法中，前所有主也获准以扩用方式提起对物诉讼。通过这种诉讼，他不是获得物，因为加工者或第三人将提出取得所有权抗辩；他只能通过提出"诈欺反抗辩（replicatio doli）"获得全部的赔偿。

---

[1] 参见 D. 41, 1, 24—26; D. 6, 1, 5, 1。

Ⅱ．所有权

§85. 混合与混杂

（参考：J.2，1，27—28；D6，1）

混合或混杂是液体或固体的一种合并，在这种合并中，任何一个被合并的物均不能说是被某个主物吸收（添附），所产生的整体也不是新物（加工）。比如：葡萄酒同葡萄酒掺和在一起，小麦同小麦混合在一起，一堆金属同另一些同质或不同质的金属混合在一起。

在这类情形中，无论混合具有怎样的性质，罗马法文献均不承认所有权的改变，并允许各个所有者针对自己的部分提出返还所有物之诉（rei vindicatio pro parte），如果物是不可分离的，还可同时提出"共同财产分割之诉（actio communi dividundo）"；总而言之，允许对"已分割物（pro diviso）"或某些情况下的"未分割物（pro indiviso）"实行共有。也就是说，当两位所有主通过协商把两部分物混合起来时，那么他们就自愿创造了一种共同所有，他们所能选择的惟一诉讼手段就是"共同财产分割之诉"（见§95）。

只是在一种情况下，人们才承认出现丧失和取得，这就是货币的混合，比如：某人用别人的货币偿还我一笔债，我把这些货币同我的钱混合在一起并且再无法加以区分。前所有主不能要求返还这些特定的单个物，但有权针对给付了不属于自己的货币的人提起盗窃之诉或其他关于债的诉讼。

§86. 对孳息的原始取得

（参考：J.2，1，35—38）

从生产性物身上分离下来的孳息（见§78）是独立的物品，对它可以根据对原物的某一权利或者根据同本应取得该物的人的某种关系（如租赁、典质收益〔anticresi〕契约，等等）实现取得。只有前一种情况才是原始取得。

生产性物是明显携带并孕育孳息的物；因此，它是土地，而不是种

· 171 ·

子，对于动物来说，是雌性，而不是雄性。

根据同物的关系而取得孳息的人有：所有主，永佃户，在孳息**分离**时具有善意的占有者（见§78后部分），用益权受益人（只是通过**收获**〔ibidem〕）。

关于善意占有者对孳息的取得，在古典法中曾有过这样的争论：初始善意，即在实现对生产性物的占有时所具有的善意，是否就足够了，或者必须具备永久的善意，即在孳息分离后一直具有善意。第二种观点占有优势，它是优士丁尼法中的准则。

此外，优士丁尼法还规定：善意占有者应当将尚存于他处的孳息（fructus exstantes）连同原物一起归还给提出返还要求的所有主；因而，根据优士丁尼的法律文献，善意占有者只使**已消费**的孳息成为他自己的（fructus consumptos suos facit）。

§87. 取得的传来方式　让渡

（参考：J. 2, 1, 40—46）

在优士丁尼法中，让渡（tradizione）是自愿转让所有权的一般方式。它的定义是"以放弃对物的所有权并使他人接受这一所有权为目的，根据法律认为足以构成所有权转移之依据的关系而实行的交付或给予"。

让渡人一般来说应当是物的所有主。"任何人只能向他人转让属于他自己的权利（Nemo plus iuris in alium transferre potest quam ipse habere）。"但转让权也可以属于除所有主以外的其他人。在早期法中，它作为"经管（administratio）"的一部分，完全为监护人、精神病人的保佐人、代理人（所有主在需要时设置的经管人或固定代表）所拥有，它还可以根据简约为逾期未获清偿的质押债权人所有。对监护人和保佐人管理活动所实行的限制几乎在优士丁尼以前的法中排除了监护人和保佐人的转让权（见§72）。优士丁尼后来也对代理人的管理活动做了同样的限制（仅能转让孳息和易腐物品）[1]。优士丁尼还使子女和奴隶

---

[1] 参见 D. 10, 2, 29；D. 3, 3, 63；D. 20, 6, 7, 1；D. 13, 7, 11, 7；D. 19, 1, 13, 25；D. 1, 19, 1, 1；D. 6, 1, 41, 1。

Ⅱ. 所有权

转让特有产的权利依赖于对自由经管（libera administratio）的允可。获得特别委托的受托人对于有关物品当然地享有转让权。根据某些特权，国库、皇帝和皇后也拥有有效转让某些他人物品的权利，原所有者有权在四年的期限内，为获得补偿向转让者提起诉讼。

另一方面，精神病人、浪费人、幼儿和未经监护人准可的受监护人，即使是所有主，均不享有转让权。

此外，不应当转让被规定禁止转让的物，比如，丈夫即便是所有主也不得转让嫁资土地；佃农不得转让自己的财物；有争议的物品，包含在建筑物中的材料，执法官为维护债权人利益而暂时冻结的物品，均不能转让。

至于受让人，一般只要求他具有权利能力和交易资格（commercium）[1]，对于某些物品来说，这种交易资格可能告缺，比如，行省总督不能取得本省的财物。后来，新法一般允许代表直接为其被代表的人取得；在古典法中，这只对 procurator（代理人）有效。

转让和取得的意图应当是为了实现实际拥有，用罗马法术语表示，即指占有（possessio）（参见 §112），而不是指所有；这样，罗马法文献中的表面矛盾得到调和，而且这种情况是完全合乎逻辑的，一方面因为起着所有权取得作用的让渡只不过是一种被合法化的占有；另一方面因为，至少在某些非正式适法行为中，意思所针对的是经济的、实务的或事实的后果，而不是法律后果（见 §24）。

至于让渡的实际行为，它不是形式，而是对**占有**的单纯实现。这样，随着社会心理和文明的发展，在法学理论尤其是普罗库勒派学说影响下，它逐渐摆脱了唯物主义的、直观的、手递手的活动。在古典法和优士丁尼法中，对占有的转让可以通过某些隐蔽的和准精神的方式加以完成，几乎是通过双方合意来宣布对所有权的转让。这样的情况有：象征性（symbolica）让渡，长手（longa manu）让渡，短手（brevi manu）让渡和占有协议（costituto possessorio），所有这些均被归入"拟制让渡（traditio ficta）"的一般范畴之内。

象征性让渡在中世纪是指以移交商品为目的的交付库房的钥匙，根据古典法，它应当在库房中进行（apud horrea）；现今的交付代表性凭

---

[1] 参见 J.2, 1, 46。

证的做法只不过是这一制度的进一步发展。

所谓**长手让渡**是指物品并不实际交付，而只是向受让人指示并任其支配，因为物品是"可见的和现存的（in conspectu，in praesentia）"。在优士丁尼法中，它也适用于被从远处指示的土地。在**短手让渡**中，新取得者因其他一些原因（如以承租人或借用人名义等）保留某物，使持有行为与"占有心素（animus possidendi）"相结合。

占有协议几乎是短手让渡的翻版。让与人不是进行实际的让渡，而是同受让人达成一项协议，允许他以租赁、寄托、使用借贷、用益等名义持有物品，并以此种方式使自己成为他人占有中的代表。

对于教会和教堂来说，实际转让占有的必要性被废除，大概是由优士丁尼本人废除的，他第一次承认在"概括合伙（societas omnium bonorum）"中可以实行"默示让渡（tacita traditio）"。

当事人之间足以使转让所有权合法化的关系叫作"让渡的正当原因（iusta causa traditionis）"。它与让渡行为是同时的，尽管在因果关系和理由的意义上人们可以在观念上认为它是先前的。如果在让渡之前实际存在一项法律上的债务协议，这不是正当原因，而是清偿（solutio），即偿付债务。因为，如果先前的债纯粹是推测的或无效的，所有权仍发生转移，而且不能提出"返还所有物之诉"；人们只能通过债的诉讼，"要求返还不当得利之诉"（condictio indebiti，sine causa）等，索回物品，这种债的诉讼可以对受物人提出，却不能对第三人提出。

"正当原因"不是以逐项列举的方式加以确定的；人们转让所有权可以是为了取得价金（如买卖），或者为了设立嫁资，或者为了通过和解而结束争讼，或者出于纯粹的捐献精神（在权利转让问题上这属于赠与）。相反，"非正当原因（causae iniustae）"，即那些足以妨碍所有权转移的原因，则是确定的，比如配偶间赠与。

根据一条被优士丁尼同《十二表法》联系在一起的特别规定，只有在支付了价款或者以其他方式向出卖人实行了清偿（即通过抵押或担保）之后，所有权才能以买卖为根据而实现转移，但是，让与者可以采取宣布信任买受人的方式，放弃为他而设立的这一保障。

Ⅱ. 所有权

§88. 要式买卖和拟诉弃权　善意拥有

"要式买卖"（mancipatio，也音译为曼兮帕蓄）和"拟诉弃权（in iure cessio）"是市民法的要式方式，优士丁尼以前的法要求转让要式物必须采用这两种方式。

要式买卖是专门针对要式物的最富有特色的形式，以至在它被适用于略式物后，它本身不再具有任何意义。乌尔比安说："要式买卖是要式物的转让方式（Mancipatio propria species alienationis est rerum mancipi）。"在古典拉丁语中，它也被称为"mancipium（财产权）"。

要式买卖的结构表现出一种较为原始的特点。它是一种象征性售卖，当着5名作为见证人的罗马成年市民的面，由另一位市民手持一把铜秤（因而他被称为"司秤〔libripens〕"）进行。购买者（mancipio accipiens）递上一块铜，庄严宣布：物是他的，他已经用那块铜和那把秤将其买下（"Hunc ego hominem ex iure Quiritium meum esse aio isque mihi emptus esto hoc aere aeneaque libra〔根据市民法，这个奴隶是我的，我用这笔钱和这把秤将他买下〕"）；随后，"司秤"以铜击秤，并将铜块递给让与人，好像是交付价金。显然，"要式买卖"使人回想起最古老的时代，那时转让所有权的一般原因是买卖，而且尚未使用铸币。在历史时代，它只是一种单纯的形式；但是，如果要式物是通过赠与而转让的，人们通常宣布要式买卖是按最低价（nummo uno）实行的，像不付钱一样。

出卖人有义务保证物的所有权，如果出卖人出卖的物不是他自己的，则退还双倍的价款。这种保证叫作"auctoritas（合法性保证）"，有关诉讼叫作"合法性之诉（actio auctoritatis）"。人们也通常为"要式买卖"附加一些简约（leges mancipii, pacta），这些附属简约根据《十二表法》的下列原则而具有效力："当人们缔结债务契约和要式买卖时，设定的权利同他们所口头宣称的一致（Cum nexum faciet mancipiumque, uti lingua nuncupassit, ita ius esto）。"

拟诉弃权是在执法官面前进行的转让，它采取要求返还之诉的形式，转让者（即虚拟的请求人）在诉讼中不提出异议，因而虚拟的诉讼在"法律审"中完结。

拟诉弃权是转让要式物和略式物的共同方式（communis alienatio），但一般来说，对于要式物在古典法时代很少使用，因为，正如盖尤斯所说，诉诸执法官有着不便之处；对于略式物，实际上也只适用于"无形物（res incorporales）"，如各种权利（役权、用益权、继承权等），拟诉弃权可能正是为它们而产生的。

善意拥有（Dominio bonitario）。如果要式买卖和拟诉弃权的方式均未采用，取得者只是接受了对要式物的让渡，即便依据的是"正当原因"，他也不成为市民法所承认的（ex iure Quiritium）合法所有主，他只是简单的占有者；只有当占有持续了一年或两年后，他才因时效而取得所有权。

然而，在古典法时代，情况多少有了些变化。首先，裁判官允许通过所谓"出卖和让渡物抗辩（exceptio rei venditae et traditae）"反驳所有主提出的诉讼；大约在共和国时代末期，任何根据某一"正当原因"接受了让渡的人，均可对第三人提出"扩用的返还所有物之诉（reivindicatio utilis）"，这种诉讼被以其发明者的名字命名为"布布里其诉讼（actio Pub liciana）"[1]。它曾是一种拟制诉讼，假设已接受让渡的人对物实现了时效取得（见§90和§99）。

凭借这种绝对的保护，占有者在从原所有主那里接受了让渡后，实质上就变成了真正的所有主，因而在这种情况中法学家们通常说：取得者"拥有（in bonis）"某物，而不加修饰语"根据市民法（ex iure Quiritium）"，就像裁判官以绝对方式保障占有的其他情况（如遗产占有，见§194）一样。这样，"in bonis habere"或"in bonis esse"这种句子几乎成了依裁判官令获得所有权情况的专用术语，而我们所论述的情形是其中最重要的。

善意拥有物的人，由于并不被市民法承认为所有主（dominus），不能对物实行任何在市民法上有效的行为；他不能以要式买卖或拟诉弃权的形式转让物，也不能以"直接遗赠（per vindicationem）"的形式对物实行死因赠与；他无权解放奴隶，使之成为罗马市民，只可以给予奴隶以事实上的自由，这种自由从裁判官那里获得类似的保护，并使奴隶获得"尤尼亚拉丁人（Latini Iuniani）"的特殊地位（见§14）。

---

〔1〕 在本书中，它一般被译为"善意占有诉讼"。——译者

相反,"根据市民法(ex iure Quiritium)"拥有物但并不实际享用该物的人,却对物拥有所谓的"虚有权利(nudum ius)";该人保持着所有形式上的特权,这种特权在"裁判官法所有权"所获准的诉讼和抗辩中不受妨碍。这种特权也可能产生实际的效力:该所有主通过重新解放(iteratio manumissionis)使上述"尤尼亚拉丁人"成为罗马市民和他的解放自由人。在庇主对自己的解放自由人的财产享有继承权的情况下,善意拥有者在继承这些财产问题上,也获得裁判官通过"遗产占有"(bonorum possessio,见§194)这一通常手段所给予的保护。

随着三世纪的危机,市民法的这些形式和制度完全被弃置不用,或者说未在新的希腊—罗马公民中扎根,上述区别终于失去了任何意义。名词仍在各学派中保留着,甚至出现了善意所有、自然所有和市民法所有这些称谓;但是,优士丁尼在明确废除"市民法的虚有权利(nudum ius Quiritium)"时恰恰宣布,他只是砍掉一个毫无意义的名词。

要式物和略式物以及有关前者的市民法形式的消亡导致"善意拥有"的取消,这种取消是上述消亡的必然体现和补充。因而,让渡,这种特别简单和容易的方式,在优士丁尼法中似乎变成适用于任何物品的一般转让方式,这样讲的意思是指:它对于转让任何种类的财物来说是必需的,而不是说它对于一切物是足够的。实际上,除了帝国法律以外,地方习惯和大区长官们都在不动产方面为满足出卖和让渡所要求的庄重性和公开性做出规定,因此,如前所述,可动物和不动物之间的区分从此几乎代替了要式物和略式物的早期划分(参见§79)。《学说汇纂》的法,从拜占庭时代起,就表现为一种甘愿同地方习惯相结合的一般法(见§3)。

§89. 取得的其他传来方式

除让渡外,还存在一些法定的(ex lege)取得的传来方式,即不依赖于现实所有主意志的方式;但是,它们只有很有限的意义并同一些特殊制度相关联。比如:所有主如果对非法占有者擅自行事,则丧失对物的所有权,该权利转归占有者所有;在4个月内拒不偿还合伙人支付的费用的共有人丧失其权利,该权利转归该合伙人所有;离婚的配偶丧失对婚姻所得的所有权,这些所得物归其子女所有,等等。

具有一般适用意义的是:"根据分配裁判(per aggiudicazione)的取得"。在析产诉讼(见§39)中,审判员有权按照他认为合适的标准进行划分并将各份额的所有权分配给作为原告和被告的诉讼当事人。为了授予审判员以这种权利,古典法中的裁判官在程式中增加一个叫作"分配裁判(adiudicatio)"(见§40)的程序;这种取得方式由此而得名。

不是由所有主或物权(ius in re,见§82)享有人,而是由乡村土地的佃农或租种人实行的孳息收获,是传来取得,属于准让渡(quasi traditio),因为它以同出租人的关系为基础。

一种使人联想起蛮人入侵时罗马社会的痛苦状况的特殊取得是对"撂荒地(ager desertus)"的取得。这些遭受侵扰的边境地区的土地常常被所有主撂荒和遗弃。为了弥补损失,允许任何人占有这些被抛弃的土地进行耕种;如果所有主在两年内不提出返还土地的要求,同时未保证向占有者偿还费用,并保证继续耕种它们,那么,所有主就丧失其权利,占有者实现取得。

最后,罗马人把占有被遗弃物看作类似于让渡的传来取得,并归纳在"向不特定人让渡(traditio in incertam personam)"(见§87)的概念之中。

根据这种概念,对于那些不能一概推论为"无主物"的"被遗弃物(res derelictae)",用益权不终止,抵押权和土地所固有的主动意义和被动意义上的役权(见§81)也不应当终止;此外,有关转让的禁止性规范也阻碍这种取得;也由于这一原因,在古典法中,对被遗弃的要式物的占有不使占据者成为所有主;在优士丁尼法中,人们也不会承认对被遗弃的不动物的占有能使人当然地成为所有主;但为实现此目的,必须经过一定的时效。

§90. 时效取得和长期取得时效的概念及其历史沿革

时效取得或取得时效可以定义为:"通过被合法化的且在法定期限内连续的占有对所有权实现取得的方式"。

从分类的角度看,这种取得方式也是特殊的。它实际上是原始取得的方式,因为人们是根据同物的关系"从头(ex novo)"取得权利,无需在审判中证明原所有主的权利,甚至,实行时效取得的目的恰恰是

Ⅱ. 所有权

为了摆脱这种证明。不过，如果说使所有权取得合法化的不是同某人的关系的话，这种关系仍然有助于使对占有的取得合法化，而这种占有取得是时效取得的基础。如果没有法律上的继承关系，即从所有主那里派生出自己的权利，那么也有一种时间顺序上的继承关系，因为直到时效完结前的最后一刻，物都实际上属于其他人，只是时效期满时才突然改变所有主。此外，而且是最重要的一点，时效取得不使质权、用益权、主动役权和被动役权消灭，而且有关转让的禁止性规范也阻碍时效取得。考虑到这些特点以及前所有主的默许（罗马人几乎视它为默示同意），罗马人将时效取得列入转让的范畴。

优士丁尼法中的时效取得或取得时效是两种不同制度的混合：usucapio（时效取得）和 longi temporis praescriptio（长期取得时效）。

时效取得（usucapio）是一种极古老的市民法制度。这个名词的含义只是通过占有实现取得，因为"usus"只是表示占有（possessio）的早期术语；这种取得方式的称谓最初就是"usus"。《十二表法》中规定的占有期限，土地为两年，其他物即一般的可动物为一年。"时效取得是对土地的两年占有，对其他物的一年占有（Usus auctoritas fundi biennium, ceterarum rerum annuus usus esto）"。

有些物被排除在时效取得之外：不宜为私人所有的物（如"非交易物〔res extra commercium〕"和行省土地），妇女在未经其法定监护人准可情况下转让的要式物，被窃物和强占物（res vi possessae）。

最后这两种禁止（被窃物和强占物）最初可能是归在一起的，因为对不动物的掠取似乎也被理解为盗窃（furto），但在历史时代，它们则分别涉及《阿梯里亚法》和《尤利和普劳蒂法》，它们对表现历史的发展具有较大意义，因为它们告诉我们在早期人们设想了怎样的方式对时效取得加以限制，以便使这种取得不蜕变为对霸占的奖赏和鼓励。占有必须以不损害他人的方式实现。这一限度最初曾被从真正的唯物主义的意义上加以理解，也就是说，只要占有是在"不侵犯他人占有的情况下"实现的就够了，换句话说，东西不是偷来的或抢来的。早期法学理论为此创造了"正当占有（iusta possessio）"的概念和要件：占有必须是以非暴力的、非欺瞒的和非临时受让的方式实现的（nec vi nec clam nec precario）。

在古典法时期，对法律关系的最进步意识和最精细分析仍发挥着较为内在的和文明的限制作用：首先，人们希望时效取得者是根据同**前占有者**之间足以为占有作**肯定性**辩解的关系而实现占有的（iusta causa possidendi），前占有者之所以未实现对所有权的取得只是由于在取得时未采取要式方式或者前所有主在权利上有欠缺；其次，必须具备不违反诚信法则的意识，以及不对作为主人享用他人物品的**合法占有者**造成实际损害的意识（善意〔bona fides〕）。另外，这些早期的限制（禁止对被窃物、强占物、妇女在未经其法定监护人准可情况下转让的要式物实行时效取得）保留着或许自古（ab origine）就具有的客观性特点，也就是说，不仅当物掌握在有过错的占有者手中期间，而且当它转到任何人手中（即使现时占有者完全是善意的）时，时效取得也一律被排除。

  这种制度的痕迹仍保存在一些特殊形式的时效取得之中，在古典法时代和以后的时代中，这些形式慢慢地销声匿迹。在优士丁尼法中仍能使人感觉到其影响的最重要的形式是："作为继承人的时效取得（usucapio pro herede）"，任何**先于继承人**而实现对继承物的占有的人均可实行这种时效取得，因为在这种情况中他没有损害任何人的占有，既未损害已去世的原所有主，也未侵害继承人，因此根本不可能成为对继承物的窃取。在古典法时代，这曾经被视为一种邪恶的和不正当的得利（improba usucapio），法学理论试图限制它的适用，不承认从死者处以使用借贷或寄托等名义接受了物的人可以随心所欲地改变这些名义并作为继承人（pro herede）实行时效取得。此外，哈德良皇帝允许撤销这种时效取得，规定可以针对已作为继承人而实现时效取得的人提出"要求继承之诉"；"获得占有令状（interdictum Quorum bonorum）"（见§197）也被赋予了相同的效力。最后，马可·奥勒留规定，对将继承物据为己有的人可以按"侵吞遗产之罪（crimen expilatae hereditatis）"论处，从此之后，这种时效取得如果不至少具备善意的条件，则不可能实现。这些特殊的时效取得被称为"因获利原因的取得（ex lucrativa causa）"，同被称为"自我取得（pro suo）"的一般时效取得相对应。

  时效取得制度的实际功利是向占有者提供保障，并为维护社会利益，对发生司法争议的潜在可能性确定一个期限。在古典法中，有两种不同的情况：占有者从不是所有主的人或未被授予转让权的人那里获得物，或者他从真正的所有主那里取得"要式物"，但未采用"要式买卖"或"拟诉弃权"的法定方式。在这两种情况中，他在时效持续期

Ⅱ. 所有权

间是善意占有者；但是，在第二种情况中，占有者在对物的享用方面从裁判官那里获得充分和绝对的保护，不受所有主的干扰，因而，他的占有实质上是所有，并通常被称为"善意拥有"（in bonis 或 in bonis habere），关于这一点，我们已在§80和§88中加以论述。

但在帝国时代，这种时效取得制度，同裁判官司法权在某些极端情况中可能出现的缺陷（例如：同广阔社会不相适应的短暂时效期）一起，表现出严重的漏洞：作为所有权取得的方式之一，它只适用于意大利土地。可能正是为了弥补这一漏洞，在帝国时代，经过皇帝们和各行省总督的努力，产生了源于希腊法的"**长期取得时效抗辩**"（exceptio 或 praescriptio longi temporis 或 longae possessionis）制度。这种制度就是允许占有人在占有居住在同一城邦（在授予所有行省居民以罗马公民籍后，居住在同一行省）的人的物品十年之后或者占有失踪者物品二十年之后，对提出返还请求的人以抗辩相对抗。根据裁判官法的规范，最初人们只要求把"正当占有"（即在"无暴力、无欺瞒和无临时受让"情况下的取得）作为这种抗辩的条件。

在实践中，虽然这两种制度有着不同的特点并因基础不同而要求不同的要件，但它们最初发挥着同样的功能，而且在经过十年或二十年之后，占有者除可以提出抗辩外，后来还可以为请求返回可能丢失的物品而提起诉讼。惟一保留的差别（现在是难以辩解的）涉及意大利土地和行省土地之间的不同，尤其是在取得所要求的时间问题上。另外，在东罗马帝国一般只存在行省土地，因而时效取得在罗马法的这块新领域对不动物不具有适用意义。当改革的时机成熟时，优士丁尼开始动手。他明确地把"长期取得时效"变为所有权的取得方式，并把它同时效取得相糅合，将可动物的时效时间从一年增加到三年，消除了两种制度之间的差别。然而，根据最后时代的情况看，对于可动物，人们宁愿使用时效取得的名称，对于不动物，则宁愿使用"长期取得时效"的名称。

§91. 优士丁尼法中的时效取得和取得时效

（参考：J. 2, 6; D. 41, 3—10; C. 7, 26—40）

历史的多样化发展使得优士丁尼法的时效取得制度需要一大堆要

· 181 ·

件。它们是：1. 占有；2. 时间，即占有的持续期；3. 物的能力（res habilis），这一名词还包括早期法对遗产的时效取得的客观限制；4. 正当原因或正当名义（iusta causa 或 iustus titulus）；5. 善意（bona fides）。

对于时效取得来说，必须有对物的**真正占有**，即出于将其据为己有的意愿而持有它；罗马人也把这理解为"占有（possessio）"（见§112）。

无法占有的物，如由于变为其他物的添附而失去其个性存在的物（见§83和§114），即便未同其他物有机地结合在一起，也不能被时效取得。同样，人们不能通过对建筑物的时效取得来取得对其他材料的所有权，因而，在建筑物被拆除后，材料的所有主们可以要求返还它们。然而，至少在优士丁尼法中，人们以例外的方式承认：对某物已开始的取得时效不因占有者将它同其他由他占有的物相合并而终止。

占有的持续期，根据优士丁尼法，如果当事人居住在同一省，对于可动物为三年，对于不动物为十年。这一持续期应当是连续的；如果发生占有的实际丧失（见§114），则出现自然中断；当所有主提出返还请求时，则出现民法中断（这是"长期取得时效"的特殊制度并且符合其精神，虽然存在渊源上的矛盾，当时仍出现了普遍接受的混合）。对时间的计算一般按照市民法方式，已开始的日被计算在内。

占有者也可以把原所有者的占有添附到自己的占有中来，只要原主人的占有同样是正当的并适合时效取得。这种由于公平原因而逐渐产生的、也源于"长期取得时效"并与其相符合的制度就是所谓的"占有添附（accessio possessionis）"。与此不同的是真正的"占有继承（successio in possessionem）"或"时效取得继承"，它自古得到承认，不论是对继承人有利还是不利，根据一项由罗马继承法性质所决定的原则，继承人当然地和必然地像原主人那样获得占有，而不问他个人是具有善意还是恶意，也就是说，他只能继续其原主人的时效取得，因为他接替了死者的关系和法律地位（见§22和§177）。

至于**物的能力**，被排除在时效取得范围以外的是纯粹的非交易物以及下列类型的物：1. 被窃物（rus furtivae）和以暴力从所有主那里夺取的物（res vi possessae）。任何人手中的物如果染有被窃物瑕疵，就只能根据《阿梯尼法》，通过向所有主返还加以洗涤，暴力夺取物瑕疵也同样如此。2. 执法官违反《有关索贿的尤利法（lex Iulia repetundarum）》的禁令接受的赠与物，对此也允许涤清瑕疵。3. 根据《新律》119和占主导地位的观点，占有者以恶意获取的物品。4. 国家的物，国库的物（res fiscales），君主的物，受监护人的和未成年人的物，教会和慈善团体的不动物。5. 嫁资物（不仅土地）。6. 被禁止转让的物。

正当原因（在新时代人们宁愿称它为"正当名义〔iustus titulus〕"）是指确证在占有时未侵害他人而且足以使所有权取得合法化的那种**同前占有**者的关系。这种取得并不立即发生，因为前占有者不是所有主。占有的正当原因用小品词"pro"表示。比如：因购买（pro emptore），因赠与（pro donato），因嫁资（pro dote），因清偿（pro soluto），这后一种情况是指在清偿中给付的他人物品；因遗赠（pro legato），如果是以这种临终行为赠与的；因遗弃（pro derelicto），如果被占有的物品是被前占有者抛弃的。"自我占有（pro suo possidere）"一般指根据某一正当原因的占有，但是，当缺乏对某一正当关系的专门称谓时，人们特别喜欢使用这一名称。

作为优士丁尼法中的一种异常现象，"作为继承人（pro herede）"这一名义也被列入"正当原因"，无论是真正的继承人将他人物品误认为是继承物而善意地加以占有，还是表面继承人（其实他不是继承人）善意地占有遗产和附属物。遗产继承本不应当成为时效取得的理由，因为真正的继承人是在继承死者的关系，无论这些关系是否足以使对所有权的取得合法化（比如死者是受寄托人、承租人等等）；而表面继承人并未实际继承任何关系，并且可能是完全善意的，但他的占有并不真正以某一正当原因为基础。

如果说优士丁尼承认了时效取得的这两个异常原因的话，这产生于双重误解，第一个完全是词句上的和形式上的，第二个则的确是实质上的。在古典法中，有些法学家承认所谓假想原因（即纯属想象的或臆测的正当原因）的效力，他们认为当真正的继承人错误地推测死者拥有所有权时，该继承人对被误认为继承物的物可以实行时效取得。但是，优士丁尼在承认这种时效取得时把它视为"作为继承人"占有，把有关论述放进了《学说汇纂》和《法典》关于"作为继承人（pro herede）"章中。

至于表面继承人的"作为继承人"时效取得，在古典法中只不过是"获利性作为继承人时效取得（lucrativa pro herede usucapio）"，即对之不适用"正当原因"和"善意"等新要件的特殊形式之一。优士丁尼确实想废除这种时效取得，他在他的《法学阶梯》中删掉了盖尤斯的有关论述，并且坚决要求任何时效取得必须具备善意和统一的期限：三年，十年，二十年，而早期的"作为继承人"时效取得则只要求一年，即便是针对不动产。但是，在破坏了这两个特别明显和重要的特点之后，他或许以为已经把"作为继承人"时效取得同一般形态的时效取得成功地调和在一起，使时效取得保持着其原始的实质和后来发展的特征，即：只能对真正的继承人尚未占有的物实行时效取得；不得在有损于"自家继承人（heres suus）"的情况下实行时效取得；可以随时通过要求继承之诉或"关于遗产的令状"（见§196和§197），撤销这种时效取得。

善意只不过是在实现占有时抱着正直人的态度；换句话说，是指不亏待"合法占有者"的意识。时效取得的前提条件一般是一种错误，人们以为是从所有主或其代表或者从至少不是以违背所有者意志的方式持有物品的人手中接受该物品。它不要求人们必须确信已根据某一取得行为而成为所有主。对要式物实行时效取得以因正当原因的让渡为基础，这种古典形式就是明显的证明。但是，根据优士丁尼法，从妇女手中接受由其丈夫赠与的物品的人知道自己成为不了所有主，因为向他赠与或出卖物的妇女不是所有主，但他可以实行时效取得，因为该妇女是经作为所有主的丈夫同意而持有物品的。

在占有开始时必须具备善意；后来是否了解到物的起初情况，这无关紧要。"后来出现的恶意不产生影响（Mala fides superveniens non nocet）"。

在"因清偿（pro soluto）"一章中，据以实行了清偿的前债不被作为时效取得的"正当原因"加以考虑，就像它不被作为让渡的"正当原因"加以考虑一样（见§87）。如果先前的行为具有典型的债的特点，如要式口约（stipulatio）或古典法中的"间接遗赠（per damnationem）"（见§220）或一般的要式行为，也当然发生这样的情况。如果先前行为不是只具有债的性质（分割财产、易物，等等），而是一般原因（见§27），那么时效取得不是"因清偿（pro soluto）"而实现。这种看法是有意义的（在古典法中，可以说是有特殊意义的），尤其在买卖问题上。如果清偿是根据一项有关买卖的债契约实行的，则不仅从清偿行为追溯到有关买卖的债契约，而且普罗库勒派法学家同萨宾派法学家相反，不是要求在让渡时和实现占有时的善意，而是要求在达成契约时的善意。优士丁尼试图调和争议，他要求在这两个时间都具有善意。

是否要求"正当原因"的实际存在，或者说是否有主体的单纯确信即所谓假想原因就够了，换句话说，善意是否可以完全地代替"正当原因"，这是古典法理论中一个颇有争议的问题。主张假想原因的人要求：使人推测存在"正当原因"的错误是可谅解的错误（iusta erroris causa, probabilis 或 tolerabilis error）。后期法学家保罗和乌尔比安则反对假想原因，但某些不那么严重的特殊情况例外，比如：同被误认为是适婚人的未成年人进行买卖，而在未经监护人准可的情况下这种买卖本应是无效的；戴克里先的批复采纳了这一观点。

优士丁尼在《民法大全》中加进了内拉蒂和阿富里坎赞成假想原因的观点以及杰尔苏、乌尔比安和保罗的反对意见。在这种情况下，对于优士丁尼法来说，人们应当接受最温和的意见，优士丁尼在理解那些主张必须具备实在的正当原因且主张误认存在无效的文献的同时，增加了假想原因倡导者们提出的限制条件："除非这种误认以'可谅解的错误（iusta causa erroris）'为基础"。"作为继承人的时效取得（usucapio pro herede）"表明："正当原因"的实质不再为优士丁尼法的编纂者们所正确理解。这在拜占庭法中明显地表露出来。

除一般的时效取得外，还存在特殊的时效取得或"特长时效取得（praescripto longissimi temporis）"，它经过三十年届满（对于教会和慈善团体的不动物以及有争议的物品，则为四十年）。这种特殊的时效取得是由优士丁尼根据诉讼的一般消灭时效即狄奥多西二世的"三十年时效（praescriptio triginta annorum）"（见§45）而创造的，承认该时效具有所有权取得方式的效力，也就是说，如果占有人在实行占有时具有善意，则允许他在三十年后获得诉权。这种特殊的时效取得不要求"正当原因"，也不要求"可谅解的错误（iusta erroris causa）"，客观限制也不对其产生影响，除非物品为非交易物、受监护人的物、嫁资物或属于一般外来特有产的物（见§53）。

§92. 所有权的丧失

在下列情况中发生所有权丧失：1. 主体丧失权利能力；2. 因物被排除在交易之外，物的能力消失；3. 物发生损毁；4. 将物转让或依法转移给他人；5. 物被遗弃。

遗弃（derelizione）是对物的完全抛弃，即意图放弃所有权的行为。在古典法中，萨宾派和普罗库勒派曾争论是否在出现抛弃行为时所有权就立即丧失，或者只是当他人将物据为己有时才发生丧失。优士丁尼采纳了萨宾派的观点，认为所有权立即丧失。

在优士丁尼法中，所有权还因附加的期限届满或因解除性条件具备（无论是明示条件，如"解除约款〔lex commissoria〕"、"择优解除简约〔in diem addictio〕"、死因赠与、负担赠与〔参见§162和§183〕，还是默示条件，如嫁资、婚姻赠与〔参见§62，§68和§69〕）而终止，因而允许前所有主为重新占有曾属于他的物而提起"对物之诉"或"扩用的返还所有物之诉（rei vindicatio utilis）"（参见§93后部）。这构成所有权的"现时撤销（revoca reale）"或"当然撤销（revoca ipso iure）"，并导致对临时所有权的承认。在古典法中，不承认所有权的随时设立，也就是说，期限的届满或解除性条件的具备不使现时享有人的所有权消灭，也不使转让者或有关权利人获得对物之诉的诉权；获取者只应当根据他所承担的义务归还所有权（强制撤销）。

§93. 要求返还所有物之诉

（参考：J.4, 6, 1；J.4, 17, 2；D.6, 1；C.3, 32）

"要求返还所有物之诉（rei vindicatio）"是所有主针对非法占有者提起的、要求承认自己的权利从而返还物及其一切添附的诉讼。

因此，有权针对占有人提起诉讼的人是不占有物的所有主，无论占有人是以将物据为己有为目的占有物，还是只作为简单的持有者占有物。然而，不动产的持有者必须根据君士坦丁的一项谕令宣布他以谁的名义持有物（laudatio auctoris）。对于这两种情况，优士丁尼篡改或用其他材料调换了古典文献，规定：如果占有者以诈欺方式终止了占有（dolo desiit possidere）或者为欺骗原告而隐瞒占有（liti se obtulit），则也可以对不占有物的人提起诉讼。未对物承担保护责任（defensio rei）的人，将被迫将占有转移给原告[1]。

---

[1] 参见 D.6, 1, 80；50, 17, 156。

Ⅱ. 所有权

在要求返还畜群时，由于畜群这时被视为一个统一体（corpus ex distantibus，见§78），占有者为了避免把自己的牲畜交给证明对畜群拥有所有权的原告，也应当证明哪些牲畜是他自己的或别人的，从而否定原告对这些牲畜的所有权。

在传来取得中，原告应当提供的所有权证明不但是困难的，严格地讲是不可能的，因为所有主应当证明他的前所有主的权利，并证明前所有主的前所有主的权利，以此类推，直至追溯到原始取得；但是，这里恰恰需要借助时效取得的制度。

败诉的被告必须返还物以及所有添附（cum omni causa），根据优士丁尼法，还应归还他现有的孳息（fructus extantes，见§86）。根据瓦伦丁尼安和瓦伦丁的一项谕令（公元369年），恶意占有者必须归还或赔偿已收获的孳息，无论是现存的，还是已消费掉的（consumpti）（根据古典法，为返还已收获的孳息，必须在争讼程序开始前单独提出一项要求返还之诉或者请求给付之诉），在优士丁尼法中，甚至应当返还那些因疏忽而未收获的孳息（fructus percipiendi）。

在争讼程序之后，善意占有人也对所有的孳息负责。

如果物因恶意占有者的过错而全部或部分灭失，该恶意占有者必须赔偿损失，在争诉程序之后，善意占有者也应当负此责任。恶意占有者的责任在争讼程序之后加重，他也对因意外事件而造成的损失负责，除非他能够证明所有主本来也同样会遭受此损失。

然而，占有者也可以对提出返还请求的所有主主张一定的权利，要求补偿对物支出的费用。

在古典法学时代，只有善意占有者有权要求补偿费用。这种补偿对于必要费用是全额的和绝对的；对于有益费用，如果不能支付补偿，善意占有者有权对物行使留置权；如果补偿费用对于要求返还者来说是过重的负担，甚至可使其丧失要求返还的权利。对于奢侈费用，不必实行任何补偿。

优士丁尼在这个问题上进行了彻底的改革。他允许任何占有者（无论是善意的还是恶意的）获得对必要费用的完全补偿；对于有益费用，允许善意占有者按照花费和改善之间的最低标准要求补偿，此外，还承认善意占有者和恶意占有者均享有"去除权（ius tollendi）"，即去除添附的权利，如果这样做不会对物造成损害的话，除非所有主主动按照占有者本能获得的价金买下添附。这种去除权也适用于奢侈费用,而且对于善意占有者和恶意占有者都一样。

占有者还可以对原告提出"出卖和让渡物的抗辩(exceptio rei venditae et traditae)"。这种抗辩最初是对"善意拥有"(in bonis habere,即与提出返还要求者的市民法所有权相对立的裁判官法所有权)的被动保障。在古典法中,这种抗辩扩大适用于这些情况:本来不是所有主的转让人后来取得了物的所有权(比如通过从真正所有主那里继承而取得)并且要求返还该物;对于这类情况,最初曾采用"诈欺抗辩(exceptio doli)"或"事实抗辩(exceptio in factum)"。在优士丁尼法中,各种所有权之间的区别消失了,"出卖和让渡物的抗辩"只在这种唯一的例外适用中保存。但是,如果说这种抗辩最初实质上意味着对转让和"善意拥有"的承认(见§88和§89)的话,那么它现在则很难区别于诈欺抗辩。

在古典法中,也允许为维护对行省土地的占有而提出"基于善良和公平的返还请求(vindicatio ex bono et aequo)"(见§80)。

优士丁尼法的编纂者们允许根据现时撤销的规定(见§92)或为了其他的目的(见§83,§84,§128,§183)而提出各种扩用的要求返还之诉,它们有时候起债法诉讼的作用,也就是说,只能针对第一取得者及其继承人提出。

§94. 排除妨害之诉

(参考:J. 4, 6, 2)

所有主有权针对侵犯其权利的轻微行为提起"排除妨害之诉"(negatoria 或 negativa, prohibitoria),以便排除或阻止对物滥用权利的活动,无论这类侵犯行为已经出现,还是所有者担心它出现。在排除妨害之诉中,原告也应当证明他对物的所有权以及由被告造成的损害;但不必证明他人不拥有权利,因为,如果被告要想主张自己的权利以证明没有侵犯他人权利,他则负有为此举证的义务。对所有权的证明不像在要求返还所有物之诉中那样严格和绝对,因为所有权是远条件,争议也不是真正针对它的。

Ⅱ. 所有权

通过这种诉讼，所有主获得对侵扰的排除以及对不发生侵扰的担保。对于具有法定性质的侵害和损失，所有主有权提起盗窃之诉、损害之诉，等等。最后，他还可以提起"维护占有之诉"（Uti possidetis，见§115）。

§95. 共同所有权或共有

（参考：D. 10，3，C. 3，37）

数人可以对同一物拥有所有权，或者用通俗的话来说，物可以归数人所有或由数人共有。这种关系构成共同所有权或共有（condominio 或 comunione）。

共有人被罗马人简单地称为"所有主（dominus）"，或者考虑到内部的共有关系被称为"合伙人（socius）"。这种关系被表达为"共同拥有物（rem communem habere）"，"物是数人的（rem plurium esse）"——采用的是表示所有权的最常用方式（见§80）——每个共有人的权利则用"所有主（dominium）"或更确切地用"按份所有"（dominium pro parte 或 pars〔portio〕或 dominica）来表示，有时也采用"物的部分主人（pars rei）"，"未分物的部分主人（pars rei pro indiviso）"或"被认为拥有权利的部分主人（pars quae iuris intellectum habet）"等表述。

因而，在罗马人的思想上，每个共有人的权利似乎表现为一种抽象的、观念上的部分，也就是我们今天习惯讲的所有权的份额。这一思想也反映在一句颇有影响的格言中："两人或数人不可能分别拥有完整的权利（duorum vel plurium in solidum dominium esse non posse）"；它只能被这样加以解释：数人对同一物不可能拥有完整的权利。

实际上，罗马法的共有制度可以归结为这样一种观念：每个共有者对整个物享有所有权（totius rei dominium），而且同一切所有主一样，他对该物独立地行使权利；但是，每个人行使权利的范围不应当超过表现为他的权利范围的份额；如果这是不可能的，则禁止单个共有人行使权利，并且需要得到全体的合作。总之，主体是多元的，对物的单独权利是多元的（它们被视为对物统一权利的"部分"），物是单一的。这种情况类似于份额债（见§120）所表现出的情形。

然而，并非有关罗马共有制度的一切规范均同这一基本观念相吻合。在有些方面，这一制度似乎保留着一种更古老制度的痕迹，在这种老制度中，每个共有人应当拥有对物的完整所有权，并且可以自由地和充分地行使一切权利；这类似于罗马执法官的共同主权或集体权。

至于**实际处分**（disposizione materiale）或**对物的享用**（godimento della cosa），完全与按份所有观念相协调的是**对孳息的取得**。每个共有人不像是单独所有主那样在分离时根据"单一权利（iure soli）"取得对孳息的所有权（见§86），而是"按份（pro parte）"取得；也就是说，每个人根据其份额"当然地（ipso iure）"成为三分之一、四分之一或十分之一孳息的主人，这种份额在不同的共有人之间可能是不同的。对于需在所有共有人之间分割的奴隶劳作和共同奴隶的取得，也适用同样的做法，除非奴隶以某一共有人的名义进行劳作，或者根据某一共有人指令（iussus）接受了有关的取得。

同样的情况也适用于对物的**法定处分**（disposizione giuridica）。每个共有人"按份（pro parte）"行使其权利，因而每个人可以自由地转让他的所有权部分（pars dominii），可以要求对该部分享受用益权，可以对它实行质押，可以自由地对它弃权，以他的名义抛弃物品。相反，共有人不得实施超越其部分（pars）的行为，不得转让整个所有权（无论是对整个物还是对它的某一部分），不得毁灭物或杀死奴隶，而且也不得解放奴隶（至少在古典法中这是不允许的）；他也无权对共有的土地设立地役权，因为地役权不能按份（pro parte）设立。对于所有这些行为均需要所有共有人的合作，即各部分所有权的享有人的合作，比如，设立役权的行为应当得到每个共有人的明确同意并且按照法定的方式实施。

在进行对物之诉或对人之诉中，每个共有人，无论是作为原告还是作为被告，也都有着完全合法的诉讼地位（也就是说不问其他共有人是否同意），在同第三人的关系或同其他共有人的关系中也都具有独立的合法资格。但是，在这些诉讼中，他有时是"部分（pro parte）"原告或被告，比如，"要求返还所有物之诉"甚至只能由每个人"按份额（pro parte）"提出，针对其部分所有权（pars domini）提出，否则就犯了"过分请求（plus petitio）"的错误（见§41）；在因对共同物造成

Ⅱ. 所有权

损害或受到共同物损害的"阿奎利亚法之诉"（见§175）和潜在损害之诉（见§96）中，共有人只能按份额提出请求或者承担按份额给付的责任。有时他可以"连带地（in solidum）"提起诉讼或被诉，比如在确认役权之诉（actio confessoria，见§108）、排除妨害之诉（negatoria，见§94）、关于砍树的诉讼（actio de arboribus caedendis，见§96）、特有产之诉（actio de peculio）、损害之诉（noxalis）、经管人之诉（institoria）、船东之诉（exercitoria servi nomine，见§56）中。有时还出现摇摆不定和法学家间发生争议的迹象以及优士丁尼法编纂者的篡改迹象。罗马法可能是从连带诉讼制度发展到按份诉讼制度的，就像排放雨水之诉（actio aquae pluviae arcendae 见§96）的情况那样。优士丁尼法的原则似乎是这样的：只有当连带诉讼不妨碍或不以任何方式妨碍其他合伙人的权利时，才允许进行连带诉讼。

实际处分的另一方面同孳息的收获即物的使用权相关联，有关这个问题的规定似乎是这样的：独立地使用物对于所有共有人来说都是合法的，但是，每个共有人，即便只占有最小的份额，均有权根据其意愿阻止其他共有人对物的行动，以他的否决权（prohibitio, ius prohibendi）相反对，受到反对的合伙人（socius prohibitus）应当立即对此加以考虑；如果他认为自己受到不公平的损害并且认为他的活动对共同物的经济效用有益，他只能提起"共同财产分割之诉"，除此而外，别无他法（见下）。"否决权（ius prohibendi）"主要针对的是有关设立或废除的行为，以及对现状（status quo）进行更新的行为。这一制度完全同公法的否决权（intercessio）相平行，同支配权关系中的共有制度如共同监护、集体保佐相平行，也同"防止暴力和欺瞒令状（interdictum quod vi aut clam）"和"新施工告令（operis novi nuntiatio）"（见§96）中的否决权制度相平行；它似乎更符合这样一种原始的观念：每个人的完整权利受到其他共有人同等权利竞合的限制，而不那么符合份额权利的观念，这后一种观念似乎要求必须**绝对拒绝**实施超越自己份额范围的行为，除非得到所有共有人**预先的和明示的**同意。

法定处分的一个孤立成分（也是早期制度的残余）是所谓有关奴隶的"增添权（ius adcrescendi）"。根据古典法，如果一个共有人按照应有的方式释放了奴隶，这个行为所具有的效力只是使他的份额添加到另一共有人那里，然而，优士丁尼在这方面为优待自由权（favor libertatis）

而废除了"增添权",规定:由共有人之一解放的奴隶可以成为自由人,只是对被迫出卖自己份额的其他共有人应当给予补偿〔1〕。在优士丁尼法中,对于由奴隶实现的取得仍适用"增添权":如果共同奴隶的共有人之一不能取得(比如,由于物是他的或者他对该物无交易权),其他共有人则全部取得。"增添权"很可能是早期法中的一般制度,而且被遗弃的份额(pars derelicta)曾经不是先占的对象,而是添加到其他共有人那里。

优士丁尼还创造了其他一些特别规则,比如,随着对否决权的变通,他规定:合伙人不得反对将自己的合伙人埋葬在共同土地上,即便这块土地不是用来下葬的。然而,在违背其他共有人意愿的情况下安葬尸体的地方,将不成为神息物。

任何共有人均可以要求分割共有物,对他来说,永久放弃这种权利不是合法的,但他可以在一定时间内这样做,至少根据优士丁尼法如此〔2〕。人们借以要求分割共同物并且优士丁尼法借以调整共有人之间一切关系(包括在共有关系存续期间)的诉讼,叫作"共同财产分割之诉(actio communi dividundo)"(见§172),它是由《十二表法》确定的。

§96. 基于相邻关系的责任和诉讼

(参考:D. 39, 1—3; D. 43, 24; D. 10, 1; D. 43, 28; D. 43, 27; C. 3, 39)

土地所有权是相邻关系中的责任和诉讼的基础。在古罗马法中,由于所有权的特有烙印及其独立的特点,这些责任表现为一种"否定性制度",一种在许多不同方面对各个自由的保护,对各个所有主的准主权的保护,而不是表现为一种承认土地间相互影响和役用的"肯定性制度"。的确,某些责任至少在优士丁尼法中变为真正责任的源泉,然而,一般理论仍然属于"法律保护"的范围,不应同"对所有权的限制"相混淆。这样的法律手段不局限于所有权,而且常常被优士丁尼法的编纂者们以直接或扩用的方式扩大适用于其他对物的一般管辖。

---

〔1〕 参见 C. 7, 7, 1; J. 2, 7, 4。
〔2〕 参见 C. 3, 37, 3pr.; C. 3, 37, 5; D. 10, 3, 14, 2—3。

Ⅱ. 所有权

就像在罗马法中常见的情形一样，这些关系大部分以诉讼命名，它们是：排放雨水之诉（actio aquae pluviae arcendae），潜在损害保证（cautio damni infecti），防止暴力和欺瞒令状（interdictum quod vi aut clam），新施工告令（nuntiatio novi operis），调整地界之诉（actio finium regundorum），关于收获果实的令状（de glande legenda）和关于砍树的令状（de arboribus caedendis）。

排放雨水之诉（actio aquae pluviae arcendae）由乡村土地的所有主因邻居改变雨水的自然流道而提起。

在古典法中，它的作用同其名称一样只在于阻止邻居通过施工或拆除改变雨水自然流道的行为，如果这种改变可能因积水或冲力而造成损害（这在意大利是一种很现实的担忧）。因而，只有当上方的邻居使水流可能对下方邻居带来麻烦（比如拆除自然堰堤）或者下方邻居使水漫进上方土地（比如在其土地边缘建起护堤）时，才能提起这种诉讼。

如果上述条件（通过施工或拆除在上方或下方土地造成积水或水的下泻）不具备，邻居则无权提起"排放雨水之诉"。这意味着，当上方土地的所有主在自己土地上施工时，完全可以阻截流经该地的水或者从邻居土地上通过渠道或其他方式引水，即便这样做会使邻居缺水灌溉；他也可以切断产生于自己土地的水脉，比如打一口井。而且，如果水流因淤积或变混而产生危害不是由于邻居施工造成的，而是由于自然事实造成的，人们也无权采用这种诉讼要求在邻居土地上进行疏通并让邻居自费恢复原状，因为人们必须容忍自然发生的（natura loci，naturaliter）流入，就像容忍因必需的土地工程而产生的流入一样。

然而，在意大利以外则实行着有关水的相反做法。古典法的严峻原则不适应各行省尤其是东部的需要。或许在优士丁尼以前，人们就对此有所考虑并坚持各地的习惯，但优士丁尼皇帝为此做出规定并扩大了排放雨水之诉的适用范围，对古典文献进行了修改。他第一次确立了以耕种需要为基础的、真正的有关水的制度，开现代制度之先河。水，无论表现为怎样的形式，无论是进入某地的雨水，流经某地的河水，还是发源于某地的泉水，都变成了一种特殊的所有权，每个人都可以利用它并**以真正有益为限**。超越了这一限度，也就是当对水的阻截不产生任何好处时，每个人都应当让水自由流淌，以便让它能够浇灌邻居的土地，都应当避免可能给邻居造成损害且对自己无益的施工，他还应当允许自己的邻居进入自己的土地，根据需要修复渠道、堤坝等等，只要这对邻居有益而且对自己无害。因而，在自己土地上施工以便从他人土地上引水的权利看来只限于针对另一方多余的水，因而对可用水的留置权也同样如此；人们不能在自己土地上施工改变邻居的水源，除非是为了有益的目的，也不得阻截泉水的流动；人们应当允许邻居进入自己的地段修复被水冲坏的自然堰堤（即因自然而不是人工造成的损害），并允许在那里施工以防止水的积淤和渠道堵塞。对于所有这些情况，优士丁尼皇帝都规定适用"排放雨水之诉"或诈欺之诉，而不顾上述诉讼的名称及其原始作用。

排放雨水之诉是仲裁诉讼（见§39）。进行施工的所有主应当自"争讼程序（litiscontestatio）"开始之时进行恢复和赔偿；未进行施工的所有主（比如后来买下土地的人）只应当允许邻居恢复原状。在优士丁尼法中，这种诉讼以扩用的方式适用于用益权人，并且也可以针对他。

潜在损害保证（cautio damni infecti）是一种防止在土地关系中发生潜在损害的制度。为此目的，曾有过一个古老的市民法补救方法，但我们不知道它的具体内容。新制度产生于裁判官法，正如它的名字所表示的那样，它是达成一项要式口约：许诺将弥补尚未发生的（infectum）、但有理由担心发生的损害，比如针对相邻建筑物的倒塌（vitio aedium），这是典型的和最常见的情况，或者由于邻居在他的或我的土地上进行施工（vitio operis），这是相邻关系中最重要的情况。这种保证必须提供，否则，自己的（in suo）施工，即在自己土地上的施工，将因受到新施工告令而受阻，涉及他人的（in alieni）施工则因否决权（prohibitio，见前面的介绍）或因有关诉讼或令状的禁止而受阻。这里提到的令状是由裁判官为上述保证所附加的。有理由担心将遭受建筑物损害的人，在裁判官的准许下，占有邻居的土地或更准确地说对该土地实行法定留置（esse in possessione），以便强迫对方给付法定的保证金。如果邻居拒绝提供保证金，则可以请求裁判官实行占有，即对物的彻底占有（missio in possessionem, ex secundo decreto），这种占有由于以一项正当原因为根据，因而受到善意占有之诉（actio Publiciana，见§99）的保障，并且在时效取得的期限届满后，产生所有权。

新施工告令（nuntiatio novi operis）可能是产生于市民法的措施，尽管它后来被裁判官重新启用并加以规范。它表现为在现场（in re praesenti）使用最古老的圣事用语命令不得实施某一施工。这种施工应当是新的（opus novum），即足以改变该地的原貌（pristina facies），而不是简单的修复，也不包括田间作业、如迟延将可能产生危险（periculum in mora）的紧急施工、清理渠道和阴沟的劳作等。这种告令完全具有诉讼活动的特点，它只能由有关主体或其代理人（procurator）发出，并事先提供"已获授权保证（cautio rem ratam dominum habiturum）"，受监护人必须获得监护人的准可，奴隶则无权发布此告令。可以因为某一公共权利受到损害或者为要求"潜在损害保证"而发布这种告令（operis novi nuntiatio iuris publici tuendi causa, operis novi nuntiatio damni depellendi causa），但是，比较常见的典型情况是以侵害物权为根据而发布告令，这种物权应当是所有权或对他人土地的役权。它也被扩大适用于对物的其他管辖情况，在优士丁尼法中，似乎也允许用益权人发布此告令，虽然文献中存在着矛盾。最后，它应当是针对处于"主人或施工名义人（domini operisve nomine）"地位的人。

被告令者必须中止施工，但是告令人必须立即为证明他的权利受到妨碍而提起诉讼；否则，裁判官将根据被告令者的申请撤销禁令，即产生对新施工告令的撤销（remissio della operis novi nuntiatio）。如果被告令者无视新施工告令，又不要求撤销此告令并继续施工，告令人有权获得有关新施工告令的令状，要求下令拆除作业，法学家们称该令状为"拆除令状（interdictum demolitorium）"。

防止暴力和欺瞒令状（interdictum quod vi aut clam）是类似于新施工告令和拆除令状的法律补救措施，它产生于前者，但具有较大的广泛性和自由性。如果某人在一块土地上违反禁令实施任何性质的施工，已宣布禁令或担心受损害的受害人有权要求拆除和赔偿。这种反对权（ius prohibendi）可以任何性质的权利（物权、人身权或最密切的人身权〔personalissimo〕）为基础；不仅所有主、用益权人、地役权享有人，而且土地承租人、甚至在公共场所有雕像的人，均可以要求此令状。任何人均可以通过奴隶、家外人或少年提出反对（prohibitio），因为文献认为最重要的是让对手知道。最后，反对（prohibitio）不会导致裁判官的撤销（remissio），因而反对者不必有任何担心，而且不必做什么，被反对者则需要出面应诉，即便是通过占有之诉。

人们可能会因此提这样的问题：为什么这种令状没有吸收如此有限和冒险的"新施工告令"呢？为什么后者反而表现得更富有生命力和更实用呢？逻辑和文献所给予的惟一答复是：这种令状实际上不是针对邻居在自己土地上的（in suo）或他占有土地上的施工，对于这类施工只要不必证明"否决权（ius prohibendi）"（比如证明役权），就必须采用新施工告令的手段[1]。

调整地界之诉（actio finium regundorum）是为了调整乡村土地之间的边界而应提起的诉讼。它属于析产诉讼之列，在这种诉讼中每个当事人既是原告又是被告。在古典法之中，它区分为地界之诉（controversia de fine）和地域之诉（controversia de loco），前者涉及的是介于两块土地之间、宽度为5英尺的地界，土地测量人在诉讼中担任仲裁人；后者只不过是一种要求返还所有物之诉。这种制度随着各种变迁仍保留在罗马—希腊时代，但在优士丁尼时期消失了。

此外，土地所有主还有权通过**关于砍树的诉讼**（actio de arboribus caedendis）要求切断超越地界的树根或离地面15英尺高的树枝。最后，他有权通过关于**收获果实的令状**（interdictum de glande legenda），在预先提供潜在损害保证的情况下，要求隔一天进入邻居的土地一次（tertio quoque die），以便收获落在那里的果实。

§97. 对所有权的限制

（参考：D. 43, 27；D. 43, 28；D. 47, 3；C. 8, 10；C. 8, 11）

所有主对物的权利的处延，根据其性质，以遇到限制为限。从广义上讲，任何对该物的其他权利，包括役权和任何其他"他物权（ius in re aliena）"，都是对所有权的限制；各共同所有者对共有物的所有权也相互构成限制。然而，对所有权真正的限制是对享用该物的限制，这种限制不依所有主的意志为转移，并服务于其他公民个人或公众的利益；因而是所有权结构所固有的。

这些法律限制主要涉及在要式物中具有较高社会价值的两种物：土

---

[1] 参见 D. 39, 1, 5, 10。

Ⅱ．所有权

地和奴隶。

对土地所有权的限制分为两类：或者所有主应当容忍他人对物行使权利（pati），或者自己应当避免行使某些权利（non facere）。

诸如缴纳土地税这些由所有主承担的义务不属于对所有权的限制。然而，当所有主所承担的义务（facere）同物有关并限制所有主对物的享用时（比如某人被要求或被禁止进行某种耕种、土壤改良、植树造林或某种建筑工程），则很难否认这是真正的限制。人们实际上可以说的是：在罗马法中不存在对土地所有权的这类真正的限制；但是，经济的和实践的问题应当区别于法律的和教条的问题（也见§100）。

对所有权的限制并不是罗马法所原有的。由于社会共处的需要，现在看来对土地所有权的限制似乎是自然的和不可避免的，然而，这种所有权最初却曾在观念和制度上摈弃任何限制。罗马的土地几乎是一块封闭的和独立的领土，它把所有依附于它的部分作为添附加以吸收，禁止他人未经"家父"同意进入自己的区域或行使任何权利；外来人应当同"家父"达成协议，后者或者以临时让与的方式同意有限的使用（比如为了通行），但可随时撤销这种同意，或者承担义务使他自己及其继承人容忍这种使用，或者彻底将自己的土地交给别人使用，在后一种情况下，他对土地的权力被削弱，土地成为役权的对象（见§100）。这种情形完全同罗马家庭共同体的性质相吻合，同该共同体相对于国家所处的地位相符合。在逐渐使个人的土地所有权得到扩大的公共分配中保持着这种情况。典型的罗马土地是"划界地（ager limitatus）"，它的边界通过庄重神圣的仪式——划界（limitatio）加以确定，并且不是由几何线条而是用一条自由的、不受约束的小路来显示，这条小路属于神护物（res sanctae），同围绕古罗马城墙的城界（pomerio）一样（见§80）。最窄的路是在每块田地边缘的划界小道（iterlimitare），它的最低宽度为5英尺。这些公共小路，尤其是划界小道，可通到每块田地，并且排除了强制通行的必要。

城市土地也享有同样的独立性；划线小道的功能在这里由"缘线（ambitus）"发挥，它也是宽5英尺，围绕着每一建筑物，无论是只用于家庭居住的早期的房子（domus），还是后来的住区（insula）或出租房。

雨水和从地上流出或自然流经的水满足人们耕作用水的需要；那些

想获得更好条件（melior condicio）的人必须重新同所有主协商设立"汲水役权（servitus haustus）""用水役权（aquaeductus）"等等。我们前面介绍过的"排放雨水之诉"（见§96），在最初的罗马观念中所起的作用只不过是在一个特定的方面保障乡村土地的自由权，禁止水在土地间的相互侵入（见§96）。

　　对遗产的分割，活跃的土地交易，城邦中人口的增长，这些都改变着早期的情况。"划界小道"对于相互交叉的土地显得不解决问题，"缘线"已被除去，房子常常使用共同的墙围绕。但是，这些变化并未考虑留下必要的通道或确定其他实质性限制；人们通过设立通行役权等办法为这一目的服务；在析产诉讼中审判员也有权通过"分配裁判（adiudicatio）"设立这种役权。

　　在历史时代出现了许多限制，但在整个真正的罗马时代，它们都是颇为适度的。

　　出于公共利益原因的征用在古典法时代是不存在的。罗马国家建筑业的强劲发展不是承认这种征用的决定性理由，因为土地的绝大部分在当时归国家所有。

　　当时有一些考虑到宗教和卫生需要以及后来为了交通和建筑需要而制定的限制性规定。在城市中和在距离城外建筑物60英尺远的地方火化和埋葬尸体是自古（ab antiquo）就被禁止的。沿海土地的所有主应当允许为航海需要而使用海岸。然而，在前面两种情况中，对使用自己土地的限制是比较间接的和隐晦的，这些禁止性规范所依据的神圣法权打破了许多樊篱；在第三时代，河岸的法律地位在公私之间摇摆不定。

　　更严厉的限制是：如果公共道路损坏，道路两旁不动产的所有主必须允许通行（praestare viam）。

　　塞维鲁和卡拉卡拉的一项批复允许要求得到临时的和特别的许可，以便进入位于他人土地范围内的墓地。

　　从《十二表法》起，就禁止要求返还已同他人建筑物结合在一起的、自己的材料（tigrum iunctum）以及同葡萄园结合在一起的木杆，所有主的物权理由转变为债的理由，他可以提起"并用材料之诉（actio de tigno iuncto）"，要求获得双倍的价款（见§83）。许多帝国元老院决议（公元44年—47年的《霍西迪安〔Hosidianum〕元老院决议》、公元56年的《沃鲁西安〔Volusianum〕元老院决议》、公元122年的《阿其

Ⅱ. 所有权

利安〔Acilianum〕元老院的决议》）和城市规章（《杰内第瓦法〔Lex Genetiva〕》《马拉其塔法〔Lex Malacitana〕》《塔棱蒂法〔Lex Tarentina〕》）都禁止为做交易而从建筑物中抽出材料，禁止将材料运往其他城市，或者单独地处分它们。

种植园的和建筑物的交界距离曾成为审判员调整地界时采用的标准，他们不再依据法的一般规范。从奥古斯都开始，皇帝们就建筑物的高度做出规定。

一项由《十二表法》制定的、由裁判官通过有关调整地界树的令状加以重申并在后来加以扩大适用的制度是：所有主应当截断或者允许他人截断越过地界的树根和伸入他人地界高度为 15 英尺以下的树枝，应该允许邻居每隔一天进入一次（tertio quoque die）自己的地界，以收获落下的果实。在这项制度中体现更多的是自由权和对权利的相互保护，而不是限制。

在罗马—希腊时代，对所有权的限制也源源不断地产生于新的希腊—罗马公民的各种传统和倾向，产生于行省土地所有权的不同条件，并且可能曾在城市规章中初步加以制定。出于公共利益原因的征用似乎真正得到了承认，它是否具有强制性尚有疑问（如果我们撇开一些必须征用的情况和专制擅权不谈的话），但是，出现了关于补偿的规定并设立了主管此项工作的官职。如前所述，"排放雨水之诉"成为真正限制的源泉（§96）。援引了塞维鲁和卡拉卡拉批复的那段乌尔比安文献是被添加的[1]，以便允许在给予补偿后设立一条必需的通道。盖尤斯所援引的索罗内（Solone）的论述真正成为在土地施工中调整距离的法律。[2]

有关建筑物的限制性规范以超常的和引人注目的方式增加；高度、长度、突凸度被反复地、细致地加以规定；专门规定了距离公共建筑物和皇宫的距离；禁止将珍贵材料从一省运至另一省，从城邦运至乡村，提高了早期元老院决议的调子。邻居的私人利益在这方面也受到考虑：人们必须容忍邻居设置宽半英尺以下的墙[3]，不仅禁止改变建筑物原

---

[1] 参见 D. 11, 7, 12pr.。
[2] 参见 D. 10, 1, 13。
[3] 参见 D. 8, 5, 17pr.。

有的造型，而且禁止以自己建筑物过分遮挡邻居家的光线[1]，优士丁尼甚至禁止以建筑物或其他方式阻碍邻居打谷场的通风。最为特别的禁令是：不得在距离先前已有的建筑物100英尺以内的地方进行建筑，如果这样做会妨碍从那里对海的观赏；这项限制是由芝诺皇帝为君士坦丁堡城而制定的，优士丁尼将它扩大适用于帝国的所有海滨城市，并为防止搞欺诈而加以规范化。

最后，在格拉底安、瓦伦丁尼安和狄奥多西时代，出现了有关下述义务的规定：必须允许他人在支付十分之一的补偿之后，在自己地界内采矿[2]。

优士丁尼的立法为关于公共限制和相邻关系的现代制度开辟了道路，自这些拜占庭皇帝起，这种制度明显表现为把役权的概念扩大到对所有权的限制（法定役权）之中。

§98. 有关相邻关系的一般限制

当所有主在物的界线内行事并且未违反明确列举的法律限度时，他只是在行使自己的权利，而且应该说他在同该物的关系中是完全自由的。罗马法的原则是："一个人可以在不侵犯他人的情况下对自己的物为所欲为（in suo hactenus facere licet quatenus nihil quis in alienum immittat）。"我们可以用其他一些论述来对此作些补充，再加上一句："只要不对他人物做任何事情（et quatenus nihil in alieno faciat）"。

然而，在土地相邻关系中这样的逻辑似乎是讲不通的。既然土地所有主在其地界内做一切都是合法的，他就可能实施对相邻土地最有害的影响；反过来说，既然禁止他对其土地以外施加任何影响，他就连某些对日常生活来说是最基本的行为也不能做，因为这些行为的影响（如烟雾、灰尘等）必然会扩散到相邻的土地上去，即使是以轻微的程度。因而需要寻找一个最高标准，在任何特定的限制以外和以上，对行使所有权规定一个一般的限度，并为相互的容忍（即允许将活动延伸到自己土地以外）规定一个一般的限度。

---

[1] 参见 D. 7, 1, 30；D. 8, 2, 10；D. 8, 2, 11pr.；D. 43, 8, 2, 14。

[2] 参见 D. 8, 4, 13, 1。

Ⅱ. 所有权

在这个问题上，有两个理论值得考察：**争斗行为论**和**正常使用论**。

前者是中世纪的理论，它今天仍有市场，尽管在适用上颇受限制。根据这一理论，所有主不得实施具有损害他人之恶意（animo nocendi）且对己益少或无益的行为，比如，某人在自己土地上砌一堵墙，不是因为这对他有什么用处，而只是为了通过遮挡光线或观赏视野而招惹邻居。这种行为被中世纪法学家称为"争斗行为（ad aemulationem）"，该理论由此而得名。

只有那种超越理性的感情力量和对类似行为无法克服的厌恶才能解释为什么这种"总是把法律观念、道德观念和宗教观念混淆在一起的、完全代表中世纪模式的"理论仍然具有魅力，因为很难再找出一个观点比这一理论更公开违反适用于法律原则的逻辑。如果行为本身不是非法的，那么实施行为时所怀有的意图并不使行为在法律上成为不正当的。受损害者为了提起诉讼应当证明自己遭受了法律上的损害，即对其权利的侵害，他应当援引法律而不是感情。不顾社会的行为当然令人生厌；但是，法并不调整人的全部活动，也不要求人只遵守法。"许多其他种类的规则也治理着世界"，道德、宗教、名誉、善良风俗、礼貌，等等；为了无愧于正直人的称号，除了国家制定的法律以外，人还应当遵守其他的法律。

这些原则被罗马法学家用下列格言加以表述："并非所有守法的人都是正直的人（Non omne quod licet honestum est）"；"只要未做法律禁止之事就不会造成损害（nemo damnum facit nisi qui id facit quod facere ius non habet）"；"使用自己权利的人不被视为具有恶意（nullus videtur dolo facere qui iure suo utitur）"；"使用自己权利的人不侵害任何人（qui iure suo utitur neminem laedit）"。

根据这些一般原则进行逻辑推理将导致对"争斗行为论"的坚决否定。当然，如果法律明确规定禁止在行使自己的所有权时以损人的意图（animo nocendi）行事，那么争斗行为论的禁令将是合法的，而且受损害者将获得诉权。但是，这一理论的倡导者为此所祈求的法律根本不打算作出对所有权如此严厉和危险的限制。只是有关水的法律有些似是而非的样子，它们似乎禁止以损人的意图（animo nocendi）改变水的流程；但是，整个有关水的限制制度恰恰是一种合情合理的和有益的例外制度，是由优士丁尼皇帝明文规定的（见§96）。

因此，以主观恶意标准为基础的一般限制规范在罗马是不存在的。在我们看来，有关禁止争斗行为的理论属于法哲学的范围。

正常使用论是在大工业发展的推动下并根据古典法学家的某些原始法律[1]而在近代提出的。它禁止所有主实施任何可能对相邻土地有害或令人生厌的行为，如果这种行为是对自己物的不正常或超常的使用；一切正常的使用，即符合一定社会的现时条件的使用，均为合法的，即便这种使用会使邻居生厌。

这种理论也引起了强烈的质疑，尽管它比较完善和实际，但对它的适用并非都是合适的和无误的。对邻居的有害影响即便产生于不正常使用，也不是都能被禁止，只有当在自己土地上实施的行为因发生介入或扩散而向相邻所有权的**内部范围**渗透影响时，才属禁止之列。那些仅仅改变外部条件的影响（常常是更有害的），比如遮挡光线、空气、视野，截断水脉，阻止水从自己土地向邻居土地流淌，因其建筑技术不高、经营管理或其中居民等因素使建筑物的邻居产生不快，这些都不能使邻居获得起诉权，指责所有主在其土地上进行的活动是不正常的，指责对建筑物的经营管理是不正常的。

反过来说，因介入或扩散到他人土地上的活动而对邻居内部范围的渗透在一定程度上可能是合法的，对此没有疑义。但是，这种程度不能以使用是否正常作为根据加以确定。

我们认为，真正合乎逻辑并且符合罗马法渊源的标准是这样的：通过在自己土地上实施的活动"介入他人物（immittere in alienum）"或"影响他人物（facere in alieno）"的概念，同物的概念（见§77）一样，均属**社会范畴**，而不是自然主义的范畴。有时候从社会的观点看，那些无足轻重的对他人物的介入或影响无需受到考虑[2]；那些由于自然原因或社会共处的绝对和一般的需要而发生的介入和影响也应当被排除在外，这后一种情况同自然力量一样是被强加于人的，并且构成对所有权和任何其他权利的一种限制。

---

[1] 参见 D.8, 5, 8, 5。

[2] 罗马法学家很好地意识到这一点，参见 D.8, 5, 8, 5。

Ⅱ. 所有权

§99. 善意占有和善意占有诉讼

（参考：J. 4, 6, 4-5; D. 6, 2）

善意占有是在罗马法中表现为两种不同形式的制度，一种比较一般，另一种则比较狭窄。

所谓善意占有者一般是指那些在未意识到对所有主造成侵犯的情况下将物据为己有的人。总之，只要求具备这一词组所表述的那两项要件：占有和占有人的善意。

这种善意占有人自由地使用物，可以转让它，消费它，取得孳息和奴隶的劳作。然而，在优士丁尼法中，对孳息的取得受到限制，他应当将尚存于他处的孳息归还所有主，并且只对自己已消费掉的孳息（fructus consumptos suos facit）不负任何责任（见§86）。但是，这种善意占有者当偶然失去对物的占有时不享有诉权保护自己，因而这种占有虽然是善意的，仍不能被视为一种权利；它是同物的一种关系，在占有持续期间，这种关系产生法定结果，当它意外终止时，这种结果就不再产生。在罗马法中人们曾争论：对于这种关系的效力来说，是否在发生效力的每一段时间中都必须有善意的持续（持续善意），或是应该认为在实行占有之时的善意就足够了（初始善意）。后期的法学家一反尤里安的观点，赞成持续善意，优士丁尼法也要求持续善意。

从较狭窄的意义上讲，把时效取得所要求的一切条件均集于己身的占有是善意占有，这就是说，不仅需要善意占有，而且也要求取得的正当原因（iusta causa possidendi）和在标的方面不存在瑕疵（见§90、§91、§113）。

这种占有是真正的权利，罗马人允许占有人享有为保护其占有而提起对物之诉的诉权，这种诉权以其发明者的名字命名，叫作"布布里其诉讼"（actio publiciana [1]）。这种产生于共和国末期的诉讼是一种以时效取得为基础的虚拟的要求返还所有物之诉。当查明原告已根据某一正当原因取得了标的，并因法定时间经过而实现了时效取得时，裁判官

---

[1] 意译为善意占有之诉。——译者注

就责成审判员判被告败诉。因而,在这种要求返还之诉中虚拟的因素就是对所有权的时效取得所要求的时间届满;对于时效取得的其他要件,审判员则应当查清真相。

对于这种扩用的要求返还所有物之诉,适用直接要求返还所有物之诉的同样规则(见§93)。

针对真正的所有主提起的善意占有之诉一般不会成功,因为该所有主可以提出"正当所有权抗辩(exceptio iusti dominii)";然而,这种抗辩有时可能被"诈欺答辩(replicatio doli)"所排除。根据古典法,所有主根据正当原因对要式物进行的让渡(traditio ex iusta causa)只授予"善意拥有(in bonis)"的地位(即裁判官法所有权),而不授予市民法所有权(见§80和§88),在这种情况下,所有主的抗辩一律被"出卖和让渡物答辩(replicatio rei venditae et tracditae)"所排除。所有主的这种抗辩最初是被扩大适用于某些情况(实际上人们认为"善意拥有"需要一个康复期),在优士丁尼法中似乎也适用于这些情况,但它不再区别于诈欺抗辩(见§93后部分)。

针对其他善意占有者提起的善意占有之诉也不会成功,因为当所有的要件对于双方来说都是平等的时,现实占有者将胜诉。然而,如果原告和被告从同一人那里取得物,那么第一个获得让渡的人将胜诉。

在优士丁尼法中,善意占有之诉增加了"扩用确认之诉(confessoria utile)"的功能,扩大适用于用益权和以善意设立的役权[1],以及赋税田(ager vectigalis)[2],后者与永佃权是同一个东西。大概由于这种扩大适用的结果,编纂者们添加了"被让渡之物(id quod traditur)"一语,我认为它似乎取代了布布里其告示中原有插入语"让渡给自己的物(rem traditam sibi)";由于"善意拥有"的消失,编纂者们以同样的方式添加了"不是由所有主(non a domino)"一语。

---

[1] 参见 D.6, 2, 11, 1;也参见§103。
[2] 参见 D.6, 2, 12, 2。

III. 役权

§ 100. 一般概念

在优士丁尼法中，役权（地役权和人役权，见下）这个词是从总体上指对他人物的最古老的并且真正古典的权利。

因而这一范畴的历史的和传统的原因要比科学的原因更多。是否存在有关役权的独特规则，这尚是疑问。它们可能是这样的：

1. **役权不适用于任何自己的物**（Nemini res suas servit）。所有主不能以役权的名义保留对自己物品的特别使用权（比如通行权）。他是以所有权的名义保留并行使这种权利。

然而，随着在新法中物权种类的增多，这一规则自然地扩大适用于一切相关的关系。正因为所有权是对物的最广泛和最高的权利，因而不可想象所有主对受他人权利影响的物享有从属的权利。

2. **役权不得表现为要求作为**（Servitus in faciendo consistere nequit）。役权不能要求供役物所有主采取行动，比如：给他的房子绘彩，把他的土地改为供观赏风景之用的花园，每年提供一部分其土地上产生的果实，等等。役权的享有人或者是行使某些对他人物的权利（积极役权，in patiendo，这是相对于供役物的所有主来说），或者是为了自己的利益要求所有主不行使某些权利（消极役权，in non faciendo）。如果要求所有主为他人利益积极地采取行动，我们所谈的就不再是对物的权利，而是对人的权利和对所有主活动的权利，简言之，就是一种债权。

这项规则也体现着役权的现实性的特点，它对于役权来说没有什么特别之处。但是，这项规则是否属于法律原则尚有疑问，确切地说，在役权当中有一种非常特殊的役权，叫作"支柱役权（servitus oneris ferendi）"（见§102），该役权的享有人有权根据自己的役权要求所有主自费维护梁柱的良好状态，并且可以通过确认役权之诉（actio confessoria）要求维护自己的权利。

3. **不能对役权行使役权**（Servitus servitutis esse non potest）。提出这样的规则没有什么意义。它本来涉及的是用益权，想说不能对役权行使用益权。确切地说，这一规则原本的、古典的表述是：用益权不能接受役权（Fructus servitutis esse non potest）。它被优士丁尼修改，因为优帝把用益权包括进役权之中而且总是想强调他的这一概念。

受役权支配的物（一般为土地）叫作**供役物（地）**。

役权只能为了某一特定的土地或某一特定的人而设立，因而它真正是不可转让的。前一种役权叫作地役权（servitutes praediorum），后一种则叫作人役权（servitutes personarum）。

这两种役权的确有着颇为不同的功能和性质。地役权用来在相邻关系中满足土地方面的需要，并且是从正面确定的使用权。人役权的目的则是为了保障特定人享受优惠，该人一般把充分享用某物作为生活依靠，而该物的所有权并未转让给该人。役权真正原始的类型表现为地役权，在古典法中它叫作 iura praediorum 或 sevitutes，使用后一词无需再加定语；在新法中它也经常被称为 servitutes（役权）。只是在共和国的最后年代才出现了人役权（这种创新不太好，它使人难以确定役权的一般概念，以同其他"他物权"相区别，也使人难以确定它特有的规则），这种人役权只是通过优士丁尼才被列入役权的一般范畴之中，他大概喜欢把所有的"他物权"都归入役权的范畴；这在当时当然是较合逻辑的。

§101. 地役权

（参考：J. 2, 3; D. 8, 1; D. 8, 2; D. 8, 3; D. 8, 4; C. 3, 34）

地役权是为一块被称作**需役地**的土地而设立的，它几乎被视为该需役地的附属品和它的一种品格。这种权利当然归需役地的所有主所有，

Ⅲ. 役权

权利人随需役地所有主的更迭而更换。

地役权分为乡村地役权（servitutes 或 iura praediorum rusticorum）和城市地役权（urbanorum）。划分的标准是很有争议的。在我们看来，这个问题的晦涩性产生于从古典法到后古典法和优士丁尼法这一深刻的演变过程。在古典法中，随着地役权的发展，承认地役权的法学理论也不时地确定哪些属于乡村地役权，哪些属于城市地役权，以便用名称将它们相互区别开来并使役权总是保持它的明确性和典型性。但在新的领土上，法学理论的这一使命消失了。役权不再是典型的，当事人可以将任何一种同役权的一般品质相关的使用权确定为役权。在这种情况下，役权的特性则取决于土地的性质，即主要地取决于需役地，而供役地只产生次要的影响。如果需役地是一座建筑物，役权则为城市地役权，如果需役地不是这种情况但供役地是建筑物，仍为城市地役权，其他情形则属于乡村地役权。城市地役权和乡村地役权不再是确定的，而变成相互混合的[1]。

地役权应当直接给土地而不是脱离土地给人带来功利。因此，两块土地如果不是相连的，至少也应是邻近的，以便不让中介土地或其他障碍阻止役权的行使，随着役权种类的不同，行使此权利也采用不同的方式。对地役权，不能脱离所附属的土地而加以转让。

地役权不能部分地（pro parte）设立（比如只由共同所有人之一设立，见§95），因为它所允许的对物的享用表现为单纯的使用权，这种使用权当然不能分割；因而人们说役权是**不可分的**。

地役权是否应当有**永久性原因**，也就是说，按照最合理的解释，它是否应当满足需役地的永久需求或足以永久地满足需求，这尚有争议。至于在水的役权中的**永久性原因**，请参见下一节。

§102. 各种地役权

乡村地役权是最古老的役权并且属于"要式物（res mancipi）"之列，它们在罗马的农业经济中曾是很重要的，这种役权主要分为两类：通行权（iura itinerum）和用水权（iura aquarum）。关于通行的役权

---

[1] 参见 D.6, 2, 11, 1; D.8, 3, 2。

(via, iter, actus) 和引水权（aquae ductus）无疑是最早的役权。"个人通行权（iter）"是指在未遇到任何反对的情况下个人徒步、乘车或乘轿通过他人土地的权利；"负重通行权（actus）"是指驾驭驮畜或车辆通过他人土地的权利；"道路通行权（via）"是最广泛的权利，它不但允许通行，而且允许通过固定的成形小路经他人土地运输石头、建筑材料等物。道路的宽度如果在设立役权时未作规定，则依据《十二表法》中的一项规则确定为：直道处（in porrectum）8英尺，拐弯处（in anfractum）16英尺。

引水权是从他人土地取水或经他人土地引水的权利。

其他用水役权是：汲水权（aquae haustus）和饮畜权（servitus pecoris ad aquam appellendi 或 adpulsus）。最后，其他较小的乡村役权有：放牧权（servitus pecoris pascendi，它涉及的是劳作用畜，是土地所必需的，否则它就成了人役权），烧制石灰权（calci coquendae），采矿权（arenae fodiendae），采掘石灰权（cretae eximendae），这些役权允许（以类似于用益权的方式）他人为了另一块土地的需要（而不是为了其他用途），把某一块土地的产物作为自己的。

用水权（aquaeductus，aquae haustus，等等）以及关于水的一般役权，如航行役权（servitus navigandi），均应当针对活水即永流水（apua viva, perennis, perpetua 或 quae perpetuum causam habet）而设立；甚至引水权或汲水权在古典法中似乎只能针对水源而设立（ex capite vel ex fonte）。优士丁尼在整个这一问题上是宽大的，他允许在远离泉水的任何地点设立这些役权[1]。

城市役权，在早期住宅的独立性消失之后，逐渐变得较为常见。罗马人按照反映该制度沿革的时间顺序将它们划分为下列类别：通水权（iura stillicidiorum），立墙权（iura parietum），采光权（iura luminum）。

属于第一类役权——通水役权的有：排水役权（scrvitutes stillicidii）和流水役权（fluminis），它们都是在他人土地上直接排放雨水或者通过渠道引放雨水的权利；第一类役权还包括阴沟役权（servitus cloacae）。

属于第二类役权的有：搭梁役权（servitus tigni immittendi），即把大梁伸进邻居墙中的权利；支柱役权（servitus oneris ferendi），即依靠邻

---

[1] 参见 D.8, 3, 9。

居的墙或梁支撑自己的建筑物，这种役权的特别之处在于，邻居如果不打算遗弃这堵墙或这根梁，就有责任维持它处于良好状态（见§110）；伸出役权（servitus proiiciendi），即探入邻居土地的自由空间的权利（比如凉台探入该空间）。

第三类役权包括一切旨在保障获得空气、光线和视野的役权。要求邻居不得加高迎面而建的工厂的权利叫"限制加高役权（servitus altius non tollendi）"。要求邻居不得通过施工减少光线或阻挡视野的权利分别构成"禁止妨碍采光役权（ne luminibus officiatur）"和"禁止妨碍观望役权（ne prospectui officiatur）"。"采光役权"（servitus luminum 或 luminis immittendi）则是在共用墙或邻居墙上开窗的权利。

有些城市役权是前述役权的反面，至少在优士丁尼法中如此，比如："禁止妨碍通水或流水役权（servitus stillicidii vel fluminis non avertendi）"，它是接取从邻居土地排出的水以便灌满蓄水池或实现其他目的的权利；"加高役权（servitus altius tollendi）"和"挡光役权（officiendi luminibus vicini）"，即不顾法律限制加高自己的建筑物，遮挡邻居家的光线的权利，只要所违反的法律限制与公共秩序无关。

§103. 人役权

我们在《民法大全》中发现的那些被称为人役权的权利，表面上看是典型权利，并且似乎可归纳为以下四种：用益权，使用权，居住权，对奴隶和他人牲畜的劳作权。然而，在新法中，这些权利并不用上述术语相称。

的确，所谓"特殊役权"，即具有地役权内容的人役权，随着地役权范围的扩大，不再被古典法所承认。地役权所要求的是土地，某人也不能为了自己的利益独自享用它（见§101）。为了使专门为个人设立或遗赠的地役权（比如通行权、汲水权和放牧权）成为有效的，古典法学家们把这些役权解释为债权，现时的所有主或死者的继承人有义务接受依此权利而实行的通行等并对设置的障碍负责。有时候这种遗赠可能转化为真正的对用益权或使用权的遗赠，尽管所使用的术语不变，比如：遗赠在某一专用于放牧的土地上放牧的权利（ius pascendi），在这种情况下，这种权利作为用益权或使用权当然是有效的。

但是，在优士丁尼法中，人们通过对文献的篡改承认了这些人役权，此外，当权利享有人拥有一块相邻的土地时，还允许设立可因死亡或人格减等而撤销的、因而只限于特定人的地役权[1]。

§104. 用益权和准用益权

（参考：J. 2, 4; D. 7, 1—6; C. 3, 33）

用益权是指在不毁坏物的实体（salva rerum substantia）的情况下使用他人物品并收获其孳息的权利（ius utendi fruendi）；法学家们认为在这种使用中也不能改变物的经济用途。

享有用益权的人叫作"用益权人"（fructuarius 或 usufructuarius），派生出用益权的所有权叫作**赤裸所有权**（nuda proprietas），用益权标的物的所有主叫"用益物所有主（dominus proprietas）"。

用益权人取得自然孳息只能通过收获（§86），因而在其死亡时尚未收获的孳息，即便已分离出来，也不转归用益权人的继承人，而是归用益物所有主所有。民法孳息则是逐日取得。

用益权人应当像好"家父"那样使用物品并注意不超越其权利的限度。他可以根据法定的规则在定期砍伐的树林中进行砍伐，但不能以同样的方式砍伐菜园或果园中的植物；在对畜群的用益权中，应当用新生畜替补死亡的或被他屠宰的牲畜，这叫作"取代（summittere）"。用益权人可以享用开采中的矿场，也可以开采新矿，这样做时不能对耕种或空气的清洁造成损害，而且不能引进昂贵的设备。

用益权人承担维护用益物所必需的一切费用以及一切与该物相关的义务。在归还时，他对一切不履行义务的情况和因包括轻过失在内的过失造成的损坏根据一些原则（见§35）承担责任。如发生严重的滥用情况，所有主也可以要求在期限届满之前归还。

为保证履行上述义务，用益权人应当向所有主承诺：将按照贤人的操行使用物品并用后归还（Se usurum boni viri arbitratu et restituturum）。

---

[1] 参见 D. 34, 1, 14, 3; D. 8, 3, 4; D. 33, 3, 6; D. 7, 1, 32; D. 8, 3, 6pr.; D. 8, 3, 37。

Ⅲ. 役权

裁判官曾经要求用益权的受遗赠人提供这种保证（cautio fructuaria），后来逐渐将它扩大适用于其他设立用益权的情况。在拒绝提供保证的情况下，所有主有权不交付物或者通过"要求返还所有物之诉"索回已交付的物。在优士丁尼法中，人们可以直接为取得保证而提起诉讼（condictio cautionis）[1]。在过渡时期法中，保管和归还的义务成为用益权所固有的，即法定义务。

在父亲的或再婚配偶的法定用益权中以及在为赠与人保留的用益权和被设立为嫁资的用益权中，不适用提供上述保证的义务。

用益权是为了照顾某一特定的人而设立的，它最迟在该人死亡时终止，"以避免所有权因用益权无限期持续而永远无用（ne in perpetuum inutiles essent proprietates, semper absendente usufructu）"。为法人的用益权确定的最长期限为100年。

也是由于这一原因，用益权是不可转让的，除非为了所有主的利益而弃权；但是，用益权人可以让他人行使他的权利。

用益权本来只能针对不可消耗物。但是，帝国初期的一项元老院决议规定：可以将对某人财产任何组成部分的用益权留作遗赠。既然在使用可消耗物时不能不损毁它的实体，为了维护有关用益权的规范和逻辑，法学理论规定：对于可消耗物品，在所有权转移时要求必须按时归还同等数量的相同可消耗物。这种将所有权转移和附带义务总合在一起的关系，由于它特有的起源以及在经济功能和法律制度方面同用益权的相似性，被人称为**准用益权**。准用益权的受益人也有义务提供有关的保证。

§105. 使用权、居住权和对奴隶和牲畜的劳作权

（参考：J. 2, 5; D. 7, 7; D. 7, 8; C. 3, 33）

使用权是使用他人物品的权利，而且（至少在优士丁尼法中）包括在自己需求的范围内收获孳息的权利。因而使用权受益人不仅不能转让他的权利，也不能转让对权利的行使，因为使用权的内容可能因此而改变。

---

[1] 参见 D. 7, 9, 7pr.。

在有些情况中，罗马法文献也从较宽泛的意义上解释使用权。比如，如果某人在遗赠中获得对一所房子的使用权，当他与全家居住在那里时，可以出租多余的房子。

居住权（habitatio）是在一所房子中居住和出租它的权利。早时人们曾争论它是一种使用权还是一种用益权；但优士丁尼赋予它以特别的形象，他效仿马尔切勒，承认居住权的享有人有权出租房子，但无权让人免费享用它。

使用奴隶和牲畜劳作的权利分别构成两种劳作役权。同居住权一样，劳作权是可以出租的；此外，对劳作权的遗赠可转移给受遗赠人的继承人。

同用益权一样，使用权、居住权和劳作权均要求提供相关的保证和承担一般的费用（至少是同使用相适应的费用）；但是，它们特别具有**不可分割性**（见§120）。居住权和劳作权既不因"人格减等"而消灭，也不因未使用而消灭（见§107）。

§106. 役权的设立

役权本来只能根据同物的所有主的关系而设立，尽管在后古典法和优士丁尼法中这种关系并不总是自愿的，而有时是法定的（至少对于用益权是这样）。然而，时效取得，因该制度性质发生的演变，对于役权来说也是可能的。

设立役权的方式可以归纳为以下几种：同所有主进行一般的协商，分配裁判，时效取得或取得时效，法律规定。

设立役权的行为（negozio），在古典法中，是**明示的和要式的**行为。对于生者间行为来说，必须通过要式买卖或拟诉弃权以取得"要式役权（servitutes mancipi）"，即乡村役权；为取得城市役权、用益权等当时不包括在役权范围内的类似权利，则需实行拟诉弃权。让渡被明确宣布为不允许的。对于行省土地，罗马市民不能在法律上取得役权，就像他们对它不拥有市民法的所有权一样。为了以某种方式建立这种关系，所有主可以采用简约商定一方将对另一方的土地行使役权，这种简约应由双方加以确认并通过要式口约加以保证；这样当所有主或死者的继承人提起诉讼时，人们即可以以此来保护自己。随着时间的流逝，这样设立

III. 役权

的役权也从裁判官那里获得了真正的物权保护，也就是说，可以保护自己不受作为占有人的第三人（非继承人）"扩用诉讼"的侵扰。

在优士丁尼法中，要式买卖和拟诉弃权被废除了，意大利土地和行省土地之间的区别也被消除了，因而为设立役权**不必采取任何程式**。人们通过简单的协议即双方当事人根据**正当原因**（买卖、合法赠与等）达成的协定而取得役权。也可以仅以默示协议（即以事实或容忍表示的协议）实行对役权的让渡或准让渡（traditio 或 quasi traditio servitutum）[1]。

此外，役权同所有权一样也可以从继承、遗赠或其他死因取得中获得。但现在我们不必去谈取得的一般方式。

役权（实际上是用益权）也可以在转让所有权时加以提取，即保留给先前的所有主，人们称此为通过**扣除**加以设立。

役权的时效取得或取得时效经历了颇为含糊不清的变迁。在最早的罗马法中，役权（可能只是乡村役权，它们是先有的和要式的）曾经是时效取得的对象，就像所有权一样。《斯克里波尼亚法（Lex Scribonia）》废除了这种时效取得。

但是，在时间的进程中，生活的需要创造了一种在表面上和实际结果上都类似于"长期取得时效"（longi temporis praescriptio，见§90）的制度。那些在未使用暴力、欺瞒也非临时受让的情况下（nec vi nec clam nec precario）行使役权达到相当长时间的人，可以通地"扩用诉讼"获得裁判官的保护。优士丁尼使这一推定性制度具有役权取得方式的色彩，并在行使期限上使其与不动产的"长期取得时效"相同，即要求10年或20年的时间。这样，逐渐形成了役权的取得时效，对于它，应当将所有权时效取得的要件也予以扩大适用，尽管这在文献中没有反映。

在析产诉讼中，土地分割后各部分之间的役权，同对这各部分的所有权一样，直接由审判员授予。

但是，不仅取得役权的形式和程式在新法中不再要求，有时甚至连意思表示或明确的声明也不需要。在罗马—希腊时期，用益权也**由法律**设立，即根据一定的关系而被"当然地（ipso iure）"承认，无需具备

---

[1] 参见 D.7, 4, 1pr.; D.7, 1, 25, 7; D.6, 2, 11, 1; D.7, 1, 3pr.; D.7, 6, 3; D.8, 3, 1, 2; D.41, 2, 3pr.; D.41, 3, 4, 27; D.8, 2, 32, 1; D.41, 3, 4, 27; D.19, 1, 3, 2。

所有主的意思。"家父"对外来特有产的用益权,再婚配偶对再婚前所拥有的婚姻所得的用益权等等均属于这类情况。至于地役权尤其是通行权,对役权的默示设立(ipso iure)得到承认(尤其是在临终行为中,比如,当两块毗连的土地应划归不同的受遗赠人,或者一块分给继承人,另一块分给受遗赠人时)。在这类情况中,意思不仅是根据必需性而推定的,而且也是根据前所有主在两块土地间维持的先前用役状态而推定的。由此,根据家父的用场而设立役权第一次获得承认。

§ 107. 役权的消灭

(参考: D. 7, 4; D. 8, 6)

当供役物被毁灭或被排除在交易之外时,当人役权也发生同样的实体性变化时,役权首先因**缺乏标的**而消灭。

地役权也因**需役地灭失**而消灭,人役权因**权利享有人死亡**或**权利丧失**而消灭。然而,居住权和劳作权并不因人格减等而丧失[1]。这是由法学理论所确定的,所考虑的是:这些关系只具有满足人的最直接需要的性质,而不具有鲜明的法律特点。

役权还因权利享有人弃权而消灭。根据古典法,在这种情况中,必要时应当实行拟诉弃权或向所有主实行要式买卖;在新法中,达成简约即可。

另一个消灭原因(针对居住权、劳作权和墓地通行权〔iter ad sepulcrum〕)是在 10 年或 20 年的期限内**不使用役权**。然而,对于城市役权来说,只有当役权享有人的不使用同供役地所有主的"自由时效取得(usucapio libertatis)"同时并存时,也就是说,当后者在那段时期中以某种方式占用了土地以使役权的行使受到阻碍时,才发生役权的丧失。

役权还因**混合**而消灭,即所有主的身份和役权享有人的身份在同一人身上合二为一;对于用益权,这叫作**合并**(consolidazione)。

人役权随着期限的届满或解除性条件的具备而当然地(ipso iure)

---

〔1〕 参见 D. 7, 8, 10pr.; D. 33, 2, 2; D. 4, 5, 10。优士丁尼决定:用益权不因"最小人格减等'而消灭,参见 C. 3, 33, 16。

消灭，地役权则"因抗辩（opr exceptionis）"而消灭。

§108. 确认役权之诉

（参考：D.7，6；D.8，5）

为维护役权而提起的对物之诉（actio in rem）被称为"役权诉讼（vindicatio servitutis）"，用优士丁尼法编纂者们的术语，叫作"确认役权之诉（actio confessoria）"，因为它的目的是让所有主确认存在对自己物品的役权。原告应当证明役权的存在；对于地役权，还应当证明他对需役地拥有所有权。

役权享有人通过这种诉讼获得对其权利的重新肯定，对损失的赔偿，在用益权的情况中，还获得对孳息的返还；为此目的，他也可以通过"不扩大侵扰担保（cautio de amplius non turbando）"获得保障，以免在将来受到侵扰。

永佃权受益人、地上权受益人和质押债权人可以通过扩用的方式提起确认之诉。

需役地的善意占有者以及不是从真正所有主那里获得役权且尚未实现时效取得的人，也可以通过提起善意占有之诉达到确认权利的目的（见§99；关于令状保护，见§116）。

Ⅳ. 永佃权和地上权

§109. 关于永佃权和地上权的历史概述

　　永佃权和地上权，在结构、历史发展以及给罗马法的物权制度带来的变化方面，是很相似的制度。它们两者的出现要比役权、用益权等被优士丁尼归进役权范围的类似制度晚得多；它们两者在"市民法"中都没有规定，也未被古典学说明确承认为物权；后来，它们两者都一反役权的精神，在对物的享用方面成为优于所有权的权利。

　　永佃权在罗马法和希腊—东罗马法中有各种各样的先例和历史联系。最早的先例是罗马的"公田占有（possessio del ager publicus）"制度，这种公田主要由被战胜民族的土地组成，其中一部分被加以分割并分配给个人（assignatio，ager assignatus）或者被出卖（ager quaestorius），但大部分允许市民在缴纳收入的五分之一或十分之一作为价金后自由占据（occupatio，agri occupatorii）。在法律上国家一直是这些被占据土地的所有主，但在事实上，占有者被视为这些土地的主人。它们不仅可以被继承，而且可以被转让，叮以在无限制的享用中加以改变；在格拉古（Gracchi）时代，为对被简单占有的"公田"加以重新分配而制定了一些土地法，它们成为造成昏暗骚乱的主要动因。

　　真正在永佃权之前的罗马制度却是"赋税田的出租（locatio degli agri vectigales）"。所谓"赋税田"是指那些未被分配或出卖也未任人占据，而是被以一百年期限或永久地出租的土地以及被长期或永久地出租的市政当局和僧侣团体的该土地。承租者只要正常纳税，即可平安地

Ⅳ. 永佃权和地上权

无限享用该土地。正是由于这种关系具有长期性特点，除令状保护外，也允许提起一种对物之诉——"赋税田之诉（actio in rem vectigalis）"。

但是，优士丁尼法中的永佃权却更多地同希腊—东罗马世界而不是早期罗马世界有关。这些制度在早期和中期都是在经济条件的最强烈和最直接的压力下产生的，它们同特定的社会条件（佃农制、田地役权等等）相联系并交织在一起，这些制度彼此独立，却有着惊人的相似之处；历史应当把位置让给人种学。在希腊的城邦，就像把我们带到公元前5世纪的铭文所记述的那样，存在着将未耕耘的土地长期或永久地出租以便加以开垦的情况（希腊文叫φύτευσις，ἐπικαρπία，后来被称为 ius ἐμφυτευτικόυ），和对已开垦土地的类似出租情况。在君士坦丁时代，大概是由于基督教创立者们对城市财产的广泛没收，赋税田消失了，与此同时，两种有着很大相似之处的形式——"永佃权（ius emphyteuticum）"和"永久权（ius perpetuum）"出现在帝国土地上，并且在后来扩展到私人田地；承租者缴纳的报酬不再叫作"税（vectigal）"，而叫作"租（canon）"。这两种形式间的区别是含糊的，即便抛开名称不谈，第一种形式似乎也表现为长期租种，第二种形式则表现为永久租种。然而，早在优士丁尼以前，大概是在4世纪和5世纪的转换时期，这两种希腊—东罗马的制度就合二为一，形成永佃权。

从古典法学家时代起，人们就争论"赋税田"的出租是否属于真正的租赁，或是属于出卖，因为，一方面每年缴纳租金使它具有租赁的特色，另一方面将物永久地弃置给受让人又使它类似于出卖（所有权转移的原因）。这反映出此类性质的"他物权"意识对于罗马法学说是多么陌生。因此，这一问题的提出方式使人只能在用户同物的关系问题上二者择一：或者不规定任何对物的权利，或者这种权利就是所有权。面对遗留下来的关于新永佃权的争议，芝诺皇帝宣布这种设立性行为是一种独立的（sui generis）契约，既不是租赁也不是买卖，而是永佃契约。他只不过是把这同设立契约的概念混合起来，并未给予永佃权以明确的形式和单独的名称，但开创了使人把永佃权视为一种独立的物权的先例。优士丁尼完成了这一制度的设立，他把有关罗马赋税田的文献同希腊永佃权的文献混合在一起，为了消除有害于永佃权的疑问和解释，补充了有关在转让土地时需通知所有主的规定、有关优先权（ius protimiseos 或 praelationis）的规定、有关认可税（laudemio）的规定和关于因不履行上述义务而使权利失效的规定（比如在三年内不交纳租金）。

地上权产生于另一种不同的目的：弥补罗马法所有权概念违反经济原则的后果。罗马的不动产所有权就像是一块小领地，一切附加和进入土地的物都必然地（ratione naturali）作为添附归土地所有主所有（见§80和§83）；因此，建筑物的所有权非地皮所有主莫属。但是，这一原则势必随着城邦的成长和建筑业的发展而表现出严重的弊端，请想想：罗马的地皮已迅速变成某些团体或少数私人的所有物。如同在现在的伦敦一样，授予他人临时或永久建造和享用建筑物并交纳年金（pensio solarium）或者根据租赁契约或买卖契约一次性交纳一笔钱款的权利，这种做法首先在国家的土地上开始实行，接着在各城市的土地以及私人的土地上也开始实行。地上权（superficies）的所有主，即建筑物的所有主，仍然是地皮的所有主，只是允许地上权受益人（superficiario）获得类似于"现状占有（Uti possidetis）令状"（见§115和§113）的令状，以保护自己对建筑物的享用（frui）。如果有关文献是真实的话，对于永久设立的地上权早在古典法中就已允许适用"对物之诉"或"扩用的要求返还之诉（utilis vindicatio）"；当然，在新法中，地上权逐渐被规定为物权，对它扩大适用在相邻关系中为所有主提供的法律补救措施（见§96）。

§110. 优士丁尼法中的永佃权

（参考：J. 3, 24, 3—4; D. 6, 3; C. 4, 66）

永佃权（emphyteusis）可以定义为："一种可以转让的并可转移给继承人的物权，它使人可以充分享用土地同时负担不毁坏土地并交纳年租金的义务"。

永佃户同所有主一样在孳息分离时取得孳息，不受任何限制地享用土地，但必须履行不破坏土地的义务。在行使其权利期间，他可以设立役权或抵押权，可以赋予用益权和转租永佃权（subenfiteusi）。当然，一切费用和一切由物所负担的义务，均由永佃户承担。

相对于所有主，永佃户必须承担一定的义务：他必须每年交纳租金；在优士丁尼时代，当他对权利实行转让时，应当通知所有主，请求

Ⅳ. 永佃权和地上权

其同意，在同等条件下应当优先转让给所有主，如果所有主不愿意赎回永佃权，则向其支付所获价款的百分之二。这种由所有主享受的优先权叫作 ius protimiseos 或 praelationis，它可以在两个月内行使，在此期限之后，履行了通知义务的永佃户有权自己转让土地，只要是向有支付能力并获准行使永佃权的人（personae non prohibitae et idoneae ad solvendum）转让；接受百分之二价款的权利在中世纪叫作"认可税（laudemio）"，来自"laudere"的"认可"之义。

无论永佃地因局部毁坏或其他意外事件而发生怎样的缩减，租金均不可改变。

根据优士丁尼法，永佃户有权为重新取得物而提起"赋税田之诉（actio in rem vectigalis）"或"扩用的要求返还之诉（utilis rei vindicatio）"；为取得有利于永佃地的役权，提起"扩用的确认役权之诉（actio confessoria utilis）"；针对在永佃地上非法行使役权的行为，提起"排除妨碍之诉（actio negatoria）"。

在芝诺发布那项著名的谕令之后，设立永佃权的契约即得名为永佃契约。备有相关诉权的物权立即根据这种契约而出现，永佃契约可以对永佃户的权利和义务作各种更改；但交租的义务除外，它被视为永佃权的实质性因素。

永佃权也可以通过临终行为如遗赠或死因赠与而设立；但是，一般不通过分配裁判来确认永佃权。在新法中，取得时效似乎也适用于永佃权。

永佃权因土地的毁灭、主体的混合、赎回、消灭时效（必须出现"自由时效取得"〔usucapio libertatis，见§107〕）和失效（decadenza）等原因而终止。如果永佃户不履行所承担的义务，比如使土地变质，三年不交纳地租或其他赋税，未履行通知的义务，未保障所有主的优先权，或未给付"认可税"等等，也发生永佃权失效。撤销是立即生效的，所提起的诉讼是"要求返还所有物之诉（rei vindicatio）"。

§111. 优士丁尼法中的地上权

（参考：D. 43, 18）

地上权可以定义为："使人充分享用某一建筑物或其中一部分的、

可转让并可转移给继承人的物权"。

对于城市土地来说，地上权几乎是与永佃权相平行的。但是，地上权受益人的权利要比永佃户的权利更为绝对。他不受任何限制并且对于所有主不负有任何义务；被称为"solarium"的年租对于地上权来说似乎也不是实质性的。

地上权通过契约设立，如果说交纳使地上权具有固定性特点的年租（solarium）并不是实质性义务的话，订立契约的原因则可以是不同的：如果一次性支付价款，契约原因就是买卖；如果商定交纳年租，则是租赁；如果不要求任何报酬，就是赠与。

使地上权消灭的原因同使永佃权消灭的原因相同，但是，对于地上权来说，不发生失效的情况。

V. 占有和准占有

§112. 占有的概念及其要件

占有（possessio）在罗马人那里是指一种使人可以充分处分物的、同物的事实关系，它同时要求具备作为主人处分物的实际意图。"占有"这个词的含义是指真正的掌握（signoria），一种对物的事实上的控制（dominazione）。如此理解的占有关系所体现的只是所有权的一般内容，因而，在一种更准确的、更能反映其寓意的意义上，占有的确可以说是所有权的**外部形象**，或者说，如耶林所表述的，是所有权的**事实状态**。

反过来说，所有权只不过是具备了真正法律保障的占有，而且有些占有情况如"善意拥有（habere in bonis）"实际上变为所有权的形式。因而，如果撇开法律保障不谈，在罗马人的语言中，"占有"（possessio, possidere）同我们现代语言中的相应术语一样，通常用来指所有权。为了表示想成为物的主人和想自由处分物的意图（比如在先占、取得埋藏物、让渡等问题上），罗马人使用"占有心素"（animus 或 affectio possidendi）这一术语，因为对被猎取的动物或被发现的埋藏物实行先占的人或者接受赠与书籍的人，他们内心都是想实现对物的事实拥有，至于是否明确认识到这种事实是受保护的并且构成所有权，这对于取得来说无关紧要。

然而，如果说占有是所有权的正常的和自然的形象，它恰恰可以同所有权相分离。举个最典型的例子，小偷完全可以占有物，因而他可以处分它并怀有最明确的将物据为己有的意图，但小偷在法律上不享有该物。

但是，如果说占有不是一种权利，占有者当因意外原因而不能再掌握物时完全无权保护自己不受第三人的侵害，那么，听任他受人侵害和剥夺也是很有害的。**与任何其他权利不同**，在所有权领域，事实与权利相分离是非常容易和经常发生的。如果每个占有者为了重新获得他人以恶劣方式从他那里夺走的物品都必须证明自己的权利，那么，这种剥夺情况将会成为最常见的事情，而且如果由于占有者证明不了自己的权利而让剥夺者逍遥法外，这将是对欺诈精神的大大纵容。为了维护公共秩序和社会安定，罗马法安排了一种通过令状诉讼程序维护占有的事实状态不受任何侵扰或使它排除某些侵害（如剥夺）重新恢复原状的特殊保护制度，一种对占有的行政保护。

不过，这不是把占有视为一种权利，因为如果是那样，就意味着在占有者偶然失去占有（etiamsi casu possessor amiserit possessionem）的情况下也当然地受到保护，也就是说可以不问丧失原因而在一切情况下均给予保护，而且意味着给予终局性保护，人们再不能对权利的实际归属问题进行审查。相反，对占有的保护只发生在下列情况之中：**占有的事实状态受到特定的和严重的侵扰或侵犯**（通过暴力、欺瞒、临时受让〔vi, clam, precario〕）；而且在类似情况中，一方面占有者也有权针对所有主而要求保护，另一方面所有主可以在要求确认所有权的诉讼中报仇雪恨。

根据以上论述的概念，占有包含两个要件：第一，**对物的控制**（disponibilita della cosa），即**在经济和社会意识中**使人能够根据物的不同性质对其为所欲为的那样一种同物的关系；第二，**将物据为己有的意图**。第一个是物质要件，罗马人将它表述为"占有体素"（tenere 或 detinere, esse in possessione, possessio naturalis 或 corporalis, possessio 或 possidere corpore）；第二个是精神要件，罗马人将它表述为"占有心素"（animus 或 affectio possidendi, animus rem sibi habendi）。在罗马法学家们的习惯中，"占有心素（animus possidendi）"被简化为"心素（animus）"，而"占有体素（possessio corpore）"则被简化为"体素（corpus）"。**这确实是一个误会**，因为拉丁文中的"体（corpo）"同意大利文中的含义一样，是指人体或物体，而不是指对物的实际持有。

还应注意，现代人常常爱把单纯持有某物称为占有，在法律和法学家的语言中都是这样。**罗马人则从来不这样使用**，在他们看来，占有所

V. 占有和准占有

代表的就是所有权的形象和其全部内容。

单纯的物体占有，比如承租人或借用人的占有，在罗马法中不像现代人所常说的那样具有占有（possessio）或法定占有的效力。然而，某些特定形式的物体占有则具有占有的效力并享受诉讼保护，甚至被称为"占有"。这些例外的形式首先是以下三种（罗马法学家明确否认它们具有"占有心素"）：质押债权人的占有，临时受让人的占有（即以临时受让名义〔precibus〕享有物的人的占有，这在早期罗马社会是颇为常见的关系），扣押保管人（sequestratario）的占有；然而，在发达的罗马法中，临时受让可以通过简单的持有（detenzione）而设立，而且如果在扣押时未就占有问题达成协议，扣押也不产生占有。另外，在罗马—希腊法时代，又增加了永佃户占有（该制度同对其产生影响的"赋税田占有"相混合）和地上权受益人占有。前三种制度代表着真正具有历史特点的特殊制度，是最古老时代的遗产，在那时这种占有并不缺乏"占有心素"，而且确确实实表现出在事实上同所有权的最鲜明对称，但后两种形式则反映的是物权向所有权的扩张，它们意味着占有概念在优士丁尼法中发生了不太适当的变化，并采用了含混的术语。

事实上，由于用益权人在当时也获得充分的占有保护（见§116），而且这种保护不是以古典法中的扩用方式而是直接给予的，因而在罗马—希腊时期的观念中，占有的概念似乎真的扩大适用于所有表现为对物的充分享有的关系，也就是说，同最广泛的且与所有权最相似的物权相对应。因此，占有保护在这个范围内扩大适用于单纯的持有者。此外，由于对役权适用了"准占有（quasi possessio）"或"权利占有（possessio iuris）"（见§116）的新概念，出现了一个与整个物权领域相平行的事实关系领域。

§113. 各种占有

人们根据附加于简单概念上的不同称号，划分不同种类的占有。

首先，占有区分为"自然占有（possessio naturalis）"和"民法占有（possessio civilis）"。**自然占有**是某种不大算得上占有的情况，它是指无"占有心素"的单纯持有，即一种得不到占有保护的事实关系。优士丁尼在一些经过添加的文献中使用这个词表示缺乏"正当原因"的占有和缺乏"占有心素"但在当时受到占有保护的占有,这后一类形式在新法中大大增加。**民法占有**则是指以正当原因为基础的占有,在古典法中可能也这样被称呼,因为它是一种真正受诉权保护的权利,不受任何第三人的侵犯,而且不仅限于占有保护的范围。所有权就是这种占有,而且主要涉及的就是它,此外,还有在罗马法中享有善意占有诉权的善意占有(见§99),古典时代的所谓善意拥有,对行省土地的占有,等等。在优士丁尼法中人们一般很注重"正当原因(iusta causa)",这个词组的意思是想表示"导致时效取得的占有(possessio ad usucapionem)"。

根据取得的特点,占有也可分为正当的和不正当的。所谓**正当的**,至少在纯古典的意义上,是指在取得中未采用剥夺或暴力、秘密手段和临时受让等方式(nec vi nec clam nec precario),如果沾染上述三种瑕疵之一,占有则为**不正当的**或**有瑕疵的**。然而,早在古典法中就开始使用"正当占有"表示"出于正当原因的占有",这在优士丁尼法中得到确立。为了保护占有,占有是否**在绝对意义上**是正当的,这无关紧要,人们所要求的是:**相对于对立一方来说**是正当的。"对于外人是有瑕疵的占有也可以成立(Adversus extraneos etiam vitiosa possessio prodesse solet)"。

最后,占有还区分为**善意的**和**恶意的**。前一种占有我们已经谈过,当它具备典型形态,即具备时效取得的要件时,是一种受诉权保障的真正权利,权利享有人因此而享受彻底的保护,即便偶然失去占有(etiamsi casu amiserit possessionem,见§99)。这里需注意的是:善意占有,由于导致时效取得,因而现代人用在文献中找到的"导致时效取得的占有(possessio ad usucapionem)"一语来对应,而纯粹的和简单的占有,由于受令状的保护,则通常被叫作"导致令状保护的占有(possessio ad interdicta)"。

§114. 占有的取得和丧失

(参考:D.41,2;C.7,32)

占有是一种法律关系,它的实现不要求任何手续;因而,只要以任何一种方式实现了占有本身所必需的条件,即"占有体素(possessio corpore)"和"占有心素(animus possidendi)",就足够了。"我们通

V. 占有和准占有

过实现体素和心素来取得占有，仅具备心素或仅具备体素均不足以取得占有（Adipiscimur possessionem corpore et animo, neque per se animo, aut per se corpore）"。

在非常的占有形式（§112）中，很容易使人以为在例外情况中专门确定的原因取代了"占有心素"，而不是在新法中改造了"占有心素"并把它变为一个矫揉造作的概念（§112），这种看法似乎也更与文献相吻合。

为了实现那种构成"占有体素"的控制，与物的实体接触（corpore et tactu）在历史时期的罗马法中不再是必不可少的。任何一种根据当时的习惯和进化的社会意识能使人以排他方式支配物的事实关系都是足够的（§112）。为取得独立的占有（即原始取得），需要注意的是先占的各种表现，从对敌人战利品的蛮横和明显的获取，对狩猎物的获取（在这种情况中，只要动物受了伤以致能够被捉到并且狩猎者在继续追踪它，某些古典法学家就承认先占），到表现为单纯发现（inventio）物品（如对宝石和埋藏物）的先占（§32）。对于占有的传来取得，则适用各种准精神让渡的形式，如"长手让渡（oculis et adfectu）""短手让渡"，占有协议以及简单地交付仓库的钥匙，至少在优士丁尼法中，人们可以借此实现对物的控制（见§87）。

占有，如果说不是一种权利的话，却是一种法律关系，因而很显然，只有具备权利能力的人才能够实现占有。奴隶可以实现"自然占有"，但他不能以自己的名义实现"民法占有"，即作为权利的占有，也不能实现地地道道的占有。

"占有心素"这一条件要求在取得占有时也必须具备"行为能力"；但是另一方面，由于占有是"纯事实的"法律关系，意思和行为能力并不应当按照严格的法定要件加以衡量，而只以实际存在合理的且足够的意思为根据。因此，幼儿、精神病人、法人和未继承的遗产均不能（至少本身不能）取得占有，但是，法学家们在受监护人能否实行占有问题上莫衷一是，并得出结论认为他可以通过监护人（tutore auctore）取得占有，或者，按照奥菲里和内尔瓦·菲里的观点，也可以在未经监护人准可的情况下取得占有，这是因为占有不是一种权利而是一种事实（res facti）。优士丁尼搞乱了占有的事实概念，含含糊糊地承认幼儿在获得"监护人准可"时可以取得占有，并接受奥菲里的观点，承认受监护人可以在未经监护人准可的情况下实行占有。

由于同样的理由,那些使原因产生不正当性并使民法占有成为不可能的市民法禁令并不妨碍占有,也不使有关令状无效。受赠方配偶不取得对赠与物的权利,因为配偶间的赠与是被禁止的,但该配偶可以取得占有,因为"人们不能根据市民法使实际发生的事实无效(res facti infirmari iure civili non potest)"。

同样,根据"复境权"逃生的俘虏"当然地(ipso iure)"恢复其所有权利,但不能重新取得占有,因为它不是权利而是一种纯事实的法律关系,就像在罗马婚姻观念(它也是一种类似于占有的并产生权利的关系,只要抱有"婚意"的同居关系存续)中,配偶双方并不"当然地(ipso iure)"是夫妻,而只有当他们愿意恢复夫妻生活时才是夫妻一样(见§58和§61)。

最后,占有并不像权利那样"当然地(ipso iure)"在接受继承之时转移给继承人;继承人必须实际地(naturaliter)占有着物。这同样是根据同一观念:占有是一种事实而不是权利,这一理由以明示的方式或在暗中调整着通过中介取得占有的活动。首先,可以通过隶属人(奴隶或"家子")取得占有;但是,如果说这两种人都**必然**是为"家父"取得权利(即便后者对取得之事一无所知)的话,在占有问题上,古典法要求**家父对取得之事知情**[1]。这实际上意味着:他权人可以代替他人取得占有,但由于这涉及的是事实关系,因而"家父"的知晓是必不可少的。然而,对于特有产,由于功利原因(utilitatis causa),则例外地承认所有主**在不知情情况下**的取得(帕比尼安说:"这被视为特别法〔iure singulari receptum est〕。"),在新法中,这一原则应当说得到了普遍的承认,虽然在文献中存在分歧。

这一理由在明确宣布之后,也被罗马人适用于通过"外来人"(extranea,盖尤斯一般这样称)或"自由人"(libera,优士丁尼宁愿使用这种称呼)实行的直接取得(见§22)。这个问题在古典法学理论时期独自地涉及"代理人(procurator)",他不是简单的受委托人,而是主人的常任代表。

通过代理人(即使在不知情情况下)的取得是一种从哈德良时代前

---

[1] 参见 D. 41, 2, 4; D. 41, 3, 44pr.; D. 41, 3, 44pr.。

V. 占有和准占有

后的理论中发展起来的学说,并在塞维鲁时代成为无可争议的规则。这显然受到承认,因为代理人(procurator)作为依照主人意愿设立的固定经管人在意愿(amimus)问题上也代表主人。但在优士丁尼法中,表面上看却走得更远:一般地允许通过自由人(无论是受委托人、无因管理人〔negotiorum gestor〕,还是代表受监护人和未成年人的代理人和保佐人,或是法人的经管人)取得占有[1]。

但是,通过代理人或一般自由人的取得,除法定代表(监护人和保佐人)外,为了不知情的主人的利益则可以不予承认;优士丁尼要求得到特别委托或批准,并逐渐废除了前面的规则,把取得行为中的代理限定于简单的"占有体素"。

在通过中介人的占有取得中,至少要求该中介人具有事实上的能力,奴隶必须是"少童(infantia maior)"。

最后,物必须是能够占有的。它应当有自己的独立性,也就是说,不是其他物的组成部分(见§78),并且是可交易物。

随着使占有成立的必要条件终结,占有丧失。至于占有的**保持**,不要求体素和人身条件永久地保持不变,因为社会意识不要求这种不变。有人说只依靠心素(solo animo)不能取得占有,但是,只依靠心素可以保持占有(solo amimo retinetur)。然而,在某些实践中,尤其是在新法中,出现了对这一原则的超越,抛弃了占有的现实主义基础。占有既不因奴隶逃跑而丧失,也不因中介人缺席、被俘(在优士丁尼法中)、患精神病或死亡而丧失,而且不因中介人对物的弃置包括在他人占据后的弃置或他人不诚实的让渡而丧失(在优士丁尼法中)。

§115. 占有诉讼

(参考:J.4,15;D.43,16;D.43,17;D.43,31;
C.8,4;C.8,5;C.8,6)

占有诉讼被称为令状,因为在古典法中,对占有的保护是通过请求令状的程序以非常规方式给予的。这里存在着"维护占有令状

---

〔1〕 参见 D.41,2,2;D.10,4,7,3。

（interdicta retinendae possessionis）"和"恢复占有令状（interdicta recuperandae possessionis）"之分，前一种令状是当发生对占有人的侵扰或担心发生这种侵扰时所给予的保护，第二种令状则是当发生特定程度的剥夺时所给予的保护。

"维护占有令状"或维护占有之诉有两个，一个保护真正的占有——土地，另一个主要针对的是奴隶，但也扩大适用于一切可动物；它们都从令状开头使用的词（uti possidetis 和 utrubi）中得名。"uti possidetis 令状"用来维护占有人的现时占有，只要这种占有相对于对方当事人是无瑕疵的，即占有人在取得物时未采用暴力或欺瞒的手段又不属于临时受让的情况（nec vi nec clam nec precario）。它不问对于任何第三人是正当的还是不正当的。胜诉者获得对侵扰的排除和对所受损害的补偿。

至于"utrubi 令状"，在古典法中它以不同的方式加以适用。可能是考虑到可动物很容易因自然事件或逃跑（如奴隶和动物）而发生易手的情况，因而，胜利不是判给现实的占有者，而判给在发布令状前的一年中以较长时间占有物并且对于对方当事人无暴力、欺瞒或临时受让情况的人。在优士丁尼法中，这种令状也被等同于"uti possidetis 令状"，并考虑现实时刻即争讼程序开始之时，因为令状和其他诉讼之间当时不存在差别[1]。

"维护占有令状"的请求应当在遭受侵害后的一年内提出。这种令状有时也适用于下列目的：在有关所有权的诉讼中确定占有人和被告人谁应当承担享利部分。

"恢复占有令状"是指为保护其土地遭到暴力剥夺的人而发布的"制止暴力剥夺令状（interdictum unde vi）"，它只要求单纯的和简单的占有，即"体素"和"心素"（特殊情况除外），至于占有是正当的还是不正当的，这在新法中无关紧要，即便是相对于对方当事人。它针对以自己名义或以他人名义实施或者决定实施剥夺的人（deiectio）；这不意味着占有者必须已被用武力从土地上赶出，只要他受到某种方式的阻碍（比如，进入其土地的入口被封锁），以致不能继续占有就够了。占有者在当年内不仅获得对占有的返还，同时获得对因遭受剥夺而蒙受的

---

[1] 参见 D. 43, 31。

损失的赔偿。在一年后,侵占者的责任仅以他从剥夺中获得的利益(de eo quod ad eum pervenerit)为限。侵占者的继承人所承担的责任绝对不超过这一限度;对于未作出驱赶决定的人,也同样如此,只要驱赶活动是以他的名义实施的。

在古典法中是否存在针对秘密侵占的令状(interdictum de clandestina possessione),这个问题尚有争议。对土地的占有不因占有者不知的侵占情况而丧失,一旦确立了这项原则,上述令状就成为毫无用处的了,因为占有者只是在被禁止重新进入土地时才意识到自己已受到剥夺,而且在这种情况下他有权要求获得制止暴力剥夺令状(interdictum de vi)。

为了恢复对可动物的占有,在优士丁尼前的法中采用"utrubi 令状"。在优士丁尼法中,被剥夺的占有者如果不愿意或者不能够提起要求返还之诉,那么他可以采用各种各样的法律手段:盗窃之诉,抢劫之诉,出示之诉(actio ad exhibendum),占有返还之诉(condictiones possessionis);但不存在真正的对占有的补救措施。

§116. 权利的占有或准占有

(参考:D. 43,18—23)

在事实上行使权利,对于各种物权尤其是地役权来说,也是可能的。对此类事实状态的保护不像对所有权保护那样具有自发性,这不仅因为这类事实不具有那么鲜明和特殊的外在性,因而不像占有那么引人注目,而且也因为实施侵扰者通常只能是一个人,即供役地的所有主。

对役权的使用作为一个同占有相平行的概念,可能是由优士丁尼创造的,就像对役权的"准让渡(quasi traditio)"或"长期取得时效(longi temporis praescriptio)"一样,这后一项制度成为占有观念不断发生演变的原因。这样,被称为准占有或权利占有(quasi possessio, possessio corporis)的事实状态,也按照占有的模式,随后得到承认;准占有和人们所称的真正的占有相互平行,同"他物权"和与物结合在一起的所有权相对应。

在准占有的取得和丧失问题上,要素和条件同有关占有的要素和条件相一致。这里也需要以行使权利为限的对物的控制,比如,带着驮畜、车辆并负重（即以行使通行役权的方式）穿过他人土地，并像真正的役权享有者一样，具有长期地并独立地实施这些行为的实际意愿。

在这种准占有概念中，古典法为行使（usus）某些乡村役权所提供的令状保护也被优士丁尼法加以吸收，这似乎使这种一般化获得了积极的意义。但实际上这仍只是一种文字记载，因为**这种令状保护的条件同占有保护的条件远远不相吻合**。

在《学说汇纂》中我们看到：对于在最后一年的 **30 天以上**时间中行使了通行权的人，如果未采用暴力或欺瞒手段也无临时受让情况，将给予"个人事实通行令状（de itinere actuque privato）"；对于在全年或在夏季行使了用水权的人，如果无瑕疵且出于善意，将给予"日常夏季用水令状（de aqua cotidiana et aestiva）"；对于希望修复水管的人，给予"修复水道令状（de rivo reficiendo）"；此外还有"恢复水源令状"（de fonte 或 de fonte reficiendo），"有关阴沟的令状（de cloacis）"，以及"恢复通行令状（de itinere reficiendo）"，这后一项令状具有一个特殊之处，它除了要求使用外，还要求**对权利的证明**。

所谓人役权（比如用益权）仍然通过那些保护真正占有的令状受到维护（在古典法中，这些令状以扩用的方式并采用裁判官专门制定的程式加以适用），因为，虽然用益权或使用权的受益人只是具有"占有体素"或**自然占有**，而不具备"占有心素（animus possidendi）"，他们仍处于一种很类似于占有者的事实地位。地上权受益人有自己的令状，但是，他同新法中的永佃户一样，被承认具有真正意义上的占有。

在中期法中，因受日耳曼法、教会法学家以及实践的影响，占有保护也被扩大到物权领域以外，并且惩罚的特点浓于占有保护的特点；这种演变早在希腊—东罗马法阶段就已显露出来。意大利《民法典》把真正意义上的占有或罗马式的占有（possessio）、持有（detenzione）和对权利的占有均称为"占有"（参见 1865 年《民法典》第 685 条；1942 年《民法典》第 1140 条）。由于占有被从更广的意义而不是罗马法的意义上加以理解，任何占有者在遭到暴力或秘密剥夺时均可获得恢复原状（参见 1865 年《民法典》第 695 条；1942 年《民法典》第 1168 条）。相反，为了维护占有，则要求比罗马占有更严格的条件（参见 1865 年《民法典》第 694 条；1942 年《民法典》第 1170 条）。在最后的结果中，只要认真注意一下，即可发现：罗马式的占有消失

V. 占有和准占有

了，因为这里的占有保护涉及的是一种比占有（possessio）时而宽时而窄的制度，而不是针对那种在罗马法中本身即可成为令状依据的单纯占有（possessio）。

债 法

§117. 一般概念

(参考：J. 3, 13; D. 44, 7; C. 4, 10)

债是这样一种法律关系：一方面，一个或数个主体有权根据它要求一定的给付，即要求实施一个或一系列对其有利的行为或者给予应有的财产清偿；另一方面，一个或数个主体有义务履行这种给付或者以自己的财产对不履行情况负责。

债的特有构成要件是对某一主体的法律约束，它用下列拉丁文术语表示为：obligare（来自动词"捆绑"〔ligare〕），nectere, nexum, adstringere, vinculum, contrahere, contractus；表示解除这种约束的拉丁文术语则是：solvere（清偿），solutio, liberare，等等。

"债（obligatio）"这个词原是指这种约束，即保障履行义务的法律约束；但后来人们也用它表示负债人的义务，有时（至少在优士丁尼法的文献中）还指权利享有人的权利（obligatio creditoris, obligationem adquirere, comparare）。

债区别于物权关系的基本之处由法学家保罗精彩地表述为："债的本质不在于我们取得某物的所有权或者获得役权，而在于其他人必须给我们某物或者做或履行某事（Obligationum substantia non in eo censistit, ut aliquod corpus nostrum aut servitutem nostram faciat, sed ut alium nobis obstringat ad dandum aliquid vel faciendum vel praestandum）"[1]。

---

[1] 参见 D. 44, 7, 3pr.。

在《法学阶梯》中，债被给予了这样的定义："债是一种迫使我们必须根据我们城邦的法律制度履行某种给付义务的法律约束（Obligatio est iuris vinculum, quo necessitate adstringimur alicuius solvendae rei secundum nostrae civitatis iura）"[1]。在这一定义中，应当把"res"一词从一般意义上理解为任何形式的给付；否则，该定义严格地说就只是指要求转移所有权的债。

债的主动主体即债权享有人叫作债权人（creditor），这是已普遍化的术语，来自于原始类型的债契约，如借贷和含有信用内容（credere, res creditae）的类似契约。Reus stiplandi（要约人）是要式口约中的债权人，在罗马贸易中，要式口约是负债的普通形式。被动的或受约束的主体叫债务人（debitor，在要式口约中为 reus promittendi〔受约人〕或 reus）。

债权人的权利一般也叫作 creditum、nomem 或 actio（债权）；相对的义务叫作 debitum（债务）。

罗马债的历史起源产生于对私犯（ex delicto）的罚金责任（见§126 和§173）；契约责任在初期从属于这一概念。无论是小偷还是借贷人首先均以自己的人身负责并陷于受役状态。后来，法律规定首先应当要求支付"罚金（poena）"或"债款（pecunia 或 res credita）"，只是当根据债务人的财产不能给付或清偿时，权利享有人才能通过执行方式对其人身采取行动；直到此时，债（obligatio）才第一次获得了新的意义，即财产性意义。从此，诉讼（actio）和清偿（solutio）的标的变成了罚金或钱款，而不再是人身（corpus），陷入受役状态成为一种次要的执行程序。债向这种财产性罚金形式转变的顶峰时期（即现代债的产生时期），我们认为其标志是《博埃得里亚法（Lex Poetelia）》的颁布；至于执行程序，只是从共和国末期开始，随着财产拍卖（bonorum venditio，见§43）的引入才开始具有财产形式。

债法的标的，在其起源时期，也可以说是债务人的人身，因为债务人必须为债权人实施行为。然而，既然自由人不得用来为另一人的目的服务，而且为维护其自由，他的行为不直接受到强制（这甚至把财产债同公法或家庭法中的法律伦理义务区别开来），人们宁愿把行为本身

---

[1] 参见 J 3, 13, pr。

（也就是说债的目标）列为债的标的，债务人以其财产保证实现该目标。同物权标的的吻合主要是名义上的。一般的术语是产生于罗马动词"prestare"的"给付（prestazione）"，它含有类似于做、给、履行的意思，最初可能还有担保（praes stare）的含义。

在主体关系和标的方面的实质区别造成了物权和债权之间其他一些区别，尤其是在对这两种权利的侵犯和司法保护问题上。物权可能受到任何人的侵犯，但是，人们不可能预先（ab initio）准确地知道谁可能侵犯它，也没想到必须要通过诉讼来保护自己的权利；相反，债权则可能受到同其发生关系的人的侵犯，而且一开始（ab origine）就知道将可能针对该人行使诉权。

因而，维护物权的诉讼是绝对的，即针对所有人（erga omnes），是对物的诉讼（actio in rem），而且在古典的原告请求中提到物和对它的权利，而不提及被起诉的人（见§39和§40）；维护债权的诉讼则只针对特定的并在原告请求中提到的人，这种诉讼叫作对人（in personam）的诉讼。另一方面，权利和诉讼的互换关系（由于罗马法特有的发展历史，这对于法学家们来说是很熟悉的）后来在债中变得非常自然，尤其是对于那些受裁判官法保护的关系。

关于债的论述是很广泛的，并分为总论和分论。在总论中将介绍关于债的标的、主体、关系以及设立和变更债关系的一般原则。分论将论述各个以债关系为基础的制度，因为各种债不像是家庭法和物法那样表现为典型的和特定的权利。

债法总论

I. 债的标的

§118. 标的种类和要件

债务人应当履行的行为,或者说通常被称为债的标的行为,既可以是积极的作为,也可以是不作为。

罗马人把标的分为三类:给(dare),做(fare),履行(praestare)。"给"是指转移所有权或其他物权的义务(rem dare, usumfructum, iter dare, 等等)。"做"是一种单纯的行为,它并不暗含着权利的转移,比如,实施某一劳作,允许享用某一物品,等等。"履行"一般既包括"给"的意思,又包括"做"的意思,或许更多涉及的是保证、责任(obligatio),而不是直接的目标或债务(debitum),这是一个并不具体地特指标的的一般术语;但它以特定的方式专门用来表示那些对于履行义务的保证和责任来说具有特别意义的、往往是附带的和偶然的要素。比如,人们用它表示对故意、过失、勤谨注意、看管、利益损害、追夺、忍耐(praestare dolum, culpam, diligentiam, custodiam casum, id quod interest, evictionem, patien tiam)等负责。

为了成为债的标的,给付(prestazione)必须具备以下在契约问题上具有实质意义的要件:应当是**可能的**、**合法的**、**确定的**或至少是**可确**

定的，并且给债权人带来利益。

第一个要件是**可能性**。"对于不可能的物不产生任何债（Impossibilium nulla obligatio est）"。给付的不可能性可以是物质上的或法律上的，但它必须是真实的和绝对的，换句话说，是一种客观的和普遍的不可能性，而不是相对的和个别的[1]。

比如说，对于被毁灭的物，履行转让所有权的义务自然是不可能的；出卖"神法物（res divini iuris）"或一般来说不可交易的物或某一已归债权人所有的物，在被继承人死亡前就遗产进行交易，等等，均为不可能的。

标的应当在道德上也是**合法的**，因为，如果说法不负责保护道德的话，它也从不愿保护不道德的东西。

第三，标的应当是**确定的**。然而，不必是一种绝对的和现实的确定性。标的只要是相对确定的就可以了，比如，留给某一第三人的意思决定，根据应给付物同其他物的关系（quantum in arca habeo）推导，或者可根据其他各种情形确定[2]。它可以取决于债权人、债务人或家外人在两个以上物之间进行挑选的意思（选择之债），或者取决于对某一种类物挑选的意思（种类之债）。但是，在给付可替代物问题上，标的绝对不能取决于债务人的意思，数量也不能取决于债务人。

最后，人们至今仍承认这样一条规则：债的标的应当给债权人带来利益（见§128）；而且，根据占主导地位的观点，这种利益应当是可以用钱款计算的。标的本身的特性则是另一个问题，有时候说它是财产性的，只意味着社会意识允许对某一未履行的给付实行钱款转换。

§119. 种类之债和选择之债

种类之债是指其标的被确定为某一类物或某个范围内的物的债。选择之债是指其标的可在一组特定的物（一般为两个）之间选择的债。

在这两种情形中，对不同物所需进行的选择一般由债务人决定。当明确商定时，也可由债权人或第三人选择。

---

[1] 参见 D. 50, 17, 185; D. 45, 1, 137, 4; D. 45, 1, 34。
[2] 参见 D. 18, 1, 7, 1; D. 23, 3, 69, 4。

Ⅰ. 债的标的

如果选择权归债务人或者根据协议归债权人，它也向继承人转移，因为继承人也卷入同一债。如果选择权被授予某一外人，它则不向其继承人转移。此外，债务人或债权人有权改变选择（ius variandi），只要债务人尚未清偿，债权人尚未提出要求清偿的司法请求[1]；第三人一旦做出选择，即再不能改变。

关于在应给付物丧失或损坏情况下的责任问题，种类之债和选择之债不尽相同。这是自然而然的。在种类之债中，这种情况并不被认为可能发生，"种类物不可能灭失（genus non perit）"。相反在选择之债中，那些属于选择范围内的物品却可能全部或部分地损坏或消灭。在这种情况中，需要区分损坏或毁灭是发生于所有标的物还是单个标的物；所有标的物的灭失是同时发生的还是相继发生的；损坏或灭失的发生是由于偶然事件还是由于某一方当事人的过错，或部分由于偶然事件，部分由于当事人的过错；在任何情况下，均需考虑谁拥有选择的权利。在考察了这些情形之后，就可以确定债是否已变为简单债或者因缺乏标的物而消灭，是否某人应当因其过错而承担赔偿的责任，并依何种标准赔偿[2]。

不过，有一种对债务人责任的宽大，它是由怜悯精神引入的，可能是由优士丁尼通过添加活动而确定的。如果标的物之一因意外事件而灭失，债必然将集中在另一标的物上，也就是说变成了简单债，同样，如果它是简单债，则将因标的物的缺乏而消灭。甚至允许债务人（指有选择权的债务人）通过清偿已灭失物的价金而摆脱债务；这当然是不合逻辑的，因为这必然意味着是在用另一物进行清偿（solvere aliud pro alio）[3]。

另一方面，如果第一个标的物因债务人的过错而灭失并且第二个标的物因偶然事件而灭失，在债务人拥有选择权的一般情况下，债一律被视为已消灭，因为它随着第一次灭失而变为简单债（这次灭失只使债务人丧失选择权），第二个意外发生的灭失则使债务人不可能承担任何责任。然而，针对这种情况曾规定过一项特别法（ius singulare），而且是有利于债权人的；帕比尼安（或许是优士丁尼添加的）担心债务人的前一个过错当同后来发生的灭失竞合时使债权人的合法期待破灭，因而承

---

[1] 参见 D.45, 1, 138, 1; D.45, 1, 106; D.45, 1, 112pr.。

[2] 参见 D.18, 1, 34, 6; D.30, 47, 3; D.46, 3, 95pr.; D.46, 3, 95, 1; D.46, 3, 72, 4; D.9, 2, 55; D.45, 1, 105。

[3] 参见 D.30, 47, 3; D.46, 3, 90, 1。

认债务人有责任赔偿债权人并允许在此种场合提起"诈欺之诉（actio doli）"。

种类之债与选择之债的另一个区别出现在下列场合：数项给付中的一项是不可能的，比如，标的物之一归债权人所有。对于上述标的物不产生选择之债，即便它后来不再为债权人所有，也不对其恢复选择之债，然而，这种情形对于种类之债则无关紧要。

§120. 可分之债和不可分之债

当根据给付的性质人们可以部分地履行债而不改变其实质时，债被称为可分之债，在相反情况中则是不可分之债。

其标的为"给"的债一般是可分的，因为一般那些以享受孳息或交换价值为内容的权利可以"按份（pro parte）"设立，因而被认为是可分的。

其标的为"做"的债一般则是不可分的。部分劳作不同于整个劳作，不可能具有与整体相同的特性和价值。建成一半的房子或戏院还不是房子和戏院。

然而，对于"做"的债来说，那些以给付数个可替代的劳作为标的的债是可分的，如果"对它们所考虑的是重量和大小（quae numero, pondere, mensura consistunt）"（见§78），因为这些可替代的劳作与其说被视为劳作的集合体，不如说被视为各个单一的劳作。

当对同一债存在数个债权人或债务人时，可分之债和不可分之债的区别才具有实际意义；因为，如果债权人只有一个而且债务人也只是一人，那么给付就应当一次性全部完成，债权人也绝不能被迫接受分期给付。

对单一的不可分标的存在数个债权人或数个债务人的情形，一般出现在遗产继承之中，比如，随着某一原始债权人或债务人的死亡出现该债权人或债务人的数个继承人。《十二表法》曾规定：债权和债务在数个共同继承人之间是"当然（ipso iure）"可分的。因而，相应的权利和义务应被划分为多个权利和义务，而且每个人的标的都是原始标的一部分。

然而，当标的是不可分的时，这种分割则在实践中是不可能的。罗

Ⅰ. 债的标的

马人，或更准确地说，优士丁尼法的编纂者通过制定一些特殊原则克服了这一困难，这些原则的目的是设法实现恰当的履行，同时又不失之于使人认为每个债务人实际上只是一个部分且每个债权人也只对一部分债务享有权利。

Ⅰ. 在有数个债务人的情况下，每位债务人均有权向债权人延期给付，让债权人向其他共同债务人讨债，或者有权在清偿之前要求为其他共同债务人的份额获得补偿。

Ⅱ. 在有数个债权人的情况下，实行清偿的债务人有权要求接受清偿的债权人提供保证，保障他不受其他债权人的侵扰。在返还寄托的情况中，完整的履行需受到各个方面给予的特别保证（正式邀请寄托人的所有继承人，当着多数人〔maior pars〕或贤良人士的面返还，请执法官参加，在寺院中寄存）。

Ⅲ. 最后，当不可分之债因未履行而转变为赔偿损失的责任时，这种债即变成可分之债，因为利益损失是可通过钱款获得补偿的。

II. 债的主体

§121. 同可变主体的债

　　一般来说，债的主体就个体而言总是确定的。但可能出现这样的情况：只是相对于某个与债相联系的实物关系，主体才是确定的，而且主体可能随着这种关系的变化而变化；是债务人还是债权人，这依赖于同物的特定关系。这种情况有："排放雨水之诉"所涉及的情形以及产生于相邻关系的债，"胁迫之诉"和针对侵害行为的诉讼，尤其是有关纳税（vectigal）、永佃权地租、年租（solarium）等的债。

　　这些债被学者们称为"因事之债（obligationes propter rem）"。罗马人自己称"胁迫之诉"为"确定事实之诉（in rem scripta）"。

　　在罗马法中，这类债的形式是特定的，而且数量有限，最明显的和最严重的形式是在时间的演进中出现的。那种在中世纪被广泛采用并被滥用的做法，即任意通过债的协议兼并某一土地关系（所谓的"实物负担〔oneri reali〕"），曾经是不允许的。即便某人必须严格地履行涉及土地的债，比如定期给付一定数量的挚息，这一义务只向该人的继承人转移，而不向以后的土地所有主转移。

§122. 份额之债和连带之债或共有之债

（参考：J. 3, 16；D. 45, 2；C. 8, 39 (40)）

　　当数个债务人必须履行某一给付或者数个债权人有权要求某一给付

Ⅱ. 债的主体

时，关系可能表现为多种形式。可能出现这样的情况：债在不同的债务人或债权人之间进行分割，以使每个人都只承担给付总额的一部分或者只有权要求其中一部分，这样，实际上出现的不仅是数个债务人或数个债权人，而且出现数个标的，其中每一个只代表整个标的的一部分，只是考虑到各个标的统一在一个总标的之中，这种债相对于各个主体才被称为份额之债（pro parte，pro rata）。

但也可能出现这样的情况：对于各个债务人来说，债是完整的、连带的（in solidum），或者每个债权人均有权要求完整的给付，比如：某人将同一标的分别卖给了数个人；或者在典型的罗马法制度中，某人应当承担同时对数人科处的一个同等数额的罚金，尽管只是针对一项犯罪；或者相反，某人有权从数个犯罪人那里获取这种罚金；或者在古典法中某人应当分别（disiunctim）向数人给付同一个间接遗赠的标的（见§224）。这类债可以称作累计性的连带债（in solidum）。

最后一种形式需要专门加以论述，因为它在其结构和效力方面具有鲜明的特点，这种形式的债一般出现于以下情况之中：债对于各个债权人和债务人是连带的，但不是表现为累计的方式，而是表现为选择的方式，也就是说，在各不同主体间选择其一，从而使债务或债权一次消灭。

这些债，用现在的专业术语称，叫作连带之债或共有之债（obbligaziori correali）。因而**连带之债**或**共有之债**可以定义为："具有数个主体（债权人或债务人）和完全**同一的和单一的**标的的债，在这种债中，各个债权人有权要求完整的给付，但在数名债务人中只是一人清偿或为所有债务人负责，另一方面，在数名债权人中只是一人提出请求或代表所有债权人。"因此，由于事实上只有一个债务人或一个债权人，显然这种形式的连带之债**可以相对于所有人消灭**。

共有之债或连带之债区分为**主动共有之债**，即数个债权人对一个债务人，**被动共有之债**，即数个债务人对一个债权人。

这些名称产生于罗马法中的表述"duo rei"或"conrei"（两人的或共有的）（典型的形式是：duo rei stipulandi vel promittendi〔两人提出要式口约或承应要式口约〕，因为共有之债，无论是主动的还是被动的，一般均产生于要式口约），或者产生于"obligationes plurium in solidum〔数人连带之债〕"，它一方面涉及**数个主体**，另一方面只涉及**单一标的**。

由于标的**实际上的**单一性在这种形式的债中稳定地反映出来（una res, una summa, eadem res 或 pecunia, idem debitum），而且成为共有之债的突出特点，因而这种债表现为单一的债（una obligatio, eadem obligatio, obligatis communis, idem debitum, eadem actio），如果 obligatio（债）是指债务或债权的话（见§118），那么情况就是这样。然而，由于主动主体或被动主体都不止一人，人们不能不承认数债关系，并且不能不从数债关系的本意上去设想它们；人们不仅注意到存在着数个债（duae 或 plures obligationes, utroque obligatio），而且也承认各个不同的债可以采用不同的方式加以调整，比如，有些应当受条件或期限的限制，有些为单纯的和简单的，有些则可能有着互不相同的条件或互不相同的期限。"即便债以相同的物为基础，它仍可以根据不同的个人加以考虑（nam etsi maxime parem causam suscipiunt, nihilominus in cuiusque persona propria singulorum consistit obligatio）"[1]。

何时发生份额之债，何时发生累计性连带之债或共有之债，这取决于关系的性质。在契约中，当事人在订立契约时所表达的意图占主导地位。以不同的行为设立的债，除非附属于另一个债，一般相互累计；以同一行为设立的债一般更多地被理解为共有之债而不是份额之债。然而，在缔约时不仅必须指明行为的单一性，而且（至少在优士丁尼法中）证明文件应当明确地证明连带举债的意思；否则，债就在当事人之间进行划分[2]。

按照其概念，连带债的意义同债的消灭原因有关。当出现触及债的**统一要素（债务或标的）**的法律事实时，它**在其总体上即相对于所有的主体**消灭。这些法律事实是：清偿，正式免除，特定物（species）因意外事件而丧失或毁灭，宣誓客观上存在债等。当发生只**涉及某个特定主体**即单个债的法律事实时，债则**只相对于该特定主体**消灭，比如：债权人和债务人身份混合，人格减等，恢复原状（restitutio in integrum），有关不要求的简约（即个人撤除请求），时效等。同样，某一共债人（correo）的迟延不使其他人承担责任[3]。只是应当提出，在古典法中，争讼程序的开始对于所有主体（无论是债权人还是债务人）也具有

---

[1] 参见 D. 45, 2, 9, 2。

[2] 参见 D. 45, 2, 11, 1; D. 45, 2, 11, 2。

[3] 参见 D. 22, 1, 32, 4; D. 50, 17, 173, 2; D. 22, 1, 18。

消灭的效力，优士丁尼根据对"争讼程序（litis contestatio）"的废除（见§45），明确废除了这一消灭原因[1]。

古典的连带之债排除追索权（diritto di regresso），因为它要求相互担保，债务人在进行全额清偿时是在履行一项自己的义务。但在各个共债人之间则可能形成另一种关系，根据这种关系，实行了清偿的债务人可以要求其他人给予补偿或者只要求该债的受益人给予补偿。如果共债人为了合伙的目的举债，上述实行了清偿的债务人可以提起"合伙人之诉（actio pro socio）"；如果共债人是共同继承人，则可提起"遗产分割之诉"；如果承担连带责任是以某一共同物为基础，则可提起"共同财产分割之诉"；如果实行了清偿的连带债务人只不过是一位经管人，则可提起"委托之诉（actio mandati）"，等等。

但是，对于那些在主体间不存在其他关系的情况来说，补救措施则只能产生于个别法的原则或法律照顾。古典法学家承认这样一些原则和照顾，比如"诉权转让照顾（beneficiumcedendarum actionum）"，根据这种照顾，实行了清偿的债务人在使债消灭之前，如果此债不是基于他的诈欺，可以要求债权人转让诉权（见§129和§130）；如果实现不了这种转让，安东尼·比乌允许监护人对共同监护人提起"扩用之诉"。哈德良为担保人设立了"诉权划分照顾（beneficium divisionis）"，以便能够在各个在场的、有清偿能力的担保人之间划分诉权（见§145），优士丁尼将这一照顾扩展适用于共同监护人。在优士丁尼法中，追索照顾似乎也普遍得到承认；随着《新律》99的颁布，这同连带债的新结构相吻合。

共有之债或连带之债过去通常划分为两个类别，而且从19世纪开始又被某人划分为这样两个类别，即本义上的**共有**之债和纯粹的**连带**之债。这一划分产生于以下看法：在一类情况中，罗马法文献认为只针对共同债务人之一开始的争讼程序也使债相对于所有债务人消灭，而在另一类情况中，人们则否认这种效力，并明确宣布只有履行清偿才使所有共同债务人摆脱债务。这种划分标准成为长期争论的议题，造成在效力问题上的分歧，为任意行事打开方便之门。实际上这个划分**完全应当加以摈弃**。只是由于优士丁尼法的编纂者们（以不大连贯的方式）对古典

---

[1] 参见C.8, 40 (41), 28, 2。

文献实行了两方面的修改并做了相应的解释，才使人产生了这种幻想并使它持续下来。他们为了使古典法的文献片段同优士丁尼的改革一致（优士丁尼的改革废除了"争讼程序"使债消灭的效力），添加了对清偿的绝对要求并且割弃了"争讼程序"的消灭效力。只是在某些文献片段中，由于疏忽或放任而没有做这种添加，他们臆想：只要稍微提示一下，人们就会当然地认为应诉的债务人也实际实行了清偿，"争讼程序"保持着效力（cum effectu），就像注释学派所说的。

另一方面，在罚金诉讼中，由于严格的私刑观念的消失，编纂者们常常被促使着废除累计性连带效力，为了把债从累计的转变为共有的，他们宣布：一个债务人的清偿使所有债务人摆脱债务，不过，他们根据自己的制度否认"争讼程序"的消灭效力。

Ⅲ. 债的效力

§123. 市民法债和裁判官法债

（参考：J. 3, 13, 1）

市民法债，从严格意义上讲，是由罗马人的立法机构确定的或由法学理论的自由解释创造的债。**裁判官法债**（onorarie 或 pretorie）是由裁判官逐渐引进的债。这种划分在古典法中曾具有意义；在优士丁尼法中，这种划分仅仅具有历史方面的意义。它们在时间上的消灭，同所有的诉权一样，根据时效而发生（见§45）。

§124. 市民法债和自然债 纯自然债

市民法债与自然债的划分是对**自然法**或**万民法**和**市民法**这项一般划分的适用（见§6）；但是，严格意义上的自然债（obligationes naturales 或 naturales tantum）又是一般自然债中的一个范畴。

一般来说，那些不具有任意性、形式性，而是由需要和社会意识要求立法者予以规定的债是属于自然法的，比如返还借款的义务[1]。相反，那些因其任意性或形式性而不注重遵循或不能总注重遵循经济目的和社会意识的债则是属于纯市民法的，比如产生于要式口约的债。

---

[1] 参见 D. 50, 17, 84, 1。

但是，这两种债一旦缔结均具有相同的效力，而且从广义上讲，两者都是市民法债。

在罗马法中，自然法债也被赋予了较大的效力。**凡当自然债同纯市民法债的原则发生矛盾并且由于该原则而使自然债不产生或归于消灭时**，债务和债权毫无疑义地丧失民法效力，因而债权人不再享有要求清偿的诉权，但是，对于其他一些不同纯市民法规则完全相抵触的做法，人们可以采用稍自由些的逻辑确定债关系，比如关于不得索还已清偿之物的做法。这种自然法债，在其基本效力（即产生债权和相应诉权的效力）被废除后，在优士丁尼法文献中被称为"纯自然债"（obligationes naturales 或 naturales tantum）[1]。

在古典法学理论中，纯自然债的主要领域（如果不是专有领域的话）似乎仅限于同"他权人"尤其是同奴隶的关系。在优士丁尼法中，每项自然债都构成一个特殊的制度，都以一个特别的理由为基础，而不引发类推适用。

纯自然债（naturales tantum）有：

1. 奴隶之间、奴隶同其主人或同外人之间的债。同奴隶不能缔结法定之债，这一原则起源于市民法或万民法的一项制度——奴隶制，在罗马人的观念中它使奴隶丧失权利能力。然而应当注意，奴隶从第三人那里取得的主动债即债权，在民法上是有效的，因为奴隶为自己的主人取得它们；对于同第三人的被动债，主人应当按照特有产的范围负责（见§56）。对于犯罪，奴隶在民事上自己负责，他们也使主人负有责任，但主人享有"损害投偿（noxae deditio）"的照顾。

需要注意的是：债必须是属于自然法的，也就是说，它必须具有实际的原因，而不是由纯粹的形式关系而构成的[2]。

2. 被父权关系联系在一起的人之间（即"家父"同"家子"之间或两个隶属于同一父权的"家子"之间）的债。这里涉及一个纯粹的市民法制度，即罗马的家庭制度和父权富有吸收力的特点（根据这一制度，财产主体原则上只是"家父"），这一切都阻碍法定之债的产生。对"军营特有产"的承认在这方面使"家父"与"家子"之间的债也

---

[1] 参见 D. 46, 1, 16, 4。

[2] 参见 D. 15, 1, 49, 2；D. 46, 1, 16, 4。

Ⅲ. 债的效力

成为可能的；最后，特有产制度在后古典时期的发展几乎完全废除了这种形式的自然债。

3. 只为惩罚债权人（in odium 〔ob poenam〕 creditoris）而通过抗辩使之消灭的债。主要情形是指通过"马切多尼安元老院决议抗辩"（见§158）使之消灭的"家子"借贷。这种抗辩不仅是一项纯粹的市民法原则，而且也是个别法原则，它不是以"家子"的无能力为根据，而是以防止任何人不经"家父"同意把钱错给"家子"这一社会需要为基础。

4. 因"人格减等"包括"最小人格减等"（如因子女摆脱父权、自权人收养、因一般收养发生的人格减等）而消灭的债。这种导致债消灭的事实纯粹是市民法的，如果不联想到罗马家庭的实质和原始功能（即变为一个新家庭的成员或自己组建新家庭在最初所具有的含义），这是完全不可解释的。

在这个极为特殊的消灭原因问题上，法学理论大大地越了轨，发展到认为：当债不是以权利转移为标的，而是以纯事实给付为标的时，债保持完好无损。后来裁判官将诉权还给了第三人，将"最小人格减等"撇在一边。

5. 因"争讼程序"开始而消灭的债。这种情形在优士丁尼法中没有了，因为"争讼程序"不再使市民法债消灭。

以下为有争议的情况：

6. 受监护人未经监护人"准可"而缔结的债。这种债在一系列大量的文献中被承认具有自然债的通常效力，但在两个著名的文献中受到否定[1]。

从抽象的观点看，人们可能怀疑自然法的规则或纯市民法的规则是否排斥这种受监护人的债。一方面，受监护人无表达意思和同意的能力，这是有自然根据的，而且对受监护人的保护本身也是一项自然法的制度；另一方面，未适婚期的固定年限是任意确定的，而且罗马人自己也承认接近适婚年龄的未适婚人具有一定的意思和同意能力。

从优士丁尼法的角度看，解决这个自相矛盾情况的最好方式恰恰在于把未适婚人区分为近适婚人和近幼儿。对此，有关文献的确未作提

---

[1] 参见 D. 12, 6, 41; D. 44, 7, 58-59。

及,但这无关紧要,本来就必须把这两类人区分开来,即便不需要解决上述的自相矛盾。

7. 因对债务人的不当开免而消灭的债。

这种自然债在两份文献中受到坚决的肯定,它可能意味着罗马人把"**已决案被视为真理**"(res iudicata pro veritate habetur)"这一格言奉为一项纯粹的民法的或形式的原则。对于这种自然债,仍只承认不得索回已清偿物的效力,至少根据优士丁尼法是这样。

8. 因时效而消灭的债。

任何文献均未提到这一自然债;在这种情况下,虽然人们反复说时效排除的只是诉权(见§45),我们仍不倾向于把这种形式承认为地地道道的自然债。

9. 无特定形式简约(nudo patto)。

人们用这个名词指那些不具有市民法形式的协议,这些协议也不是以那些无需形式即可产生市民法债的并被称为本义上的契约为基础设立的。现在这种自然债恰恰要求具备在法律上得到承认的原因。

至于效力,自然债既不产生要求给付的权利,也不产生履行给付的义务,因而它们**不拥有诉权**。但是,它们可以(至少在优士丁尼法中)产生下列效力:

第一,有权留置债务人以任何方式偿付的钱物(solutio retentio)。换句话说,接受了清偿的债权人不受"要求返还不当得利之诉(condictio indebiti)"的影响,即便债务人由于以为自己负有市民法之债而错误地实行了清偿。

根据上述原则,清偿在履行时不应当遇到使债的有效性丧失的市民法障碍。比如说,奴隶或受监护人只有当是自由的或已脱离了监护时,才能有效地进行清偿。

第二,自然债的债权人在被诉要求清偿他的市民法债务时可以提出债务抵销的要求。

第三,自然债可以用来作为任何附属法律关系的根据,这种法律关系以存在一项债为前提条件并且它的确立是为了保证债的履行(比如:质权、抵押、担保等),或者是为了更新债(比如:债的更新和债务协议)。当这种更新出现时,由于不再存在使债最初成为自然债的那些障碍,因而债变为在市民法上有效的。

Ⅲ. 债的效力

最后，自然债对于计算特有产也有意义（见§56）；在被继承人和继承人相互间的债务和债权问题上，它也影响对遗产的计算。

§125. 非纯正的自然债

优士丁尼法倾向于把一切道德的、宗教的或其他社会渊源的、具有财产特性（即以财产给付为目的）的债都归入自然债之列，并赋予它们以这样的法律效力：不得索回已偿付的钱物，即便是因错误而偿付，也就是说，即便偿付人错误地以为自己在法律上负债。

这些债有时被（优士丁尼法的编纂者们）称为自然债务。"自然"这个词完全是同"法（ius）"一词相对应而使用的，人们使用"自然"表示这些债的原因和根据存在于"公道（pietas）""道德义务（officium）"等之中，而不是存在于法之中。

在罗马法律中所提到的这类情况有：

第一，解放自由人对其庇主的劳作义务。

即便解放自由人根本没有做过承诺，但是，只要他实际上提供了劳作，错误地以为自己在法律上对此负债，他就无权要求返还，因为这种劳作是自然债务（natura debitum），是由解放自由人应当感激庇主这样一种风俗所确定的。

第二，妻子为自己设立嫁资的义务。

如果妻子错误地以为自己因许下的诺言而负债并自己设立了嫁资，她无权以不当支付为由要求丈夫予以返还。"剥去虚假的看法，就只剩公道的理由：已清偿的钱物不能被要求返还（sublata enim falsa opinione, relinquitur pietatis causa, ex qua solutum repeti non potest）"[1]。

第三，不属于法定扶养责任范围内的给付扶养费的义务。如果这种扶养费是根据公道原因（pietatis causa）而提供的，人们则不能要求返还。

第四，为收到的借款支付利息的义务，如果对这种利息未通过要式口约正式达成协议，而只是以简约商定并实行了偿付（消费借贷本身并不构成支付利息的充分理由，因此需要通过要式口约就此达成协议）。

---

[1] 参见 D. 12, 6, 32, 2; D. 23, 3, 46, 2。

第五，母亲不得索还为使儿子免受奴役而支付的钱款。

第六，不得索还为自己亲属支付的丧葬费。

以上列举的情况不是明文规定的，因为这些被法律提到的社会债是一直存在的；解释者也不是在进行创造性工作，他们只是竭力找出它们，并使人们在上述情况中不能索还不当清偿。

意大利民法中的自然债（参见《民法典》第1237条〔1942年《民法典》第2033条和第2034条〕）只不过是具有财产特性的社会债。因此，一方面人们应当研究上述法典规定以外的情况，另一方面只能承认这样一种法律效力，已履行的偿付是有效的；不过，这种法律效力仍暗含着另一层意思：给予不是赠与。在立法者的思想上，清偿和赠与是两个不相容的概念。

Ⅳ. 债的渊源

§126. 债的渊源或债因的概念和分类

（参考：J. 3, 13, 2; D. 44, 7, 1）

由之可能产生债关系的法律事实被称为债的渊源，或用罗马法的术语被称作**债因**（causae obligationum）。

债可能产生于最为五花八门的原因，即产生于各种适法行为、非法行为或单纯的法律事实（无需立法者的意思干预，即人们通常所说的产生于法律）。

由之可能产生债的适法行为是双方适法行为，即契约，甚至"契约"这一术语在古典法文献中专门用来指**债契约**。

只是在一些例外的情况中，债才可能产生于简单的允诺（pollicitatio）。

至于产生于单纯的法律事实的债，需要注意的是：这些事实中的一些很像是构成契约或私犯行为的客观要件的那种事实，只是缺乏主观要件。对于这类情况，在文献中人们说债类似产生于契约或私犯（quasi ex contractu 或 quasi ex delicto）；因而解释者创造出准契约或准私犯这样两个债因类别。

综上所述，债的渊源可以划分为：1. 契约和允诺（pollicitationes）；2. 私犯；3. 准契约；4. 准私犯；5. 单纯的法律事实或法律。

§127. 契约

债的最重要的渊源是契约。

契约可以定义为：":**得到法律承认的债的协议**"。请注意，罗马词"契约（contractus）"，除指**协议**外，还强调作为债关系的原因的**行为**（negozio）或**关系**（rapporto），因为这种客观关系在罗马法中占有较重的分量和较显著的地位，在现代法中情况并非如此。

契约由两个要件构成。第一个最初的要件是原因或客观事实（negotium contractum），它是债的根据。另一个要件是后来由古典法学理论创设的，即当事人之间的协议（consensus 或 conventio）。

在早期罗马法中，除产生于私犯（ex delicto）的债以外，设立其他债必须采用要式程式。但是，早在古典法时期以前，某些特定的原因即可在不采用典型的要式手续的情况下形成受到承认的债。这些例外形式划分为两类，分别以下列句子相称："以实物达成的债"（re contrahitur 或 consistit obligatio）和 "采用合意达成的债"（consensu contrahitur 或 consistit obligatio），由此产生现代的名称 "实物契约"和 "合意契约"。第一类契约的名称产生于 "物（res）"，表示各项契约的实质，即返还所接受的物。在我们看来，它的一般概念是 "物被借出后，应当原物返还（res credita, eandem rem recipere）"[1]。至于第二类契约，它的名称只是一种语调性表述，没有什么自己的特点；但是，也可能是在这些契约中 "合意"第一次受到重视并被要求。希腊学派或优士丁尼法的编纂者们改变了这种划分的基础，对实物契约的概念做了修改，把它理解为因给付某物而成立的契约，即便不涉及返还义务[2]。

实物契约包括以下四种：消费借贷，使用借贷，寄托，质押。除此之外，根据优士丁尼之前的法，还需增加另一项：信托。

合意契约也包括四种：买卖，租赁，合伙，委托。

但是，在古典法时代或后古典法时代，人们曾发展到把许多通过物的转移或提供劳作（为了获得某一不同形式的给付）而实现的行为确认

---

[1] 参见 D. 12, 1, 2, 2—3；D. 12, 1, 1, 1。

[2] 参见 J. 3, 22, 1；D. 19, 4, 1, 2。

为契约。这些契约没有获得过任何综合的称谓,因而在理论上一开始(ab antiquo)就被称为**无名契约**。它们区分为四种(每种仍可能包括一系列特殊契约),根据原因的实质以及各自的义务,它们分别是:互易(do ut des),物劳互易(do ut facias),劳物互易(facio ut des),换工(facio ut facias)。

其他一些债因(最初更具有惩罚性而不是契约性)也曾受到过裁判官的承认,比如债务协议(costituto)。皇帝们曾承认过一些债因,如嫁资简约、赠与简约;但是,前一种因其特点,后一种因出现迟晚,均未被纳入《法学阶梯》从盖尤斯那里抄来的契约体系之中。

尽管经历了上述发展进程,但在罗马法中,那些不采用任何形式即可构成契约的债因总是表现为例外,它们是由立法者**明确地、逐个地**加以确定的关系,因而人们很清醒和明确地注意到:债因应当存在,协定或协议却不是契约,但在这种关系中承认行为,接受债因(inest negotium, subest causa)。"在任何债因均不被承认的情况下,债不能因与之〔市民法?〕相符的协议而设立(Cum nulla subest causa, propter conventionem hic〔l. iure civili?〕constat non posse constitui obligationem)"[1]。在现代法中,则发展到根据简单的合意承认任何的债因,只要立法者不禁止它(见《民法典》第1120条—第1122条〔参见1942年《民法典》第1343条〕);因而产生了这样的结果:根据罗马法,非要式契约的债权人应当像证明意思那样证明债因的存在,而根据现代法,在意思被证明之后,则推定债因存在,如果债务人否认,则应当提供债因不存在的证据(参见§169)。

除本身得到承认的原因以外,在达成契约时适法行为应当具备一定的法律形式,这些法律形式对于债来说曾是类型化的,在罗马时代人们更宁愿采用口头的形式。罗马人用"以言词达成契约(verbis contrahitur obligatio)"一语表示口头形式,用"以文书达成契约(litteris contrahitur obligatio)"一语表示书面形式。

在进行具体论述时,契约被划分为以下类别:口头契约,文字契约,实物契约,合意契约,无名契约,法定协议和裁判官法协议。

口头契约和文字契约,简单地说叫作**要式契约**,它们当然都属于市

---

[1] 参见 D. 2, 14, 7, 4; D. 19, 5, 15。

民法契约；**实际契约**或**因果契约**，即其他类别的契约，则属于自然法契约。

契约在理论上区分为单务契约和双务契约，有偿契约和无偿契约（获利性契约）。

单务契约与双务契约之分不应当同单方面法律行为与双方面法律行为之分相混淆（见§28）。**单务契约**是指在双方当事人中只有一方负债，另一方则取得债权的契约，比如消费借贷。**双务契约**（sinallagmatici）是指双方当事人互为债务人和债权人的契约，比如：买卖、租赁，等等。在前一类契约当中，由于产生于契约的权利和义务是单一的，因而只存在一个诉权；在第二类契约中则存在两个诉权。

有偿契约是指债权人承担或者应当承担相应付出的契约。所有的双务契约都当然是有偿的，因为在当事人之间存在着相互的债。有些单务契约也是有偿的，因为债权人已承担了付出，比如在消费借贷之中，债权人只接受与付给债务人的钱物相等值的返还物。

获利性契约则是指债权人未接受或不应当接受任何报偿的契约，比如委托契约。获利性契约都是单务的，但是，相互提议是不算数的。

在单务契约中，有些契约可能因出现其他情形而变为双务的，也产生由债权人承担的义务。这种契约通常叫作"不完全的双务契约"。这样的情况如使用借贷。只有出借人才根据契约享有债权（即要求借用人向他返还被借物）。但是，出借人可能因故意交付残毁物品以致给借用人造成损失而负担赔偿损失的责任。在这种情况中对方当事人提起的诉讼同样叫作契约诉讼，但增加"反诉讼（contraria actio）"这一修饰语，或者在古典法中使用"contrarium iudicium〔反诉〕"一语。比如，人们说"寄托之反诉（contrarium iudicium depositi）""委托之反诉"，等等。

§128. 契约中的代理和为第三人达成的契约

（参考：J. 3, 19, 4；J. 3, 19, 19-22）

契约中的代理 由于市民法否定代理，因而债只能在代表（代理人或受委托人，监护人或保佐人）与第三人之间产生，面对这种情况，在

Ⅳ. 债的渊源

古典法的和后古典法的制度中，人们采取各种各样的办法帮助维护债权，从而出现了一些特殊制度和扩用的诉讼。

我们不去管"他权人"，根据罗马的家庭制度，这些人必然地为其"家父"取得债权，就像为"家父"取得其他权利一样。对于债务，"他权人"不使他们的"家父"负债，除非属于前面论述过的"转化物之诉""依令行为之诉""特有产之诉""分配之诉""船东之诉"或"经管人之诉"等情况（见§56）。

代理问题涉及通过"家外人（extraneae personae）"或优士丁尼所称的"自由人（liberae personae）"（准确地讲，应当附加修饰语"不受我们法支配的〔quae nostro iuri subiectae non sunt〕"，由于家庭的解体使子女们独立，这后一句修饰语在新法中特别重要，参见§22）实施的行为。

现在，我们首先谈谈债务。一旦也可以安排家外人经管土地和海事方面的商务活动，就像通过安排"家子"和奴隶那样（见§56），如果该代理人以"主管（magister）"的身份掌管一条船即海商事务，第三人就有权对主人（principale）或被代理人提起"船东之诉"；如果代理人被安排作为土地商务的经管人，第三人则有权对被代理人提起"经管人之诉"。但是，对于由专门履行一定职责的代理人实施的任何行为，均可以对被代理人依照经管人之诉的模式（ad exemplum institoriae）提起扩用诉讼。

在任何情况下，对主人提起的船东之诉、经管人之诉或扩用的经管人之诉不妨碍针对实施行为的经管人（institor）、主管（magister）或代理人（procurator）直接提起诉讼。

但是，当涉及受监护人、精神病人和法人时，从安东尼·比乌时代起，可以就由监护人、保佐人、管理人缔结的债，针对代表者提起"扩用诉讼"或"已决案之诉（actio indicati）"，并且在职责履行完毕后，允许代表者以抗辩反驳对他们提起的诉讼[1]。对于消费借贷和错债索回（condictio indebiti），由监护人、保佐人或代理人实行的代理是受到充分承认的，因为人们在通过让渡取得占有和所有权问题上承认代理，而这种取得构成这些债的原因（见§114和§87）。被代理人负有直接

---

〔1〕 参见 D.26, 9, 5; D.26, 7, 2; D.42, 1, 4, 1; D.36, 3, 18, 2; C.5, 39, 1。

返还的义务。

最后,优士丁尼似乎通过扩用的方式将"转化物之诉"(见§56)也扩大适用于非从属中介人的行为,这些中介人使主人在获利的范围内承担责任。

至于债权,通过非从属中介人实现的取得,直到更晚的时期,原则上都是被明确否认的,无论是一般地说,还是在特殊的债关系上[1]。然而,从主动债的角度,有的法学家为了被代理人的利益也扩大适用经管人关系,承认前者可以根据"经管人(institor)"的行为针对第三人提起诉讼,至少在上述经管人破产的情况中[2]。同样,在有关海事贸易和船东之诉的类似关系中,通常也允许采非常方式使设立人(preponente)或"船东(exercitor)"获得诉权[3]。在新法中,优士丁尼似乎一般承认主人享有扩用诉权,可以就由代理人完成的行为针对第三人提起诉讼,这种诉讼既不影响直接由被设立人(preposto)或代理人提起的诉讼,也不意味着对代理的完全承认[4]。但是,当涉及的又是受监护人、未成年人、精神病人、法人以及给予特殊照顾的士兵时,在职责履行完毕之后,承认他们有权提起扩用诉讼,并允许第三人针对代表者提起的诉讼提出抗辩。

最后,由于已经引证的理由(在占有中的代理),在"已贷出款(pecuniacredita)"或消费借贷问题上,对债权的直接取得是得到承认的,也就是说,主人可以就代理人以主人名义借出的款项提起"要求给付之诉(condictio)"或"特定贷款之诉(actio certae creditae pecuniae)"。[5]

为第三人达成的契约 为第三人利益达成的契约原则上是无效的。"任何人不得为他人缔约(Alteri stipulari nemo potest)"。无效的原因可能在于这一原则:"〔缔约〕行为应在要约人和受约人之间达成(inter stipulantem et promittentem negotium contrahitur)",而且根据古典法制度,契约(contratus)的约束性主要是以"行为(negotium)"或"原

---

[1] 参见 D. 45, 1, 126, 2; D. 14, 3, 1pr.; D. 41, 2, 49, 2。

[2] 参见 D. 14, 3, 1—2; D. 46, 5, 5。

[3] 参见 D. 14, 1, 1, 18。

[4] 参见 D. 19, 1, 13, 25; D. 3, 3, 27, 1。

[5] 参见 D. 45, 1, 126, 2。参阅本书§158。

因（causa）"为根据，而不是以意思为根据。然而，出于实际精神或由于编纂者思想的渗透，人们却在这种无效情形中发现了这样一种理由：向第三人给付并不为债权人带来利益（见§118）。

不过，人们可以通过达成一项违约金条款来保障契约的履行。

当缔约人与履约有利害关系时，更准确地说，当向第三人给付是一种本来就应由缔约人履行的给付，因而完全可以说后者实质上是在为自己缔约时，为第三人的利益缔约是有效的。比如，数名监护人中的一人在转让对受监护人财产的经管时，让其他共同监护人保证财产将受到很好的管理（stipulatio rem pupilli salvam fore）；这种做保证的要式口约是有效的，因为，如果受监护人的财产没有被管好，那位转让管理的监护人也可能被认为负有责任。

在承认缔约人之间契约有效之后，将享受给付的第三人是否也拥有诉权，这是另一个问题。在不少例外情况中这是受到承认的，所有这些情况均由优士丁尼明文规定，或者由他添加在古典文献之中。它们是：

1. 父亲在设立嫁资时确定嫁资将向女儿返还；如果女儿死亡，将向孙子女返还[1]。

2. 质押债权人在出卖质押物时确定债务人可以赎回质押物[2]。

3. 他人物品的寄托人或委托人商定返还将向所有主进行[3]。

4. 出卖人和买受人为照顾被转让物的承租人的利益而达成协议[4]。

5. 赠与人和受赠人达成如下协议：后者在一定时间后将向某个第三人返还物品[5]。

6. 对自己继承人有利的契约，它的有效性为优士丁尼法所明确承认，优帝废除了下列古典原则："债不得自继承人开始（obligatio ab heredis persona incipere non potest）"。

---

[1] 参见 C 5, 14, 7; D. 24, 3, 45。

[2] 参见 D. 13, 7, 13pr.。

[3] 参见 D. 3, 42, 8, 1。

[4] 参见 D. 4, 65, 9。

[5] 参见 C. 8, 54 (55), 3, 1。

V. 债的转移

§129. 转移的起源和性质

债权同债务一样也向继承人转移，而且产生于私犯的债（ex delicto）最初可能也是可向继承人转移的，但是，它们不能以其他方式在不同的人之间相互转移。这就是罗马法的原则，这一原则来自于这样一个时代：在当时，人们还能强烈地感觉到债的人身特性，而且物权和债权的划分体现着一种根本的分离，以致这两个领域完全互不相干，它们之间的差别比物权和家庭法之间的差别要大得多。

无论如何，这一规则在罗马法的历史发展进程中必须面对贸易的需要做出让步。既然债具有财产制度的明显特点，就不可能迟迟地不变为贸易的手段。在不背离原则的情况下，罗马人为此采用了诉讼代理为其提供的一个办法：打算向他人转让自己权利的债权人，将受让人设立为他的诉讼代理人，准许他为自己的利益行使权利。这种特殊的代理人叫作"自我事务代理人（procurator in rem suam）"。"原告请求（intentio）"的楛式以被代理人的名义拟定，而"判决（condemnatio）"程式则使"自我事务代理人"受益。

同一切不是专为特定目的服务的手段一样，这种权宜之计有着它自己的缺陷。债务人可能在判决之前向其真正的债权人清偿，以使自己摆脱债务，从而使受让人希望落空；另一方面，在债权人死亡的情况下，由于委托随死亡而消灭（见§165），受让人再不能提起诉讼。帝国法（或许正是优士丁尼本人）弥补了这两个弊端。针对第一个弊端，规定

V. 债的转移

可以通知债务人不得直接地向自己的债权人清偿；针对第二个弊端，则允许受让人在撤销委托或委托人死亡的情况下提起扩用诉讼[1]。

终于，在必须以某种方式进行转让的那些情况中，人们可以通过实际的委托使转让成为独立的，并完全可以提起扩用诉讼[2]。

§130. 转移的原因、限度和效力

转移可分为**自愿的**和**必要的或法定的**。对于第一种转移，只要求转让者和受让人以正当原因为根据达成协议，这种正当原因包括买卖、合法赠与、易物等。

法定转移以法律的明文规定为根据，这种规定要求债务人在特定情况下必须转移自己的权利。比如：如果遗嘱人遗赠了一项债权，继承人则有义务将有关诉权转让给受遗赠人。

一般来说，任何债权均可转让，无论它产生于契约、私犯或是其他债因，只要它是在债权人的财产中，比如产生于亲属关系的扶养费获取权。此外，不能向可能妨害或压迫债务人的较强者转让债权（cessio in potentiorem）；禁止转让有争议的诉权；禁止转让监护人或保佐人对受其保护者所享有的诉权。

在东罗马帝国发生了对转让的滥用。取得债权变成了一种真正的职业，人们可以用很少几个钱买下他人的债权，然后千方百计地采用欺压的手段（redemptores litium）要求债务人归还全部债。为制止这种滥用，拜占庭皇帝阿那斯塔修允许债务人提出抗辩（exceptio legis Anastasianae），根据这种抗辩，债务人只应当按照第三人为取得债权而向转让者支付的款额清偿债务[3]。

谁在这种抗辩中承担举证的责任，这是有争议的；人们不敢断定阿那斯塔修皇帝愿意过分地背离原则，因而不敢断定债务人应当证明受让人没有按照债权价值的全额付款。

---

[1] 参见 C. 8, 41, 3pr.; D. 3, 3, 55; C. 8, 53 (54), 33; C. 4, 10, 1。

[2] 参见 C. 4, 10, 2; C. 4, 15, 5; C. 4, 39, 7, 8; C. 6, 37, 18; C. 8, 53, 33。

[3] 参见 C. 4, 35, 22。

转让的后果，在转让人和受让人之间由原因调整；在转让人和被转让之债的债务人之间由转让通知调整；在受让人和被转让之债的债务人之间由真实的或虚拟的委托调整。

如果债权是通过买卖或其他有偿方式转让的，相对于受让人，转让人对债务的现实性即"真实性（nomen verum）"负责，因为对于这种形式的转让适用有关"追夺（evizione）"的规则；相反，如果债权是被赠与的，转让人则不负此责任。对于债务人的清偿能力即"清偿信义（nomen bonum）"，转让人则不负责任。

被转让之债的债务人可以在受让人实行通知（denunciatio）之前向转让人清偿；但是，在接到受让人的通知后，这种清偿就不再具有解除债务的效力。

受让人作为转让人的代理人（真实的或虚拟的）拥有该转让人的一切特权和一切抗辩权。反之，被转让之债的债务人可以向受让人提出一切他本可向转让人提出的抗辩。

VI. 债的消灭

§ 131. 一般概念

（参考：J. 3，29）

债的消灭原因是任何使债关系以及产生于债关系的权利和义务终止的法律事实。债的消灭原因区分为"当然（ipso iure）"消灭和"因抗辩（ope exceptionis）"消灭。

前一类消灭原因的确消除债以及可能依赖于债的一切附属关系。第二类消灭原因则只为消除债关系提供一种争讼的权利。但是，这种权利一般只通过对起诉的债权人提出抗辩的方式来授予或运用。享有该权利的主体可以使用它，也可以不使用它，还可以自愿放弃它，权利本身可能因不依主体意思为转移的原因（如时间经过）而终止，或者被"答辩（replicatio）"所排除。

最后，人们应当注意：在抗辩提出之前，债不消灭，而且即使提出了抗辩，债也可能针对其他共同负债人继续存在，附加债和担保同样也可能继续保留。

"抗辩（exceptio）"和"因抗辩（ope exceptionis）"的消灭原因产生于程式诉讼时期，在当时，上述两种消灭原因也有差别："当然"消灭原因可能发生在审判的任何一个阶段，而"抗辩"则总是以裁判官的司法管辖权为根据，因而应当向执法官提出并且纳入程式之中。

在早期法中，为了解除债必须采用同设立债时所采用的程式相对应的要式，如：债务解放（nexi 或 nexu liberatio），书面的正式免除（acceptilatio letterale），口头的正式免除（acceptilatio verbale）；受万民法的影响，并由于债的新阶段的开始和清偿新特点的出现（见§117），履行或清偿被承认具有充分的消灭效力。至于早期的形式，只有口头的正式免除在优士丁尼法中被保留下来；但是，在清偿获得充分效力之后，它也就只作为一种要式的撤销行为。

§132. 履行或清偿

（参考：J. 3, 29, pr.；J. 3, 19, 4；J. 2, 8, 2；
D. 46, 3；C. 8, 42（43））

对给付的履行或执行构成**清偿**，罗马人称它为"solutio"。"履行允诺被称为清偿（Solvere dicitur qui id facit quod facere promisit）"。

我们现在考察一下有效清偿所要求具备的条件。

关于主体，清偿者一般应是债务人。但这不是必需的；任何一个第三人均可以代替债务人清偿，只要他有能力履行给付并且清偿的意图是使债务人摆脱债务。不仅如此，第三人还可以背着债务人实行清偿，甚至不顾债务人明示的禁止。

第三人是否有权对债务人提起诉讼要求归还自己所清偿的钱物，这则是另一个问题。

这取决于第三人和债务人之间的关系。如果第三人是债务人的受委托人，他可以提起"委托之诉（actio mandati）"；如果他不是受委托人但履行了对他人事务的有效管理，他可以提出"无因管理之诉（actio negotiorum gestorum）"。在任何其他情况下，他最好让债权人把对债务人享有的诉权转让给他，这时，他则是以清偿买下诉权（见§130）。

清偿向债权人或他的代表进行，无论后者是一般代表（procurator omnium bonorum），特别代表，还是在达成债时为接受清偿而增设的人（solutionis causa adiectus，或要式口约中的 adstipulator）。经债权人同意，也可以向债权人的债权人清偿，这种情况构成"替代（delegatio）"；当两个债相互牵连时，债务人也可以不经他的债权人同意而实行上述清偿。比如，转承租人可以直接向出租人清偿，从而使债有效地消灭。

至于标的，债务人必须准确地将债的标的一次性地全部清偿完毕。

VI. 债的消灭

只是当债的一部分是有争议的时，他才可以只清偿那部分无争议的债。优士丁尼还允许不能搞到钱的无过错债务人将经正确估价的不动产用于清偿（datio in solutum neccessaria）。

最后，应当提及两个有关的特别制度。第一个在现代商法中得到日益广泛的应用，这就是罗马人只适用于遗产继承的清偿协议（concordato）。马可·奥勒留的一项谕令规定：如果遗产负有很多债务，继承人有权召集债权人并要求他们按比例地缩小自己的债权。有关决议根据多数人的意愿做出，但首先考虑每个人的债权数额。

另一个制度是"能力限度照顾（beneficium competentiae）"，根据这一制度，债务人有权被判决只按照自己的能力（in id quod facere potest）清偿债务。有权享受这种照顾的人有：丈夫对妻子（在优士丁尼法中也包括妻子对丈夫），直系尊亲属，岳父[1]，庇主，军人，合伙人和赠与人（即合伙人之间因合伙而达成的债务，后一种情况是指当受赠人因赠与而起诉时），已脱离父权的子女，被剥夺继承权或放弃父产继承权的"家子"，出让财产或受到"财产拍卖（bonorum venditio）"处理的破产者（在拍卖财产后的一年内），嫁资的债务人或嫁资允诺（ex promissione dotis）的债务人（在优士丁尼法中也包括家外人），应返还的嫁资的债务人（ex reddenda dote）等。

在早期，"能力限度照顾"的目的是避免人身性的执行、在实物执行中的法定不名誉或财产转让（cessio bonorum）的不光彩影响，使债务人免受对财产的一般清算。但早在古典法中，人们就在较多情况中做宽泛的解释，在各种激烈的争论中，时而允许扣除必要的生活费（deductio ne egeat），时而允许扣除债务（deductio aeris alieni），时而两者兼而扣除。在优士丁尼法中，生活费扣除似乎是一般性的；至于债务扣除，只有对赠与人才只计算纯财产。

"能力限度照顾"只是减少判罚，而不减少债，因而如果受照顾者的财产状况恢复好转，他也应当清偿余额。

至于清偿的地点，如果债产生于契约，则应当在商定的地点清偿。如果确定了数个可供选择的地点，债务人在被起诉之前可以进行挑选；如果数个地点是并设的，清偿则应当在各个地点分别进行。

---

〔1〕根据早期法，妻子和岳父只在清偿嫁资允诺问题上有权享受这种照顾。

如果未达成协议，在转移动产和不动产的情况下，地点为财产所在地；在应当返还财产的情况下，清偿的地点则为原接受财产地。在任何其他情况下，清偿可以在债务人所喜欢的地点进行；如果债权人想在其他地点接受清偿，则必须支付费用。

在诉讼被提起后，清偿的地点即为审判地。

关于时间，债应当按照规定的期限（quando dies venit）履行，如果确定了这种期限。既然上述期限一般是考虑到债务人的利益而确定的（diei adiectio pro debitore est），因而债务人完全有权提前清偿。

如果没有确定任何期限，按说人们可以随心所欲地要求清偿，包括要求立即清偿。为此规定了某些限制。债权人应当先正式要求债务人清偿（interpellatio），当审判员认为延期是公平的时，他也应当允许债务人延期清偿。

§133. 清偿的效力和替换

清偿以最为自然的方式使债连同其一切附带产物消灭。

如果债务人与同一债权人有数笔债并且未明确声明他打算清偿哪笔债，则根据对其意思的推测，认为清偿是对最重的那项债务实行的；如果所有的债务都是相等的，则认为所针对的是最早的那项债务。如果这个标准不解决问题，清偿则按比例地摊入每一笔债。

如果债权人以变卖质押物的方式自我清偿，他可以用这笔钱清偿任何一笔债，包括自然债。

清偿通过文书或见证人加以证明。根据优士丁尼法，见证人应当为5人，还债收据（apocha）只有在30天之后才能用作证据；在此期限以前，债权人可以通过"未付款抗辩（exccptio non numeratae pecuniae）"提出辩驳。

经债权人同意，也可以用不同于商定标的的物品进行清偿（datio in solutum）。在古典法中，对于这种消灭原因的效力（是"当然消灭"还是"因抗辩消灭"）曾存有争议。优士丁尼接受萨宾派的意见，认为这属于"当然（ipso iure）"消灭。

Ⅵ. 债的消灭

§134. 债的更新

（参考：J. 3, 29, 3；D. 46, 2；C. 8, 41（42））

通过要式契约设立新的债关系借以取代并消除旧的债关系，这种情况叫作**债的更新**（novatio）。对于更新的有效性来说，需要具备下列初步要件：第一，存在一项先前的、需加以消灭的债，无论是市民法债还是自然债。第二，新债在市民法上或自然法上是有效的。第三，通过要式契约缔结。缔约的形式，至少在新法中，只能是要式口约。

取代旧债的债在某些要素方面应当确实是新的，比如，它将改变清偿的期限或地点，改变债权人或债务人，这时新颖性就不仅仅局限于要式口约的形式。至于人身的更换，如果某甲是某乙的债权人，是某丙的债务人，当他让自己的债务人某乙代替他向某丙负债时，这种更新构成**替代**（delegatio）。另一方面，那些根据委托或未经委托而承担清偿他人之债的义务的人，所履行的行为是债务承担（expromissio）。

但是，真正的实质性要件，即更新及其消灭效力的根据，在古典法向优士丁尼法的过渡进程中，发生了根本的改变。根据古典法，债的标的是不能被改变的；更新所具有的消灭效力是以"同一债务（idem debitum）"为基础，因为在相同人之间不允许存在两个有着同一标的的契约，就像对于同一标的不能进行两个诉讼一样（bis de eadem re agi non potest）。而在优士丁尼法中，更新的旧观念消失了，标的的一致性不再作为更新的要件，甚至债的新颖性可以表现为标的的变更。人们放弃了早期的**客观要件**，而提出了**主观要件**，彻底改变了更新制度的实质和功能。这一主观要件就是"更新意愿（animus novandi）"，这意味着必须具备实际的更新意图，即以新债取代旧债并且不让旧债同新债并存的意图。根据优士丁尼法，这种意愿应当明确地加以宣布；否则就意味着另行设立新债，并且旧债未被更新[1]。优士丁尼说，债的更新应当是"依据意愿，而不是依据法律（voluntate, non lege）"而发生的。

---

［1］ 参见 C. 8, 41（42）, 8；D. 46, 2, 8, 2, 26；28；29；31pr.；D. 45, 1, 58；C. 8, 40（41）, 4。

§135. 正式免除和其他当然消灭的原因

（参考：J. 3, 29, 2; D. 46, 4; C. 8, 43 (44)）

正式免除（accettilazione）是撤销债务的要式行为，它表现为一种想象的清偿（imaginaria solutio），而在最初的时候，它是一种在实际清偿中必须履行的程式。具体形式是一问一答，债务人问债权人是否已经接受了清偿（Quod ego tibi promisi habesne acceptum?），债权人回答说是（Habeo）。

正式免除也使债当然（ipso iure）消灭。作为典型的法定行为（actus legitimus），它不承认任何同正式宣告的义务不相容的条件和期限。以这种方式人们只能消灭采用相应的要式口约程式缔结的债。一切债在被消灭之前仍可以被更新并且以要式口约的形式被改变，这种债的更新被发明者法学家阿奎里·加卢称为"阿奎里要式口约（stipulatio Aquiliana）"。

债也因债权人和债务人的**身份混同**而消灭，这种情况特别发生在债权人成为债务人的继承人或与之相反的情况中。债还因**后发的给付不能**而消灭，比如所欠物的意外灭失。根据一般看法（见§118），债权人方面的利益终止也使债消灭。

给付特定标的即特定物（species）的债，当该物**由于获利原因**而先被债权人获得时（concursus causarum），也消灭。在早期罗马法中，人们坚持这一原则：旨在给付已归债权人所有的东西的债均不能是有效的，因而，如果债的标的由于任何原因而已归债权人所有，有关特定物的债均告消灭。在优士丁尼法中，这种消灭仅限于下列情形：标的被债权人无代价地取得，也就是说，由于获利原因而取得；在其他情况下，债务人仍然按照标的价值（aestimatio）负债。

最后，对于"尚未给付（re adhuc integra）"的合意之债因**相反合意**而消灭。

此外还有一些针对特殊债关系的特殊消灭原因。

Ⅵ. 债的消灭

§136. 抵销和因抗辩消灭的原因

(参考：J. 4, 6, 30；39；D. 16, 2；C. 4, 31；D. 2, 14；C. 2, 3)

抵销（compensazione）就是用债权人欠债务人的钱物进行折抵清偿[1]。

在早期法中，债务人只能在诚信审判中对抵销提出异议，在这种审判中，审判员有权利和责任（officium iudicis）评价当事人相互间的债并减少对被告的判罚；另一方面，并非所有的债均以此方式抵销，只有那些产生于相同关系（ex eadem causa）的债才可相互抵销。在严法审判中，对于钱庄主（argentarii）的诉讼可适用抵销，他们应当在请求（petitio）中实行抵销；对于财产买受人（bonorum emptor）的诉讼也可适用抵销，从判罚中扣除债权人欠被起诉的债务人的款额。在这些情形中，公平是应主要考虑的理由。

当整个债权请求确实可能被视为具有诈欺性时，马可·奥勒留的一个批复允许通过"诈欺抗辩"要求实行抵销。在最后的时代，当被诉的债务人又是债权人时，普遍允许该债务人实行反诉（mutua petitio）。这个制度被优士丁尼法所采纳和推广。

优士丁尼把抵销规定为消灭债的一般方式，宣布它具有当然消灭的效力[2]。某些最初曾提到钱庄主抵销的古典文献并不适应这种法定抵销的观念：在未遇到或者未被考虑实行抵销的情况下，债务人仍然依靠自己的诉权保留其债权，而且在数个可抵销的债权中，受到考虑的不是最早的债权，而是债务人希望考虑的那个债权。法学家们通常爱寻找对优士丁尼这句话的其他解释；但我们仍认为：根据优士丁尼的说法，自两债并存之时起，法定抵销应当也具有各种效力（终止利息，终止迟延，等等），并且应把优士丁尼制度中的上述两个反常看作是特别法的仁慈规定。

抵销的要件是：

第一，**主体的同一性**。相互间存在两个债关系的主体应当是事实上

---

[1] 参见 D. 16, 2, 1。
[2] 参见 C. 30, 1, 14。

相同的。然而，不仅继承人可以用死者的债权实行抵销，债务担保人也可以用主债务人的债权实行抵销，连带债务人也可用共同债务人的债权实行抵销。

第二，**债权的有效性和可要求性**。用来实行抵销的债权必须是有效的，到期时，即使不是完全结算清楚的，也至少应是不难证明的。但我们仍提醒一句：自然债务也可以被用来实行抵销（见§124）。

第三，**标的的同质性**。两项给付应当以同种类可替代物作为标的。

不得对国库的债权、市政府因借贷和遗赠而享有的债权、产生于寄托、胁迫、盗窃的债权实行抵销。

因抗辩（ope exceptio）消灭的原因是极多的，因为这是抗辩的基本功能，但它们均同具体的制度有关（胁迫抗辩、诈欺抗辩、韦勒雅元老院决议抗辩、马切多尼安元老院决议抗辩、已决案抗辩、经审判物抗辩，等等）。使用得最广泛的是我们已谈到的"时效抗辩（exceptio 或 praescriptio temporis）"（见§45）。这里需提及的是一种同正式免除相平行的制度，即关于不提出要求的简约。

不提出请求之简约（pactum de non patendo）是一种简单的协议，以此债权人允诺不要求债务人给付，也就是说，免除他所负的债务。

由于这种协议不是按照正式免除的程序而达成的，因而它不能够具有"当然"消灭债的效力，但是，裁判官可以根据这一简约允许提出"既定简约之抗辩（exceptio pactio pacti conventi）"。在古典法中，这种抗辩只在缔结该简约的人之间有效，因而它不能由连带债的共同债务人或债务人的继承人提出，除非在简约中有明确提及（mentio heredis）；它曾也适用于担保人。在优士丁尼法中，人们严格地区分对物的简约（in rem〔ne petam〕）和对人的简约（in personam〔ne a te petam〕），前者适用于一切人，包括继承人和连带债务人；后者则只适用于当事人，连担保人也不适用。上述关于不提出要求的简约很难推定为对物的简约。

Ⅶ. 债的变更

§ 137. 一般概念

对债可以进行各种各样的变更，无论是为了减少、增加，还是为了根据各种原因改变其初始的效力，或者是为了在主债上附加其他配有自己的诉权但仍具有附属性的债。换句话说，义务可以在内容和形式上都是附属的，或者只在内容上是附属的。

当事人可以通过"无形式简约"（见§168）或要式口约（见§154）按照自己的意愿对债加以变更。在善意行为中，使用简约就足够了，因为善意行为的当事人在确定相互间的权利和义务方面可以享受最大的自由，审判员只应当根据诚信（ex fide bona）核实当事人的意思。然而，这种简约也应当与适法行为构成一个统一体，即与适法行为同时达成，包含其中（in continenti）而不是与其脱离（ex intervallo），以便在必要时可以为该简约提起有关适法行为的诉讼，无论该简约的目的是加重还是减轻债（ad augendam vel minuendam obligationem）。

这样的简约被统称为"附加简约（pacta adiecta）"。比如：对买卖可附加典卖简约，有关择优解除的简约（in diem addictio），不转让或不解放被卖奴隶的简约，等等。

在那些同严法诉讼相关的适法行为中，正如优士丁尼常讲的，对于以增加债为目的（ad augendam obligationem）的附加债来说，应当为此而缔结新契约，该契约需要采用要式口约的形式。比如，如果打算为消费借贷契约附加支付利息义务，就必须专门为此达成一项要式口约，因为消费借贷本身，对于罗马人来说，只要求返还等值物。

债也可以因后来发生的事件而变更（物的损坏或灭失，后发的给付不能，未履约或不适当履约），在这种情况中，赔偿损失的义务取代或者补充主债。

一般来说，赔偿损失的义务产生于债务人犯有过错之时，而且在这个问题上适用有关契约过错的规则（见§25）。在这里需要论述几种在债问题上具有特殊重要意义的过错形式或责任形式，它们是：迟延，看管，对被转让物的追夺，被转让物的暗藏瑕疵。

§138. 迟延

（参考：D. 22，1）

迟延就是有过错地不按规定时间履行债或者有过错地拒绝接受给付。它区分为债务人迟延（in solvendo）和债权人迟延（in accipiendo）。

债务人迟延的要件是：

第一，债是有效的并配有诉权，因而在纯自然债（naturales tantum）中无迟延〔1〕。

第二，债是可要求的。附条件债和附期限债，在条件尚未出现和期限尚未届满之前，不具备此要件。

第三，债务人犯有过错（cessatio fraudulosa）。

第四，在优士丁尼法中还要求应通过所谓"催债（interpellatio）"的行动通知债务人清偿，因为债务人不是必须主动还债。

催债不要求形式，它可以由债权人或其代表实施。如果债务人能够拿出不能按时履约的正当理由（如：突然因公务〔reipublicae causa〕而外出，被俘等），他则不属于迟延，因为在这类情况下迟延不具备过错。

在很多场合，迟延在无须催债的情况下发生（mora ex re）。其主要情形有：

第一，由于债务人无故失踪而不可能实行催债。

第二，债务产生于不法行为（ex maleficio）。

---

〔1〕 参见 D. 50, 17, 88; D. 45, 1, 127。

Ⅶ. 债的变更

第三，对教会或慈善团体有利的遗赠。

第四，清偿法定利息的义务（比如应向未成年人支付的利息）。

第五，某些附期限债，早期法学家们曾为其制定了下列规则："期限代人催债（Dies interpellat pro homine）"。

在发生迟延的情况下，债务人仍继续负债，即使给付后来成为不可能的（obligatio mora perpetuatur）；除非出现缓和（是否具有古典性尚有疑义），因而允许证明某物在债权人那里同样可能灭失。此外，在善意适法行为中以及在新法的遗赠中，债务人应当依照审判员裁决（officio iudicis，见§141）支付债权的法定利息和应交付或应归还物的孳息。

债权人的迟延要求债务人已按照规定的方式实施了正确的给付（oblatio rite facta），而且债权人拒绝接受此给付。债务人并不因此而获得解脱，但是，对于债的标的，则由债权人承担风险，债权人也可能因未按时接受给付而对损失负责。

随着债务人宣布他已做好完成清偿（包括清偿利息）的准备或者债权人宣布他已做好接受清偿的准备，迟延终止或解除；此外，当债以清偿以外的方式消灭时，迟延终止。附加新期限以及另一方的迟延，均导致迟延的终止或消除。

§139. 看管的责任　意外事件

债务人为了防止由其掌握的他人物品灭失或毁坏应采用的勤谨注意叫作**看管**。

这种勤谨注意的程度依据债务人对之承担责任的过错等级而各不相同。一般来说，看管意味着好"家父"在照管他人物品时所采取的正常勤谨注意。因而，对于看管的责任原本发生在那些也因轻过失而负责任的债中，如：租赁和使用借贷。

在有些情况中，看管还暗含着一种无过错责任，比如在"承保（receptum）"的情况中，即船长（nautae）、旅店主（caupones）或客栈主（stabularii）对交其保管之物因被窃取或受损失而承担的责任（见§177）。

对于其他情况，甚至对于概念的构成和一般适用范围的确定，人们都颇有争论。

意外事件是不可归责于债务人的事件。最典型的意外事件是**不可抗力**（vis maior, damnum fatale），即完全不可预见的或不可预防的事件，比如：火灾、坍塌、搁浅，等等。

当意外事件致使物品灭失或者致使给付不可能时，债务人得到解脱，除非有相反的协议。既然这种风险由债权人承担，如果债权人也应当实行相对应的给付，他仍同样负有给付义务，尽管他的目的未达到。

同样，如果给付的标的因价值风险而增值时，这使承担风险的人受益。"**担风险者应获利**（Commodum eius esse debet cuius et periculum）"。

§140. 对于追夺和暗藏瑕疵的责任

（参考：D. 21, 2；C. 8, 44 (45)；D. 21, 1；C. 4, 58）

当取得某物或其他权利的人在司法审判中被真正的权利享有人全部或部分地剥夺了权利，并且这种剥夺不是起因于前者的过错而是由于转让者的权利具有瑕疵（vitium in iure transferentis）时，即为**追夺**（evizione）。

对于追夺所负的责任可以看作是对因未履行在与他人交易中本应承担的义务而产生的损失负责的一种特殊情况。在所有涉及权利转让的有偿适法行为中，这种责任必然由权利转让人承担。然而，这种责任的起源和真正的适用所涉及的是买卖契约，因为，买卖契约在罗马法中具有特殊的结构（见§162），因而买受人而且只有买受人才能在发现接受的是他人物品时，就产生于未履约的损失向转让者提起诉讼，但是，他应当接受对实际占有的剥夺。

在任何情况下，取得者为了能使自己免于任何过错必须做到：当转让者未向他隐瞒物的瑕疵时，没有对该转让者的意见置若罔闻，而且还应当提起诉讼（也就是说，要求同转让者打官司），因为后者可能拥有自己的辩护手段。

关于在市场上售卖奴隶和牲畜的市政官（edili）告示第一次规定：对于隐藏在被转让物中的瑕疵也要负法律责任。在罗马—希腊时代，这种责任被扩大适用于对任何物的转让，即便是在市场以外进行的。

瑕疵必须确实是暗藏的，而且不是微不足道的，以致达到使物不能使用的程度。此外，这种瑕疵应当在缔约时就存在着。

无论转让人是善意的还是恶意的，赔偿的义务均可表现为降低价格，为此可以提起"估价之诉（actio aestimatoria）"或"减价之诉（quanti minoris）"，或者表现为撤销适法行为，为此需提起"解除买卖契约之诉（actio redhibitoria）"。

§141. 支付利息的义务

（参考：D. 22, 1；D. 22, 2；C. 4, 32；C. 4, 33；
C. 6, 47；C. 7, 54；C. 5, 56）

债务人在未还清主债期间应当定期交给的可替代物（一般为钱款）叫作**利息**（interessi 或 usure）。

"usure"这个词最初一般用来指为使用较大数量的种类物（即资本 caput, sors）而付出的代价。

利息以最明显的方式构成附加债，如果主债无效，它也就不存在，如果主债消灭，它也消失。

支付利息的义务可以产生于**私人意思**或产生于**法律**。

对于在所谓善意适法行为中的**约定利息**，在缔结契约时附加一项简约即可。而在严格审判或严法适法行为中，必须单独通过要式口约就利息问题达成协议，因为在严法审判中人们可能不考虑附加简约（见§137）。作为例外情形，城邦或银行家在实行借贷时或者为航海的目的而借贷钱款（pecunia traiecticia）时，可以通过简约设定支付利息的义务（见§158）。

法定利息有时候是作为对某一非法行为的惩罚。这类利息有：当经管人（如监护人、受委托人、无因管理人、合伙人等）挪用了交其保管的钱款或其他可替代物或者使交他安排的钱款闲置时，应当支付迟延利息（ex mora）。有时候，如果其他人在经管我们大家的财产时使用了自己的钱（in rem versio），也产生支付利息的义务。那些应当向未成年人、国库、慈善机构、卖主（自交货时起为价格支付的）、买受人（如果物被追夺，自追夺之日起支付的）、丈夫（自嫁资被设立但尚未被交付之日起支付的）、妻子（自婚姻解除后应退还嫁资之日起支付的）、胜诉的原告（自判决之日起 4 个月后〔usurae rei iudicatae〕）支付的利息，也是法定利息。

不应当同前一种划分相混淆的是**由审判员确定的利息**（usurae quae officio iudicis praestantur）和**表现为债的利息**（usurae quae in obligatione conststunt），这是明显的罗马式的划分。第一类是指那些没有自己的诉权，只能在就本金提起诉讼时由审判员（officium iudicis）加以估算和认可的利息；后一类则是指那些以一项单独的债为基础并有着自己独立的诉权的利息。产生于善意行为的附加简约的协议利息和惩罚性的法定利息均属于审判员裁定的范围（officium iudicis）。相反，产生于要式口约、单独的且在特殊情况下拥有诉权的简约或遗嘱的利息，应当向未成年人、国库和慈善机构支付的利息则属于"表现为债的利息（in obligatione consistunt）"。针对本金提起的诉讼、债的更新、本金的清偿，对于表现为债的到期利息不具有效力；反之，"争讼程序"的开始也不阻碍审判期间对利息的计算（pendente iudicio）。相反，争讼程序的开始、债的更新、按照审判员确定的利息清偿本金等，在消除主债的同时，也使一切有关利息的权利消灭，因为这类利息在内容和形式上都是主债的附属品。

在罗马法的历史上，对利息率的调整有着不同的方式。自愿利息的早期限度是所谓"十二分之一息（unciarium faenus）"，即年息 100%，这符合原始的经济状况；在历史时代，法定利率（大大超过一般的协议利率）为"百分之一息（usurae centesimae）"，即年息 12%。优士丁尼将它缩减了一半（dimidia centesimae）[1]，除非在某些例外情况中规定了或高或低的最高限度（maximum）。

必要利息或法定利息是按照不同的利率确定的。

在古典法中，人们不能超越本金的范围（ultra alterum tantum）再去要求一笔不确定的利息。优士丁尼赋予这一规则以过分严厉的特点，规定：当已支付的利息达到了本金的数额时，则不得再要求利息。

优士丁尼极为严格地禁止"驴打滚（anatocismo）"，即禁止尚未支付的利息产生新的利息。

---

〔1〕 参见 C. 4，32，26。

Ⅷ. 债的担保

§142. 一般概念

债的履行可以通过多种方式加以保障。首先是通过设立一项新债，由于这项新债依赖于已先设立的债，因而它相对于所谓主债来说是附加债。人们把债的担保区分为来自于债务人本人的担保和来自于第三人的担保，后一种担保的一般称谓是"债务承保（intercessioni）"。

其次，债可以通过由债务人或第三人为债权人设立质权或抵押权加以担保。

§143. 定金，违约金协议，宣誓和债务协议

由债务人自己提供的债担保包括：定金（arrha confirmatoria）、违约金协议（stipulatio poenae）、保证宣誓和债务协议。

定金就是向债权人交付一笔钱款或其他物品，债务人如果未履行主债，则不得再将其索回。

这种债是一种无特定形式简约，因而标的物持有人有权提起"既定简约之抗辩"，以反驳债务人在未履行主债之前要求索回定金的任何诉讼请求。

违约金协议就是承诺在未履行所负之债的情况下给付一笔钱款。它不是一种本身获得承认的契约，因而需要采用要式口约的形式，由此得

名"违约金要式口约（stipulatio poenae）"。但是，如果它被附加于某一善意的适法行为，当然也可以采用无特定形式简约（见§137和§168）。

宣誓，作为保证履行已承担之债的方式，只在一种情况中得到承认：根据亚历山大·塞维鲁的一项特别批复，未成年人的债在经宣誓加以保证之后，使该未成年人丧失要求恢复原状的权利[1]。但该未成年人的债应当是有效的，布尔加诺（Bulgaro）就是这样认为的。布尔加诺的反对者马尔蒂诺（Martino）提出了一种极为宽泛的解释：人们可以通过宣誓来确认由未成年人以非有效方式达成的债。这不符合罗马法。

债务协议是由裁判官赋予诉权（actio de constituta pecunia）的简约，某人可以通过这种协议承诺根据新的方式、时间、地点等条件支付因先前的债关系而应支付的钱物。债务协议也可以使自然债成为市民法债。在古典法中，只承认有关钱款（pecunia）或其他可替代物的债务协议。优士丁尼将它扩大适用于一切标的。

依债务协议的清偿，由于针对的是主债的相同标的，使主债消灭。

在古典法中，同债务协议相类似的是"钱庄承保（receptum argentariorum）"，银行家可以通过这种协议承诺以自己客户的名义清偿钱款；优士丁尼把它同债务协议合二为一。

§144. 一般的债务承保

债务承保（intercessione）可以采取多种方式：或者第三人承担债务，从而使债务人摆脱债务（免除性承保或叫第三人介入）；或者第三人同主要债务人一起负债（合并性承保）。

免除性承保当然只能发生在同债权人重新缔约的情况下，因为债权人不能被迫接受新的债务人。

因此，这种承保是一种代替旧债并使旧债消灭的新债，即一种债的更新形式，准确地说，叫作**债务承担**（expromissio）。

合并性承保也可以分为两种：或者第三人与主债务人共同负债，并由此产生以债务承保为目的的连带债；或者第三人以附加的形式负债，

---

[1] 参见C. 2, 27 (28), 1。

这是真正的债务承保（intercessione）。

作为债务承保的附加债在优士丁尼法中有以下三种形式：偿还保证（fideiussione），关于他人债务的协议和委托；在实践中，这后一种形式被现代学者称为特定委托。

在帝国时代，《韦勒雅元老院决议》（公元46年）禁止妇女实行债务承保，根据这项决议，承保的妇女可以提出"韦勒雅元老院决议抗辩（exceptio senatusconsulti Velleiani）"；法学理论也不承认自然债可以幸免于此抗辩。至于免除性承保，裁判官允许对被解脱的债务人提起诉讼。只是在一些例外的情况中（比如：债权人犯有可原谅的错误，妇女实行诈欺或者为自己的利益承保），这种债务承保才是有效的。

优士丁尼后来宣布，妇女为其丈夫承保和未制作有三名见证人签字的公共文书的债务承保完全无效[1]。对于采用法定文书形式的债务承保仍可适用上述抗辩。

§145. 偿还保证

（参考：J. 3, 20；D. 46, 1；C. 8, 40 (41)）

偿还保证（fideiussione）是一种要式契约，根据该契约某人承诺在主债务人未按期清偿的情况下清偿他人的债务。该契约的形式是要式口约。

在优士丁尼以前的法中，存在着多种具有不同用途和效力的、要式的和市民法的担保形式，它们有：誓约（sponsio），承保（fidepromissio），本义上的偿还保证（fideiussio）。偿还保证一般是较广泛和保险的形式，它是在优士丁尼法中惟一保留的形式。

人们可以通过偿还保证来担保任何形式的债，包括纯自然债或未来债。

保证人必须履行与主债务人的给付义务相同的义务。"保证人不能对债务范围外的其他物负责（In aliam rem quam quae credita est obligari fideiussor non potest）"。保证人的债负担也不能超过主债务人的负担，

---

[1] 参见 C. 4, 29, 23, 2。

或者说不能按照更苛刻的条件（in duriorem causam）负债。人们甚至可以不为整个债务（omnem causam）而只对不是产生于主债务人的那一部分债务负债，从而出现"补偿担保（fideiussio indemnitatis）"，后者的特点像是偿还保证还是一般要式口约，这尚有疑义。

帝国法对保证人的地位作了较为公平的规定。哈德良第一次允许在有数个保证人的情况下享受"诉权划分照顾（beneficium divisionis）"，凭借这种照顾，受到起诉的保证人可以要求债权人对各有清偿能力的现存保证人分别行使诉权（见§122）。

但是，优士丁尼第一次赋予保证人以"先诉照顾（beneficium excussionis）"，根据这种照顾，被诉的保证人可以向债权人提出抗辩，让他先去找主债务人；这时，保证人的债务不再完全同主债务人的债务相同。随着这一改革，偿还保证真正取得了它现有的附加行为的特点。

为了从主债务人那里获得对已清偿钱物的返还，或者说为了行使追索权（diritto di regresso），保证人在新法中并不是根据同一契约而拥有诉权。他为此可以根据将他同债务人拴在一起的独立关系采用各种不同的手段，比如，根据同债务人的委托关系，提起"委托之反诉（actio mandati contraria）"；如果他在清偿时实施了有益的管理活动而且其行为具备无因管理（negotiorum gestio，见§17）的所有要件，则可以提起"无因管理之诉（actio negotiorum gestorum）"。他也可以让债权人将对债务人的诉权转让给他。即使保证人没有提出抗辩且并非出于故意，或者在不知债务已由主债务人清偿的情况下实行了清偿，优士丁尼也允许他提起"委托之诉"。

§146. 关于他人债务的协议和特定委托

（参考：D. 13, 5；C. 4, 18；D. 46, 1；C. 8, 40（41））

关于他人债务的协议（costituto di debito altrui）是由裁判官加以承认的简约，人们可以用它承诺履行在该协议缔结时所存在的他人债务。

除了不具备形式外，这种债务协议与偿还保证的一个区别是：给付不仅可以在方式上不同，也可以在标的上不同，而且主债的变化对协议人（costituente）的债丝毫不产生影响。优士丁尼将"诉权划分照顾

(beneficium divisionis，见§145）"扩大适用于这种债务协议。

特定委托（mandato qualificato）是一种以委托合意契约（见§165）为基础的担保，它专门为此目的而使用。它表现为委托他人向第三人给付钱款或一定量的可替代物，委托人根据此委托仍然是返还的担保人。委托人（mandator）也享受"诉权划分照顾"。

这种保证，依照委托的性质，可以在当事人不在场的情况下达成；而偿还保证则不同，它要求当事人在场；它也不同于债务协议，可以针对未来之债；同债务协议相同之处在于，它们都是合意契约。

为了行使追索权，委托人有权提起"委托之反诉（actio mandati contraria）"。

§147. 实物担保 概念及其历史发展

所谓实物担保就是允许债权人在债未获清偿时留置或者出卖标的物的那种担保。它的标的一般是实物，因而，如果说某些债的担保表现为**同人的关系**的话，在这里存在着一种**同物的关系**，用这种关系保障债的履行。

实物担保经历了颇为不同的发展进程，并且具有非常丰富的形式和用途。一般来说，凡当法律允许为保护自己的债权而对他人物品行使留置权或者允许占有这些物品（ius retentionis，missio in possessionem）时，就发生真正的实物担保。

在古典法中，实物担保的典型形式，除属于公法领域的"地产抵押（praediatura）"外，还有信托（fiducia）、质押（pignus）和抵押（hypotheca）。

信托是一种相当普遍的制度，它并不是专门用于担保目的的，虽然这是它的主要用途。它表现为以提供担保为目的实行所有权转移，在习惯上可能主要针对的是"要式物"，它还包括一项简约，为债务人（信托人）保留在清偿债务之后向债权人（受信托人）索还物品的权利。为此而提起的诉讼叫作"信托之诉"（actio fiduciae，见§157）。

在转移所有权的同时，一般不发生占有的转移；因而债务人继续享用物品，并可以通过占有来恢复所有权，正由于恢复的是曾属于自己的物，所以这种时效取得叫作"时效取回（usureceptio）"。为了避免债权人丧失担保,这种占有由债权人以临时让与或租赁的名义明确予以准可,这就使得"时效取回"不再能够成立。

如果债权人愿意,他也有权出卖物品,但所根据的是已取得的所有权。如果他在为清偿债务规定的时限到达之前行使了这种出卖权,他可能会在"信托之诉"中受到追究。在古典法学时代,所有权的转移只是形式上的,这种意识变得越来越明确。这样,信托是相当符合它的目的的,而且在整个第二时代都是最流行的实物担保形式。

同信托相反,**质押**则是对动产或不动产占有的简单转移,当债权人的这种占有受到侵扰或受到剥夺时,裁判官采用占有令状加以保护。

抵押制度像是对质押的一种完善。它最初的适用是针对由佃农带进出租田的耕作工具(invecta et illata)的。这些耕作工具应当是对租金的担保,但没有必要将它们从承租人那里没收;在共和国末期,一位裁判官曾为此向出租人发给一个令状,允许他在逾期不交租的情况下对这些工具实行占有(interdictum Salvianum)。然而,这种令状一度只能针对佃农及其继承人适用。另一位裁判官引入了对物之诉,它可以适用于任何第三人,该诉讼以其发明者的名字命名为"塞尔维之诉(actio Serviana)",在这时,债权人对随带物的权利已变为一种物权。

但是,这种做法从乡村土地的租赁和随带物扩大到其他关系或标的(大概只是在后古典法时期),在优士丁尼法中,对于这些关系和标的还以扩用的方式允许提起塞尔维之诉(Serviana utilis, quasi Serviana, hypothecaria)。"抵押(hypotheca)"这个名词好像表明希腊的影响也对该制度的发展起着作用,它似乎是由优士丁尼法的编纂者们添加到法学家们的文献之中的。

这样设立的抵押与信托并无实质上的区别,只不过对于债权人来说,它是一种比较有缺陷而且不那么保险的制度,首先因为缺乏庄重的程式和公开性,其次是因为它的原始结构暗含着"占有权(ius possidendi)",但尚不包含"出卖权(ius distrahendi)",后者是担保关系的基本成分。

因而,只是由于"要式买卖(mancipatio)"在第三时代被逐渐废弃,才使得"信托"制度至少在帝国东部衰落,在那里,从另一方面讲,只存在行省土地,而且转让罗马所有权的真正方式大概从来就没有生过根。

在优士丁尼法中，质押和抵押完全取代了信托；但是，旧的结构已根本改变了。在古典法中，人们通常为质押附加一项简约，指出标的将归未获清偿的债权人所有（lex commissoria），或者指出在此情况下债权人有权出卖标的（pactum distrahendi）；而在罗马—希腊时代，"解除约款（lex commissoria）"被君士坦丁所禁止并以"出卖权（ius distrahendi）"取而代之（随着在塞维鲁时代古典法的产生，出卖权变成了该关系中最自然的成分，因为人们认为这是不言而喻的，除非有相反的约定），优士丁尼把这种出卖权确定为质押的实质性要素，人们不得通过简约对其加以变通（见§150）[1]。

§148. 质押和抵押 本质、条件、标的

（参考：D. 20, 1；D. 20, 3；C. 8, 13（14）；C. 8, 15（16）；
C. 8, 16（17）；C. 8, 33—26）

在罗马法中，质押和抵押似乎是一个统一的制度，因为抵押只不过表现为是对质押的完善；因而有关的理由和诉权都是共同的。只不过按照更地道的说法，如果在履行协议时向债权人转移了占有，人们通常说是质押（pignus）；如果标的仍由债务人占有，人们则称其为抵押（hypotheca）。质押和抵押的法律结构也依标的的不同而有着差别，如果质押的标的是物，人们则称其为**实物质押**，如果质押的标的是债权，当然就不同了。有些人把权利本身视为质押的标的。

任何债均可由质押加以保障，无论是附条件债，附期限债，纯自然债，还是未来之债。在附条件债的情况中，质押在条件出现之前是不生效的，但是，条件的出现对于质押具有溯及既往的效力，就像对于主债一样。在未来之债的情况中，就质押的附加性质来说，应该认为只是从债被实际缔结之时起质押才具有效力。

质押是**不可分的**。这就是说，质押是对债的任何部分的整体担保，因而，即便债被部分清偿，质押也仍是完整的；如果债权人有数个继承人，他们当中的每个人均可以对构成质押标的的整个物提起质押之诉。

---

[1] 参见 D. 13, 7, 8pr.；D. 13, 7, 22；D. 15, 1, 36；D. 23, 3, 50, 1；D. 44, 7, 16；D. 47, 2, 62, 1。

质押可以由债务人设立或者由第三人为债务人设立。

任何可转让物均可成为质押的标的，因为，归根结底，质押在其初期形态上只不过表现为使债权人受益的有条件转让，在其新结构中是一种有条件转让权。因此，对转让的禁止也就是对设立质押的禁止。

质押本来直接触及物；但是，当人们宣布把一种次要的物权设立为质权时，则只能在该物权的限度内行使占有权（ius possidendi）和出卖权（ius distrahendi）。然而，按照以物的归属表示所有权的习惯，当质押针对的是所有权时，人们说质押是针对物的；当质押针对的是其他权利时，则说质押是针对权利的。

对物的质押扩及所有的添附，比如：淤积地、建筑物和孳息（如果孳息是为所有主取得的）。

如果说质押针对的是**物的总合体**（所谓总合体是指汇集在单一经济概念中的任何物的集合体，因而不仅包括畜群〔§78〕，而且也指一仓库货物等情况），它也落在仓库或畜群中的单项物上，但是，应符合当事人的可推定的意思，也就是说，只要复合体没有毁灭或缩减，质押逐渐对新引进的单项物终止效力。

共同所有权的某一份额也可以被设立为质权，而且即便在进行分割之后，该质押继续按照该份额的比例落在被分割的所有部分之上。

至于**权利质押**，是后来优士丁尼的延伸，可以转让的永佃权和地上权以及对用益权或居住权的行使均可成为该质押的标的；如果债权人有一块相邻的土地，甚至可以把乡村役权设立为质权，以便债权人能够在一定期限内享用它并在逾期不能清偿时将它卖给另一作为第三人的邻居。

债权质押（pignus nominis）实质上是以他人应向质押设立人实行的给付作为标的，允许质押债权人对该第三人以扩用方式行使质押设立人的诉权，如果后者不愿意出卖这一作为质押标的的债权的话。

人们还可以将自己的质权设立为质权（pignus pignori datum, subpignus），这种形式颇有争议。

最后，整个的**财产**也可以被设立为质权，由于财产（patrimonio）不是一种观念上的单位（就像在一定意义上的"物的集合体〔universitates rerum〕"一样），而是有着统一主人或统一用途的标的或权利的总和，因而，质押不仅落在单个物上，而且不能认为当这些单个物被转让给第三人时质押就终止了,相反,质押也落在陆续加入财产之中的各个物上。

在生活中不可缺少的物和日用品从概括质押中扣除。

§149. 质押和抵押的设立

(参考:D.20,1;D.20,2;C.8,14;16;18;C.8,21—22)

质押和抵押可以**根据个人意思,根据法律或者通过司法机关**加以设立。

设立质押的协议是一种不需任何程式和质物交付的简约。优士丁尼也承认质押中的代理,即通过监护人、保佐人或代理人设立质押,但根据优士丁尼立法的倾向,需要有特别委托[1]。作为质押标的的物或权利必须归债务人所有(in bonis debitoris),否则不发生质押。如果对他人物设立质押并抱着该物将变成自己物的希望,只有在该物变成了自己的物时,质押才获认可;即便在不抱有此希望的情况下设立质押,允许质押债权人对债务人及其继承人提出抗辩并允许他对第三人享有扩用诉权,这似乎也是公平的。

有争议的情况是:物的所有主变成了质押设立人的继承人,在这种情况下,较易接受的意见是质押应获认可。善意占有者在善意占有的范围内设立的质押是有效的,也就是说,对于债务人可对其提起善意占有之诉的那些人,债权人可采用质押诉讼(actio Serviana)。

物的所有主给予的批准是对具有溯及既往效力的质押的绝对认可。

质押也可以根据临终行为(如以遗赠的名义)设立。

法定质押或抵押被称为"默示达成的质押"。几乎所有的法定质押都是罗马—希腊时代的产物,它们可以是**特别的**和**普遍的或一般的**。特别的法定质押是城市土地的出租人对由承租人以稳定方式带入的物品享有的质权;乡村土地的出租人对土地的孳息享有的质权;受监护人对任何人用他的钱购买的物享有的质权;受遗赠或遗产信托受益人对继承人或其他受托人通过继承取得的财物享有的质权;最后,还有贷款人对

---

[1] 参见C.4,27,3(2);D.13,7,11,6;D.20,1,21pr.。

用贷款盖成的建筑物享有的质权。

国库对产生于税收或契约的债权享有的质权是一般质押，这类质押还有：受监护人和未成年人对其监护人和保佐人的财物享有的质权，以及当监护人是母亲时对母亲的新丈夫的财物享有的质权；子女因父亲管理他们的外来特有产而对父亲财物享有的质权，以及对母亲婚姻所得财物享有的质权；妻子因返还嫁资、嫁资外财物和婚姻赠与（propter nuptias）而对丈夫的财物享有的质权；丈夫（对尚未给付嫁资的）嫁资设立人的财物享有的质权；继承人或其他人对遗嘱人的遗孀的财物享有的质权（如果遗赠的条件是守寡），教会对其永佃户的财产享有的质权。

司法质押可以通过分配裁判、执行判决或准许为担保而占有等方式加以设立。为担保目的而准许占有财产在古典法中产生于执法官的权力而不是审判员的权力，它们构成所谓**裁判官法质押**。它们包括下列形式：允许受遗赠人为维护遗赠而占有遗产（missio in bona legatorum servandorum causa）；允许已怀孕妇女为本应由胎儿继承的遗产实行为胎儿的占有（missio ventris nomine）；允许债权人当债务人故意逃避（fraudationis causa latitat）或者以诈欺方式转让了财产时，实行对债务人财产的占取（missio in bona debitoris）。

§150. 质押债权人的权利

（参考：D. 20, 4；D. 20, 5；C. 8, 19；27；28；33；34）

在优士丁尼的立法中质押债权人不仅拥有占有权，而且当债务人不能按时清偿债务时，他还有权出卖被设立为质押物的物品或权利，用价款实行清偿，将变卖所得的超额部分（hyperocha）归还债务人。

只有自通知债务人还债之日起两年后，才能对质押物实行变卖。

如果未出现买受人，债权人可以要求将在已决案中被扣押的质押物（pignus in causa iudicati captum）立即判给自己，并且在重新向债务人催债后或者在审判员确定的期限经过后，也可以要求将任何其他质押物判给自己（impetratio dominii），但仍应将超过司法估价的余额部分归还债务人。出质人在两年内有权赎回被判给债权人的质押物。

如果债权人占有质押物（就像真正所说的质押〔pignus〕情形那

样），那么他可以留置质押物，用以担保另一个债，并提出诈欺抗辩，即便为之而设立质押的前债已被清偿。

未经出质人同意，质押债权人无权使用质押物。人们可以达成协议用物的孳息折抵利息，这种简约叫作"典质收益简约（anticresi）"。君士坦丁按照当时质押所具有的这种新特点，禁止了"解除约款"，过去人们曾采用此简约商定：如果债权人未获得清偿，质押的标的则归他所有。

如果数个质权有着同一标的，在标的负荷量不够的情况下，各债权人之间可能发生冲突。由于这个原因，对债权人按照一定次序加以排列，这个次序一般以**时间的先后**（prior in tempore potior in iure）来确定。也有一些特殊标准，这就是**公共性**标准和**特权**。

公共性标准是由利奥皇帝确定的（公元469年）。通过公共文书或通过有3名见证人署名的私人文书（quasi publicum）设立的质押，应当优于产生于私人文书的质押。

具有特权并且应优于其他质押的情况有：国库针对迟延纳税的质权，国库在契约债权问题上对契约达成后获取的财物享有的质权；妻子在返还嫁资问题上享有的质权；为取得、修复或维持债务人的物而支出费用者享有的质权。当数个具有特权的质押竞合时，仍按时间的先后决定次序，除非出现国库的质权优于其他质权的情况。

特权从来没有这样的效力：使质押优先于由标的物先前所有主设立的另一质押。

低等的质押债权人有权向直接高于他的质押债权人实行清偿，接替后者的质权，这叫作"出价权（ius offerendi）"，或叫质押接替权。

§151. 抵押之诉和质押或抵押的消灭

（参考：D. 20, 6; C. 8, 30）

质押债权人的真正诉权是"抵押之诉（actio hypothecaria）"或"对物的质押诉讼（pigneraticia in rem）"，它们是出租人可对乡村出租田随带物（invecta et illata）提起的"塞尔维诉讼"的扩大适用，并且可针对物的任何持有者提起。原告应当证明物已被所有主（in boins）

合法地抵押给他以担保某一真正的债务。对被告的判罚，如果不是退还该物及所有附属品，就是让其赔偿损失；如果诉讼针对的是出质人，对损失的赔偿则不能超过债务总额。被告人也应退还现存孳息（exstantes）和一切在争讼程序开始后收获的孳息，如果主物不足以清偿债权人的话。

　　针对该诉讼可以提出各种各样的抗辩。抗辩的理由有：对物的必要的和有益的花费，先于原告抵押权的抵押权，时效（对于出质人及其继承人来说，非常期限为40年）。此外，一般抵押的被告可以要求原告首先针对受到特别抵押的财物提起诉讼（所谓"诉物抗辩〔exceptio excussioris realis〕"）；根据优士丁尼的一项新律，他还可以要求原告先对主债务人及其保证人提起诉讼（"诉人抗辩〔exceptio excussioris personalis〕"）。此外，可以通过向原告清偿或通过转让抵押来避免受罚。

　　质押债权人为实现对质押物的占有可以要求对债务人及其继承人发布"萨尔维令状（interdetto Salviano）"，为此，他只需证明已达成了质押协议。

　　最后，质押债权人还有权要求占有令状，并有权通过扩用的方式提起"排除妨碍之诉"、"确认役权之诉"、以所有权为基础的债诉讼、"阿奎利亚法之诉"和"返还被窃物之诉"。

　　质押或抵押主要是随着所担保之债的消灭或随着质押物的变卖而消灭。此外，因明示的或默示的（比如以退还质押物所表现出的）放弃而告终，并且因期限届满或附加的解除性条件出现而终止。

　　对有形物的质押和抵押也按照其他物权消灭的方式消灭，比如：物的毁灭，主体的混同，时效（当其他人对脱离质押关系的物实行善意占有时），等等。

债法分论

Ⅰ. 允诺

§152. 允诺

(参考：D. 50, 12)

允诺(pollicitatio)，当向神(votum)或根据"正当原因(iusta causa)"向城邦作出时，足以产生债。所谓正当原因可以是一种荣誉或一种职务(ob honorem decernendum vel decretum)，但在无正当原因的情况下，如果允诺的活动已经开始(ob opus coeptum)，债也产生。在古典法中，荣誉(honor)似乎是允诺的惟一基础。但是，从塞维鲁时代起或在优士丁尼法中，任何原因均足以使允诺获得根据，尤其是公共灾难。

允诺曾以一所需建造的建筑物或一笔钱款为对象。钱款允诺实行一种特殊的制度，即便是根据正当原因作出的，也只是当钱款部分兑付时，它才具有约束力，也就是说，一律适用"活动开始原则(opus coeptum〔quasi coepto opere〕)"。

据荣誉(ob honorem) **允诺**被视为一种债务(aeris alieni loco est)，并且使允诺人及其继承人对整个债(in solidum)负责。随活动开始而产生约束力的允诺是一种**慷慨给予**(liberalitas)。因而，如果允诺人陷入贫困，可以协议出让其财产的五分之一使自己摆脱债务。卑亲属继承人则出让十分之一。在优士丁尼法中，只是当财产不够时，才对继承人实行这种减让待遇。

Ⅱ. 口头契约

§153. 债务口约，誓言，嫁资口约

根据仍占统治地位的早期观点，最早的要式契约在罗马社会是"债务口约（nexum）"，它是一种在形式上同"要式买卖（mancipium 或 mancipatio，即用于转让要式物所有权的典型罗马方式）"相对应的适法行为，因而，同要式买卖一样，它也采用铜和秤（per aes et libram）、5 名见证人、司秤（libripens）和称铜块的仪式加以缔结。不过，准确地讲，"债务口约（nexum）"只不过是对债务人的人身或他的隶属人（如"家子"）实行要式买卖以为借贷担保。当然，在早期语言中，"nexum"就是指"mancipium（要式买卖）"，因此，早期借贷契约的债务奴隶（nexi）同因犯罪而处于"受役状态（mancipio dati）"的人在地位上是相同的。

债务口约的效力是极为严厉的。只要债务人没有清偿债务或者其他人未出面为他清偿并采用相应的"称铜清偿仪式（solutio per aes et libram）"使他摆脱债务，已取得对债务人或其隶属人的人身支配权的债权人就可以把他们当作债务奴隶（nexus），给其带上锁链，用棍棒揍他们，强迫他们为自己劳动。最初，这种效力可能意味着债务人完全沦入了受奴役状态；然而，罗马国家不容忍某一市民变为另一市民的奴隶，因此，"债务奴隶"只被视为准奴隶（servorum loco），就像后来的"受役人（mancipio dati）"一样（参见§55）。

债务口约的这种可怕效力是贵族债权人和平民债务人之间长期斗争

的原因，也是造成历史动乱的原因。到了公元前 326 年，《博埃得里亚法》解放了所有的债务奴隶，并宣布废除该制度。

这项法律在古人看来是民事自由权的胜利。蒂图·李维说："对于罗马平民来说，这像是自由的开端（plebei romanae velut aliud initium libertatis factum est）"。李维的下述话语是很有特色的："除了那些因犯罪而受罚的人外，任何仍在接受惩罚的人均不应受到捆缚或监禁；所欠的钱款应当用债务人的财产而不是躯体来偿还（ne quis, nisi qui noxam meruisset, donec poenam lueret, in compedibus aut in nervo teneretur: pecuniae creditae bona debitoris, non corpus obnoxium esse）"。人身执行的做法仍在继续；但是，在负债期间即宣告处罚判决以前，禁止给债务人或为他负债的人带枷锁，也就是说，除有关侵害的诉讼外，债务口约（或对人的要式买卖）受到禁止，因此，债关系的刑罚特色消失了，由于这一特色，债权的标的曾经首先是债务人的**身体**（corpus）；而且债被解释为（用李维的话说，或许也是《博埃得里亚法》中的话）单纯财产性的关系，它的标的是给付，债务人的财产作为担保（见§117）。

誓言（promissio iurata）曾是一种神圣的形式，表现为负债人宣誓，它只适用于（至少在历史时代和优士丁尼法中）解放自由人向自己的庇主就劳作或一般赠品所做的允诺（iusiurandum liberti）。

最后，**嫁资声言**（dotis dictio）是一种古典形式的、专用于嫁资的允诺，在优士丁尼法中，它变成了非要式的行为（见§66 和§169）。在誓言和嫁资声言中，债产生于一人讲话之时（uno loquente），因而这种债在形式上不具有协议的特点。

§154. 要式口约

（参考：J. 3, 15—19；D. 45, 1；D. 45, 3；D. 46, 5；C. 8, 37—38）

在罗马的贸易中为设立债关系而普遍采用的要式契约是**要式口约**（stipulazione）。要式口约的庄重性完全表现为未来债权人（stipulator 或 reus stipulandi〔要约人〕）的问话和未来债务人（promissor 或 reus pro-

Ⅱ. 口头契约

mittendi〔受约人〕）的对应回答[1]。

这种契约的起源尚有争议。较为共同的观点是它产生于神法和宣誓。一些确实的迹象有时也使人认为它同已变为自我保证的诉讼担保（见§41）有着更密切的联系。要式口约的最古老形式——誓约（sponsio）有着各种各样的用途，比如：在公法中，为实现和平和结盟使用"誓约"；在家庭法中，为许诺出嫁女儿也使用"誓约"。

要式口约，作为需提出询问并听取回答的口头契约，自然不能在缺席者或聋哑人之间缔结。为解决这个问题，人们使用奴隶或"家子"作为必要代理人。此外，还要求在提问和回答过程中不能有中断，即不能同时进行其他活动（unitas actus）。

在罗马法的发展进程中，要式口约的形式要件受到一些精减，因此，在早期要式口约和古典要式口约之间存在着明显的差别；在优士丁尼法中，这种口头契约终于名存实亡。

在古典法中，提问和回答应当严格按照"誓约（sponsio）"的程式进行。"你答应给我一百元吗（Spondes mihi dare centum）？""我答应（Spondeo）"。要式口约本身就取名为"Sponsio"[2]，并且只可适用于罗马市民；它是"市民法"的产物，不仅与自然法相对，也同万民法相对。

此外，提问和回答还应当是相互完全吻合的，允诺的数额不能同所询问的数额不同，也不能增加在提问中未提出的简约或条件。

在万民法的影响下，形式的严格性减退了。也可以进行一些简单的回答，只要是采取口头形式；比如："你给吗（dabis）？""我给（dabo）"；"你答应吗（promittis）？""我答应（promitto）"；"你承保吗（fidepromittis）？""我承保（fidepromitto）"；"你担保吗（fideiubes）？""我担保（fideiubeo）"；"你做吗（facias）？""我做（faciam）"；这并不意味着回答应当用拉丁语进行。新的比较自由的形式叫作"万民法要式口约（stipulatio iuris gentium）"，也可适用于外国人；"誓约（sponsio）"仍然只适用于罗马市民。至于问答之间的吻合，优士丁尼法的编纂者们似乎放弃了早期的严格性。当然，在优士丁尼法中，只要协议

---

[1] 参见 D.45, 1, 5, 1; D.44, 7, 1, 7; J.3, 15, pr.。
[2] "sponsio"一词也有承诺、回答等意思。——译者

成立，要式口约就是有效的。因此，如果债权人要求 30 元而债务人答应 10 元，如果债权人要求给奴隶甲和奴隶乙而债务人答应给奴隶丙，那么，要式口约对于 10 元和奴隶丙来说是有效的；附条件的回答也不使要式口约产生瑕疵，只要要约人接受了条件[1]。

但是，希腊—东罗马的直接影响给这一制度带来一个更深刻的革命。从第一次危机时期起，书面契约的使用就开始流行起来，要式口约很快加入到通常采用文书加以确定的行为之列。然而，文书只不过是一种合适的证明手段，证明已经达成了要式口病，无异于请见证人参加[2]。在罗马的新领域中，这种手续是很常用的，而且被认为具有重要意义。另一方面，希腊人憎恶为罗马人所欢迎的口头仪式，他们宁愿通过文字来证明所有的程式均得到了遵守，即便实际上并非如此。这个新阶段在利奥的一项谕令中获得法律认可（公元 472 年）。该谕令完全废除了早期的口头程式，把要式口约的实质变为在场当事人的口头协议。最后，优士丁尼也削弱了在场这一要件，规定应当充分相信注明要式口约已达成的文书。削弱该文书真实性的惟一方式是：证明在文书列举的日期中，当事人或其中之一整天不在现场。由于这些法律，要式口约的形式特点逐渐单纯地表现为**缔约的意图**（animus stipulandi），惟一保持不变的是在一定程序上要求当事人在场[3]。

要式口约区分为协议的和必要的。**协议要式口约**是那些自由达成的口约；**必要要式口约**则是执法官或审判员（不管由哪一个，而且在新法中他们是同一人）要求必须达成的口约，是罗马古典制度中通常采用的措施。由于这后一种要式口约的目的是防止损害或干扰，因而它们也被称为"保证性要式口约（stipulationes cautionales）"或"保证约据（cautiones）"；例如：潜在损害保证（cautio damni infecti），不侵扰保证（cautio de amplius non turbando），已获授权保证（cautio rem ratam dominum habiturum），等等[4]。

重要的一点是要式口约同其原因的关系。人们一般注意到：要式口约的原因不仅仅是那些本身得到承认的契约原因。在最初时，人们不追

---

[1] 参见 D. 45, 1, 1, 3；D. 45, 1, 1, 4；J. 3, 19, 5。

[2] 参见 D. 45, 1, 134, 2。

[3] 参见 D. 2, 14, 7, 12。

[4] 参见 J. 3, 18；D. 46, 5, 1。

Ⅱ. 口头契约

问构成要式口约原因的关系是否具有现实性,也就是说,要式口约是最绝对意义上的要式适法行为。只是在西塞罗时代,人们才通过诈欺之诉和诈欺抗辩(见§31)实行对不公平后果的适当补救。但是,针对作为要式口约证据的书面文书或亲笔字据,一些皇帝谕令引进了专门的"未付款抗辩(exceptio non numerata pecuniae)",这种抗辩的不成立必须由原告加以证明,而被告只要提出它就够了[1]。实质上,这不是一个真正的抗辩,而是诉讼的根据,并且消费借贷几乎变成这种债的近原因;然而,"未付款抗辩"只能在一定期限内提出,该期限先是一年,后来被戴克里先延长到五年,被优士丁尼缩短到从缔约日起两年。在这一期限内,被传唤受审的债务人也可以直接提出"未付款之诉(querela〔contestatio〕non numeratae pecuniae)"。

由于原来不存在非要式契约,要式口约的发展在客观上向我们展现了债的发展。它首先被允许适用于钱款债务;后来很快被扩大适用于特定物的给付,最终,人们(先是间接地,通过罚金条款,后来则是直接地)采用它使以不特定物(incertum)为对象的债(即履行行为或服务)成为合法的。人们相应地采用专门名称区分三个保障要式口约履行的诉讼:如果标的是特定的并且表现为一笔钱款,则叫作"特定贷款之诉(actio certae creditae pecuniae)",用优士丁尼法编纂者们的术语称,叫作"要求给付特定物之诉(condictio certi)";如果标的不是钱款而是其他特定物,则为"要求给付小麦之诉(condictio triticaria)";如果标的是不特定物,则叫作"依要式口约之诉(actio ex stipulatu)"(参见§39和§158)。

---

[1] 参见 C.4, 30, 1; C.4, 30, 3。

III. 文字契约

§ 155. 债权誊账

"债权誊账（nomen transcripticium）"是古典的文字契约。它起源于在罗马家庭中对账目的管理。"家父"一般根据"对照账（adversaria）"即日常的收支记录整理所有的支出项目并将其登记在专门的账本上，这种账本叫作"收支簿（Codex accepti et expensi）"。当时，"债权誊账"恰恰表示支出（expensilatio），即由债权人把债权（nomen）誊抄在"收支簿"的支出（expensum）栏中，并取得债务人的认同，后者应该声明该钱款已经给付并注明日期。对于债的有效性来说，似乎不绝对要求债务人必须在自己账本的收入（acceptum）栏内进行相应的誊账。但是，一个诚实和有条理的人应该如此行事。

同要式口约不同，债权誊账既可以在出席者之间实行，也可以在缺席者之间实行；但它只以特定物为对象，即一笔钱（certa pecunia），并且不能附加条件。它也可以用来实行债的更新，比如，改变债因（将他人以买卖名义所欠的钱款登记为已给付〔transcriptio a re in personam〕），或者改变债务人（把本来给予某甲的钱款登记为给予了某乙〔transcriptio a persona in personam〕）。同一切与罗马社会的组织和特殊传统紧密相连的形式一样，"债权誊账"也在罗马—希腊时代消失了。

Ⅲ. 文字契约

§156. 约据和亲笔字据　新的文字债

(参考：J.3，21；C.4，30)

约据（singrafe）和亲笔字据（chirografi）在古典法中是异邦人（实际上主要指希腊人）的文字债。这两种契约之间的形式区别是：约据被制作成两份原始件，一份由债务人保留，另一份由债权人保留；而亲笔字据则只书写一份并由债权人保留。

在这两种文书之间似乎还有一个更为内在的区别：人们可以不存在债因为由对亲笔字据提出异议，而约据则是最绝对意义上的要式契约。

在同行省人的关系中，罗马人也通常使用约据，他们确实不掩盖那些过分直率的事情。由克芬迪、安东尼和严厉的布鲁图通过其代理人达成的疯狂的高利贷交易，就是这方面的著名例子。

在后古典法中，人们不再提及约据。可能正是由于罗马法随着市民身份的授予而得到的不断扩张，使这种完全忽视债因且在形式上同罗马制度格格不入的契约受到摈弃。相反，早已作为要式口约的证明手段而渗透进罗马法之中的亲笔字据则生存下来，它恰恰依靠这种职能掩盖着自己的本质。但在实践中，亲笔字据继续独立于任何要式口约而被加以利用，而且皇帝的谕令也将"未付款之诉（或抗辩）"扩大适用于它。在两年即为起诉所限定的期限之后，任何文书均变为不可反驳的并成为绝对的证据。从一定意义上讲，当优士丁尼在他的《法学阶梯》中确认存在一种通过"要求给付之诉（condictio）"加以保障的新文字债时，他是对的。

Ⅳ. 实物契约

§157. 信托

信托（fiducia）是一种用途广泛且在古典法中关系重大的适法行为，按照其结构，它本应当被归入实物契约或信用物（res creditae，见§127）之列，而且它也可以被归入其中，但是，在优士丁尼法中它被废除。

信托可以定义为一种协议，当事人一方（受信托人）从另一方（信托人）那里以要式买卖或拟诉弃权的方式接受物，承担义务为一定目的使用它并且（至少一般如此）在实现此目的之后返还它。

信托的目的在性质上是颇为不同的。或者是为了向债权人提供实物担保，关于这种用途，我们已做过论述（见§147），这种信托是作为质押同债权人达成的（pignoris iure cum creditore）；或者是为了对物实行寄托，实行使用借贷（即允许无偿享用它）；或者用于其他目的，比如，采用要式买卖的方式将奴隶卖给受信托人，以便让后者立即或在一定时间之后解放这个奴隶。这后几种用途叫作同朋友（cum amico）达成的信托。为了一定的信托目的而实行的要式买卖叫作"信托（fiduciae causa）要式买卖"。

受信托人的债产生于"信托简约（pactum fiduciae）"，这是一种不要求形式且有别于要式买卖的协议。对信托标的物的要式买卖构成所承担义务的合理原因，而且给付仍涉及同一标的；这完全符合实物契约的古典结构（参见§127）。

为了维护信托人利益而设立的诉讼最初是不确切的（先是"事实诉讼〔in factum〕"，后来为"权利诉讼〔in ius〕"和诚信诉讼，参见§39），叫作"信托之诉（actio fiduciae）"。它产生不名誉，并允许受信托人提出"信托反诉（actio fiduciae contraria）"。

受信托人对物的权利（比如：在其债权未获清偿的情况下出卖物的权利，对物的使用权，解放奴隶的权利，等等）形式上产生于他所取得的对物的所有权；但在实质上，他只能按照简约享用也被称为"fiducia"的物。为要求返还标的物而设立的信托之诉逐渐地也被用来防止任何违反简约的行为以及任何对物的非法使用。受信托人应当把物当作"信托（fiducia）"加以保管，如果标的物是生息的并且他占有着该物，则应当返还孳息；他还应当采用应有的勤谨注意。

在罗马—希腊时代，随着要式买卖和拟诉弃权等形式的终止，信托也一起消亡了；但是，最初可能同要式物紧密相连的质押契约、寄托契约、使用借贷契约等，早在古典法中就已经取得了普遍的适用[1]。

§158. 消费借贷

（参考：J. 3, 14, pr.；2；D. 12, 1；D. 22, 2；
D. 14, 6；C. 4, 1；28；33）

消费借贷（mutuo）是一种单务的实物契约，根据它，债务人或借用人从债权人或出借人那里接受一定量的可替代物（一般为货币），并负有义务归还同一种类和同等数量的物。

物的交付，即对物所有权的转移，是债务人承担义务的根据，他恰恰是按照所接收的数量承担义务；如果未发生所有权的转移，则不产生消费借贷。

因而，为使借贷成立，债权人必须是物的所有主并有权转让物。由于可以通过代理取得占有（以及占有所依据的所有权，参见§87和§114），在消费借贷中也出现了代理；人们还承认以下特别法则：如果

---

〔1〕参见 D. 13, 7, 31；D. 16, 3, 1, 42；D. 17, 1, 27, 1；D. 27, 3, 5；D. 39, 5, 18, 1；D. 39, 6, 42pr.；D. 44, 7, 16；D. 45, 3, 6；D. 23, 3, 9, 2；D. 24, 1, 49。

债权人让他的债务人（比如自己存钱的银行）或任何第三人（不是债务人）将钱借给某甲，消费借贷则直接为该实行委托的债权人的利益而设立；人们甚至承认：如果第三人以我的名义借出了钱，即便是背着我，借贷也成立（至少在优士丁尼法中如此）。如果由于出借人所给的钱不是自己的，因而借用人没有通过让渡取得所有权，后者可以因债权人和债务人的身份混同或者因善意地消费了物而取得所有权；消费借贷从此时起得到认可。

当事人的协议应当以设立消费借贷为目的。如果其中一方打算赠与，另一方打算以消费借贷的名义接受，则既不产生赠与，也不产生消费借贷；而且被怀疑是否存在一项足以使所有权转移成立的"正当原因（iusta causa，见§87）"。

利息简约（见§141）同消费借贷是不相容的，因为它不符合后者典型的债因，这种债因只允许按照交付的数量（quatenus datum sit）实行返还，或者如果达成协议，可以按照低于交付数量的标准归还，但绝不能超过交付数量；而且消费借贷的债因还导致严格诉讼。因此，必须为此达成专门的要式口约，即一项独立的适法行为。只是在某些例外的情况下，才根据为消费借贷附加的简约承认支付利息的义务。这些例外情况有：国库和城邦实行的借贷，借贷一笔用于航海的钱款（pecunia traiecticia），有关食品的消费借贷，在优士丁尼时代，还包括银行的借贷。

被接收物的风险在任何情况下均由借用人承担，因而他不必归还借出的原物，但必须归还同等数量的物，而且物的种类不变。

在优士丁尼法中，有关消费借贷的诉讼是"特定贷款之诉（actio certae creditae pecuniae）"或"要求给付特定款之诉（condictio certae pecuniae）"，用优士丁尼法编纂者们的术语讲，叫作"要求给付特定物之诉（condictio certi，见§39和§154）"或"要求给付小麦之诉（condictio triticaria）"，它们分别适用于借贷钱款和借贷可替代物，这些都是严格审判诉讼和严法诉讼，因而对于交付坏物或假钱的出借人，应当采用"诈欺之诉"追究其责任。如果可以在诉讼应提起地以外的地点要求清偿借贷，裁判官则允许提起一种特别的诉讼（actio de eo quod certo loco），在这种被编纂者们称为仲裁之诉（arbitraria）的诉讼中，审判员有权考虑在指定地点实行给付的利弊问题。

Ⅳ. 实物契约

特别消费借贷包括有关航海款（pecunia traiecticia）的借贷，以及由"家子"实行的消费借贷（根据《马切多尼安元老院决议》）。

航海借款（pecunia traiecticia 或 faenus nauticum）属于海事借贷，即借一笔钱专用于渡海（或者带现钱或者换成货物）。它的特殊性在于：自起程之日起，风险由出借人承担，但作为报偿，可以就利息问题达成协议。此外，利息率可以超过法定利率。在优士丁尼法中，它被限制在最高不超过12%（usure centesimae），这是法定利率的两倍（见§141）。

法学家们把有关航海借款的规则适用于下列类似的情况：借用人只有当出现一定情形时才有义务实行返还。

为了维护家庭秩序，在维斯帕西安时代颁布了著名的《马切多尼安元老院决议》，禁止借钱给"家子"。裁判官根据这一元老院决议而允许的抗辩不是以最绝对的方式使债消灭，而是使它作为自然债而继续存在（见§124）。

这种抗辩是追随物的（rei cohaerens），并且可以由任何人提出，比如由共同债务人和担保人提出。

在以下情况中，上述元老院决议对父亲和子女不产生效力并且债是有效的：1. 如果第三人因可原谅的错误以为是在同"家父"缔约；2. 如果"家父"表示了同意；3. 属于可提起"转化物之诉（actio de in rem verso）""船东之诉（actio exercitoria）""经管人之诉（actio institoria）"和"特有产之诉（actio de peculio）"的情形；"依令行为之诉（actio quod iussu）"有更充分的理由被列入第2项情况；4. 如果债权人是未适婚人或未成年人。

在以下情况中，该元老院决议对"家子"不产生效力：1. 如果"家子"拥有军营特有产或准军营特有产，或者在新法中，拥有特殊的外来特有产；2. 如果"家子"在变为自权人（sui iuris）之后承认了债务，即便是以默示的方式承认，比如部分地清偿了它或为它设立了质押；3. 最后，根据优士丁尼的一项特别规定，由士兵（miles）实行的借贷是完全有效的[1]。

---

[1] 参见 C.4, 28, 7。

§159. 使用借贷

(参考：J. 3, 14, 2; D. 13, 6; C. 4, 23)

使用借贷（comodato）是一种不完全的双务实物契约，根据它，债务人（借用人）有义务向债权人（出借人）归还免费借用的不可消耗物。

为一定的用途转移物，是返还义务的根据，但不意味着所有权的转移，也不意味着转移占有。借用人只是单纯地占有物体，即持有（detenzione，§113）意义上的"自然占有（possessio naturalis）"。

因而不要求出借人对物拥有所有权，甚至不要求他拥有某些一般意义上的权利；小偷在允许他人享用物品时也是在放债并有权提起"使用借贷之诉（actio commodati）"。虽说使用借贷是有效的，但是，无权使用物的出借人（比如，质押债权人或受寄托人出借标的物）仍被认为犯有窃用罪。

借用人可以是除物的所有主之外的任何人。

使用借贷的标的只应当是不可消耗物。可消耗物也可以出借，如果只是为了单纯炫耀（ad pompam）的目的而使用。

借用人必须按照协议的规定来使用物品。如果他以违背协议的方式使用，则被认为犯有盗窃罪（在优士丁尼法中叫作"窃用〔furtum usus〕"，§174），除非他知道出借人对以其他方式的使用不在意（至少在新法中是这样）。在商定的使用期限或固定的期限之后，应当归还标的，如果物是生息的，还应归还一切添附和孳息。

根据一般原则，借用人的潜在责任扩及轻过失，看管也是义务之一，因而，如果物被从他那儿窃走，他也应对此盗窃负责，根据同样的理由他对盗窃者有权提起盗窃之诉（actio furti）。但是，如果借用人证明盗窃的发生与他的过失无关，他则不负责任，因而，对于意外事件或者说典型的和完全的意外事件（如不可抗力〔vis maior〕或不可避免的损害〔damnum fatale〕），他不负任何责任。如果借出的物经过估价，他只对估定的价值负责，因为人们认为估价暗含对责任的加重。

在一定情况下，产生由出借人自己承担的债。如果他故意地向借用人交付了不可使用的物或损坏了的物，则对后者非正常的和超额的必要费用负责。在某些情况下，使用借贷的设立可以对双方当事人均有利，或者例外地只有利于出借人，在这些情况中，出借人的责任也涉及轻过失。

出借人有权提起属于诚信诉讼之列的"使用借贷之诉（actio commodati directa）"（开始时为事实诉讼〔in factum〕，后来也发展到权利诉讼〔in ius〕，见§39）。借用人可以提起"使用借贷之反诉（actio commodati contraria）"，它也先是事实诉讼，后为关于权利的"诚信诉讼（in ius ex fide bona）"；他也可因费用和损失而行使留置权（ius retentionis）。如果使用借贷因另一方当事人无能力缔约而未成立，出借人只有权为要求返还标的物而提起出示之诉（actio ad exhibendum）或要求返还所有物之诉（reivindicatio）。对于受监护人，可以采用扩用方式提起使用借贷之诉并以通常的得利范围为限。

§160. 寄托

（参考：J. 3, 14, 3；D. 16, 3；C. 4, 34）

寄托（deposito）是一种不完全的双务实物契约，根据它，债务人（受寄托人）有义务随时根据债权人（寄托人）的要求向其返还为照管而接收的可动物。

将物交付照管，作为返还义务的实物根据，只使受寄托人成为物的持有者。因而寄托人不一定均为所有主，小偷也可能因将赃物寄托而成为债权人。

受寄托人必须照管标的物并且不使用它；否则就被认为犯有"窃用罪"（见§174）。他应当随时根据寄托人的要求返还物以及所有添附，包括在规定的返还期限之前。返还的地点是（在不受寄托人诈欺影响的情况下）物品的所在地。返还的义务是绝对的。优士丁尼甚至规定：如果物的所有权已被取得，即便是小偷，也应当对其实行返还。根据同一观念，这位皇帝还规定受寄托人无权因费用和损失而行使留置权[1]。

---

[1] 参见 C. 4, 34, 11。

这种债是不可分的。

对于遗失和损坏，受寄托人所负的责任一般以相当于重过失的故意为限（见§34和§35）。在一些特殊情况中，他的责任也扩及轻过失，这些情况是：1. 寄托是为共同利益而设立的；2. 受寄托人主动自荐；3. 受寄托人获准使用被寄托的物品。人们还可以通过简约就此达成协议。如果受寄托人随意使用物品，则对意外事件也承担责任。

可能由寄托人承担的责任涉及受寄托人的必要费用和物品造成的损失，但是，受寄托人无权因必要费用而行使留置权。"寄托之诉（actio depositi）"最初是事实诉讼，后来也发展为权利诉讼和诚信诉讼。在直接的寄托之诉（actio directa）中，判罚使受罚人成为不名誉者。

特殊寄托有：必要寄托，非常寄托和扣押。

必要寄托被法学家们称为"灾害寄托（depositum miserabile）"，它出现在灾祸（如火灾、搁浅、坍塌等）发生之时。由于在这类情形中受寄托人的选择是仓促的和不自由的，而且对类似事件缺乏同情心是严重的无诚信表现，因而对不诚实的受寄托人的处罚是加倍的（in duplum）。

非常寄托（这也是各学派使用的称呼）是对钱款或其他可替代物的寄托，人们在这种寄托中达成协议只归还同类物，因而暗含地或明确地允许使用被寄托物，这使得寄托具有消费借贷的作用。对于这种契约可以附加利息简约，因为作为诚信诉讼的寄托审判也可以扩及附加协议。这种寄托通常专门在银行中进行，而且，如果银行破产，没有达成利息协议的人享有提出要求的特权（privilegium exigendi）。

扣押是为了在出现一定情形时，比如在诉讼结束或析产审判结束时，返还物品而实行的寄托，它由于许多原因而不同于真正的寄托，比如说，它可以由数人实行；可以对不动产实行；可以转移占有；如果预定的情形未出现，则不发生返还；等等。

§161. 质押

（参考：J. 3, 14, 4; D. 13, 7; C. 4, 24）

质押是一种完全的双务实物契约，根据它，债务人（质权人）有义务向债权人（出质人）返还为保障前者对后者的债权而交付的标的物。

Ⅳ. 实物契约

质押契约同设立质押物权的协议（pactum）相联系。但是，在这种债契约中，就质押达成协议并把质押物作为对其债权的担保的债权人表现为同一标的物的债务人，他允诺在其债权消灭时将标的物归还出质人。

向质押债权人让渡物，作为返还义务的根据，使"导致令状保护的占有（possessio ad interdicta，见§112）"向质押债权人转移。

对于质押契约和产生于该契约的义务来说，不要求出质人是物的所有主；尽管如果不是这样将不会产生质押权，也就是说，质押债权人将实现不了实物担保。

在质押中给付的物也不应当归质权人所有，否则质押不成立。

质权人（即质押债权人）有义务照管物品并且不使用它，否则也被认为犯有窃用罪（见§174），除非达成**典质收益简约**（antichresis），即商定把孳息算作被担保的债权的利息。他只应当在其债权完全消灭时返还物以及所有添附和孳息。他的责任扩及轻过失。

出质人也可以被要求承担质权人支出的必要费用和税款。此外，如果他交付属于他人所有的物品或藏有瑕疵的物（因而不足以用作担保），他也要承担责任。他的责任也扩及轻过失。

质押诉讼（它可能也先是事实诉讼，后为权利诉讼，参见§39）产生两种诚信审判，即可以提起直接诉讼（directa）和反诉（contraria actio）。

V. 合意契约

§162. 买卖

（参考：J. 3, 23；D. 28, 1—17；D. 19, 1；C. 4, 38—58）

买卖（compravendita）是双务合意契约，根据它，一方缔约人（出卖人）向另一方缔约人（买受人）承诺在接受相应的价款（pretium）之后向后者永远转让对商品（merx，至少是指可动物）的占有并提供对该占有的保障，或者允诺向后者转移任何权利。

买卖本身是一般原因（见§27），它当然也可以为立即取得所有权和其他权利（如果它被以法定形式转移）提供合法依据，比如在作为"让渡的正当原因（iusta causa traditionis）"并独立于任何前债的买卖当中（见§87）。在这里，我们只论述作为债的买卖，它在罗马法中有着非常特别的结构。

需要先说明的是，罗马法的买卖债本来并不同我们今天的买卖相对应，而是同买和卖的相互允诺相对应，因为，当今的买卖在以特定物为标的时，是一种直接转移权利的契约，而不是设立债的契约。此外，如果考察一下据以确定出卖人在卖物中的义务的特殊方式，人们也会发现，罗马的买卖同我们今天的售卖允诺也有着深刻的差别。

同一切双务契约一样，在买卖中，两个债因融合在一个适法行为之中。出卖人取得对价金的权利，因为他承担了给付物（在罗马法中为由其占有的物）的义务；买受人则由于承担了给付价款的义务而取得了接受物的权利。

V. 合意契约

商品（merce）或者是有形物，或者是他物权（ius in re aliena），或者是债权，或者是权利集合体（如遗产）。一般来说，一切物和一切权利都可以是买卖的标的，除非有特别的禁令。比如：禁止经管人、监护人或保佐人购买由他们管理的物品；禁止行省总督和军人购买所在行省的土地；等等。

有关不能（impossibilita）要件的特别变通，是完全或部分地由优士丁尼法的编纂者们加以确定的。人们一般确认：**物质不能**（impossibilita fisica，如：标的不存在，标的灭失）或**法律不能**（impossibilita giuridica，如：标的不具有可交易性）均使出卖成为无效的[1]。但是，如果标的只灭失了一半（如建筑物、橄榄园），在相应减少价金之后，出卖仍然有效；相反，如果有来自买受人或出卖人的故意（不是来自双方，因为双方故意相互抵销而且出卖无效），只要标的未完全灭失，出卖就以某种方式有效，出卖人必须赔偿利益损失或者买受人必须同样支付价款。关于法律不能，古典法承认把自由人当作奴隶出卖是有效的[2]。优士丁尼将这一规则扩大适用于其他一切不可交易物，只要出卖人不知情。

不属于出卖人的物或权利也可以成为出卖的标的。乌尔比安说："出卖他人的物毫无疑问是可以的（Rem alienam distrahere quem posse nulla dubitatio est）。"最后，将来之物也可以成为出卖的标的。在这个问题上，人们将购买行为区分为买希望之物（emptio rei speratae）和买希望（emptio spei）。前者是附条件买卖，只是当条件具备时才生效；后者是前景不定的买卖（典型的情况是预购某一天或某一段渔网的捕捞结果），它要求买受人支付价款，即便有关期望根本没有实现。

价金应当表现为货币，否则不产生买卖，而是易物（permuta）。易物不是合意契约，它的相互义务也是不同的，至少对于双方中的一方。价金应当是确定的。然而，也可以让第三人来确定价格，优士丁尼规定，在这种情况下，只有当第三人实施了此定价活动后，出卖才是完备的。此外，不能听任当事人任意定价。在买卖协议达成后，也可以根据共同协议商定在清偿中用其他物代替货币。

我们现在来谈谈出卖人和买受人的相互义务。对于原始的买卖来

---

［1］参见 D. 18, 1, 15pr.；D. 18, 4, 7；22—24；D. 18, 4, 34, 1；D. 11, 7, 8, 1。

［2］参见 D. 18, 4, 70；D. 21, 2, 39, 3。

说，这种罗马的适法行为表现出其特有之处：出卖人不是必须转移物的所有权，而只是转移占有，实际上人们说，出卖人在获准拥有时转让（tradere ut habere liceat）。因而，物的买卖不仅不是转移所有权的契约（像在现代法中那样），而且也不是一种要求人必须获取所有权并转移它的契约（像在要求给付的要式口约〔ad dandum〕或间接遗赠〔legato per damnationem〕中那样）。

罗马买卖的这种特殊结构也为罗马法学家自己所注意，它们的起源尚不清楚。这可能产生于万民法契约的特点。然而，买卖在罗马法的整个发展过程中表现为不断地寻找办法摆脱这种不完善性，设法使出卖人必须不仅转移占有，而且也彻底地转移所有权。对这种债契约的法律承认似乎不早于共和国时代末期，但是，在物被转移之后，出卖人也就履行了所有的义务；如果买受人发现给他的物是他人的，甚至当真正的所有主通过司法途径对该物提出返还请求或者将其追回，出卖人均不负有责任。当然，不言而喻的是，对于以要式买卖的形式出卖并合法转让的要式物，他仍应遵守产生于要式买卖的"准可（auctoritas）"义务。为了在要式买卖情况之外获得类似的保障（主要是对于略式物），可以为买卖附加专门的要式口约，它们最初时为"再允诺（repromissio）"和"所有权担保（satisdatio secundum mancipium）"，以此允诺给予要式买卖的买受人所应当获得的保证和诉讼协助；后来这种专门的要式口约为"关于合法拥有的要式口约（stipulatio habere licere）"或者"加倍罚款要式口约（stipulatio duplae）"。加倍罚款要式口约立即成为最常见的做法，人们用它承诺：在发生真正的追夺的情况下，即当买受人因判决而实际丧失物时，将向其返还双倍的已支付价款或价款的原额（甚至比双倍更多的款额）[1]。

对这类要式口约的普遍使用致使人们承认出卖人必须缔结此约，并使买受人可以提起关于契约的诉讼以要求达成此口约；甚至在未采用要式口约的情况下，也承认买受人有权提起"买物之诉（actio empti）"以要求得到赔偿，这种权利在追夺的情况中一概存在。但事情发展得有些过分，尤里安根据买物诉讼所具有的明显的善意特点做出规定：有意瞒着买受人出卖他人物品的出卖人应当承担责任，并接受买物诉讼，不

---

〔1〕 关于追夺，参见§140。关于在要式买卖中出卖人的 auctoritas，参见§68。

必等待追夺，因为这意味着他在实行诈欺[1]。这是罗马法的买卖契约在其发展中所达到的一个极点。但是，随着这一发展，出卖人只必须转移占有这一原则变成了一项名存实亡的法则。

出卖人对暗藏的瑕疵也负有担保的义务。在起初，只是要式买卖的出卖人才根据他的声明（dicta et promissa）而承担这种义务；法学理论把这种责任扩大适用于故意隐瞒。但在这方面，出现了一个与追夺义务相平行的发展，也就是说，人们也为买卖合意契约附加了专门的要式口约，而且在古典法中，人们也可以在必要时提起买物之诉（actio empti）。在瑕疵问题上，告示发挥了作用，引入了自己的诉讼，比如，为撤销契约而提起的"退货之诉（redhibitoria）"，为减少价金而提起的"估价之诉（aestimatoria）"或"减价之诉（quanti minoris）"；在这些诉讼中，对出卖人责任的追究不问他是否做过声明，是否实行过隐瞒或是否对瑕疵知情，也就是说，他即便不知情且抱有善意，也应当负责。这些诉讼是针对在市场上出卖奴隶和驮畜而设立的，在罗马—希腊时代，由于这些告示的特别司法管辖权已经终止，它们也被扩大适用于任何形式的售卖（即便在市场以外）和任何的标的[2]。

出卖人在履行他的各项义务时应当根据一般原则负责，不仅对故意，而且也对重过失和轻过失负责。

买受人有义务支付价款并实际地转移货币的所有权。自买卖契约缔结之时起，买得物的风险以及可能产生的赢利均由买受人承担或由他享有；对于可替代物，则从具体的种类被确定之时起，即在物被称重、计数、衡量之后。在附条件买卖中，只要条件尚未出现，灭失的风险就当然地由出卖人承担；但物的腐坏一律由买受人承担。

买受人所承担的责任也扩及轻过失。

买卖契约产生两种直接的诚信诉讼：可由买受人提起的买物之诉（actio empti），以及可由出卖人提起的卖物之诉（actio venditi）。

买卖也是最常带有附加简约的适法行为。这些附加简约主要有"解除约款（lex commissoria）"，即如果在一定期限内未偿付价款，即应认为买卖被解除，物归还出卖人；"择优解除简约（in diem addictio）"，

---

[1] 参见 D. 19, 1, 30, 1。
[2] 参见 D. 21, 1, 1pr. 。

即如果出卖人遇到更好的出价，通常可解除买卖契约。在优士丁尼法中，这两种简约允许对所有权取得实行实物撤销，即允许出卖人在解除性条件具备时提起"对物之诉"[1]。其他附加简约有："退货简约（pactum displicentiae）"，即如果物不被喜欢，则认为买卖尚未缔结或者已被解除；"退卖简约（pactum de retro vendendo）"；"回赎简约（pactum de retro emendo）"；"不转让简约（pactum de non alienando）"；"不解放简约"（de non manumittendo，ut manumittatur 或 ne ancilla prostituatur，防止将奴隶解放或防止让女奴隶卖身）等等。

新法中的售卖可因带有严重损伤而撤销，如果该标的至少是按照正常价一半的价格购买的。

§ 163. 租赁

（参考：J. 3, 24；D. 19, 2；C. 4, 65）

租赁（locazione-conduzione）是一种双务合意契约，根据它，一方当事人向另一方当事人允诺在接受一笔报酬之后使后者暂时享用某物，或者向其提供一系列服务（operae）或特定的劳作（opus）。

在租赁中，实际上也是两个债因合并在一个行为之中，因而同样存在着两个债和两个标的；两个主体的每一个都扮演着双重角色，既是债权人又是债务人。

租赁的标的之一是恒定的，即应支付的报酬，它叫作"酬金（merces，pensio 或 canon）"；同买卖中的价金一样，它应当是确定的，并且一般为钱款。

租赁的另一标的则是各种各样的，以它为根据，人们把租赁区分为物的租赁、雇佣租赁和承揽租赁。

物的租赁（locatio conductio rerum）是一种与买卖相似的行为，尤其是在罗马买卖的结构方面。

任何物均可成为租赁的标的，但可消耗物除外，对这类物，人们在

---

[1] 参见 D. 18, 3, 8；C. 4, 54, 4；D. 6, 1, 41pr.；D. 39, 3, 9；参阅 § 92。也参见 D. 35, 2, 38, 2。

V. 合意契约

使用当中不能不损毁它的实体。出租承租人自己的物是无效的，就像出卖买受人自己的物是无效的一样[1]。

出租者的义务是交付物以便能够用于所允诺的目的并保障对物的自由享用。因而在租赁期间，他不能对物造成任何改变，他必须承担必要费用并对承租人因物被追夺而丧失使用权承担责任；最后，他还承担一切同物有关的负担，如捐税。

承租人必须自实际给付之日起并按照给付的程度支付酬金，必须适当地使用物并完好地归还。城市土地的承租人叫作"租客（inquilino）"，乡村土地的承租人叫作"佃农（colono）"。有一些关于禁止租赁的特别规定：禁止士兵承租驻地行省的房屋和土地，禁止帝国的行政官员承租国家土地，禁止教会人员承租非教会的土地或国库的收入。

提前放弃承租土地的人，在古典法中，必须按议定的期限支付全部租金；而在优士丁尼法中，他应负的责任只以利益损失为限[2]。

对物的租赁是一种持续的关系；因此，这种债关系一般因期限届满而消灭；在承租人未针对土地提出异议的情况下，也允许实行默示续租[3]。在优士丁尼法中（可能是由编纂者们搞的），出租人有权在某些情况下解约，比如：滥用被出租物，两年内不缴纳租金或出租人需要使用被出租物。承租人有权因物的缺陷妨碍使用、出租人延迟交付物或有理由担心某一危险而弃约。对物的出卖并不真正使租赁解除（在这个问题上，"买排斥租〔emptio tollit locatum〕"这个传统准则是错误的），关系仍然在出租人和承租人之间存在；因而被逐出土地的承租人只能对将土地租给他的人或其继承人行使诉权。

雇佣租赁（locatio conductio operarum）仅以诚实的、但非自由的服务为标的。自由的服务，如医生、律师、自由人家庭教师的工作，不被罗马人视为租赁的标的，也不能在法律上要求酬金。当时的习俗以社会上的义务性捐助来调整对这类工作的报酬，罗马人称这种报酬为"honoraria"或"munera"（职务报酬）。在帝国时期，这类关系开始由法通过"非常诉讼（extraordinaria cognitio）"加以调整。同样，由于社会原因，同奶妈（委托）、土地测量者（事实诉讼）、耕作者（politor）或农

---

[1] 参见 D. 41, 3, 21。
[2] 参见 D. 19, 2, 55, 2。
[3] 参见 D 19, 2, 13, 11, 14; C. 4, 65, 16。

艺师（合伙）的契约，也不被视为租赁，而自古（ab antiquo）就属于其他法律关系的范围。

承揽租赁（locatio conductio 或 redemptio operis）不同于雇佣租赁，因为它的标的是一项特定的工作，而且被视为出租者的不是提供劳务的人，而是以其名义提供劳务的人。工程承包人则是承租人（conductor 或 redemptor operis）。

至于相互义务，对于双方适用同样的规则。但请注意：雇佣出租人应当亲自提供劳务，而工程承包人则可以通过别人进行劳作。

雇佣租赁也因期限届满而消灭。而工程承揽则因承接的工程得到完成而消灭。雇佣租赁还因出租人即工作者死亡而消灭；对于承揽租赁来说，只有当该契约是基于对承租人的个人能力的考虑而缔结的时，才因工程承揽人的死亡而消灭[1]。

租赁诉讼是诚信诉讼，它们分别为"出租之诉（actio locati）"和"承租之诉（actio conducti）"。借助这些诉讼，法学理论将关于在航海者之间分摊损失的《关于弃物的罗迪法（Lex Rhodia de iacti）》中的原则加以适用（见§179）。

§164. 合伙

（参考：J. 3, 25；D. 17, 2；C. 4, 37）

合伙（societa）是一种合意契约，根据它，两人以上相互承担义务将物品或劳作集中在一起，以实现某一合法的且具有共同功利的目的。合伙的意愿被称为"合伙意愿（affectio societatis 或 animus coeundae societatis）"。

优士丁尼法中的合伙是各种制度的混合，这些制度在其产生时和在早期时代是互不相同的；它们是："共有合伙（societas omnium bonorum）"，它产生于"家子"的早期宗亲共同体，这些"家子"在"家父"死前都联合在一起；"农艺合伙（politio）"，即同指导田地耕作并参加分红的耕种人或农艺师达成的契约；"商业合伙（societas quaestuar-

---

[1] 参见 D. 46, 3, 31；C. 8, 37 (38), 13。

ia)",它的目的主要是赢利,大概是在万民法时代因受希腊的影响而引进的。人们可以为合伙提供任何标的,包括物、债权、劳作等。合伙人的付出不一定要一样,在赢利和损失方面也不一定要占相等的份额,但是,不得达成下列简约:只让一人获利,因为这违反合伙的本质。

合伙分为不同的种类。第一,根据所贡献的东西,分为"物合伙(rerum)","劳作合伙(operarum)","混合合伙(mixtae)"。第二,根据合伙的目的,分为"商业合伙(quaestuariae)"和"非商业合伙(non quaestuariae)",前一种合伙以得利为目的,后一种则不具有此目的。第三,根据合伙关系的范围,分为"概括合伙(共有合伙〔societates omnium bonorum〕)","获利合伙(即合伙人商定将其活动的赢利〔不包括未来得利,如遗产和捐赠〕集中在一起)"以及"个物合伙"(rei unius, negotiationis alicuius)。

每个合伙人均有义务提供已允诺的标的。合伙的管理人有义务发放所获得的红利,为延迟分红支付利息,并且必须汇报账目。他也有权为对共同物支付的必要费用和有益费用获得补偿。

合伙有着一些可能产生于早期的兄弟间宗亲联合的特殊规则。在未达成专门简约的情况下,股份是完全平等的,不同付出相对称。合伙人的责任扩及具体过失,也就是说,合伙人在管理活动中必须采用他对自己物所使用的勤谨注意[1]。善意受到最为严格的重视,甚至合伙人要求享有一定程度的兄弟权(ius quodammodo fraternitatis)。"合伙人之诉(actio pro socio)"是一种影响名誉的诉讼(actio famosa),但是,判罚以能力所及为限(in id quod facere〔socius〕potest),也就是说,合伙人同近亲属一样享受"能力限度照顾(beneficium competentiae,见§132)"。最后,在共有合伙中,财产转移直接进行,无须采用让渡,就像在家庭关系中人们不注重对占有的实现和让渡(如"自家继承人〔heres suus〕"对占有的继承,〔见§187〕,直系尊亲属和卑亲属之间赠与)那样。

合伙因下列原因而消灭:第一,由于人的原因(ex personis),如某一合伙人死亡或"最大人格减等"或"中人格减等"(这可能也是早期共同体的一种残余)[2]。第二,由于物的原因(ex rebus),如目标完

---

[1] 参见 J.3, 25, 9; D.17, 2, 72; §35 和 §172。

[2] 参见 D.17, 2, 63, 10; D.17, 2, 65, 11。

成，财产用完，或者目标变为非法的。第三，由于意思（ex voluntate），比如：根据合伙人的共同意愿，合伙人之一弃权（只要不是不适时的或诈欺性的），或者确定的期限届满。第四，由于诉讼（ex actione），如通过要式口约或起诉改变或解除了合伙关系。

§165. 委托

（参考：J. 3，26；D. 17，1；C. 4，35）

委托（mandato）是一种不完全的双务合意契约，根据它，当事人一方（受委托人〔is qui mandatum accepit〕或代理人〔procurator〕）承担义务，以发出委托的另一方当事人（委托人〔mandator〕或主人〔dominus negotii〕）的名义无偿地履行给付或者经管事务。

委托也是两种制度的混合：地地道道的委托和代理（procura），在古典法中，受委托人（is cui mandatum est, is qui mandatum accepit）是被委以某一服务、法律任务或非法律任务（但是独立的和确定的事务）的人。从法律角度讲，它具有无偿性，从社会角度讲，被托付的事务具有精细性和崇高性，这是委托区别于承揽租赁的特点。"代理人（procurator）"是稳定的法律代理人，是某一事务**长期**的受托人。在最初之时，真正的代理人只是"财产代理人（procurator omnium bonorum, ad res administrandas, datus）"，一般是在主人不在的情况下管理财产，后来表现出一种特殊的形式——"诉讼代理人（procurator ad litem）"。代理人对被经管人的财产拥有很广泛的权利，如：财物转让权，取得占有权以及在新法中的转让所有权的权利（见§87和§114），清偿权，要求清偿权，更新债务权，代替并代表主人参加诉讼权，代表主人要求恢复原状权。这种代埋人曾具有一种社会形象，奴隶和留在庇主家中的解放自由人均可获得这种形象；他获承认的广泛权利产生于他的事实地位，而不是产生于委托，不仅在西塞罗时代人们把受委托人区别于代理人，而且在盖尤斯和保罗时代人们也曾进行过争论，承认委托同代理人并没什么关系。无论怎样，赋予代理人以受委托人身份的倾向在古典法中就已出现了，而且一般委托可能是通过代理人来实现的。但是，在罗马—希腊社会，罗马的社会领域和家庭领域所特有的制度对该社会是陌

V. 合意契约

生的，代理人的典型形象消失了，它的法律概念——稳定的管事人——也消失殆尽。在优士丁尼法中，代理同委托相混淆，"代理人（procurator）"无须任何定语就一般是指全部事务的代理人（procurator omnium rerum），但是，这种代理人的那些最广泛的权利（转让财物、取得占有、参与诉讼、要求恢复原状〔restitutio in integrum〕等权利）则被要求依赖于特别委托（ad hoc）。

委托的标的是一项正直且可以执行的活动，该活动为委托人带来利益，而不是仅仅为受委托人带来利益，至少一般如此。

委托可以是**特别的**（unius rei, unius negotiationis）和**一般的**（procurator omnium bonorum 或 ad res administrandas datus，或者简单地称"代理人"）。在优士丁尼法中，正如已经谈到的，对于像转让所有权（§87）、取得占有以及相应地取得所有权（§114 和§87）、要求恢复原状、诉讼、和解、终局宣誓等这些事务，只有一般委托是不够的。妇女、士兵、未适婚人、教士等均被排除在司法委托之外。

无偿性是委托所具有的实质性特征；然而，社会需要产生了这样的做法：通过捐赠或颁发荣誉证书（munus, honor, honorarium）使某些委托得到报酬。在古典法中，对于这类商定的报酬，人们只能以"非常方式（extra ordinem）"提起诉讼，但在优士丁尼法中，这种标准不再适用，因为非常诉讼变成了一般程序。

受委托人负有下列义务：根据接到的指示或根据事务的性质履行委托，汇报账目，返还他未用完的钱物和以利息名义收取的钱款，即便资本的投入生利违背了委托人的意思。

一般不存在亲自执行委托的义务。根据委托所体现的特殊信任程度，在个别情况下，受委托人的责任也扩及轻过失，虽然委托本身是无偿的。

但是，委托人也可能被要求对因接受委托而不得不做出的花费、遭受的损失以及垫付钱款的利息承担责任。此外，他也应当接受受委托人在执行委托期间达成的被动债。

对于第三人来说，受委托人以个人名义取得权利并承担义务，因为从原则上讲代理是不被承认的，但是，后来逐步引进的、对委托人有利或不利的扩用诉讼以及对上述原则的变通性规定不在此限（参见§128—§130）。

委托由于以下原因而消灭：1. 委托的任务完成；2. 当事人一致同意；3. 委托人死亡，除非所委付的事务恰恰应当在其死亡后执行（mandatum post mortem）；4. 受委托人死亡；5. 撤销委托；6. 受委托人放弃。如果执行已经开始（re non integra），对委托的撤销和放弃仍使委托人或受委托人对预付的费用或由另一方遭受的损失负责。

"委托之诉（actio mandati）"是诚信诉讼，它分为两个诉讼：直接诉讼和反诉讼。针对受委托人的直接诉讼是产生不名誉的诉讼。

VI. 无名契约

§166. 无名契约的性质和起源

（参考：D. 19, 5；C. 4, 64）

无名契约（contratti innominati）看起来像是对实物契约的履行和一般化适用。在实物契约和无名契约中，债因均表现为某一主体为获得商定的回报而向另一主体已履行的给付；然而，无名契约不同于实物契约之处是，商定的回报，即债的标的，可能而且有时从实质上同债因互不相同。正如一种很偏激的批评所认为的那样，当古典法时代日薄西山之时，无名契约的发展至少有了它的结论（如果不是它的开端的话）；因而它们没有表示其特点的称谓，除某些情况外，各个契约也没有得到通俗的名称，而是被以迂回的方式加以表述。由此产生了无名契约这种传统的表述。

无名契约归纳为以下四类：第一，互易（do ut des），它的债因是已执行的对物的给付，标的是相同的给付。第二，物劳互易（do ut facias），它的债因是对物的转移，而标的则是提供一项劳作。第三，劳物互易（facio ut des），它的债因是劳作，而标的则是物的给付。第四，换工（facio ut facias），它的债因和标的均为单纯的劳作。

这类含有当事人之间协议的行为一般表现为交换不同的给付（不像是在实物契约中，表现为退还原标的物），最初它们不具有法律效力。履行了自己的给付的当事人，在可能时（即针对特定物〔certa res〕），只有权通过"要求给付之诉（condictio）"索回该给付；如果给付的是劳作，只能采用极端的手段——诈欺之诉获得对所受损失的消极赔偿（不是因未履行已做出的允诺）。

关于债的效力，一旦当事人一方履行了给付，最先是围绕易物（permutatio）中的"互易（do ut des）"提出问题的。

萨宾学派根据易物与买卖在经济上的相似性（前者可能是后者的原始形式），要求把易物视为买卖，并依据当事人表示同意承担的相互义务认定该债的有效性。普罗库勒学派则认为买卖的重要条件是：某一标的具有商品的功能，另一标的具有一般的和统一的价金作用（货币），尤其是罗马买卖具有特殊的结构，它不要求转移对商品的所有权（见§162），因而，他们反对萨宾学派的观点。优士丁尼接受了普罗库勒学派的理论。

但是，随着对这些新形式的不断承认，上述两种倾向越来越表现明显。萨宾学派不认为在类似关系中存在债的契约性质，当实践和迫切的公平要求不断呼吁确定有关法律规定时，该学派则建议裁判官进行"事实诉讼（actio in factum）"。相反，普罗库勒学派却承认该契约，产生于该契约的诉权是市民法诉讼并被称为"不确定的市民法诉讼（actio civilis incerti）"，由于不能以自己的名称明确地提及所达成的适法行为，因而在"请求原因（demonstratio）"这一程式中，人们就代之以简要的叙述（"诉求前书〔praescriptio〕"，因而被叫作根据诉求前书起诉〔praescriptis verbis agere〕），人们还为此附加"不确定的原告请求（intentio incerta）"。

法学家们开始以这项债因为基础开展工作，这一新的发展似乎以某些同受到承认的有名契约相类似、但又很难确定究竟属于哪一种契约的形式为出发点[1]。

逐渐定型的这类无名契约完全以债因以及同有名契约的相似性为基础，这种学术模式似乎产生于后古典法；"依诉求前书之诉（actio praescriptis verbis）"可能是由优士丁尼或罗马法的东方学派发明的。罗马人只使用过"根据诉求前书提起诉讼（praescriptis verbis agere）"这种表述，由于上面提到的原因，适用此程式的适法行为没有自己特有的名称和形象，因而人们不得不先用较多的字句来描述其关系。

---

〔1〕 参见 D. 17, 2, 44; D. 13, 6, 5, 12; D. 10, 3, 23。

Ⅵ. 无名契约

在无名契约中，履行了给付的当事人总是保留着因给付未获得回报而提起请求返还之诉（condictio causa data causa non secuta）的权利，以索回被转移的标的，虽然这种适法行为在当时具有债的性质并产生要求履行允诺的诉权，这样是很公正的，至少当债务人不履行给付是出于过错之时；优士丁尼也正是把"因给付的请求返还之诉（condictio ob causam datorum，在后来的术语中叫作 causa data causa non secuta）"限制在这样的范围之内[1]。与此相类似的、在或履行或解除契约之间进行选择的做法，在现代法中甚至被扩大适用于一切双边适法行为（参见1865年《民法典》第1165条，1942年《民法典》第1453条）。但是，优士丁尼把反悔规定为一般权利实属过分，根据他规定的这种反悔权，人们可以通过所谓"因反悔的请求返还之诉（condictio ex penitentia）"索回全部（re adhuc integra）已履行的给付，优士丁尼把法学理论在极为特殊的案件中做出的决定扩大适用于一切无名契约[2]。

§167. 主要的无名契约

（参考：D. 19, 3；D. 19, 4；D. 43, 26；C. 4, 64；C. 8, 9）

易物（permuta）是一种互易（do ut des）行为，根据它，某人有义务因接受了某一给付而转让另一相似的物或所有权以外的权利。不言而喻，最广义的易物也是取得的一般原因，而且"易物"这一名词一直保留作为一般术语，无论标的的互换是由双方当事人直接进行，还是当事人一方或双方仅仅承担交换标的的义务。在第一种形式中，易物自古（ab origine）就当然地受到承认，但它不是债契约，而是直接构成权利取得的根据，比如说，是让渡的正当原因（iusta causa traditionis）或时效取得的正当原因，不要求以任何债关系为前提，甚至在让渡和时效取得中从来都是这样的，还没有一位法学家以任何程式或方式承认这种债关系，既不把它视为契约，也不把它视为受"事实诉讼（actio in factum）"保护的契约外之债。在现在需要加以论述的第二种形式中，易

---

[1] 参见 D. 12, 4, 5, 4；D. 19, 5, 8；C. 4, 6, 10。
[2] 参见 D. 12, 4, 3, 2；D. 12, 4, 5pr.。

物是一种债的无名契约，它在早期历史时代就受到承认，但不是受到所有法学家的承认；从保罗开始，也允许为之提起"事实诉讼（actio in factum）"。至于表现为双务契约的易物，由于不采用任何形式，因而它在优士丁尼法中根本不被承认。

有关追夺、被转移物的瑕疵以及风险（periculum et commodum，在交付之前，它由债权人承担）的规则，从买卖扩大适用到易物。然而，同罗马的买卖不同，易物要求承担转移所有权的义务，因而也不必等待实行追夺，如果交换的物是属于他人的，当事人一方当然有权提起诉讼，要求赔偿利益损失，或者索回自己的物。给付了他人物（res aliena）的一方，不能要求另一方实行回报给付，因为他使债因告缺[1]。此外，在易物中不区分商品和货币，因而不适用那些以此区分作为惟一根据的规则（如因严重损伤而废约），也不适用罗马买卖所特有的下列规则：买卖的主体之一，应给付商品的出卖人，只承担转移占有的义务。

另一个无名契约是**行纪契约**（contratto estimatorio），根据它，接收到某一经估价的标的并被委托将其卖出的债务人，有义务或者给付商定的价金并将可能获得的超额价款转归自己，或者将该标的原物退还。古典法学家曾通过"行纪之诉（actio de aestimato）"保障这一适法行为，优士丁尼将该诉讼归纳在"依诉求前书之诉（actio praescriptis verbis）"的概念之下。

另一个古典的适法行为，在其后期发展中本来也应被划归无名契约之列，但在优士丁尼法中它几乎是空有其名，这就是**临时让与**（precarium）。临时让与就是无偿地出让某一标的并约定出让者可随时要求返还。在罗马社会，临时让与是非常普遍和非常古老的做法；但是，它不被视为契约，因为在当事人之间未设立任何债关系，让与人也无权根据让与行为提起诉讼。他只能为从临时受让人（precarista）那里获得返还（就像从任何占有人那里获得返还一样）提起对物之诉；他也可以驱逐临时受让人，而不构成实施"不正当暴力（vis iniusta）"，因为物是他自己的。在引入了对占有的保护之后，临时受让人被承认为占有人，并且当其占有受到干扰或剥夺时，有权要求获得令状保护；但是，相对于将其驱逐出土地的让与人来说，他得不到令状保护，因为让与人可以提

---

[1] 参见 D. 19, 4, 1, 3。

VI. 无名契约

出"临时受让占有抗辩（exceptio precariae possessionis）"，在早期的"防止暴力剥夺令状"（unde vi，见§115）中也明确规定可提出这种抗辩。

让与人也从裁判官那里获得一种更迅捷的一般保护，即"临时让与令状（interdictum quod precario）"，概括继承人和特定继承人（即买受人）在未撤销由前所有主实行的让与的情况下也可以要求获得此令状。这种令状不属于保护占有的令状，因为申请该令状的人可能根本未占有物，相反，人们恰恰以拒绝返还标的作为申请令状的根据；也就是说，实质上是以对所承担义务的损害为根据。

在古典法中，临时让与也未被列入契约的范围，因为人们通过非常的途径而不是通过市民法诉讼实现对有关义务的维护，并且人们认为这种保护产生于损害本身，而不是产生于这种适法行为。考虑到临时受让人在市民法上未保证承担确切的义务并且他只是在不确定的时间内接受物，因而法学家们把临时让与同赠与相提并论。

在优士丁尼法中，让与人获得了真正的、有关债的和契约的诉权，借以要求返还物，即"请求返还不特定物之诉（incerti condictio）"，它也被叫作"依诉求前书之诉"。

随着临时让与逐渐获得了债的特色，临时受让人同物的关系也逐渐削弱。占有不再被视为临时让与所固有的，也可以通过允许临时受让人简单地持有物（esse in possessione）来设立临时让与。无形当中，临时让与制度开始变成了一种法律概念，在后来的谕令中，"临时让与占有（precario possidere）"这个词被用作"以他人名义占有（pro alieno possidere）"的同义语。

临时让与物的人叫作"临时让与人（precario dans）"，或者用令人回想起临时让与的原始特点的表述法，也叫"被请求人（rogatus）"。然而，临时让与现已不是根据"请求（rogatio）"而是根据对标的的"给予（datio）"加以设立的。

在新法中，临时受让人在很多方面同使用借贷的借用人很像，与后者不同的是，临时受让人不是为了特定的用途而接受物，他可以采用更广泛的方式享用物；另一方面，让与人现在也不受约束，有权随时撤销让与，而且他放弃此权利是不合法的。此外，临时受让人应当只对诈欺和重过失承担责任。

除"依诉求前书之诉"以外,让与人或"被请求人(rogatus)"还有权要求"临时让与令状(interdictum quod precario)";但是,他现在不能以武力驱逐受让人,因为在"防止暴力剥夺令状(interdictum unde vi)"诉讼中,"临时让与占有抗辩(exceptio precaria possessionis)"已经被废除了。

VII. 简约和协议

§168. 无形式简约和附加简约

（参考：D.2，14；D.2，15；D.4，8；C.2，3；
C.2，4；C.2，55（56））

缺乏形式而且不是根据某一债因而达成的协议（对它不要求特定形式）一般被称为"简约（pactum，pactio，pactum conventum）"，至少在优士丁尼的学说中是这样，为了将它同受到承认的协议即契约区别开来，人们也称它为"无形式简约（nudum pactum）"。无形式简约不转移权利，也不产生在法律上完备的债。不存在任何以它为根据的诉讼。

然而，简约自古以来（ab antiquo）就被用作在执法官面前解决争议的手段，在这种情况下，争讼在法律审（in iure）中得到和解。后来裁判官在自己的告示中宣布：一般将考虑当事人之间达成的简约（pacta conventa servabo），只要它们不违背法律，不是为故意欺骗当事人一方而缔结的。这时，裁判官并不是承认简约具有充分的效力（如果说简约被理解为协议的同义语的话，上述发展将导致罗马契约制度的一次彻底革命），也未允许以简约为根据进行诉讼，但是，由于他有义务在行使司法管辖权时尊重简约，因而，当某人依据合法建立的某一关系提起诉讼时，他允许订立了对自己有利的简约的被告提出"既定简约之抗辩（exceptio pacti conventi）"。根据这项一般规定，在以下情况中无形式简约实际上是有效的，它们是：第一，当简约的目的在于完全或部分排除某一法律关系的效力时，比如：某人有100元的债务，但债权人同他达成简约，根本不要求他偿还这笔钱或者在一定期限内不要求他偿还。第二，当根据特别简约交付某一标的或允许行使某一权利时，比如：某人达成简约（不是要式口约）在未履约的情况下支付违约金，并且同时向债权人支付了一笔钱或某种标的（作为定金）；或者达成简约允许邻居从自己的土地通过而不必依法设立役权[1]（即允许他在事实上行使通行权）。

在所有这些情况中，当事人一方仍完全享有维护自己债权的诉权，有权针对标的提起"要求返还所有物之诉"或"排除妨害之诉"，但是，这些诉讼的效力受到"既定简约抗辩"的排斥。

在诚信审判中，简约具有更大的效力，因为审判员必须根据诚信标准（ex fide bona）评估当事人的相互义务，因而，有关契约的诉讼保障任何简约的履行，虽然简约的目的不是通过限制诉权来排除或限制权利，更不是通过扩大或变更诉权的内容来增加或改变法律关系的后果。人们通常用下列语句表述这种情形："既定之简约影响诚信审判（pacta conventa inesse bonae fidei iudiciis）"。然而，为了使简约能够为法官所考虑，简约应当的确是同契约联系在一起的，并且是在签订契约时达成的（in continenti, non ex intervallo, 参见§137）。在优士丁尼法中，通过简约变更某一关系的一般结构，这种可能性在相当广泛的范围内得到承认。人们可据以提起诉讼的类似简约被学者们称为"pacta adiecta（附加简约）"。

一类特殊的附加简约是在对某一标的实行要式买卖时通常附加的那些简约（leges mancipii）。优士丁尼将附加简约的权利从要式买卖扩大到让渡，这种权利被从新的意义上加以理解，它的意义超出了原始的"要式买卖附加简约（leges mancipii）"（参见§106）。

主要的无形式简约有：不提出请求之简约（pactum de non petendo），它是典型的简约形式；此外还有和解协议和仲裁协议。

不提出请求之简约，我们已在债"因抗辩"消灭的方式部分作过介绍（参见§136）。

和解协议（transazione）是当事人就争议和疑问通过相互让步（aliquo dato aliquo retento）而达成的协议。

---

[1] 这一般针对的是行省土地，参见§106。

Ⅶ. 简约和协议

和解协议本来是一种可使对物权的取得或丧失合法化的一般原因或行为（就像它对债所起的作用一样）。但是，由于它只产生抗辩，因而它完全可以用来使某一债权完全地或部分地消灭，但是，它不能用于创造债权，除非为该简约增加了要式口约。

仲裁协议（compromesso）是当事人相互承诺将争议提交被称为仲裁人的第三人加以审判的协议。在古典法中，仲裁人的判决（arbitrium, laudum）对当事人无约束力，也不使他们失掉起诉权，因此，为了以一项制裁相约束，通常为此简约增加关于在不执行仲裁判决情况下科处罚金的要式口约。只是优士丁尼才承认该协议具有无形式简约的效力，允许当事人提出"仲裁协议抗辩（exceptio veluti pacti ex compromisso）"，甚至允许提起"事实诉讼"，如果当事人已在仲裁人的裁决上签了名或者裁决自宣布之日起 10 天内未遭到反对。

应当指出的是，无形式简约现在已不再是这样，它在新法中变成了契约，并且，如果应当依简约履行一定给付义务的双方当事人之一履行了自己的义务，他有权采用"依诉求前书之诉"来维护自己的利益。

对于各种各样的附加简约，我们已陆续做过介绍，尤其是那些有关嫁资、质押、买卖等问题的简约（参见§137）。

§169. 裁判官法的正当协议

（参考：D.13, 5；D.4, 8；C.4, 18；C.2, 55（56））

依据裁判官的司法管辖权或者（在最后的时代）依据皇帝的认可，某些协议也获得了诉讼的保护，并且因此而有能力产生物权和债权。某些设立物权的协议，如抵押简约（pactum hypothecae）以及在优士丁尼法中设立用益权或地役权的简约，同本议题无关。在那些涉及债的协议中，司法保护的根据似乎着眼的是协议以外的东西，对于裁判官法的协议来说，所注重的或许是违约惩罚。

债务协议（costituto）即关于清偿自己债务或在一定时间或地点清偿债务的允诺，这是裁判官法对债的一种保障（参见§143 和§146）。

接受仲裁协议（receptum arbitrii）是关于接受争议仲裁人职务的协议。仲裁人一旦接受了此委托，裁判官就要求他必须进行审判。

自愿宣誓（giuramento volontario，不可将它同司法宣誓或古典的"法律审宣誓"〔insiurandum in iure，见§42〕相混淆）通过"事实诉讼"从裁判官那里获得保障，在这种诉讼中，如果原告或被告就简约作出宣誓（ex pacto iuraverit），审判员就必须根据原告的请求对他的主张做出裁决，而不必进行任何调查。

在古典法中，如果有关嫁资的债不是按照要式口约或嫁资声言（dotis dictio）的形式达成的，嫁资债的设立就不是有效的。简单的**嫁资允诺**（pollicitatio dotis）首先由狄奥多西二世所承认（公元428年）〔1〕。

至于赠与允诺，它在古典法中不仅不是可依简单的协议而成立的债，甚至人们可以通过"琴其亚法抗辩"使为此目的达成的要式口约成为无效的，根据《琴其亚法》，超过一定范围的赠与受到一般禁止（见§181）。在《琴其亚法》于最后时代被废弃之后，优士丁尼承认了简单的**赠与允诺**（promessa di donare），并为它设立了诉讼，借以要求履行该允诺〔2〕。

某些不被称为"契约（contractus）"的协议的发展，势必使得在真正的罗马时代为习惯和学说（一句话，为"市民法"）所承认的、被称为"契约"的债因和行为数目增加；另一方面，要式口约完全失去了一问一答的典型口头形式，蜕变为在场者之间根据达成要式口约的意愿（animus stipulandi，见§154）缔结的单纯协议。因而，在罗马—希腊时代，契约、协议和简约的实质区别淡漠了，简约与要式口约相互接近，上述不同概念之间的区别在优士丁尼法中几乎消失殆尽，并且在中期法中彻底消失。实际的结果是：除了那些被明确禁止的债因外，所有在现代法中由当事人相互达成的适法行为均开始被承认为契约，也就是说，这类行为一般产生以简单合意为根据的债。

---

〔1〕 参见 C.5, 11, 6；并参阅§66。
〔2〕 参见 J.2, 7, 2；C.8, 53 (54), 35pr.。

Ⅷ. 准契约

§170. 无因管理以及类似之债

（参考：J. 3, 27, 1—7; D. 3, 5; C. 2, 18 (19)）

在主人（principale）或被经管人不知晓的情况下经管他人事务，采用专业术语被称为**无因管理**（negotiorum gestio）。

这种事实同债因或客观关系意义上的委托很相似。当罗马人说债产生于准契约（quasi ex contractu）时，他们指的正是无因管理，因为它完全缺乏契约协议（即 conventio）。在罗马法文献中，无因管理的要件并非完全一致，而且人们有一定根据地认为，两个由此产生的债并不具有相同的要件，至少在优士丁尼法中如此。单纯地管理他人事务（即 negotium alienum）只要求经管人对被经管人承担义务；但是，当经管人并不具有管理他人事务的意图（animus 或 affectio negotia aliena gerendi）并且尚未有效地开始经管（utiliter coeptum）时，被经管人或主人并不对经管人承担义务。但对于这些疑问和矛盾的最可取的解决答案是：在古典法中，直接诉讼（actio directa）和反诉讼（contraria）均要求客观要件（管理他人事务，negotium alienum）和主观要件（经管人的意图，animus）。如果经管人不具有管理他人事务的意图，而是怀着为自己获利的意图实施活动，那么，由于他同无因管理没有关系或者由于他怀有不诚实的意图，因而不产生"无因管理之诉（actiones negotiorum gestorum）"。只是到了优士丁尼，似乎才完全承认了针对单纯的客观经管行为提起的直接诉讼和反诉讼，扩大了无因管理的范围；《学说汇纂》中这种古典制度的明显痕迹,对于此情况来说,只有历史价值。关于不顾主人拒绝而实行的无因管理(negotiorum gestio prohibente domino)的效力问题,在法学家之间存在着争论。优士丁尼平息了这一争论,他否认在此情况中经管人拥有诉权。

经管人的义务是根据事务的性质完成所承担的事务并向被经管人返还利润和利息。他应当在管理中采用善良家父的勤谨注意,也就是说,也对轻过失负责。如果所经管的事务不允许迟延,他则只对故意和重过失负责;比如,一所房屋面临倒塌的危险或者某人因未清偿债务而面临罚款。如果他承揽了被经管人通常不管的事务,他也对意外事件负责。

主人应当向经管人补偿费用并使他摆脱所承担的债。

由于债是相互对应的,"无因管理之反诉(actio negotiorum gestorum contraria)"也同"直接的无因管理之诉(actio negotiorum gestorum directa)"相互对应;同所有的反诉(contraria iudicia)一样,无因管理之反诉最初也是颇有争议的,但它肯定是被后来确立的。

监护和保佐也涉及对他人事务的管理。然而,监护有着它自己的特点和它特有的诉讼,并且涉及的是家庭法(见§47)。

对未成年人、精神病人和浪费人的保佐在古典法中产生"无因管理之诉",但是,正如人们所见到的,优士丁尼不断将监护和保佐加以同化,他宁愿使用"扩用诉讼(actio utilis)"或"保佐之诉(curationis actio)"的术语(见§75)。

同无因管理相似的还有关于丧葬费用的"丧葬之诉(actio funeraria)",它可以向继承人提起并对遗产享有优先权。这种诉讼所要求的条件是:某人在进行丧葬活动时必须以经管他人事务为自己的意图(animus negotia aliena gerendi),而不是出于怜悯之情(pietatis gratia);但是,在评价这种意图时,根据优士丁尼法,审判员仍拥有比在无因管理问题上更宽广的裁量余地[1]。

---

[1] 参见 D. 11, 7, 14, 7; 13。

Ⅷ. 准契约

§171. 不当得利

（参考：J. 3, 27, 6; D. 12, 4.7; C. 4, 5.7）

建立在不正当的原因或不正当的法律关系基础上的财产增加叫作**不当得利**（arricchimento ingiusto）。这种情况一般因取得的近原因偶然地同一个在法律上不存在或无效的远原因相结合而发生。在这类情形中，虽然对物权或债权的取得受到承认，但是，人们允许受损害者为从另一方为获得对财产增加部分的返还而提起诉讼。

产生这种债和诉权的某些事实同实物契约很相似，但是，应当加以注意的是债因，注意使债合法化的客观关系，即由当事人一方取得而由另一方付出的财产增加。有时候虽然产生不当得利的债，但由于缺乏合意，却不可能产生实物契约。比如：某人未经监护人准可向受监护人出借钱款或以使用借贷或易物的名义给付某物，在这类情况中，不产生消费借贷、使用借贷或易物契约；但是，受监护人仍因不当得利而负债。

针对不当得利提起的诉讼一般被称为"无债因请求返还之诉（condictiones sine causa）"，它们分别是：第一，当为了换取对方相应的给付而向他人给付了自己的财产时，可提起"因给付的要求返还之诉"（condictio ob causam datorum，在优士丁尼法中是 condictio causa data causa non secuta〔因给付未获回报的请求返还之诉〕）。另一方当事人根据所承担的义务而有效地取得权利，但是，如果他不履行该义务，人们就有权索回已给付的财产；行使这一权利（在无名契约的有效性获得承认之后）仅限于下列情况：第一，不履行义务是因过错而发生的（参见§166）。第二，当因错误而实行了不当清偿（即根据某种不存在的或无效的债实行了清偿）时，可提起"错债索回之诉（condictio indebiti）"。为了能够提起这一诉讼，罗马法要求不当清偿人所犯的错误是可原谅的。第三，当实行给付或允诺是为了使他人不实施不道德的和不合法的行为时，可提起"因受讹诈的请求返还之诉（condictio ob turpem vel iniustam causam）"。如果该债因的可耻性不仅与接受给付方有关，而且同给付方也有关，则不能提起这种请求给付之诉。在这种情况下，被给付标的的占有者获胜。第四，当人们要求返还根据任何一种不存在的或已终止存在的关系而给付（包括允诺给付，至少优士丁尼法是如此规定的）的钱物时，可提起狭义的"无债因请求返还之诉（condictio sine causa）"和"债因消失后的请求返还之诉（ob causam finitam）"。

§172. 共有

（参考：J. 3，27，3—4）

根据古典法，在数个共同所有者之间，根据优士丁尼法，在数个对同一物享有权利（用益权、役权、地上权等）的人之间，也因上述事实产生债关系。这种事实本身与合伙很相似，因为它们有着相同的客观基础或相同的原因；这种事实被称为"共有（communio incidens）"。对"共有"进行调整的方式类似于对合伙的调整方式；但是，每个共有人有权要求在任何时候通过"共同财产分割之诉（actio communi dividundo）"或"遗产分割之诉（actio familiae erciscundae）"解除共有关系。在古典法中，上述诉讼也用来维护相互的债关系（赔偿损失，分配利润，偿还费用）；但在新法中，在共有关系存续期间（manente communione）也可以将析产诉讼适用于这些"保障（praestationes，优士丁尼法中的术语）"，而且，对于因将股份权转让给他人而已脱离共有关系的物，也可以采用上述诉讼。同合伙人一样，共有人的责任也只扩及具体过失，也就是说，共有人必须采用对自己物所采用的勤谨注意（diligentia quam suis rebus）[1]。

---

[1] 参见 D. 10，2，25，16。

IX. 非法行为和狭义的法律行为

§173. 私犯及其个人后果

犯罪（delitto）是指一切受刑罚打击的非法行为。同一般的非法行为一样（参见§34），犯罪要求具备两个要件：对某一权利的侵害和主观意愿（即罪过）。具体的后果是较严重的，因为，犯罪行为对社会秩序造成侵害的严重性使得犯罪人不仅应承担赔偿责任，而且还要受到刑罚。

犯罪被区分为**公犯**和**私犯**，对于前一类犯罪，刑罚具有公共特点，即由国家科处刑罚（poena publica），无论对它们是否提起公共诉讼；对于第二类犯罪，即我们在这里论述的几种犯罪，刑罚则应当由私人适用，在早期历史时代，这种刑罚导致以钱赎罪。

私犯的概念，有关诉讼和刑罚所具有的、私人的和债的特点，这些都是原始制度的残余，根据这种原始制度，犯罪是**产生债的真正的和惟一的渊源**（见§117）。但在古典法和优士丁尼法中，这个范畴解体了。盖尤斯和优士丁尼的《法学阶梯》都只列举了四种形式的私犯：**盗窃，抢劫，损害，侵辱**。而且，就是对于这些最常见的形式，私犯的概念也变得相当淡漠了（如损害），或者在私刑旁出现了公共刑罚，而且后者表现出取代前者的发展趋势。在现代法中，只是根据理论传统，人们才把私犯谈作同契约相并列的债的渊源；实际上，一种私犯也未剩下，因为私犯的后果即私刑已经消失了；至于赔偿（由于它，私犯的形式仍在债领域中保留），它并不是私犯的独特后果。私犯的完全消失也提出了一个有时相当尖锐的问题,即对精神损害的赔偿问题。

产生于私犯的诉讼区分为罚金之诉、损害赔偿之诉和混合之诉。在数个共同行为人或同伙之间,赔偿的责任是连带的;对于罚金来说,责任则一般是独立的,由一人支付的罚金在任何情况下均不使其他人解脱。

§174. 盗窃和抢劫

(参考:J.4,1,1;J.4,2;D.47,2;D.47,8;C.6;2;C.9,33)

在罗马法中,**盗窃**(furto)是以获利为目的、欺诈地窃取他人的可动物,或者经被窃人同意而持有物品的人非法使用或非法侵吞该物。在优士丁尼法中,人们将盗窃区分为**窃取**(furtum rei)、**窃用**(furtum usus)和**窃占**(furtum possessionis)。

因此,盗窃具有以下要件:第一,取得(contrectatio),这个概念包括窃取他人物品、非法使用(furtum usus)和非法侵吞(furtum possessionis)。根据普罗库勒学派的理论,对于窃占来说,不是必须实行物的移位,只是具有占有的内心活动(即据为己有的意图)就足够了。"取得(contrectatio)"当然意味着未经所有主同意(invito domino)。第二,欺诈性意图(contrectatio fraudulosa, animus 或 affectio furandi)。第三,从被窃物中获利的意图(animus lucrifaciendi)。第四,可动产。在早期,也曾承认盗窃不动产,但这种观点在古典法时代已经被摈弃。

"盗窃之诉(actio furti)"是罚金之诉。如果盗窃是现行的,即被当场发现,罚金是被窃物价值的4倍,按照整个犯罪过程中物的最高价值计算(quanti unquam plurimi fuerit)。如果盗窃是非现行的,罚金为两倍。有权提起这种诉讼的不仅是物权(ius in re)的享有者,而且也包括因负责照管而想防止物被窃取的人,如借用人、承租人,等等。不过,所有后面提到的这些人均应当将罚金作为物的附属品返还给物的所有主。作为罚金之诉,盗窃之诉只针对窃贼进行,不针对其继承人。这种诉讼是造成不名誉的,而且是永久的。

损害赔偿之诉(reipersecutoria)被叫作"要求返还被窃物之诉(condictio furtiva)"。只有物的所有主有权提起它,而且也能针对窃贼

Ⅸ. 非法行为和狭义的法律行为

的继承人提起此诉讼。

所有主也可以提起"无债因请求返还之诉（condictio sine causa）"或"要求返还所有物之诉（rei vindicatio）"；在此目的实现后，要求返还被窃物之诉即告消灭。

抢劫（rapina）是以暴力窃取他人物品。对其可提起的诉讼，除关于盗窃的诉讼外，还有"暴力抢劫之诉（actio vi bonorum raptorum）"，它也是造成不名誉的，但仅在确定的年度当中；在优士丁尼法中，它具有混合性质，可借以获得相当于标的价值4倍的罚金。

§175. 契约外损害和侵辱

（参考：J.4, 3; D.9, 2; C.3, 35; J.4, 4; D.47, 10; C.9, 35—36）

契约外损害（danno estracontrattuale）即不以任何同被损害人的关系为转移而造成的损害，这种损害完全由《阿奎利亚法》第一章和第三章加以调整。在第一章中有这样的规定：谁杀死了一名奴隶或畜群中的一头牲畜，谁就应当按照标的物在当年的最高价值进行赔偿。第三章规定，如果奴隶或畜群中的牲畜只是受了伤，或者损害是针对其他标的造成的，则应当按照该标的在30天前的最高价值进行赔偿。在抵赖（infitiatio）的情况中，可请求加倍赔偿（in duplum）。

造成损害者必须具有过错；人们认为最低限度（minimum）的过错即可。"在《阿奎利亚法》中最轻微的过错也予考虑（In lege Aquilia et levissima culpa venit）。"[1]的确，在这里，古典学者把"过错（culpa）"理解为简单的可归责性；只是在优士丁尼的编纂活动中，才总是根据专业术语意义上的"过错"标准重新调整各种决定。

为了能够提起诉讼，损害必须具有实在性，它应当是由物体（corpore）造成的，即直接由行为人造成的物；并且应当是针对物体（corpori）造成的，即直接侵害标的物。但是，早在古典法中，人们就允许针对间接造成的损害（即非直接由行为人造成的损害）提起扩用诉讼。优士丁尼还允许因非针对物体的侵害而提起事实诉讼（actio in factum），同

---

[1] 参见 D.9, 2, 44pr。

"一般事实诉讼（actio in factum generalis）"一样，上述事实诉讼也似乎具有一般的损害赔偿之诉的特点。

"阿奎利亚法诉讼（actio legis Aquiliae）"只能由所有主提起，但在优士丁尼法的文献中，我们发现这种诉权以扩用的方式（utiliter）授予了善意占有者、用益权受益人、使用权受益人、质押债权人、承租人，尽管后者不拥有对物的权利（ius in re）[1]。

侵辱（iniuria）本义是指在生理上或精神上（即对名誉）对人造成侵害的行为。它可以表现为语言（verbis）或行为（re）；它可以是**凶残的**（atroce），即具备一些有关人身、地点、时间等方面的加重情节，也可以是**简单的**。侵辱也区分为**直接的**，即直接对特定人造成的，**间接的**，即对同特定人有密切联系的人造成的，比如该人的未婚妻、女儿等。因此，对于同一行为，不同的人可以相互并列地行使诉权。

由《十二表法》规定的残酷刑罚（其中包括同态复仇）使得裁判官引入了"侵辱估价之诉（actio iniuriarum aestimatoria）"，通过它，刑罚变成了财产刑，并授权审判员根据正直的标准（arbitrium）逐案地确定幅度或罚金额（aestimatio）。

侵辱之诉是罚金性的并造成不名誉，它属于当事人间的报复性诉讼（vindictam spirantes），因而受侵辱者的继承人不享有此诉权，人们也不能以任何方式针对侵辱者的继承人提起此诉讼（见§45）。

§176. 准私犯

（参考：J. 4，5；D. 9，3；D. 47，5）

同在准契约中一样，在准私犯中也存着使人有理由认为与私犯相类似的客观事实。这个范畴的形成似乎反映出这样一种倾向：对于私犯的概念和后果来说，过错越来越受到重视。

准私犯的情况有：

一、**放置物或悬挂物致害**（positum et suspensum）。如果某物被放置或悬挂在面对公共道路的建筑物外，住户无论是否具有过错，均可受到

---

[1] 参见 D. 9, 2, 27, 4。

IX. 非法行为和狭义的法律行为

"放置物或悬挂物致害之诉（actio de positis et suspensis）"的追究。

二、**落下物或投掷物致害**（effusum et deiectum）。如果从建筑物中落下或投出的任何物品在公共场所造成损害，住户无论是否具有过错，均可受到"落下物或投掷物致害之诉（actio de effusis et deiectis）"的追究，被要求双倍地赔偿损失。如果造成一名自由人死亡，任何市民均有权提起诉讼，罚金将是 50 金币；如果造成伤害，审判员有权裁量应当支付的赔偿。

同一房间的数名房客将承担连带责任。

三、**审判员误判致害**（Si iudex litem suam fecerit）。如果审判员做出一项错误的判决或者以其他方式疏忽了自己的义务，他应当向受害方按照争讼的价值进行赔偿。

四、**产生于自己属员的盗窃或侵害行为的责任**。船主、旅馆或客栈的主人对盗窃和损害旅客物品的行为负双倍赔偿的责任，无论这些物品是否被交给了上述人员。该诉讼不能对继承人提起；但它是连带的和永久的。

§ 177. 其他非法行为

（参考：D. 3, 6；C. 9, 46；D. 11, 3；C. 6, 2；D. 47, 12；C. 9, 19；D. 4, 9；J. 4, 9；D. 9, 1）

关于导致诈欺之诉（actio de dolo）和胁迫之诉（actio quod metus causa）的诈欺和胁迫，我们在总论部分已作过论述（参见 § 31 和 § 32）。

罗马人所讲的**诬告**（calumnia）是指收受钱款并以诉讼去缠扰他人或者故意规避诉讼的行为。对于受到诬告的人，应给予 4 倍于所收受款额的赔偿。

对于因**贿赂奴隶**而造成的损害，可以提"贿赂奴隶之诉（actio de servo corrupto）"。罚金是实际损害的两倍。但是，同其他罚金之诉一样，这种诉讼也不能向继承人提起，是永久的，而不是年度性的。对于腐蚀"家子"的行为，至少在新法中，人们也可以扩用的方式提起上述诉讼。

侵犯陵墓（sepulchrum violatum）的行为使陵墓的主人有权对侵犯者提起"事实诉讼"。罚金的数量由审判员裁定，但是，如果"侵犯陵墓之诉（actio sepulchri violati）"是作为民众诉讼而提起的，那么，对于在墓葬区居住或实施生产的人，将处以 100 金币或 200 金币的罚金。

船舶的船长、旅店或客栈的主人（nautae, caupones, stabularii），如果为他人保存商品或行李，依据大区长官的告示，承担严格责任，这种责任不同于受寄托人和承租人的责任，它以"承保（receptum）"为根据，要求上述人员对被照管物遭受到的任何损失负责，即便他们并无过错，但完全属于不可抗力的情况除外。这种诉讼包括赔偿损害（rei persecutionemcontinet），因而是永久的，并可以针对继承人提起。

对于**由家畜造成的损害**（法学理论对原始概念作了限制，要求必须是违反家畜本性的行为），现实的所有主在"动物损害之诉（actio de pauperie）"中承担责任，其方式同他们在侵害之诉中对奴隶的私犯行为和"家子"的私犯行为（在优士丁尼前的法中）所承担责任的方式相似，所有主同样可以通过将牲畜移交给受害人来摆脱一切责任。当在放牧中他人的牲畜进入我的地盘时，我可以提起"放牧之诉（actio de pastu）"，这种诉讼同前一种诉讼相似。

数个共同所有主承担连带责任（in solidum）。

§178. 对债权人的欺诈和保利安之诉

（参考：D. 42, 8；C. 7, 75）

债权人或代表他们的破产保佐人（curator bonorum, §43）有权要求撤销债务人对他们实施的欺诈行为。有关的诉讼叫作"保利安之诉（actio Pauliana）"，提起该诉讼的条件是：欺诈意图（consilium fraudi）和损害结果（eventus damni）。

是否具有"欺诈意图"，只看债务人在实施行为之时是否明知自己将来没有清偿能力。"损害结果"在古典法中是通过对债务人财产的"授权占有（missio in possessionem）"加以证明的，优士丁尼则要求已实行了对财产的变卖，这项改革产生于对执行之诉的新的理解方式（见§43）。

IX. 非法行为和狭义的法律行为

为了撤销有偿行为，要求不仅债务人而且第三人均应当有"欺诈意图"。相反，在撤销无偿行为时，损失则由第三人承担，即便他未参与欺诈；然而，第三人的这种责任也不能超过得利的范围。为什么债权人相对于受赠人享有优先权？为什么他也可以对善意第三人行使诉权？法学理论所给予的答案是：善意第三人总是试图避免损害（certant de damno vitando），而受赠人所希望的是获利（certat de lucro captando）。

行为应当表现为对财产的减少，它也可能是不作为（比如：债务人故意不出席审判，在规定期限内不及时提起诉讼，因不使用而使役权丧失，等等）；然而，在行使非财产性权利（即有关人身的权利，如侵辱之诉〔actio iniuriarum，见§175〕或不合义务之告诉〔querella inofficiosi，见§218〕）[1]时的不作为以及有关取得的不作为[2]都不是可予撤销的。

在优士丁尼法中，保利安之诉是两种古典法制度的混合，即"保利安之诉（actio Pauliana）"和"诈欺给付令状（interdictum fraudatorum）"的混合；它是仲裁诉讼，事实诉讼，并且是暂时的；在向继承人转移诉讼时，不可超过得利的范围；但是，它不再是侵害之诉，不同其他手段相加，也不同时向数个共同行为人提起。

§179. 出示义务　航海者之间分担损失

（参考：D. 10, 4; C. 3, 42; D. 43, 5; C. 8, 7; D. 14, 2）

任何人在需针对某一标的提起诉讼时，如果有必要（比如为了辨认该标的或者为了进行挑选等），均可以要求持有该标的的人出示它。这种诉讼叫作"出示之诉（actio ad exhibendum）"。对于文书和银行账目，可以提起"事实诉讼（actio in factum）"；对于遗嘱，可以根据简单的利害关系要求发布"出示遗书之令状（interdictum de tabulis exhibendi）"。出示之诉通常是为要求返还所有物之诉做准备，比如，提起该诉讼是为了分割合并在一起的、但并非以有机方式构成彻底添附的物

---

[1] 参见 D. 38, 5, 1, 8。
[2] 参见 D. 42, 8, 3, 1; D. 42, 8, 4; D. 38, 5, 6—7。

(参见§83)。

如果物已被消耗或毁灭（在这类情况中，要求返还所有物之诉不得提起）或对物的占有被故意抛弃（在这种情况中，根据古典法，也不得提起要求返还之诉，因为故意中止占有者〔qui dolo desiit possidere〕的合法被诉地位只是新法的产物），那么，原告可以采用出示之诉要求赔偿损失。

《关于弃物的罗迪法（lex Rhodia de iactu）》（即从罗迪人的航海法中摘取的一条规定）宣布：如果为了保护处于危险之中的航船而将货物投入海中，应当根据为每个人所保护的财物的比例，由各航海者分担损失。这条规定被类推适用于货物的腐坏，向海盗支付的赎金，等等。法学理论将这种责任归纳在承揽租赁（locatio operis）的概念之下，允许受损害者对船的主人提起租赁之诉（aitio locati），并且允许船主对受到保护的货物的所有主提起承租之诉（actio conducti）。

有关物权关系或家庭关系的附加债，我们已在有关部分做过论述。

取得的一般原因和方式

赠与和生者间概括继承

I. 赠与

§180. 赠与的概念

（参考：J.2, 7; D.39, 5; C.8, 53〔54〕）

赠与是取得的一般原因，因为它适用于任何财产权，无论所取得的权利是怎样的，它的要件和特定规范均不改变。既然赠与只是一种原因（使取得合法化的根据），因而每一种权利的设立也还要求自己法定的形式。

赠与可以定义为："某人（赠与人）出于使另一人（受赠人）受益的单纯意图向后者彻底转让包含在自己财产中的财产性权利的无偿原因"。因而赠与意味着一种权利转让，同时要求不存在任何要求清偿的原因，即便是简单的自然债，因为赠与不应当是一种清偿（solutio）。赠与人的意图叫作"赠与意愿（animus donandi）"。

根据财产行为的性质，人们区分**实物赠与，债权赠与**或**赠与允诺，**

解除债务赠与。

第一种赠与要求设立一种对物的权利，一般为赋予所有权；第二种赠与是为受赠人设立一项债权；最后一种赠与则是解除受赠人的债务。

不同种类的赠与要求采用由被转让的权利性质所决定的形式。因而，为转让所有权必须实行让渡；为赋予受赠人以用益权，在新法中只要求简单的协议；为设立地上权，则要求订立有关的契约，等等。赠与允诺在优士丁尼以前的法中要求达成要式契约，比如要式口约；在优士丁尼法中，"赠与原因（causa donationis）"已成为可根据简约而成立的债因（见§169）。

对于解除债务赠与来说，则需要实行正式免除（acceptilatio），或者在当事人间简单地缔结"不提出请求之简约（pactum de non petendo）"。

为了转让债权，则实行诉权转让，为了解除对第三人的债务，则通过向作为债权人的第三人清偿或更新债务而使债务落到自己身上。

赠与也可以涉及赠与人现有的全部财产，在优士丁尼法中这叫作**概括赠与**（donatio universitatis）。应当指出的是，在这种情况中仍需根据权利的不同性质采取法定的形式，因此，为了设立一般的赠与之债或转让财产中的个别物品，简单的协议就足够了，但是为了转移数个物的所有权，则需对每一个物实行让渡，为了转移数个债权，需对每一债权的诉权实行转让。债务当然地由赠与（包括概括赠与）加以排除：赠与人个人继续负债，但是，债权人有权对受赠人提起"保利安之诉"要求撤销为欺诈他们而实施的行为（见§178）。

如果人们想把债务也转移，这就超出了赠与概念的范围，应当让债权人同受赠人更新自己的债权，即让他接受对受赠人的替代，而不再找原债务人。

§181. 赠与的限度和特定形式

在罗马法中，赠与受到一种颇为严格制度的调整。

对赠与的最早的一般限制产生在公元前204年由护民官卢奇·琴其·阿里门托（Lucio Cincio Alimento）发布的《关于赠与的琴其亚法》。这项法律禁止超过一定范围的赠与，并且禁止在特定人（exceptae personae）之间尤其是亲属（cognati 和 adfines）之间实行赠与。的确，该法律未宣布超过限度（modus，即它所确定的范围）的赠与无效，但在程式诉讼时期，裁判官允许任何关系人根据《琴其亚法》对受赠人提出抗辩。债权赠与也在相同情况下完全失效，因为当人们起诉要求履行允诺时，将遭受到"琴其亚法抗辩（exceptio legis Cinciae）"。相反，当实物赠与按照法定形式实行（即对要式物实行要式买卖，对略式物实行拟诉弃权）时，这种赠与是有效的；否则，赠与人有权提出要求返还所有物之诉并以此获得物的返还，同时以"琴其亚法抗辩（replicatio legis Cinciae）"驳回作为受赠人的被告提出的答辩。此外，对于可动物，即便在按法定形式转让之后，赠与人仍可以索回它，只要他所处的条件仍允许他要求"优者占有（utrubi）令状"。通过法定形式实现的无懈可击的赠与以及能使人在"优者占有（utrubi）令状"之诉中因最长期占有而获胜的赠与，后来被称为是"完善的（perfectae）"。

因此，为使赠与有效，直到君士坦丁时代，要式买卖和拟诉弃权这些形式都仍保留着重大意义。

根据"死前均可撤销（morte Cincia removetur）"原则（渊源尚不明确，但是，由于它同对配偶间赠与的承认相似，因而可追溯到塞维鲁和卡拉卡拉时代），如果赠与人直到死亡前仍坚持自己的意思，继承人则不能有效地提出抗辩。

但是，在希腊—罗马时代，《琴其亚法》也被废弃不用，要式买卖和拟诉弃权等市民法形式的消失肯定对此发生了作用，因为只有这两种形式才能使人避免《琴其亚法》所规定的过分严厉的后果；在这时，人们成功地建立了一种并不完全阻碍赠与但又要求深思熟虑和实际执行的制度。赠与开始接受新制度的调整，即制作书契和在公共登记簿上注册。这种实践在君士坦丁时代得到承认，它形成了"登记（insinuazione）"手续。优士丁尼规定：超过500solidi的赠与均需登记。

下列赠与免除登记手续：君主赠与，将军向士兵赠与可动产，为重建被拆除的房子或为解放奴隶而实行的赠与，为帮助妇女设立嫁资而实行的赠与。

在一定限度内多次进行的赠与，只要每次不超过500solidi，也无须履行登记义务；设立每年不超过上述数额的定息，也免除登记手续。

最后我们提醒一句，配偶间赠与是绝对无效的。这一禁止性规范在介绍家庭法时已作过论述（见§60），它出现在《琴其亚法》之后，该法却把配偶列为"除外人（exceptae personae）"。

§182. 特殊赠与

（参考：C.8, 54（55）；J.2, 7, 1；D.39, 6；C.8, 56（57））

赠与的特殊类型是：负担赠与、酬劳赠与和死因赠与。

负担赠与（sub modo）是指要求受赠人承担一定给付义务的赠与。在优士丁尼法中，不仅赠与人及其继承人，而且有关的第三人均有权提起诉讼要求履行这一义务，前一类的诉权叫作"依诉求前书之诉（actio praescriptis verbis，见§166）"，第三人的诉权叫作"扩用诉讼（actio utilis，见§128）"。

酬劳赠与是指为酬谢受赠人向赠与人提供的服务或好处而实行的赠与。

死因赠与（mortis causa donatio）是指由于担心或临近死亡，或者由于死亡发生而对他人实行的赠与。死因赠与的习惯源远流长；它是所谓的比较法遗嘱，而且罗马法中的遗赠制度（见§220）很可能就是脱胎于此。死因继承所经历的沿革又将这种赠与同遗赠重新加以同化，以致在优士丁尼法中只能结合继承法中的这一制度来对此加以论述（见§231）。

§183. 对赠与的撤销

（参考：C.8, 55（56））

赠与可根据多种原因而被撤销。

首先，如果**未履行**为受赠人规定的**义务**，在罗马—希腊时代，至少在一种特别情况（未履行扶养义务）下，可以通过实物撤销即由赠与人提出"扩用的要求返还所有物之诉"（见§92—§93）加以撤销[1]。

---

[1] 参见 C.8, 54（55），1。

Ⅰ. 赠与

其次，对于庇主向解放自由人的赠与（最初曾可由庇主任意加以撤销），可以因**增添子女**而实行撤销[1]。

第三，在优士丁尼时代，赠与可因受赠人**忘恩负义**而加以撤销，在这种情况下，有关撤销赠与的诉权只归赠与人个人所有，不能转移给赠与人的继承人，也不能针对受赠人的继承人[2]。

由赠与人实行的死因赠与可因下列情况而被撤销：1. 受赠人先死；2. 赠与人摆脱了赠与的最终效力所赖以实现的危险，比如，从重病中痊愈；3. 在赠与人未放弃裁夺权的情况下，赠与人决定撤销。无论哪种情况，优士丁尼法都不仅允许提起"请求给付之诉（condictio）"，而且允许赠与人"当然地（ipso iure）"恢复对物的所有权，他有权为重新占有物而提起对物之诉。

酬劳赠与是不可撤销的[3]。

如果赠与使第三人在死因继承中的法定继承份额减少（见§218），或者赠与是在对他们欺诈的情况下实行的（见§178），该第三人可以对赠与提出异议（在后一种情况下采用"保利安之诉"）。

---

[1] 参见 C. 8，55（56），8。
[2] 参见 C. 8，55（56），10。
[3] 参见 D. 39，6，29；30；37。

II. 生者间概括继承

§184. 概括继承的概念和生者间概括继承的种类

概括继承（在古典法中称为 successio，在优士丁尼法中称为 successio per universitatem）一般是指由于某个单一事实而接替某一主体曾拥有的全部财产关系。

因而它意味着统括地取得整个财产；但是，由于它使被继承人（predecessore）的法律关系继续存在，因而它也可以使那些本来不能以其他方式转移的权利从一个主体向另一主体转移（比如，不可转让的嫁资土地、陵墓权、取得者无权交易的物〔例如执法官在其所在行省拥有的土地〕，等等），而且在所有的取得中，被继承人的取得名义仍在继承人那里得以维持。

但是，概括继承已不是一种可以在两个主体间随意实行的行为。那些想将自己的全部财产出卖、赠与、设立为嫁资或以其他原因加以转让的人，必须针对每一项权利都采取法定的转让方式；取得者将获得新的取得名义（出卖、赠与等），转让者的关系和名义不再继续保留，而且某些通过概括继承加以转移的物品本来是完全不能转让的。

只有在下列情况下才能在生者间实行概括继承：

第一，当某一自由人沦为奴隶时。为同出卖人分享价款而故意同意出卖自己（pretii partecipandi causa）就属于这种情况；解放自由人因忘恩负义（propter ingratitudinem）而重新沦为奴隶，以及在古典法中不想同他人男奴终止通奸关系的妇女沦为奴隶（见§13），均属于此情况。

成为奴隶主人的人根据"主人权（potestas dominica）"也取得财产。

第二，当某一自权人因"自权人收养"而服从另一"家父"的父权并变为其"家子"时。作为收养人的"家父"在取得对被收养人及其所属家庭的父权时，也取得该被收养的自权人的财产（见§48）。

第三，在古典法中，当自权人妇女因祭祀婚、买卖婚或时效婚而归顺夫权（conventio in manum），变为"家女"时。丈夫或他的"家父"在取得对该妇女的"夫权（manus）"时，也取得她的财产（见§49）。

如上所述，生者间（inter vivos）概括继承均表现为**取得某一支配权（主人权、夫权、父权）的必然结果**，这三种权力形式最初是单一的权力——manus（权力）。在任何情况下，其财产被他人所取得的人遭受"人格减等（capitis deminutio）"，然而，在归顺"夫权"和父权的情况中，只发生"最小人格减等（minima capitis deminutio）"。

§185. 生者间概括继承的效力

（参考：J.3, 10; J.3, 12; D.4, 5）

生者间概括继承是**对某一主体设立家庭权力的结果**，确切地说，是对该人或从属于该人的其他人（如在自权人收养中）取得家庭权力的平行结果。

这一原则决定了必然产生概括继承的情况，在提出这一原则后，我们来考察一下这一财产制度本身。

罗马社会的概括继承早就产生了，应当把它视为一种原始制度。

我们说不清它的起源，这是很自然的。根据罗马家庭的设置及其权力，从自由人或自权人分别变为奴隶或"家子"时开始，他们就完全是为"家父"取得，并且丧失他们的现有财产，使其归"家父"所有。

由于同样的道理，"家父"虽然继承了权利，但却不对债务负责，因为隶属于他的人为"家父"取得，但却不能使"家父"负债（见§36），而被继承人由于遭受了"人格减等"，也不再继续负债。

概括继承的古老历史使人们更加坚信它的存在理由，即同家庭权力的联系，因为单个地转移权利是在后来的几百年中发展起来的，这种转让有时采用间接的和矫揉造作的方式[1]，而且有些权利一直是不可以单个地加以转让的，即便是需要将整个财产从一个主体转移给另一主体（比如概括赠与，见§180）。

　　法的不断发展没有促进，反而在历史时期逐渐改变了概括继承的原本实质。首先，出现了同人身有着紧密联系的财产性权利，这些权利只要不终止，就不能不隶属于特定的人身，比如：用益权和使用权即所谓的人役权。对于这些权利，在概括继承中人们也不承认转移，因而，它们同债一样因人格减等而消失。

　　另一方面，在债务问题上，法学理论承认自然债的延续，而裁判官则允许对人格减等者以扩用的方式提起诉讼。后来在"最大人格减等"的情况中，法学理论同意对奴隶的所有主提起扩用诉讼，而且，如果主人不能完全清偿债务，债权人则可获准对曾经归奴隶所有的财物实行占有。

　　此外，法学理论通过公平的限制性解释为遭受"最小人格减等"的人保留以下权利和债权：它们实质上不具有法律的和财产的特点，但却直接体现着法所满足的自然需要和事实给付，比如：居住权、扶养费取得权，等等。

　　最后，在优士丁尼时代，生者间概括继承的情况实质上只剩下一种，即因沦为奴隶（或者说"最大人格减等"）而产生的概括继承。"归顺夫权（conventio in manum）"早已消失，至于因自权人收养而发生的概括继承，它已随着罗马家庭和父权的演变而产生了相应的改变。收养人取得对被收养的自权人财产的用益权，而所有权仍归属于被收养的自权人。此外，使用权和用益权不再因"最小人格减等"而消灭。

---

[1] 如对债权的转让，见§129。

死因概括继承或遗产继承

Ⅰ. 一般原则

§186. 罗马遗产继承的一般概念和起源

死因概括继承叫作**遗产继承**（eredita），它在罗马法中只不过是概括继承的一个特殊范畴。使之区别于拜占庭式的个别继承的最明显特点仍然是：**因单一事实，统括地**取得死者的财产，而不必区分权利性质。但是，最内在和最重要的特点是：被继承人原来的关系仍继续保持，因而那些本不能以其他方式转移的权利也得到继承，而且对于一切被取得的权利来说，被继承人的取得名义仍在继承人身上得以维持（见§184；有关特殊后果，参见§187）。

死因概括继承虽然不像生者间概括继承那样是作为取得一项支配权的结果，然而，**在罗马法中**它仍必然地依赖于先取得一种人身资格或身份，即**继承人资格**。

罗马遗产继承的一切基本原则都涉及这样一种观念：遗产继承是取得**继承人资格**的必然结果，这种资格因而成为对死者财产概括取得的**主体条件**或**权能条件**。

这种特殊的依附性常常产生令现代意识和遗产继承所发挥的财产转移目的厌恶的后果，人们应当如何解释这种依附性呢？

罗马法教科书 2017年校订版
ISTITUZIONI DI DIRITTO ROMANO

通过考察罗马家庭所具有的、同国家相类似的社会集体的性质，并且分析大量有关原始家庭共同体的痕迹（见§151）和有关要式物所有权进化的痕迹，人们推测：在罗马起源之初或前罗马社会，宗亲集团或家族（gens）并不一定随"家父"的死亡而解体为大量独立的"家庭"（每个"家庭"受治于各自的"家父"），而是保持着统一，由此产生出下列一种合理的假设：继承人准确地说曾是**宗亲集团或家族最高权力的接班人**，而且只是作为其结果，才也作为财产的继受人，也就是说，**原始的遗产继承是为这种最高权力的转移而不是为财产的转移服务的**。家族的解体使得继承人不再继承对宗亲集团成员的权力，而只继承财产。但是，下列原则及其大量的后果仍然一直保留着：只有拥有继承人资格的人才能继承财产。

从我们前面已作过的论述中，可以得到支持这种假设的一些重要论据。一切其他类型的概括继承（最初的制度在历史时代未臻成熟，反而逐渐凋谢）**均完全依赖于对某种家父权力的取得，而这些权力最初都只体现为一种单一的支配权**。这是很自然的事情：死因概括继承的情况也同样应当如此，而且，据以在这种继承中实现取得的**继承人资格**最初是指所获取的实际权力。

此外，遗产继承在古典法中还包括取得家庭崇拜，死者的"圣物（sacra）"。当时这种"圣物"体现着所有古代政治组织所共有的一项功能，这些古代政治组织都有各自的信仰和神。

但是，只有在对罗马遗产继承的某些最高原则进行了考察之后（尤其见§187，§190—§193，§200—§201，§204—§206，§218—§220），才能充分地和准确地证明我们就罗马遗产继承制度的起源提出的假设。在罗马法自身的发展中，这些最高原则不断受到限制，并且被例外的补救措施和新的制度动摇，在后期发展中被彻底摈弃。

在现代法中，概括取得不再依赖于继承人的资格，人们将那些被指定取得死者全部财产或其中一部分的人称为继承人（见1865年《民法典》第760条和1942年《民法典》第588条），也就是说，继承人的资格不再是取得的**条件**，而仅仅是取得的**称谓**。

Ⅰ. 一般原则

§187. 遗产继承的标的、效力和性质

遗产继承的标的也叫作**遗产**（eredita）。

罗马人称遗产为"asse""as"，"遗产（asse）"被划分为十二份（unciae），在各继承人之间的分配通常根据遗产的份额来进行，每一份代表一定的比例并有自己的名称。"sextans"是两份，也就是遗产的 2/12 或 1/6；"quadrans"是三份，也就是遗产的 1/4；"triens"是四份，也就是遗产的 1/3，并以此类推；"quincunx"为 5/12，"semis"为 6/12，"septunx"为 7/12，"bes"为 8/12，"dodrans"为 9/12，"dextans"为 10/12，"deunx"为 11/12。人们也曾使用过更复杂的、带有或不带有自己名称的遗产单位。按份（pro parte）继承的人，根据相应的方式，被称为"四分之一份额继承人（heres ex quadrante）"，"十二分之六份额继承人（ex semisse）"，等等。

在某些特殊情况中，比如，当死者在向继承人分完自己的十二份遗产后又指定了其他继承人时，由于那些我们将随后论述的理由（见§205），人们将对遗产份额进行双倍或三倍的计算，这被称为"遗产份额乘二（dupondium）""乘三（tripondium）"等。

也存在着一些产生于历史时期并同生命和人身相联系的财产关系，它们不向继承人转移。比如：用益权、使用权、居住权等，它们的存在期以权利享有人的生命为限，另外，还有些个人特权是不可转移的，如"当事人间的报复性诉权（actiones vindictam spirantes）"（见§45）。

占有，作为**纯事实**的法律关系，要求其各项要件具有事实上的连续性，因而不能向继承人转移，因为在原占有人死亡和接受遗产继承之间存在着事实中断，这要求必须出现新的占据和重新表达的占有心素（见§114）。

在这里，需要补充谈谈在遗产继承领域"继承（successio）"概念的一些最重要的后果。首先，死者和继承人之间的**财产混合**使继承人对死者财产的权利义务以及死者对继承人财产的权利义务（如役权、债权等）相互消灭。其次，继承人继承死者在一切关系和一切诉讼中的善意或恶意，继承在占有方面的瑕疵（暴力、欺瞒、窃取、临时受让等），继承一切由物所承受的约束，等等。最后，继承人不仅取得财产，而且

· 347 ·

还应当对死者债务负责,即便这些债务超过了遗产的盈额;甚至遗产可以只表现为债务,这在当时被法学家称为"损益遗产(hereditas damnosa)"。这后一种结果是遗产继承所特有的,因为,由于我们已列举的那些原因,这种后果不发生在生者间概括继承之中(见§185)。

所有这些后果——再加上已经提到的那个更明显的后果,即取得那些本来是一般不可转移的或不可向继承主体转移的财产组成部分——都体现着所谓概括继承的真正的和根本的特点:如果说单项权利的取得(新法中的单项继承)是以**新的关系**为基础的话,那么,在概括继承中,人们则是接替**被继承人的一系列法律关系**,这些关系均**按照被继承人先前设立该关系时的原样转移**(参见§22)。

为了表示遗产取得的这种性质,罗马人通常使用专业术语"successio(继承)"这个词和"successio in ius""in locum""in locum et in ius"(继承法律地位)等词组来指概括继承,而且只指概括继承。这个词和这些词组是想准确地表示这样一种概念:继承人接替死者原有的法律地位,接替死者原有的全部财产关系,因而也继承死者的负担,继承债权和债务(commoda et incommoda)。在上述词组中,"ius"只表示主体的**法律地位**,而且在罗马法术语中,它不是用来指所取得的财产标的。只是在《学说汇纂》的少数规定中才又出现了"继承概括的法律地位(successio in universum ius)"这个著名的词组;但是,这个词组是被添加到文献中去的;由尤里安提出的并被盖尤斯重复的著名定义也是被添加进去的,这个定义说:"遗产继承只不过是对死者原有的法律地位的**概括继承**(Hereditas nihil aliud est quam successio in universum ius quod defunctus habuerit)"[1]。

因而,现代人所使用的词组"继承或接替死者的法律地位"只不过是对上述罗马词组的逐字翻译;但是,现代学者更多地从量的意义上(概括取得,或至少是参与享受所有的权利),而不是从质的意义上(继承人和死者所承担的法律关系完全一致)理解这一表述。

对"概括(universitas)"或"概括的法律地位(universum ius)"的添加——对照盖尤斯的原文,在很多地方可以发现这种情况,如果我们把"遗产继承信托(fideicommissum hereditatis)"(在优士丁尼立法

---

[1] 参见 D. 50, 17, 62; D. 50, 16, 24。

Ⅰ．一般原则

中它变为了"概括遗产继承信托〔universitatis〕"）计算在内的话，大约有30处，在其他地方，这种情况也可以发现——显然产生于"**单个物继承**"这一创造，这后一种表述迫使人们使用"概括"这一修饰词将真正的"继承"区别出来（参见§22）。有关"概括"的学说是后古典时期的产物，但不是地地道道由优士丁尼创造的。总之，它改变并搞乱了有关继承的一般特点和财产概念的问题。罗马法学家说：继承人之所以对债务负责是因为他继承了死者的法律地位（succed 或 succedit in locum 或 in ius defuncti），也就是说，遗产继承不仅是单纯地取得权利，而且也是接替法律关系；而拜占庭的法学家，在其后同样作为解释者，都宣布：继承人对债务负责是因为他取得一份概括的财产，其中包括债务。

这种解释不足以反映那些明显的内在特点，不足以解释遗产继承中早已包含的非财产内容（"圣物〔sacra〕"、墓葬、庇护等），也不足以体现对债务的继承，因为从逻辑上讲，在财产中并不包括债务尤其是超过负荷的债务（ultra vires），同时，财产也不可能由债务组成。

产生于拜占庭解释的更为严重和危险的错误观念是：对法律人格或财产人格的继承，对死者的代理的继承，对其意思的继承。

现在，不宜远离简单的罗马概念。但是，既然罗马的遗产继承依赖于继承人资格的授予，而且这种依赖性决定了罗马遗产继承的整个结构，那么，就应当这样地给它下个定义：遗产继承是**对一种个人资格的取得，这种资格对于继承死者在财产和个人责任方面原有的法律地位来说是必要的和充足的条件**，但是，那些随主体死亡而消灭的权利和义务以及死者明确为第三人做出安排的财产除外。

然而，继承死者原有的法律地位是一种重大的后果，并且不同继承的财产性功能相吻合。如果说遗产继承的功能只在于将死者的财产转移给继承人，那么，应当转移给继承人的只能是盈余部分，因为财产只能是扣除债务之后的剩余部分。为了解释这种使继承人地位出现恶化的根源，人们不得不求助于债权人的利益，求助于这样一种观念：债务人的财产应当是对债务的担保。实际上，这类假设根本站不住脚。债只授予对财产的权利而不授予对债务人人身的权利，这一观念是在历史时代发展起来的，而罗马继承的上述根源在那几百年中却消失了。而且人们承认，从罗马法遥远的起源时期起，债务人的财产就早已被视为其债权人的担保，债权人只应当在该财产的范围内获得清偿（见§117和§153）。这要求符合逻辑；另一方面，对债权人的照顾也不会导致在法律上让他人承担债务人缔结的债。

还应当注意，继承法律地位（successio in ius，或《学说汇纂》中的 in universum ius）并不是为了保障债权人而设立的制度，它甚至同样可能（如果不是更可能的话）使债权人垮台。比如：某个死者是一个可靠和殷实的人，而他的继承人却不可信且负债累累；由于两者的财产发生混合，继承人的债权人同死者的债权人竞合，前者使后者失去了本应当为其设立的保障。在早期时代，死者可以通过遗赠将他的全部财产捐赠，而只给继承人留下一个单纯的资格（见§226），假如死者的财产是为债权人留下的担保，债权人就本该主要从受遗赠人那里获得清偿，而不是从继承人那里获得清偿。

最后，对死者的善意或恶意的继承（无论是在时效取得中，还是在**考虑初始善意或恶意**的其他任何关系中，比如：当某人受到欺骗把自由人当作奴隶买下并因此提起罚金之诉时），对占有瑕疵的继承，这些均同债权人的利益毫无关系。

的确，对法律地位的继承不可能产生于实践的和财产的目的，因为，在这方面，当这种继承是无益的[1]时，它对于继承人、死者的债权人、继承人的债权人都将是有害的；在这种情况下，它也是不公正的，因为没有理由让上述当事人中的一方以牺牲另一方利益为代价获取好处，或者让他忍受自己的倒霉。

但是，如果考虑到我们开始时谈到的有关遗产继承起源的假设，则可以得到正确的解释。遗产继承是向新的主体转移对"家庭（familia）"的主权，因为政治组织是永不死亡的。随着继承人的原始权利退化为单纯获得财产，类似后果就变成了一种不公正的负担，就像对"圣物（sacra）"承担的负担一样，在西塞罗时代，这种负担仍然只能由继承人承担。

我们随后将谈到人们竭力采用各种手段和照顾去弥补遗产继承的那些严重后果（见§193）。在现代法中，继承人是**单纯的**和**直接的**财产继承人。今天人们也说他继承死者的地位；的确，他今天也在死者遗产负

---

[1] 如果遗产含有债务，要求继承人在遗产范围以外负债，这就是无益的。

I. 一般原则

荷力以外（ultra vires hereditarias）继承死者的债务。但是，这种情况的发生（不同于古典罗马法的情况）是由于债务被看作遗产的构成要素；继承人只是在占有问题上继承死者的善意或恶意，而且是根据**具体的**和**反常的**法律规定（参见 1865 年《民法典》第 693 条；1942 年《民法典》第 460 条和第 1146 条）。罗马遗产继承保存下来的惟一有机要素大概就是对法律地位的继承（successio in ius），但是，残存的这一要素也不再具有有机性了。在发达的罗马法中，人们试图以各种照顾清除"超越遗产负荷力的继承（successio ultra vires）"和财产混合（confusione）的有害后果，现代法对这些照顾加以扩大适用，以至，如果说继承法律地位这一原则仍被认为存活着的话，它只是在形式上而不是在内容上继续存在，因为它制造着混乱和损害。

§188. 遗产继承的要件

遗产继承的要件，或者说取得继承人身份的条件是：第一，某主体死亡；第二，死者有资格拥有继承人；第三，继承能力；第四，继承指命，或被指命继承遗产；第五，一般还要求接受继承，或接受遗产。

首先，必须有**前所有主或被继承人的死亡**。"活人间不发生遗产继承（Hereditas vivi non datur）"[1]。

但是，被继承人还应当是**有权能的**，也就是说，他应当是罗马市民，并且在古典法中是自权人（sui iuris）。因而，不仅**奴隶、异邦人、人格减等者**无权拥有继承人，而且，在古典法中，作为他权人（alieni iuris）的"家子"也无此权能。在军营特有产制度确立之后，"家父"在"家子"死亡时根据"对特有产的权利（iure peculii）"而不是根据"遗产继承权（iure hereditatis）"重新取得该特有产。在优士丁尼时期，"家父"根据"对特有产的权利"重新取得军营特有产的做法被废除了，新的外来特有产甚至发展到囊括了"家子"的所有取得，在这种情况下，可以说人们已完全承认"家子"有权拥有继承人，但是，有关遗嘱方面的限制仍然保持着（参见§201）。

继承能力（capacita di succedere）要求被指命继承遗产的人应当是

---

[1] 参见 D. 29, 2, 27。

罗马市民；既不是异邦人，也不是人格减等者（capite deminutus），并且应当是古典法中的自权人。至于奴隶和"家子"，他们本来是没有继承能力的，除非他们被遗嘱设立为继承人（见§201），但是，在这种情形下，按照原则，他们必然地是为自己的"家父"取得。然而，在希腊—罗马时代，外来特有产的发展（见§53）导致了对"家子"继承能力的完全承认，无论是作为遗嘱继承人还是作为法定继承人。

在优士丁尼法中，有一些人由于政治的或宗教的原因而不具有继承能力，如："敌对分子（perduelles）"的子女或因叛逆罪而被判刑者的子女，脱教者和异教徒。

继承指命（delazione）是指被要求继承遗产。"那些可以随后接受继承的人即被视为被指命继承遗产的人（Delata hereditas intellegitur, quam quis possit aeundo consequi）"[1]。

根据指定继承人方式的不同，继承指命区分为两种形式：遗嘱指命和无遗嘱指命。所谓**遗嘱指命**是以死者采用专门行为——遗嘱表达的意思为基础。所谓**无遗嘱指命**（intestata 或 ab intestato）则是在缺乏遗嘱的情况下以同死者的关系作为基础。罗马人认为这两者均为合法指命，因为它们在民事法律中均获得承认。在现代理论中，那些无遗嘱继承人被叫作"法定继承人（eredi legittimi）"，人们之所以这样称呼是因为：人的意愿（即指被继承人的意愿）未介入其中；但是，在罗马法中，"法定继承人（legitimi heredes）"和"法定继承（legitima hereditas）"则是指市民法的遗产继承，根据传统的划分，是同"遗产占有（bonorum possessio）"或裁判官法继承相对而言的。

除上述两种继承指命外，随着时间的推移，又增加了第三种指命，即**违反遗嘱的法定继承**，某些近亲属可以享受这种继承。然而，这种产生于颇晚年代的继承并不必然是遗产继承。

继承简约，即被继承人和继承人之间的契约，对于罗马法来说是一种完全陌生的制度；在罗马法中，遗产继承是同赠与和契约相互脱离的。至于有关第三人继承的契约，由于道德方面的原因，它是无效的，除非同遗产继承有关的第三人表示了自己的同意并且在死亡时未撤销该同意；但这属于债的议题。

---

[1] 参见 D. 50, 16, 151。

Ⅰ. 一般原则

§189. 直接取得和接受继承 未继承的遗产

（参考：J. 2, 19；D. 29, 2；C. 6, 30；C. 6, 31）

根据上面列举的条件，某些人当然地（ipso iure）取得继承人身份并因而取得财产，即便在他们不知情的情况下并且即便违反他们的意思。这种人叫作**必要继承人**，他们是死者的"家子"或"自家人（sui）"（也叫作"必要的自家继承人〔heredes sui et neccessarii〕"）以及在遗嘱中被解放并同时被设立为主人的继承人的奴隶（heredes necessarii）。

对于其他的被指命继承的人（heredes extranei vel voluntarii）来说，则需要对继承的接受，即所谓**接受继承**（adizione）。

接受继承是一种法律行为，它暗含着潜在的义务。接受继承要求具备法定要件。首先，要求具备行为能力，精神病人和幼儿绝对不能接受继承；未适婚人接受继承应当获得其监护人的准可（auctoritas）；在新法中，未成年人需获得保佐人的同意；浪费人可以在未经保佐人同意的情况下接受继承[1]。在这个问题上，不承认代理；只是在新法中，由于狄奥多西二世和瓦伦丁尼安三世发布了一项谕令，人们才承认幼儿可以通过其父亲或监护人获得代理[2]；在法人的能力得到承认之后（见§201），人们确认法人可以获得代理。

幼儿在获得行为能力之后可以要求恢复原状（restitutio in integrum）。

分给奴隶的遗产以及在古典法中分给"家子"的遗产均为"家父"取得，这些被指命继承的人应当在获得"家父"的指令（iussus）之后接受继承。在新法中，由于对"家父"的绝对依从已结束，上述主体可以在父亲未给予指令的情况下以自己的名义接受继承；在这种情况下，遗产属于特殊外来特有产（bona adventicia extraordinaria），父亲对它不享有用益权（§53）。

---

〔1〕 参见 D. 29, 2, 5, 1。这是一个颇有争议的问题。

〔2〕 参见 C. 6, 30, 18, 2—4。

意思必须是严肃的和确定的。不能在指命继承之前接受继承；如果继承人不能肯定是否存在指命，或者对指命的原因、遗嘱的有效性、条件的附加或出现不能加以肯定，他也不能接受继承。

相反，对自己的取得能力、遗产的数额以及自己的继承份额不能加以肯定则无碍大局，只要他是以不确定的方式接受继承。因胁迫或诈欺而造成的接受继承是有效的，但可以对犯罪人提起赔偿诉讼，在受到胁迫的情况下，也可以要求恢复原状。

接受继承不能附条件或附期限，也不能部分地（pro parte）接受；部分接受可有效地解释为全部接受。接受继承不需要特定的形式，对继承的接受也可以产生于经管事实本身（即作为继承人经管〔pro herede gestio〕）。为此目的，需要研究单个的经管行为是以怎样的主观心理态度而被实施的。

对于接受继承来说，没有什么法定期限。为了保护债权人和受遗赠人的利益，允许他们要求为继承人确定接受或拒绝继承的期限；根据古典法，在此期限届满之后，即推定继承人拒绝接受继承；而根据优士丁尼法，则意味着继承人接受了继承。优士丁尼规定的最长期限为 9 个月（如果由执法官确定）或者 1 年（如果由皇帝亲自确定）。

遗嘱人自己也可以为接受或拒绝继承确定一个期限。

放弃继承要求具备与接受继承相同的要件，它可以是**明示的**，即公开宣布，或者是**默示的**，即根据继承人的行为毫不含糊地加以推测。

从被继承人死亡到接受继承有一段间隔期，在此期间，遗产属于无主体财产，罗马人称它为"未继承的遗产（hereditas iacet）"[1]。遗产中的各项权利没有权利享有人（nullius in bonis sunt），但是，它们不因此而转归第一个先占人，也不灭失。它们为继承人保留着，为此目的，财产被当作一个整体，因而遗产顶替人身，人们时而说它代表死者，时而又说它代表继承人（§20）。

在空闲状态中，遗产可以因法律事实或因由奴隶或第三人实施的适法行为（他们自动地承担管理财产的职责即实行无因管理）而增加或者减少。一旦实现了取得，该取得即具有溯及既往的效力。

在现代法中，接受继承这一制度消失了。死者的财产直接转移给被

---

〔1〕 拉丁文"iaceo"一词的含义是：躺，卧，在这里表示财产处于空闲状态。——译者

Ⅰ. 一般原则

指命的继承人（参见 1865 年《民法典》第 925 条，1942 年《民法典》第 460 条），但继承人仍可以通过表示接受加以确认或者拒绝取得（参见 1865 年《民法典》第 929 条以及以后各条，1942 年《民法典》第 470 条以及以后各条）。因此，处于空闲状态的遗产不同于罗马的未继承的遗产，而是**已为继承人取得**的财产；尽管在权利享有人杳无音信时需依法对它加以管理（1865 年《民法典》第 980 条至第 983 条，1942 年《民法典》第 528 条、第 529 条和第 531 条）。

§190. 遗嘱继承与无遗嘱继承的关系

根据罗马法的原则，当有一名继承人是通过遗嘱设立的时，即便死者只让这位继承人继承其遗产的一部分（比如说遗产的一半），也绝对出现不了"无遗嘱继承人（ab intestato）"。这位按份设立（pro parte）的惟一继承人取得全部遗产，成为"全部遗产继承人（heres ex asse）"，不可能让无遗嘱继承人去继承其余部分。这一规则的著名公式是："按份设立的遗嘱继承人不能同无遗嘱继承人兼容（Nemo pro parte testatus, pro parte intestaus decedere potest）"[1]。

两种继承的这种不兼容性在罗马人的思想中是根深蒂固的，毫无疑问，他们习惯于把这一规则视为自然的和不可改变的逻辑要求，承认相反的规则将是一种谬误；总之，他们把它视为遗产继承的一项有机原则。

如果说有什么东西使我们反感的话，那就是看见在这种情况中违反死者意思将财产全部分给了写在遗嘱中的继承人，并且把无遗嘱继承人排斥在剩余的遗产部分以外。

但是，这项非常特殊的规则完全同前面谈到的罗马继承观念相吻合。继承人资格是**实质性的**，对财产的取得只是**一种后果**，依赖于对上述资格的取得。如果继承人资格已由遗嘱授予，那么推定的无遗嘱继承人就取得不了它，因此他们也不能对遗产提出任何要求。

至于该原则的内在理由和目的，则同有关遗产继承起源的假设有关，这项规则是对该假设的最好印证。遗产继承最初不是用来进行财产

---

[1] 参见 J.2, 14, 5; D.50, 17, 7; C.6, 59, 8。

转移的，而是用来转移罗马家庭的最高权力的。在任何一个政治社会中，当某人被以某种形式（比如选举或由前首领指定）指命为首领时，无法想象人们可以采取另一种形式（比如根据出生）同时指定另一位首领，这当然也是不相容的。

但是，这恰恰是那些最直接地同遗产继承的新目的相矛盾并且逐渐被法制发展所侵蚀以至最终被摧毁的规则之一。在帝国法中，它在军人继承问题上被废除，并且在上述传统公式中加进了对其适用范围的限制，即"在平民遗嘱中不得按份设立继承人（nemo in paganis pro parte testatus）"，把适用范围限制于平民法，等等。但是，在这个领域，随着违反遗嘱的法定继承的出现，发生了真正的变通，因为，在很多情况中，法定继承人不是取代遗嘱继承人，而是对他们的补充。如果说在优士丁尼法中这一规定被保存下来并被加以接受的话，这是因为自很长一段时间以来遗嘱附书的制度一直附随在遗嘱旁发展，这种遗嘱附书只允许处置遗产中的一部分。

在现代法中，这一规则完全不再适用（参见《民法典》第720条），但也不需要明确加以废除，因为，正如人们所说的，在今天，继承人的资格不是取得所必不可少的条件，那些取得财产集合体或一部分财产的人均被称为继承人。

§191. 继承指命中的接替和继承转移

罗马法的原则是：如果被指命的继承人死亡，尚未由该继承人接受的遗产不向该继承人的继承人转移（Hereditas delatas, nondum adquisita, non transmittitur ad heredes）。

这一原则也只能用罗马遗产继承制度的观念加以解释。指命继承不是授予财产权，而是授予一种个人身份权，即继承人的资格。这一原则在优士丁尼法中也几乎消失了。

对这一原则的例外，即实行继承转移的情况，有自己相应的名词："transmissiones（继承转移）"。实际上，它们在古典法中的确是不存在的。"因恢复原状的继承转移（transmissio ex capite in integrum restitutionis）"只不过是对恢复原状制度的逻辑适用（见§44）。要求恢复原状的权利向受害人的继承人转移，因而，如果被设立为继承人的人抛弃了

Ⅰ. 一般原则

继承或者未接受继承但仍处于可要求恢复原状的条件中，在他死亡后，他的继承人可以代替他要求获得遗产（ex capite 或 ex persona defuncti）。

但是，在罗马—希腊时代和优士丁尼法中，这些例外仍然存在并且其势力足以排除上述罗马法原则。以恢复原状为根据的继承转移真正得到承认并被普遍适用。除此之外，出现了"狄奥多西继承转移（transmissio Theodosiana）"或"因血缘关系的继承转移（ex iure sanguinis）"，它是由狄奥多西二世于 450 年引进的。如果遗嘱人将自己的直系卑亲属设立为继承人并且该继承人在遗嘱开启前死亡，他将接受继承的权利转移给自己的直系卑亲属（同时也是他的继承人）。

还需要提及两种情况，它们的继承转移的特点可能受到怀疑。一种是"因年幼的继承转移（transmissio ex capite infantiae）"，它同样是由狄奥多西二世和瓦伦丁尼安三世于公元 426 年引进的，另一种是由优士丁尼规定的"因父权的继承转移（transmissio ex iure patrio）"。在前一种情况中，如果应继承遗产的"家子"或子女（两位皇帝希望这一规定的适用不以父权为转移）在幼年时死亡（也就是说在达到有权接受继承的年龄之前死亡），继承转移给"家父"或父亲，就像已由该幼儿继承了一样（quasi iam infanti quaesita）。在第二种情况中，如果"家子"回避继承，"家父"可以代替他取得遗产。

但是，一个具有普遍性的真正例外是"优士丁尼继承转移"或"因决定权的继承转移（ex iure deliberandi）"。如果继承人自得知继承指命消息之日起一年内死亡或者在为做出决定而规定的期限届满之前死亡，他的继承人可以在该一年或该期限的剩余时间中接受继承；如果该继承人在死亡时不知晓继承指命，该一年的期限完全由该继承人的继承人享受。

随着这后一种对所有继承人均允许的转移的出现，继承指命不可转移的原则可以说在实践中被摧毁了。根据罗马法发展的通常程序，例外在最后时代最终推翻了原则。

在现代法中，继承指命可以向继承人转移（参见 1865 年《民法典》第 939 条，1942 年《民法典》第 479 条）。

§ 192. 增添权

当有数名继承人时，如果其中一些人放弃继承权或者不能取得，或者如果某些继承人在接受继承前死亡而且根据罗马法原则不能向被指命者的继承人转移继承指命，那么，落空的遗产部分由共同继承人按照每个人继承份额的比例取得。这种制度叫作**增添权**（ius adcrescendi）。

增添权同遗产继承所具有的财产转移功能也不相协调，而且完全不以死者的意思为根据。即便继承人是根据遗嘱确定的，而且存在一些本来可以继承这些落空份额的无遗嘱继承人，仍适用这一增添权；即便遗嘱人**已经明确禁止**，仍不能阻止该权利的适用；人们甚至可以背着那些其利益可能受此影响的继承人并且违背其意愿行使此权利。

这种后果也产生于罗马的遗产继承制度，这种制度不是授予财产，而是授予个人身份——继承人资格，人们根据这种资格被指命取得死者的财产。法定继承人不得去继承落空的份额，因为，如果死者已宣布谁应当是继承人，那么其余人就不能取得这一资格。如果还设立有其他一些继承人，只有他们之间的相互竞合才决定落空份额的分配（solo concursu partes fiunt）；随着共同继承人之间竞合的减少或完全消失，甚至扩大到继承全部遗产。

遗嘱继承人的增添权，在古典法时代，由于《尤利和巴比·波培法》（lex Iulia et Papia Poppaea）》的影响，发生了特殊的变化。根据这一法律的精神，落空的份额不再按比例地由所有共同继承人取得，而只由那些有子女的继承人取得，而且允许受遗赠人也对它们提出要求，也就是说，所有被列入同一遗嘱的人（qui in eo testamento patres essent）均有权提出要求。这就是所谓"落空份额请求之诉（caducorum vindicatio）"。在无父亲的情况下，落空份额转归国库所有。此外，这项法律还规定，继承人应当承担的负担也随落空份额一起向其他共同继承人身上增添。早期法只继续对三亲等以内的亲属和子女适用。

优士丁尼废除了上述有关落空份额的法则，恢复了早期的制度，但保留了负担随遗产份额一起增添这一新原则[1]。

---

〔1〕 参见 C. 6, 51; C. 10, 10, 4—5。

I. 一般原则

接替某一继承人取得遗产份额的人也可以享受增添权,因为人们说,份额向份额增添,而不是向特定人增添(portio portioni adcrescit)。

如果说增添权不以死者的愿意为转移的话,在分配落空的遗产时则应遵循死者推定的或明示的意思;因而,如果死者对此未做任何表示,则根据每个共同继承人的份额,在全体继承人之间按比例分配。如果死者实行过合并,让数个继承人继承同一份额(coniunctio re)或用相同的词句让他们共同继承同一份额(coniunctio re et verbis),这种合并应受到遵守,只有被合并的继承人才能继承该落空的份额。

增添制度在罗马法中也受到各种限制并接受一些例外。这些限制或例外,或者表现为死者为第一继承人规定的替补,或者表现为已受承认的继承转移(见§191),或者表现为继承顺序(sussessio graduum,见§210)。此外,当与其共同继承遗产的"自家人(suus)"对于负满债务的遗产享有"弃权照顾"(beneficium abstinendi,见§193)时,或者当某一继承人针对接受继承的效力实现了恢复原状(restitutio in integrum)时,允许其他继承人拒绝增添。

在军人的继承中,增添权后来被完全排除,在此情况中,落空的份额转归无遗嘱继承人所有。

在现代法中不存在遗产增添的制度,只是当数个继承人"**合并在一起共同继承某一份额,而(在遗嘱继承中)遗嘱人未在他们之间做具体分配时,**"才出现增添;因而应当遵循在享有同一权利的数人对共同标的的发生竞合时所适用的 一般规则;当数个受遗赠人合并(coniunctio)接受同一标的时(§224),也同样如此。在这个问题上还应当符合遗嘱人的意愿(参见1865年《民法典》第946条、第948条和第880条,1942年《民法典》第522条、第523条、第674条)。

§193. 弃权照顾、分离照顾和财产清单照顾

(参考:J. 2, 19; D. 42, 6; C. 7, 72; C. 6, 30)

对债务以及对死者的善意或恶意的无限继承,继承人财产与死者财产的混合,这些都是罗马遗产继承制度的后果,它们使人联想到该制度的早期功能;随着遗产继承制度新功能的出现,这些后果对于继承人和

第三人都表现出严重的不公平。因此产生了一种缓慢而持续的努力，试图弥补这些后果并削弱"对法律地位的继承（successio in ius）"。

至于善意和恶意，在取得孳息、奴隶劳作、因改良占有物而要求获得补偿等问题上，古典法学家在经过一定的交锋之后，使继承人独立于死者，他们考虑的是在各具体情况下的善意，而不是只考虑对标的实行占有时的善意（见§99）。在其他关系中，原则仍保持不变，这主要是指在时效取得问题上（参见§91），因为在这个问题上未表现出明显的不公正。

至于对债务的无限继承，最古老的补救措施（是由《十二表法》规定的）是在数个共同继承人之间**划分债务**，从而排除了债的连带性，这种连带性是很危险的东西，尤其是当共同继承人中的某人无清偿能力时（见§198和§122）。对于实行当然（ipso iure）继承和必要继承（见§189）的"自家继承人（heredes sui）"，裁判官允许他们享受**弃权照顾**（beneficium abstinendi），根据它，放弃参与遗产继承的"自家人（suus）"不再对债务负责。然而，他仍保留着继承人身份，这种身份只是个空名（nudum nomen），不带来什么财产性利益或负担。财产由裁判官分配给其他潜在的共同继承人或替代人，或者根据债权人的申请加以变卖。

根据债权人的要求，审判员可以强迫"自家人"在一定的期限内发表弃权声明。但是，优士丁尼法允许他在以后三年内收回该声明，只要债权人尚未将遗产变卖。

至于作为必要继承人的奴隶（即在解放的同时被设立为继承人的奴隶），允许他们享受**分离照顾**（beneficium separationis），也就是说，把他们随主人死亡而应取得的财产同他们必须继承的"损益遗产（hereditas damnesa）"分离开来。

另一方面，为了弥补遗产的债权人可能因财产混合而遭受的损失，如果继承人自己也有债务，遗产的债权人有权要求实行"遗产分离（separatio bonorum）"。在实行这种分离后，遗产将保留给死者的债权人和受遗赠人，只有当后两者得到清偿之后，剩余部分才转归继承人的债权人。遗产的债权人，如果行使了这一权利，就再不能对继承人的财

Ⅰ. 一般原则

产提出要求[1]。但是，帕比尼安认为，在继承人的债权人获得清偿之后，死者的债权人也可以分享继承人的剩余财产[2]。在实行分离之后，债权人有权要求撤销由继承人实行的转让。

上述分离可以自接受继承之日起五年内请求实行，这一期限可能是由优士丁尼确定的。如果继承人善意地将遗产转让或同自己的财产相混淆，或者债权人以任何方式表示他们打算让继承人弥补损失，上述分离权均不得再行使。

在继承人接受了负有债务遗产的情况下，该继承人的债权人的地位就是另外一回事了，因为任何人均可以通过追加新的债权人而使其他债权人的条件恶化。债务人的财产是对其债权人的担保，这一观念在最发达的罗马法中变得淡漠并且完全消失。那些曾经信任继承人的债权人应当忍受该继承人不守信的后果，不能为了他们而对遗产继承原则实行新变通。

关于志愿继承人的地位问题，还没有发展到要求罗马法迫切地加以调整的地步，因为无论如何他有权接受或拒绝负有债务的遗产，并且有充分的时间对此加以考虑。

在一些最严重的情况下（比如：未成年人轻率地接受了负有债务的遗产，或因受到胁迫而接受了这样的遗产），可以通过恢复原状加以补救。此外，罗马法还允许同负债遗产的债权人达成清偿协议（见§132）。

高尔迪安皇帝在古典法时代刚结束时，把哈德良针对特定个人的破例许可确定为一般规范，即允许军人对于超过遗产总额的债务不负责任。

但是，在这个问题上，只是优士丁尼才扮演了新意识的解释者的角色。他根据高尔迪安规定的变通，确定了**财产清单照顾**（beneficium inventarii），以此给"继承法律地位"这一罗马原则以致命一击，并且真正打算废除"超越遗产负荷力的（ultra vires hereditatis）"责任。由于这项照顾，所有的继承人均可要求将死者的财产同本人的财产区分开来，并且不对超过遗产负荷力的债务部分负责，只要他按照财产清单向

---

[1] 参见 D.42, 6, 1, 17; D.42, 6, 5。
[2] 参见 D.42, 6, 3, 2。

死者的债权人做出清偿保证。财产清点应当自得知继承指命后的30日内开始并在60日内结束，如果继承人的住地远离大部分遗产所在地，则在一年内完成。财产清点应当依照程式进行，有公证人参加，必要时还应有鉴定人参加；受遗赠人和债权人参与清点，如果他们不在场，则请3名见证人参加。继承人在财产清单上签名，以宣誓的方式宣布它完全依法实行。如果发生欺诈，则支付双倍的钱物。

在清点财产期间，继承人不能受到缠扰，他随着债权人提出要求而向他们清偿，并让他们负责调整相互的要求，他也实行自我清偿，报销垫款和费用。

在意大利民法中，在占有问题上仍存在着对死者的善意或恶意的继承，并具有充分的效力，也就是说，"对占有的继承（successio in possessionem）"一直是同"占有添附（accessio possessionis）"相区别的（参见1865年《民法典》第702条和第693条，1942年《民法典》第1147条、第460条和第1146条）。允许债权人享受将死者财产同继承人财产相分离的照顾（1865年《民法典》第1035条、第2054条至第2065条，1942年《民法典》第758条、第512条、第516条、第517条、第518条、第514条和第515条）。"弃权照顾"消失了，因为不再存在必要继承人，但是，"财产清单照顾"对一切继承人均适用。如果是向无行为能力的人分配遗产，这种照顾则是绝对必须给予的（1865年《民法典》第930条至第932条，1942年《民法典》第471条至第473条）；在其他情况中（1865年《民法典》第958条），遗嘱人禁止也没用（1865年《民法典》第956条，1942年《民法典》第470条）。

§ 194. 遗产占有

（参考：J. 3, 9; D. 37, 1）

在继承法的发展进程中，最早感觉到的一个需要是：变换无遗嘱继承中的继承人并减少遗嘱的繁琐程式。早期的无遗嘱继承完全以罗马家庭的各种关系为基础，随着早期家族组织的意义和地位的消退，并且随着遗产继承的原始目的的消失，不再需要将遗嘱继承同实质上具有政治性质的肌体联系在一起，相反，人们强烈要求让有着最密切的血缘关系

I. 一般原则

的人去取得遗产。也就是说，让遗产继承以自然家庭为基础。另一方面，同样是为了追求这一新目的，遗嘱的形式也需要变得更加简便和易于掌握。

对于这种新的社会意识，在很长时间内只是由裁判官给予支持，或许这正是裁判官在其中完成了他的最深刻革命的领域。就这样，在市民法继承旁边并在同它的冲突中，裁判官法继承发展了起来。然而，根据裁判官通常的行事方式，裁判官不是指命新的继承人并置市民法指定的继承人于不顾，而是在他认为公平的情况中，允许并保障其他人对死者财产实行占有（在罗马法的意义上这意味着所有权，见§112）；这一制度的名称由此而来，它恰恰叫作**遗产占有**（bonorum possessio）。

"遗产占有"仍很难从一开始就用来对市民法进行改革。从对西塞罗介绍的情况的分析看，"遗产占有"的最初功能曾是调整对遗产的占有，即在数个遗产要求人之间调整原告和被告的份额，并且仅仅涉及物。但是，在古典法中，它的功能已从本质上变为纠正性的了，裁判官通过"遗产占有"让市民法未规定的新继承人去继承遗产；他也允许市民法的继承人要求继承，因为他把这些继承人包括在他所创造的新的继承人类别之中。

至于基本原则，在市民法继承和"遗产占有"之间一般没有什么差别；同样的规则也适用于遗产占有制度，就像"要求返还所有物之诉（reivindicatio）"的规则后来也适用于"善意占有之诉"一样。除继承名义不同外，惟一的差别涉及取得财产的行为及其形式，当然，为取得遗产而允许提起的诉讼也不同。

至于取得财产的行为，"遗产占有"总是自愿行为。需要向执法官提出申请，为此定有期限，对于直系尊亲属或卑亲属为一年，对于其他继承人为一百天，一律从得知继承开始之时起计算。人们也可以通过代理人提出申请。存在着"根据告示的遗产占有（bonorum possessio edictalis）"和"根据裁决的遗产占有（bonorum possessio decretalis）"，它们的区别是：前者是由永久告示规定的，只要提出的诉状具备告示所要求的条件，即可在无须任何调查（de plano）的情况下加以适用；后者则不是被规定在告示之中，在先进行案件调查后，由法庭（pro tribunali）通过正式裁判加以适用。第　种形式被罗马人称为"对死者的裁判占有（praetoris mortui）"，第二种形式则被称为"对生者的裁判

· 363 ·

占有（praetoris vivi）"。

至于财产取得人的权利以及对他们的保护，遗产占有人（bonorum possessor）不是继承人，而是"准继承人（heredis loco）"。为了实现对遗产的占有，他有权获得有关遗产占有的令状（adipiscendae possessionis），这一令状用开头几个词命名，叫作"quorum bonorum（获得占有令状）"。遗产占有人可以享有死者所拥有的各项诉权，但只是通过扩用的方式行使，准确地说，只能提起拟制诉讼（虚拟为继承人）。对于物，他只享有裁判官所保障的那些权利；因而在时效取得的期限经过之前，不享有市民法的所有权，而只享有"善意拥有权（in bonis）"。

在一些情况下，"遗产占有"只能通过临时的方式授予。这些情况是：第一，允许怀孕的母亲为即将出世的新生儿享有"为胎儿的遗产占有（bonorum possessio ventris nomine）"，当新生儿出世时，这种遗产占有终止；第二，允许保佐人为不能够接受继承的精神病人享有"为精神病人的遗产占有（bonorum possessio furiosi nomine）"。如果精神病人恢复了理智，可以接受或拒绝保佐人所实行的占有；如果他死亡，则被视为从未被指命为继承人，财产归其他权利人所有；第三，如果对某个未适婚人在身份和继承问题上发生了争议，在交纳保证金后，允许为他实行"依卡尔波尼安告示的遗产占有（bonorum possessio ex Carboniano edicto）"，将这两个争议问题留待适婚期届满之后解决；第四，在提供保证金后允许的遗产占有，它持续到遗嘱所附加的条件出现；第五，允许那些提供了表面完备的遗嘱的人实行遗产占有（missio in possessionem ex lege ultima Codicis de Edicto divi Hadriani tollendo），如果无人对占有人提起诉讼，这种临时的遗产占有就变为最终占有。

§195. 遗产继承和遗产占有的关系以及两种制度的趋同

"遗产占有"独立于市民法继承，这通常成为上述两种制度发生冲突的原因。在最初时，单纯的遗产占有人绝对赢不了市民法继承人，他的权利曾是暂时的，他曾是"不胜诉的遗产占有人（bonorum possessor sine re）"，除非遗产占有人同时也是市民法继承人，或者根本不存在市民法继承人；然而，从西塞罗时代起到古典法结束，各种各样的"遗产占有人"纷纷变为"胜诉的（cum re）"占有人。两种制度之间的区别一直保持着；但是，在最后的发展阶段，只有当根据这一裁判官法制度，市民法继承人属于优于遗产占有人的继承人类别，以至假如他要求遗产占有，将会享受优先权时，市民法继承人才会胜诉；相反，如果根据裁判官法制度他属于次于遗产占有人的继承人类别，他将败诉。这样，总可能存在"胜诉的继承人（heres cum re）"和"不胜诉的遗产占有人（bonorum possessor sine re）"，或者相反，存在"不胜诉的继承人"和"胜诉的遗产占有人（bonorum possessor cum re）"。

这两种制度直到优士丁尼时期一直保持着这种局面。这位皇帝没有从头在这两种制度的关系中实行在其他领域所搞的那种混合（至少在表面上没有实行），这种混合实际上总是成功地在最新近的和最适时的制度中削减旧制度的效力。相反，在他的编纂活动中，优士丁尼似乎保留着遗产继承和"遗产占有"之间的划分，并且实际上保留着有关术语。

优士丁尼在他著名的《新律》118 和 127 中为法定继承规定了新的可继承人类别（它们只不过反映着上述裁判官法制度和继续遵循这一制度的帝国立法的新近发展），他只是在这时才很大程度地废除了"遗产占有"制度。然而，涉及遗嘱的"遗产占有"（比如违反遗书的遗产占有〔bonorum possessio contra tabulas〕）和临时的"遗产占有"仍然保留着；此外，在法定继承中，对于最后一个类别的可继承人，《新律》127 允许幸存的配偶（Unde vir et uxor）实行"遗产占有"。

在那些允许实行遗产占有的情况中，优士丁尼法中的"遗产占有"，除在取得形式上的差别外，无异于市民法的遗产继承，因为在市民法的所有权和"善意拥有（in bonis）"之间，在直接的市民法诉讼和虚拟的诉讼之间，取得的效力在形式和内容上都是一样的。

§196. 要求继承之诉

（参考：D. 5，3；C. 3，31）

继承人在继承死者的权利时可以提起各种各样的对物之诉和对人之诉，以便获得对各项已取得的权利的实际享有；被要求交付物或清偿债权的被告人可以对继承人提出自己的辩解和有权向死者提出的各种抗辩，这是继承法律地位的一种后果。但是，可能发生这样的情况：某人提出的异议针对的不是原所有主的权利,而是针对继承人的资格。在这种情况中无须涉及死者的权利,只应当把继承人资格作为诉讼的根据;罗马人为此创造了一种一般的诉讼,它在法律诉讼(legis actiones)时期就出了名,叫作"要求继承之诉"(vindicatio 或 petitio hereditatis)。"要求继承之诉"可以定义为"继承人据以要求实际获得死者财产的诉讼,它仅仅以继承人身份为基础"。

财产中的任何标的均可以成为"要求继承之诉"的标的,也就是说,其标的既可以是有形物(corpora),也可以是权利(iura),既可以是要求交付物,也可以是要求承认某一被继承的权利。不仅归死者所有的物可以是诉讼的标的,而且死者善意占有的物或以任何名义持有的(比如作为借用人或受寄托人持有的)物均可以成为诉讼的标的,因为继承人继承死者原有的关系,他应当享受原有的一切并承担原有的责任。对债的清偿,也可以通过"要求继承之诉"提出要求。

但是,根据诉讼的目的,"要求继承之诉"只能针对作为继承人(pro herede)或作为占有人(pro possessore)而占有遗产的人提出,也就是说,只能针对那些宣称自己是继承人或者不能说明自己享有某项特别权利的人提出,总之,是针对那些以肯定或否定方式对继承人的资格提出异议的人。如果宣称拥有某种特别权利的人本来可以向死者提出自己的要求,针对这样的人,继承人则只能提起死者本来能够提起的特殊的遗产诉讼。

同"要求返还所有物之诉(rei vindicatio)"一样,也可以对那些自动出席审判的人(qui liti se obtulit)提出要求继承之诉。那些不答辩的人将被判向原告返还占有,并且无须进行审判。

继承人应当证明遗产已分配给了他并且现在由被告所占有。不需要关于取得的证据,除非曾为此规定过一个期限。

关于对物的返还,"要求继承之诉"一般具有与"要求返还所有物之诉"相同的效力。在哈德良时代,这由《乔温兹安(Giovenziano)元老院决议》调整。善意占有人只返还他现占有的一切以及他从中得利的孳息(fructus augent hereditatem)。恶意占有人还应当对因短缺而造成的利益损失负责并且应当返还一切孳息,包括本应收获的孳息(percipiendi),即因疏忽而未产生或未收获的孳息。在古典法中,自争讼程序之后,在优士丁尼法中,自诉讼开始之后,善意占有人被视为是恶意的,

I. 一般原则

但恶意占有人的处境则变得更糟，因为他处于迟延之中，不仅对因其过错而发生的一切丧失和腐坏负责，而且还对意外事件负责。

善意占有人还应当返还用遗产钱款购买的或以其他方式通过遗产获得的物品，即便是在交换中获得的赠品而且不是真正的法定价金；他也应当返还因变卖遗产而获得的价款（res succedit in locum pretii, pretium succedit in locum rei）；但是，仍然只以得利的范围为限，因而，如果他把变价款或物消费掉了或赠给了他人，则免于任何责任。恶意占有人则应当负无限责任，并且也对超过变价款数额的物品价值负责[1]。

关于对物支出的费用，可参阅我们前面谈到的优士丁尼改革；至于为取得孳息而支出的费用，则只从孳息中扣除（参见§78）。古典法把善意占有人与恶意占有人截然分开，只允许前者获得对必要费用的完全补偿，并按照花费和改善之间的最低标准获得对有益费用的补偿；优士丁尼也允许补偿恶意占有人支出的必要费用和有益费用，并且承认善意占有人和恶意占有人均可对任何性质的费用行使"去除权（ius tollendi，见§68和§93）"。

"要求继承之诉"不仅可以由继承全部遗产的人（ex asse）提起，也可以由按份继承遗产的人（pro parte）提起，然而，后者只能准确地针对他的继承份额提出请求。"要求继承之诉"还以扩用的方式适用于遗产信托受益人、国库或代替国库的人。允许遗产占有人提起"占有者要求继承之诉（hereditatis petitio possessoria）"，这好像就是优士丁尼的创造[2]。

§197. 获得占有令状

（参考：D.43, 2; C.8, 2）

那些获得了"遗产占有"的人以及优士丁尼法中的继承人，可以针对作为继承人（pro herede）或作为占有人（pro possessore）而占据遗产的人，要求得到"获得占有令状（Quorum bonorum）"。

---

[1] 参见 D.5, 3, 20, 21。
[2] 参见 D.5, 5, 2; D.37, 4, 13pr.; C.3, 31, 9; 并参见§195。

原告必须证明取得了"遗产占有（bonorum possessio）"，被告可以对此提出抗辩，说他取得了更高一级的"遗产占有（potior）"。

这种制度带来以下结果：在某个有关占有的诉讼中获胜的人可能不得不向提起"要求继承之诉"的继承人或向新的遗产占有人（bouorum possessor）做出让步。

获得占有令状和"要求继承之诉"也使由善意的表面继承人实行的时效取得（参见§90和§91）无效。

§198. 共同继承人间的关系和遗产分割之诉

（参考：D. 10, 2; C. 3, 36）

自《十二表法》起，遗产分割问题就受到法律的调整。各项债当然地（ipso iure）在各个共同继承人之间进行分配，从而使每个继承人在取得遗产时立即成为按份的（pro parte）债务人或债权人。

至于所有权和物权，在各共同继承人之间形成了一种共有关系，为了解除这种关系，不是采用"共同财产分割之诉（actio communi dividundo，参见§95和§172）"，而是设立了"遗产分割之诉（actio familiae ercisundae）"，一切继承人均有权提起此诉讼，而且对某一遗产份额享有权利的人（比如：军营特有产的准继承人，部分受遗赠人〔见§214〕，概括遗产信托受益人〔见§229〕，以及优士丁尼法中的"遗产占有人"等）可以通过扩用的方式提起此诉讼。

"遗产分割之诉"是一种双重诉讼（duplex iudicium），每个人在这种诉讼中都同时扮演原告和被告的角色。审判员有着仲裁人的广泛权力；当他无法进行平均分配时，则为一方设立债权、质权或其他担保，或责令另一方承担债务、出质或提供担保，或者在被划分的土地上设立役权。因其性质而应保持完整的东西（如文件、魔书、毒药和犯罪物品）不列入分割的范围。

审判员应当尊重遗嘱人的有关处分，尤其是他已在共同继承人之间实行的分配以及已达成的简约。

判决除包括判定（condanna）外，还对划分的各部分实行分配裁判（aggiudicazione）。

I．一般原则

"遗产分割之诉"可以把许许多多的共同遗产都囊括进来。它不要求所有继承人均介入，因而它可以在少数人之间（inter pauciores）进行，但是，不应当瞒着任何人，否则，审判无效。也不等于说，谁接受审判，谁就承认了原告或被告的继承人身份；另一方面，希望获得保障的被告可以提出抗辩，要求先进行"要求继承之诉"。

§199. 遗产的转让

（参考：D.18，4；C.4，39）

在古典法中有这样一种特殊制度：法定继承人**在接受继承之前**对遗产实行拟诉弃权（in iure cessio）。这实际上是向第三人转移继承人身份。第三人变成了继承人，就像被直接指命继承遗产一样。

无权对遗产实行拟诉弃权的人有：遗嘱继承人和"自家继承人（heres suus）"，后者在继承指命（delazione）之时当然地（ipso iure）取得遗产，因而他只能以个别的名义并采用法定方式转让单项的遗产物品。

这一制度的起源不得而知。它的产生可能是为了根据市民法原则弥补法定继承人继承顺序方面的缺陷。总之，它再一次证明：对死者财产和债务的继承是取得继承人资格的结果；事实上，在接受继承之后，法定继承人就再不能统括地转让遗产，如果他实行了拟诉弃权，则只转移物，而不转移债，拟诉弃权不是转移债的合法方式。法定继承人仍然对债务负责，而债权却丧失了。

随着拟诉弃权这一市民法形式在习惯中的废弃，对遗产实行拟诉弃权（in iure cessio hereditatis）的做法也消失了。在优士丁尼法中，不得在接受继承之前出卖或赠与遗产，但可以在接受继承之后这样做；出卖和赠与不使取得人成为概括继承人，而且人们应当按照法定方式实行单项权利的转移。然而，允许取得者以扩用的方式提起"要求继承之诉"，使自己从第三人那里获得对遗产的享有。

II. 遗嘱继承

§200. 遗嘱

遗嘱是在罗马的社会生活和法律生活中具有重大意义的适法行为。乌尔比安将它定义为:"以庄严形式对我们死后应当生效的事情的合法确认(mentis nostrae iusta contestatio in id sollemniter facta, ut post mortem nostram valeat)";他的弟子莫德斯丁所下的定义是:"根据我们的意愿,对于希望在死后应做之事的合法声明(voluntatis nostrae iusta sententia de eo quod quis post mortem suam fieri velit)"[1]。

上述定义的缺陷不在于它们的外延不确定,而在于它们没有明确指出:在遗嘱所可能包含的各种处分中,有一项处分对于罗马法来说是具有实质意义的,并且可用来将遗嘱同其他行为(遗嘱附书,它在古典法时期产生于旧制度旁边)相区别,这就是**对继承人的指定或设立**[2]。遗嘱**可以**包含向各种人实行的财产捐赠或单纯的有关人身方面的处置(比如:任命监护人、解放奴隶,等等);但是,它**必须包含**对继承人的设立。遗嘱是形式上的行为,设立继承人则是实质性的行为。

因此,**罗马的遗嘱**可以定义为"据以指定继承人并且可据以通过遗赠处分自己的财产、任命监护人、解放奴隶或做出其他处置的要式的临终行为"。

---

[1] 参见 D. 28, 1, 1。
[2] 参见 J. 2, 20, 34; D. 28, 6, 1, 3; D. 29, 7, 10, 20; D. 28, 4, 3pr.。

Ⅱ. 遗嘱继承

设立继承人，作为罗马法中遗嘱的实质性目的，在最初时或许也是该行为的惟一内容，因为通过遗嘱赠送财产或任命监护人好像是《十二表法》第一次规定的；在遗嘱中所做的其他处置也是在后来才获得效力的。还应注意的是：遗嘱在罗马人的意识中是常用的并且几乎是必需的。在社会中，在法律中，在法学理论的创造中，以及在罗马法学家所坚持的并被保留在优士丁尼的《法学阶梯》和《学说汇纂》的论述次序中，遗嘱继承的地位均优于被称为"无遗嘱继承（ab intestato）"的法定继承，并且前者在后者之前进行。同在我们的意识中一样，典型的继承人不是法定继承人，而是写进遗嘱中的继承人，"遗嘱优先（favor testamentorum）"是罗马的法律、习惯和理论所特有的动机之一。越往早期追溯，遗嘱的优先性就越明显。这种发展趋向是对这样一种学说的反驳：遗嘱最初是一种例外的行为，甚至是一种对法定继承的一般法加以变通的特殊法。这一学说曾受到一些著名思想家（如 Mommsen, Jherring, Pernice）的捍卫并得到一种荒谬的法律比较的支持，在那里，制度的机制、真正的法律结构以及罗马法的特有历史均被置若罔闻。

但是还应注意，遗嘱也同为罗马国家的君权指定接班人的制度相对应。

在罗马公法当中，选举或出生，对于任命国王、执法官或皇帝来说，从来没有成为过排他性的根据，相反，**由前任或其同僚任命**则总是单独的根据或与选举相结合的根据。这一传统在上千年的罗马历史中一直未变，从由摄政王（interrex）指定的努玛·彭皮里奥，到由芝诺指定的最后一位合法皇帝朱利奥·内波特，都是如此；甚至这种情况在拜占庭帝国中仍然持续。父亲指定儿子或儿子之一做他的接班人，但是，**长子继承制**在罗马公法和私法中都绝对不存在。这些特点和相似性再一次证明：在最初之时，遗产继承只不过是对最高权力的继承。

最后还必须理解，真正的遗嘱是一种纯属罗马法的制度。所谓蛮人的遗嘱（它对现代遗嘱制度造成影响，使它不同于罗马的遗嘱）只不过是死因赠与，人们只以此处分财产或财产的一部分（自己的财产），个人不得处分家庭的共同财产，它被保留给长子，起初，长子曾是家长权的接班人，因而在日耳曼人中处于优先地位的制度恰恰是长子继承制。

在我们现在的法中，遗嘱是单纯的财产处分，不需要含有对继承人的设立（参见1865年《民法典》第759条和第827条，1942年《民法典》第587条和第588条）。即使遗嘱含有这种设立，它也只意味着对财产的继承并对超过遗产负荷力的债务（ultra vires）的负责（这是惟一明显产生于罗马法的残余）；但重要的一点在于：继承人身份不是产生于资格，而是产生于死者按照一定形式（即以统括的或份额的形式）对遗产加以分配（参见1865年《民法典》第760条和1942年《民法典》第588条）。

§201. 遗嘱能力和遗嘱继承能力

（参考：J. 2, 12；D. 28, 1；C. 6, 22；24；48.）

设立继承人或被设立为继承人的能力被罗马人称为**遗嘱能力**（testamenti factio）。它可以被一般地加以理解或者针对特定人加以理解。罗马法学家将其区分为**主动的遗嘱能力**（testamenti facito activa）或叫立遗嘱能力，以及**被动的遗嘱能力**（testamenti facito passiva）或叫被设立为继承人的能力。

精神病人（furiosi）因自然原因而不能立遗嘱，除非当他处于间歇性清醒之时；未适婚人和古典法中的聋哑人（因当时采用的遗嘱形式）也被排除在外。在优士丁尼法中，只有生来聋哑人才不具有这种能力，他们被推定为智力发育不全者。自身地位（status）和行为能力不确定也排除立遗嘱权。

不言而喻，奴隶、外国人、人格减等者、一般情况下的"家子"、浪费人、新法中重大案件的被告人、背教者和摩尼教徒[1]，由于法律原因而不能立遗嘱。公共奴隶可以对他们特有产的一半立遗嘱；军人即便地位不确定或者是聋哑人，甚至在被判处死刑后，仍可有效地立遗嘱，只要他们不犯有叛逆罪，他们立遗嘱的权利只是针对军营特有产。

值得一提的是"家子"的无能力。经父亲同意，"家子"可以实行死因赠与；但父亲的同意丝毫不能使他们获得立遗嘱的能力。这种排除只能从历史的角度加以解释：继承人的设立最初不是单纯的财产行为，而是对家庭权力继承人的任命；"家子"不是君主，而是"家庭"中的臣民。

---

〔1〕 后三种人构成"不可立遗嘱人（intestabiles）"。

Ⅱ. 遗嘱继承

然而，自奥古斯都时代起，服役的"家子"也有权对军营特有产立遗嘱，接着，退伍的军人也获得了此项权利。在优士丁尼法中，虽然"家子"几乎完全取得了财产上的独立，他们仍只有权针对军营特有产和准军营特有产立遗嘱。

至于妇女，即便是自权人妇女，在最早的法中都绝对无权立遗嘱（"贞女〔Vestali〕"除外）。其原因需要在早期遗嘱的公共形式中去寻找；但仍应考虑到：由于遗嘱的原始功能，立遗嘱应当是"家父"的专属权利。

在共和国末期，自权人妇女获得了立遗嘱的资格，但需要接受"人格减等"，即离开自己的家庭，通过"信托买卖婚（fiduciaria coemptio）"归顺于第三人的权力（manus）并随后让其将自己解放。"信托买卖婚"这种权宜之计被妇女们为实现立遗嘱的目的（testamenti faciendi gratia）而广泛采用。只是到了哈德良皇帝，才使妇女一般地免于诉诸上述权宜之计，允许她们立遗嘱，但需经其监护人准可（auctoritas）。但是，由于监护的削弱导致监护人不得不给予自己的准可，因而，在未给予准可并且不存在法定继承人的情况下，裁判官通常准许被设立的继承人实行"遗产占有"。安东尼·比乌为维护不完善的遗嘱而引进了"诈欺抗辩"，因此人们争论，这种抗辩是否也适用于此种情况；这不涉及法定监护人的情况。拥有"因生子女而取得的权利（ius liberorum）"的妇女（在妇女监护消失后，所有的妇女）均获得了立遗嘱的充分权利。

遗嘱人应当在立遗嘱时拥有立遗嘱的权能，并且对自己的地位不存在疑问和认识错误。只是军人才可以在对自己的能力存有疑问时订立遗嘱。

后来发生的自然障碍不使遗嘱无效，但是，人格减等和任何法定障碍则使遗嘱无效。

至于"被动的遗嘱能力"，异邦人和"不可立遗嘱人（intestabiles）"，即"敌对分子（perduelles）"的子女、重大案件的被告人、脱教者和摩尼教徒，均无权继承。至于奴隶，人们可以在遗嘱中解放自己的奴隶，从而将他设立为继承人，该奴隶因此而变为必要继承人（见§189）；对他人的奴隶也可以这样做，在这种情况下，"被动的遗嘱能力"应当属于最终取得遗产的主人。军人可以自由地通过遗嘱为任何人留下财产；但优士丁尼也为此规定了一些限制[1]。在早期法中，不确定的人也无继承权。这类人是指那些需要由某一未来事件加以确定的人和法人。然而，对于不同的阶层也承认某些例外。早在古典法中，就允许将在订立遗嘱之后出生的"自家人（sui）"（自家后生子[postumi sui]）[2]设立为继承人；一项元老院决议授权市政府成为由其解放的奴隶的继承人。后来在新法中，从君士坦丁到优士丁尼，均承认国家、城邦、教会和慈善组织拥有充分的继承权。最后，优士丁尼在一份遗失了的谕令中承认所有的团体以及"他人后生子（postumi alieni）"拥有继承权，只要后者已经怀育于母腹[3]。

在优士丁尼以前的法中，《沃科尼亚（Voconia）法》（公元前169年）禁止将妇女设立为拥有100 000assi以上财产的人的继承人；但是，这个限制被优士丁尼所废除。

在新法中有一些相对的或部分的限制，它们针对的是：乱伦婚姻的父母和子女，未满服丧期而再婚的寡妇，私生子（在有婚生子的情况下，他们的继承总额不能超过父产的十二分之一），姘妇（她不能接受超过二十四分之一的父产）。

在遗嘱订立时并且在遗嘱人死亡时，被指命的继承人应当具有继承能力；根据优士丁尼法，自继承指命之时至取得之时均应具有该能力。

不同于"被动遗嘱能力"的一项制度是古典法中的取得能力（ius capiendi 或 capacitas capiendi），规定这种制度的一般目的是为了鼓励结婚和生育子女，它全部或部分地剥夺独身者、无子女父母或鳏夫的继承权，这一制度是由《尤利和巴比·波培法》确立的，并被《尤尼亚·诺尔巴那法（Iunia Norbana）》适用于"尤尼亚拉丁人（Latini Iuniani）"，被多米第安的一项告示适用于有缺陷的妇女（muliere probrosae）。上述取得能力的欠缺使得落空部分归国库所有。这种能力只要求在接受继承时具备，并且一般允许自继承指命时起留出一百天的时间去获取上述"取得能力"。优士丁尼只规定"有缺陷的妇女"不具备此能力，这对于军人遗嘱也适用。

另一种也不同于"被动遗嘱能力"的制度是"不相配（indegnita）"，

---

[1] 参见 C. 1, 5, 22; D. 29, 1, 13, 2。

[2] "后生子（postumi）"在一些情况中系指遗腹子。——译者

[3] 参见 C. 6, 48; J. 2, 20, 25—27。

Ⅱ. 遗嘱继承

它不是排除继承人的资格，而是使遗产转归国库（见§233）。它一般是针对侵犯死者的生命、名誉或意志的行为规定的。

§202. 优士丁尼法以前的遗嘱形式

（参考：J. 2, 10）

在罗马法历史中，人们所记得的最古老的遗嘱形式是**会前遗嘱**（testamentum calatis comitiis）和**战前遗嘱**（testamentum in procinctu）。前一种遗嘱是在专门召集的民众大会上当着民众的面进行的，通常一年举行两次。职位最高的祭司，即早期的祭司长（rex sacrorum）和原始时期的国王（rex），主持库里亚民众大会（即最早的罗马人民代表大会）。民众是否表决不得而知，鉴于遗嘱是早期国家授予"家父"们的权利，鉴于私人成为"法律（lex）"的创立者是一种很奇怪的观念，因而表决的可能性很大；另一方面，在早期既不可能谈论什么立法权，也不可能谈论真正的法律。随着库里亚民众大会的没落，"会前遗嘱"通常改在30名侍从官面前进行。

"战前遗嘱"在准备出征的军队队列前举行，并且可以视为是前一种遗嘱的替代形式。

这些遗嘱形式的庄严性（但在原始罗马的社会条件下并不那么严格和明显）和有关时间方面的规定也不意味着遗嘱是一种例外的行为。"家父"少不了立遗嘱，因为这是指定继承人的方式，罗马的传统和习俗又专断地要求这样做；但是，一般来说，在一生中立一次遗嘱就足够了。结婚也是要式行为，而且一般一生只进行一次；但这并不意味着不结婚对于人的生存来说就不是一件正常的事情或者说是一件怪事。恰恰因为财产性目的不是遗嘱的本质，而且在早先的遗嘱中人们通常也不实行遗赠，因而也就不存在变更或反复变更遗嘱的需要，而且不需要采用较为简单的和日常方便的形式。

一种新的遗嘱形式以很特殊的方式发展起来，它或许体现着财产精神对遗嘱制度的第一次明显侵袭。在紧急情况下，没有来得及立遗嘱的人将自己的财物转让给一位朋友，请他按照自己的指示加以处置并委托该朋友履行自己的意愿。这种行为叫作"家产要式买卖（familiae mancipatio)", 它只意味着按照要式买卖的形式把自己的财产加以转让。为了根据临终者的意思处分财产而获得该财产的人叫作"家产受人（familiae emptor）"。

随着这一实践的发展，出现了称铜式遗嘱（testamentum per aes et libram）。公众希望这类行为得到法律上的认可，为了迎合这种愿望，法学理论接受了《十二表法》中的一项规定，赋予在要式买卖时所做的附带声明以充分的效力："权利与口头表述的内容相符（Uti lingua nuncupassit ita ius esto）"。但这时，该行为的实质性部分不再是只保留着形式的要式买卖（dicis causa），而是"要式买卖附约"（lex mancipii 或 nuncupatio）；"家产买受人"不再是准继承人（heredis loco），真正的继承人是在"附约（nuncupatio）"中指定的人。接着，出现了又一次进步：人们开始制作书面遗嘱（tabulae testamenti）并把遗嘱人订立"附约"改变为向见证人提交遗书，在提交遗书时应当做出相应的下列声明："我将这份写好的并且蜡封好的文书交出，这就是我的遗嘱，我请你们根据罗马法作为见证人为我作证（Haec ita uti in his tabulis cerisque scripta sunt, ita do, ita lego, ita testor, itaque vos, Quirites, testimonium mihi perhibetote）"。这一行为在形式上仍被视为一种要式买卖（mancipatio），因而那些受治于"家产买受人"的父权的人不能作为见证人参与此项活动，尽管"家产买受人"在这时只不过是一种形式；相反，那些受治于继承人的父权的人以及继承人本人却可以充当见证人。

裁判官法打破了局限，它抛弃了对要式买卖的适用。如果遗书已用七个封印加以密封，裁判官通常允许继承人以遗书为根据（secundum tabulas）实行"遗产占有（bonorum possessio）"，而不问要式买卖的程式是不是真正履行了。裁判官法的遗嘱不破坏先前的市民法遗嘱，而且法定继承人也仍保留着他们的权利。只是安东尼·比乌（或者是马可·奥勒留）允许被设立的继承人通过"诈欺抗辩（exceptio doli）"反驳法定继承人的要求。

Ⅱ. 遗嘱继承

§203. 新法中的遗嘱形式

（参考：J. 2, 10; J. 2, 11; D. 28, 1; D. 29, 1; C. 6, 23; C. 6, 21; D. 48, 10; C. 9, 23）

在希腊—罗马时期，"称铜式遗嘱"消失了。新的帝国遗嘱只不过是裁判官法遗嘱的一个发展。它被优士丁尼皇帝称为"三元（tripertitum）嘱遗"，因为它产生于三个渊源：早期的市民法、裁判官法和皇帝谕令。

新的遗嘱形式由狄奥多西皇帝二世（公元439年）加以定型。它的要件是：第一，行为具有统一性（unitas actus），即要求时间和内容的统一；第二，有7名见证人在场，他们应当**同时出席**并且**是应邀的**（即被专门请来的）**和情愿的**。精神病人、未适婚人、聋子、哑巴、妇女、不可立遗嘱者和因索贿而被判刑者无权立这种遗嘱；当然，奴隶和异邦人也不能立这种遗嘱。

书面遗嘱可以是**自书遗嘱**（olografo）或**代书遗嘱**（allografo）。在前一种遗嘱中不需要遗嘱人签名。然而，上述两种遗嘱都必须有每位见证人的签名和他们的封印。根据《里波尼安（Liboniano）元老院决议》，一切对代书人或其家属有利的处分均需经遗嘱人亲笔确认，除非代书人是惟一的无遗嘱继承人。

至于口头遗嘱或"附约"，只要求遗嘱人在见证人面前明确地表达自己的意思。

在新法中还承认两种公共遗嘱，一个是**公证遗嘱**（apud acta），它在司法机关或市政当局面前订立；另一个是**御前遗嘱**（principi oblatum），它被提交给君王。

在新法中，私人遗嘱的正规性，由于一些特殊的原因，时而降低，时而增加，并且出现了一系列"非常遗嘱"。在下列情况中，要求较高的正规性：第一，盲人立遗嘱，这需要有一名公共官员（tabularius）参加；如果找不到公共官员，则需要8名见证人参加。第二，文盲立遗嘱，也需要有8名见证人参加。在下列情况中则不要求很高的正规性：第一，在瘟疫流行期立遗嘱（testamentum pestis tempore），这时不要求见证人同时出席[1]。第二，在乡村立遗嘱（testamentum ruri conditum），有 5 名见证人就够了，如果不可能找到更多见证人的话；其他人可以代文盲签名（但 5 名见证人必须了解处分的内容并且在遗嘱人死后以宣誓作证）[2]。第三，把遗嘱人的子女设立为继承人的遗嘱（testamentum liberos），只要遗嘱人亲笔写下继承人的姓名、遗产份额和日期就行了[3]。

最后，在古典法时代最为特殊的是军人嘱遗，它只要求军人在遗嘱中表达自己的意思。这种遗嘱的效力被限定在正常退伍后一年内有效。优士丁尼还规定，只有当士兵正在执行任务时（in expeditionibus occupati），即正在战场上，而不是在驻地服役时，他才能够立这种遗嘱。

§204. 设立继承人的形式和要件

（参考：D. 28, 5; C. 6, 23）

设立继承人是遗嘱的实质性内容，在古典法中，它必须遵循一定的形式，使用针对继承人的命令式语言，采用拉丁语并置于遗嘱之首；因为，必须强调，罗马遗嘱的意义在于设立继承人（vim ex heredis institutione capit）。

这些形式充分体现出遗嘱的原始功能，在这种功能中，指定拥有继承人资格和最高权力接班人身份的人的确是根本的和全部的内容。然而，传统的力量使得类似的庄严形式保持于整个罗马时代。除了"第提，你将是继承人（Titius heres esto）"这种严格的直接命令式外，在古典法中还存在间接的命令形式："我决定第提就是继承人（Titium heredem esse iubeo）"，在盖尤斯时代，这种形式已受到承认（iam comprobata）。后来，又出现了一些既非直接的也非命令式的形式："我设立第提为继承人"（Titium heredem instituo 或 facio），然而，在盖尤斯时代和乌尔比安时期，这种形式受到较多人的摈弃。公元 339 年，君士坦兹皇帝下令完全不必遵守直接的命令式形式，优士丁尼皇帝重申了这一命令。必须使用拉丁语的规定也被废除。最后，继承人必须在遗嘱之首加

---

[1] 参见 C. 6, 23, 8。
[2] 参见 C. 6, 23, 31。
[3] 参见 C. 6, 23, 21, 3。

Ⅱ. 遗嘱继承

以指定并且在此之前的内容无效这一规定，在古典时期，只受到谨慎的变通，盖尤斯时代的普罗库勒派学者接受了这种变通，即：可以先任命监护人。但是，上述规定被优士丁尼彻底取消[1]。因而，在优士丁尼法中只保留着遗嘱必须包含对继承人的设立这项原则。

对于军人，根据通常情况，早在古典法中就已免除了对任何前书和程式的遵守。

遗嘱人不能托付第三人按其意愿指定继承人。对继承人的指定还必须是明确的和完整的。如果以模棱两可的方式指定继承人或者所使用词句的含义同死者的意思不符，对继承人的指定则无效。对于身份的错误表述（falsa demonstratio）或对于设立继承人原因的错误表述（falsa causa）不使指定无效。最后，如果遗嘱人在确定份额时出现错误，则应当注意辨别他的可能表现出来的意思，而不是死抠文字。

§205. 各种各样的设立

（参考：J.2, 14; D.28, 5; C.6, 24）

在罗马法中有各种各样的对继承人的设立，它们的财产性后果对于现代精神来说像是复杂的技巧，很难为人所理解和记忆。但是，在这里必须记住的是：继承人资格在罗马法中是首要的和本质的要素，人们不仅应当从这个角度去理解各种各样的后果，而且应当从这个角度去论述这些后果，超脱文献的局限，把它们归纳在一个统一的观念之中。

如果死者只设立了一位继承人，后者即为全部遗产的继承人（heres ex asse），也就是说，取得整个遗产，即便死者只将遗产的一部分分给了他，因为人们赖以取得财产的继承人资格只有他才拥有。军事遗嘱例外（见§190）。

死者也可以设立数位继承人，在这种情况下，需要区别三种基本的情形：1. 在设立他们时未按照自己的意愿为每个人分配遗产份额；2. 在设立他们时为每个人确定了份额；3. 为其中一些人确定了份额，对另一些人则未确定份额。

---

[1] 参见 C.6, 23, 24; C.28, 5, 1pr.。

如果在设立数名继承人时未为他们确定份额,那么,遗产按照同等的份额标准在各继承人之间分配(concursu partes fiunt)。

如果在设立继承人时确定了份额并且这些份额穷尽了整个遗产,每个继承人则按照死者确定的标准取得遗产。

但是,可能出现这样的情形:被分配的份额未穷尽或者超过了遗产,比如:遗嘱人在4位继承人之间只处分了遗产的十二分之九或者把十二份遗产按十八份分出。这时,继承人资格开始产生不完全同死者意思相符的后果。如果遗产未被穷尽,剩余部分则在各遗嘱继承人之间分配,因为只有他们才是继承人,对死者意思的尊重只表现为按照他为每个人确定的份额比例在各继承人之间分配余额。如果遗产被超额分配,则根据每个人的份额,按比例地进行削减。总之,在前一种情况中,余额或多余部分按份追加(pro parte adcrescit);在第二情况中,则按份减少(pro parte decrescit)。

如果在设立继承人时为其中一些人确定了份额,对另一些人却未确定份额,那么,也需要区别遗产已被穷尽甚至已被超额分配,或是尚未被穷尽。在第二种情形中最为简单:无确定份额的(sine parte)继承人当然参加对剩余部分的分配。在第一种情形中,则可以认为无确定份额的继承人不应当得到财产,因为遗产已所剩无遗。但是,这违反罗马遗产继承的本质,为了使无确定份额的继承人无论如何能够继承点死者的权利和义务,法学家们采用这样一种办法:将遗产的份额乘二或乘三,也就是说按照24份(dupondium)或36份(tripondium)来分配遗产,并将剩余部分分给无确定份额的继承人。

在现代法中,由于财产取得的**直接性**,情况则较为简单并且更符合继承制度的财产目的。单一继承人或按照未将遗产穷尽的份额设立的数位继承人均取得分配给他们的遗产,法定继承人则继承剩余部分。如果整个遗产已在继承人之间分配完毕,后来设立的继承人则什么也不取得,而且他们不成为继承人,因为继承人现在不是一种个人资格,不是作为取得的条件,而是取得者的称谓;在上述情况中,是在向取得者分配不存在的标的。

Ⅱ. 遗嘱继承

§206. 设立特定物继承人

在根据罗马法设立继承人的各种财产性后果中，最值得一提的是当死者为特定标的设立继承人（institutio ex re certa）时所产生的后果。

为特定物设立继承人肯定不是原始制度。它所表现出的第一种形式同罗马遗产继承的原始观念并不发生什么冲突，这种形式就是在设立继承人时排除特定物（excepta re certa），即从遗产中减去某一特定物。遗嘱人可以认为自己没有错，因为他没有使用"继承人（heres）"这个词表示他想授予其标的的人，只是在依法设立继承人之后，限制该继承人不要染指财产中的特定物，尽管该继承人根据其资格全部或同其他继承人一起按份额取得了该财产。

然而，如果继承人资格的含义没有被真正误解的话，那么，死者有关该标的的意思不可能得到尊重。如果前所有主未通过遗赠将该标的馈赠给他人，除继承人之外，谁能够取得它呢？根据罗马法，让无遗嘱（ab intestato）继承人去继承它是荒谬的，因为只要有一个依遗嘱设立的继承人存在，他们〔指无遗嘱继承人〕就不是继承人。一种与其说合适不如说是不可避免的解决办法是完全不考虑上述限制；西塞罗时代的一位杰出法学家加卢·阿奎里（补救措施和权宜之计的最多产的发明人）宣布：根据市民法，应当认为对继承人的设立并未附加上述限制。凭借他所具有的权威地位，他使这一观点在法学理论中取得优势[1]。

但是，真正严重的问题是对遗产继承的原始观念的偏离，而且更令人尴尬的是创造一种单纯的特定物继承人。在这里，遗嘱人显然是按照罗马法中的词义去理解"继承人"这个名词，并且实行的是一项无效的和不可实现的处分。如果采取这种不正确的形式实行了对继承权的剥夺，罗马人将毫不犹豫地宣布遗嘱无效，因为，他们认为这种剥夺继承权的做法不应受到鼓励；但是，在设置继承人问题上，对遗嘱继承的优待（favor testamenti）要求人们宽厚地解决这个问题[2]。这种宽厚态度的发展趋势致使人们更为大胆地适用加卢的标准：为特定物（ex re

---

[1] 参见 D. 28, 5, 75（74）。

[2] 参见 D. 28, 2, 19。

certa）设立继承人是有效的，同时删去对特定物的提及（detracta rei certae mentione）〔1〕。的确，对继承人的指定并不发生缺陷，无论是附加荒谬的限制还是附加一些不可能的条件（§26和§207）。

死者有关特定物的意思不可能受到尊重，为特定物设立的继承人根据授予他的资格取得遗产整体。只有明确安排的遗产信托可以使特定物继承人承担义务向写在前一个遗嘱中的继承人返还托付给他的财产，而自己留下特定物〔2〕。

但是，如果为特定物设立的不是一位继承人而是数位继承人，那么，简单地适用加卢的观点将使死者的意思遭受较为严重的侵犯，因为，如果只考虑继承人的资格而不考虑分配的标的，继承人将按照同等的份额标准分割财产，并且对于给每个人的同样物，每个人只能获得一部分。罗马人面对继承人资格所造成的这种极端后果似乎没有后退〔3〕。相反，如果遗嘱人对遗产做了划分，而且也对特定物做了划分，根据萨宾更为直截了当的意见（expeditissima Sabini sententia），继承人仍然按平均份额继承，既不考虑特定物，又不考虑对物做的划分〔4〕。似乎只是帕比尼安才使用了第二个办法，借以部分地维护死者的意思：把被设立者视为无确定份额（sine parte）继承人，他们平等地参加对遗产的继承，但是，这涉及"遗产分割仲裁人（arbiter familiae erciscundae）"的广泛权力，后者必须尊重遗嘱人的处置（见§198），审判员也有责任（officium iudicis）在对遗产进行分割时使每个继承人获得分配给他的特定物，就像是先取遗赠一样（见§228）。债务和债权均不接受仲裁人的分割，因为它们当然地（ipso）在共同继承人之间加以分配。然而，在优士丁尼法的文献中，特定物（res certa）被视为真正的先取遗赠，因而，在必要时，接受《法尔其第（Falcidia）法》的调整。如果表现为特定物的两份财产有亏有盈，那么，除了实现死者的意思之外，还应当将债务和债权加进各份已分配的财产之中，并为此相互提供担保。

最后，还有第三个组合：某些继承人是为特定物设立的，另一些则是正常设立的（无论是按份设立的，还是在设立时未确定份额）。根据

---

〔1〕 参见D. 28, 5, 1, 4; D. 28, 6, 41, 8。

〔2〕 参见D. 36, 1, 30 (29); J. 2, 17, 3。

〔3〕 参见D. 28, 5, 11。

〔4〕 参见D. 28, 5, 10; D. 28, 5, 9, 13。

Ⅱ. 遗嘱继承

罗马法原则并按照法学家们使用的各种办法,一般来说应当把特定物继承人视为无确定份额继承人,但是,在分配时应当分给他们特定物,并在可能情况下分给遗产的剩余部分以补充他们的份额。如果遗嘱人在设立正常继承人时穷尽了十二份遗产份额,则应当将遗产份额乘二,并在特定物继承人之间分配另外十二份遗产。特定物继承人应当在以继承名义取得的财产的范围内对债务负责并享受债权。然而,我们在优士丁尼立法以外发现的高尔迪安的一项批复却毫不犹豫地承认:审判员在分配时有责任(officium iudicis)只让特定物继承人获得特定物(non plus emolumenti consequantur)。显然,当正常的继承人能够穷尽遗产时,这些继承人的存在使人有可能为更广泛地实现死者的意思而借助审判员的职能。这里所涉及的只是有形物(corpora)。债权和债务应当根据遗产的份额重新分配,因此,也应当让特定物继承人享受和承担。

优士丁尼的改革可以证明这一切。在优士丁尼的法律汇编中未选进任何有关这种情形的文献。然而,这位皇帝在一项谕令中恰恰规定:在这种情况中,只有正常设立的继承人(ex certa parte vel sine parte)才有权提起遗产继承诉讼;正常的继承人也不应当因特定物继承人的竞合而使自己的上述诉权受到削弱[1]。

优士丁尼皇帝还宣布:特定物继承人作为受遗赠人出现;事实上,这通常是一种实际结果。然而,在优士丁尼法中,这种结论并不完全准确。对于优士丁尼来说,特定物继承人的设立足以抵抗法定继承人借口未设立继承人而对遗嘱的有效性发动的进攻。此外,当正常设立的继承人在接受继承之前弃权或告缺时,对特定物继承人的设立也可以获得充分的效力并使人取得整个遗产,因为,**优士丁尼本人从来没有想到让死者的无遗嘱继承人去继承遗产并为他们确立一种默示的遗产信托制度**(这是一个特别值得注意的地方,因为它反映出罗马继承的基本原则并反映出这些原则的顽强抵抗力)。

但是,从古典法时代起,人们就以较为简捷的方式订立军事遗嘱,后者不断变通着罗马的原则,并恰恰因此而具有准现代性。从有关这种特权遗嘱的第一项谕令起,人们不仅承认由军人设立的特定物继承人完全有效,而且也承认以这种名义进行的物的分配是有效的,完全把这视

---

[1] 参见 C. 6, 24, 13。

为先取遗赠。甚至在一种同帕比尼安论述的情形相似的情况中（即对于两种有一定区别的财产，如：一种是军营财物，另一种是非军营财物），尤里安大约早一百年就确定：应当将它们视为两个不同人的遗产，以便让为军营财物设立的继承人只对该财物中的债务负责，让为其他财物设立的继承人对其他的有关债务负责；对于债权人来说，这是当然的事情（ipso iure），**不需要提供担保**[1]。

在我们今天的法律中，由于设立继承人不再是遗嘱的实质性内容（参见 1865 年《民法典》第 759 条和第 821 条，1942 年《民法典》第 587 条和第 554 条），同时，继承人身份不是同财产相脱离的形式资格，相反，所有分得全部或部分遗产的人均被称为继承人（1865 年《民法典》第 760 条，1942 年《民法典》第 588 条），也就是说，他们也对超过遗产负荷能力（ultra vires hereditatis）的债务负责。由此而论，为某一特定物设立继承人无疑是有效的，但是，这个被设立的人现在不是而且将来也永远不是继承人，他只取得受遗赠人的身份。在这种情况中，惟一的继承人是法定继承人，如果他打算接受继承的话，则将对债务负责。

§ 207. 设立继承人的方式

（参考：D. 28, 7；D. 35, 1）

在设立继承人时所附加的停缓性条件使继承指命推迟，直至该条件出现，因而，如果继承人在停缓性条件出现之前死亡，继承指命就不再生效。

然而，裁判官法却允许继承人在停缓性条件出现之前实行临时占有（possessio），只要继承人做出保证，承诺在该条件不可能出现的情况下或者在他先于该条件的出现而死亡的情况下或者在他因该条件的出现而丧失继承权的情况下将返还遗产。如果条件是强令性的和否定性的，比如：规定继承人终生不得实施某一行为，那么，对条件的履行将由做出保证取代。这种保证以其发明者的名字命名，叫作"穆齐保证（cautio

---

[1] 参见 D. 29, 1, 17pr.。

muciana）"。

在设立继承人时附加的不可能条件（无论是在法律上不可能还是在物质上不可能）和下流条件（turpi），均不使设立继承人的行为产生瑕疵，它们被视为"未写就的条件（pro non scriptis habentur）"[1]。

欺诈性（captatoria）设立（即要求以同样被设立为继承人为条件）是无效的。

相对于负担（modus），被设立的继承人可以接受继承，但是必须履行责任。如果他不履行，从负担中受益的第三人、共同继承人或替补人均可以强迫他予以履行；如果不存在这样的人，负担在古典法中没有法律效力，因为完全不可能发生无遗嘱继承人（ab intestato）的参与。优士丁尼规定可以通过执法官采取强制手段[2]。

罗马法不允许为设立继承人附加解除性条件或者附加停缓性或解除性期限。这一原则以一句著名的格言来表述："一旦成为继承人就永远是继承人（Semel heres semper heres）"。这大概也是一个历史遗迹，在最初时，遗产继承具有一种不同的功能，不仅仅是取得财产的根据。这项规则不适用于军事遗嘱，在普通遗嘱中，它因遗产信托的设立而无效，因为在遗产信托中遗嘱人可以规定根据一定的期限或在一定条件具备时返还遗产。这项规则在现代意大利民法中仍然得到承认（在法国民法中却不被承认），但恰恰是作为对遗产信托的抵制（参见1865年《民法典》第851条，1942年《民法典》第637条）。

§208. 继承替补

（参考：J.2，15；D.2，16；D.28，6；C.6，26）

继承替补（sostituzione）一般可以定义为设立候补继承人，也就是说，遗嘱人为可能出现的第一继承人不能取得遗产的情况所做的安排。

它有三种：一般替补、未适婚人替补和准未适婚人替补。

一般替补主要是在《尤利和巴比·波培法》确定了一系列无能力和

---

[1] 参见本书§26和§222。
[2] 参见 D.33，1，7。

丧失能力的情形之后而发展起来的。它表现为任命一位候补继承人以便在第一继承人不愿意或者不能够接受继承的情况下实行替补。在古典法中，它一般要求"限期决定继承（cretio）"，也就是说，为第一继承人郑重地表示接受继承确定一个期限。

遗嘱人有权为一个继承人设立数个替补人或者为数个继承人设立一个替补人，可以使继承人相互替补，并且可以为替补人设立替补人（二级替补，三级替补，等等）。

当第一继承人取得了遗产时，实行继承替补的条件当然就不再出现。然而，如果第一继承人实现了恢复原状（restitutio in integrum），以至消除了先前的接受继承的效力，或者"自家继承人（heres suus）"享用了"弃权照顾"，那么，条件仍可重新出现。当断定第一继承人没有变为继承人时，只要替补人活着而且仍然具有继承能力，替补的条件即告具备（condicio existit），替补人即取代第一继承人。

未适婚人替补是"家父"为可能发生的"家子"在满适婚年龄之前死亡的情况而任命一位替补继承人。它可以采用多种方式：或者"家父"在遗嘱中将未成年的"家子"设立为继承人，并设立某一第三人为替补人；或者分别订立两份遗嘱，一份以自己的名义，另一份用"家子"的名义，在第一份遗嘱中设立"家子"为继承人，在第二份遗嘱中任命某一第三人为"家子"的继承人。

这样一种制度表现出两个同罗马继承法的基本规则相矛盾的反常之处：第一，可能出现第二继承人违反"一旦成为继承人就永远是继承人"的原则取代第一继承人（未成年人）的情况；第二，第二继承人可能不仅取得父产，而且也取得未成年人的财产。

为了解释这两种反常之处，只能将继承替补制度同早期的遗产继承制度联系起来加以分析。在早期的遗产继承制度中，未适婚人缺乏法律人格，因而不能作为继承人，它的替补人是"家父"惟一的和直接的继承人，他因而被授予对未适婚人的支配权；也就是说，在解释中只能联系我们的基本假设：在早期遗产继承中，对最高权力的继承优于财产继承。替补人由于其地位而在"家父"死亡时根据继承权（iure hereditatis）取得父产，并根据支配权（iure potestatis）取得未适婚人逐渐获得的财产。当宗亲集团崩溃，财产继承取代了权力继承时，人们才承认未适婚人具有法律人格并允许将他设立为继承人；就像因此而出现

Ⅱ. 遗嘱继承

了监护人一样,未适婚人的替补人也同样应运而生。"家父"设立的未适婚人替补人,只有在未适婚人死亡后才能实行继承;另一方面,他不再是根据支配权取得未适婚人逐渐获得的财物——现在未适婚人处于监护人的权力之下,而且支配权(potestas)被削弱成准可权(auctoritas)——而是根据继承权随未适婚人的死亡而取得财物。

为了归纳这些现象,法学理论把未适婚人替补规定为一般产生于以下三种继承关系的制度:1. 替补人对"家父"的继承关系(基本的和早期的关系);2. 未适婚人对"家父"的继承关系;3. 未适婚人替补人对未适婚人的继承关系。

尽管存在这样的结构,但是,"单一遗产(una hereditas)"(即指家父的遗产,未适婚人的遗产被视为它的简单附属物)的原始观念仍然在古典法中构成未适婚人替补的基本原则。古典法学家们在这一点上没有根本的分歧。只是优士丁尼由于想让未适婚人的遗产相对独立于父亲的遗产,才利用某些古典法学家扩大范围的机会将新的观念引入文献,在这项制度中区分"家父"遗产和未适婚人遗产[1]。

军人可以为未适婚人指定一位继承人,即便还没有为自己指定继承人。

未适婚人替补在下列情况中终止:1. 未适婚人在遗嘱人活着时死去或者脱离父权;2. 父亲的遗嘱被宣告无效;3. "家父"死后,替补人忽略了为未适婚人任命监护人。

准未适婚人替补(sostituzione quasi pupillare 或 esemplare)是由优士丁尼仿照未适婚人替补的模式(ad exemplum pupillaris substitutionis)规定的。它是以患有非间歇性精神病的直系卑亲属(继承人)的名义做出的安排,以便解决在该精神病人死亡的情况下出现继承问题。不需要父权的介入,任何一位男性或女性的直系尊亲属均可以实行这种替补。但是,仍需将此精神病人设立为继承人,至少是法定份额的继承人。有争议的问题是,在这种情况中,继承替补是否只限于法定份额,还是也扩及精神病人的财物。虽然存在着未适婚人替补的参照模式,但是,更为可取的还是第一种意见,因为,在这种新的替补中,人们把父权关系放在一边,它所蕴涵的精神是非常不同的。此外,在未适婚人替补中,

---

[1] 参见 D. 42, 5, 28; D. 28, 6, 12; D. 29, 2, 42pr.; D. 29, 2, 40; D. 36, 1, 28 (27), 2; D. 29, 2, 41。

遗嘱人不是必须要尊重法定继承人的权利以及子女的权利，而在准未适婚人替补中，他则不能侵犯法定继承人的权利。

准未适婚人替补在下列情况下消灭：1. 精神病人先于遗嘱人死亡；2. 精神病人康复；3. 直系尊亲属的遗嘱被宣告无效。

§ 209. 遗嘱的无效

（参考：D. 28, 3；D. 28, 4）

遗嘱可能自订立时起就是无效的，或者因后来的事件而变为无效的，即当然（ipso iure）无效和可被撤销。

遗嘱的无效性有时候可以因法定继承人放弃提出异议的手段而获得补救；人们也承认默示放弃，比如：根据单纯的接受遗赠的行为推定出现这种放弃。此外，这种无效的遗嘱可以根据遗嘱附书条款获得遗嘱附书的效力。

根据原因的不同，有各种各样的无效。如果遗嘱人在订立遗嘱时无行为能力或者未遵守法定的形式，那么，人们称遗嘱是不正当的（iniustum）或不合法的行为（non iure factum）。如果遗嘱人后来因人格减等而丧失行为能力，遗嘱则失效（irritum）。复境权（ius postliminii）和"科尔内利法拟制（fictio legis Corneliae）"（参见§16）也适用于在战争中被俘的情况。此外，如果遗嘱人在死亡前恢复了遗嘱能力（testamenti factio），裁判官则允许继承人依据遗书实行遗产占有（bonorum possessio secundum tabulas）；在古典法中，这种遗产占有相对于法定继承人是"不胜诉的（sine re）"，但在优士丁尼法中则一律是"胜诉的（cum re）"。

如果继承人先于遗嘱人而死亡或丧失行为能力，或者继承人拒绝继承或缺乏被设立为继承人所需的条件，遗嘱则被废置（destitutum 或 desertum）。在任何情况下，当缺乏继承人时，遗嘱完全失效。人们不承认遗嘱中的其他处分（如遗赠、解放奴隶、任命监护人等）可以是有效的，因为必须牢记：在罗马法中，设立继承人是实质性要素，是遗嘱的真正目的。

如果遗嘱人改变了意思，则叫作遗嘱中止（ruptum）。"直到生命的终点，遗嘱人的意思都是在变化的（Ambulatoria estvoluntas defuncti〔原始文献中为 testatoris〕usque ad vitae supremum exitum）"。在这个问题上不承认与此相反的规则，因为遗嘱同契约或地地道道的财产性文书毫无共同之处。有关撤销的做法和历史，对于罗马的遗产继承观念来说，特别具有意义。根据早期的市民法，只能够**通过订立新遗嘱**实行撤销，尽管某人可以采取最明显的方式表示其相反意思，比如删改遗嘱文书或继承人的名字，拆除封印、毁灭、焚烧遗嘱，等等，但是，写就的继承人（heres scriptus）总是继承人。如果遗嘱在一定程度上凌驾于遗嘱人的意思和所谓的血缘权利之上的话，我们认为，这可以在早期的形式主义中找到理由，而不必归因于"写就的继承人"优先，这种优先地位几乎被理解为必须有这种继承人。但从另一方面讲，有效实行的撤销（即通过订立新遗嘱和设立新的继承人而实行的撤销）同样具有绝对的实在效力，它废除前遗嘱，即便新的财产处分同以前的处分完全相容。重要的问题是设立继承人。

裁判官和罗马—希腊法都对市民法原则做了修正。如果遗嘱人销毁了旧遗嘱、拆除了封印或者删掉了设立继承人的内容，裁判官则拒绝允许被设立的继承人实行"遗产占有"，相反，允许无遗嘱继承人实行这种占有。如果说在最初时"遗产占有"在同遗嘱继承人的冲突中总是退让的话，早在盖尤斯之前以及在安东尼时代之前，它就变成"胜诉的（cum re）"了。

在优士丁尼法中，通过订立新遗嘱或者通过销毁旧遗嘱而实行的撤销都同样有效。但是，在罗马—希腊时代，由于对血缘权利加以考虑，从而使撤销的另一个外延趋于成熟。后来的遗嘱即便是不完善的（如：遗嘱人未签名，未加盖封印等），但当他规定了在先前遗嘱中未受考虑的法定继承人时，它则是有效的并且足以撤销先前的遗嘱，只要有5名见证人宣誓确认这个后来的遗嘱（狄奥多西二世和瓦伦丁尼安三世，公元439年）[1]。

最后，狄奥多西二世和奥诺里皇帝于公元418年还规定遗嘱因10年时效（per longum tempus）经过而消灭。优士丁尼废除了这一规定，但仍承认：遗嘱自订立时起经过10年之后，可以在3名见证人面前通过司法程序加以撤销。

---

〔1〕 参见 C.6, 23, 21, 5; D.28, 3, 2。

至于撤销的效力，它们受到遗产信托制度的软化。如果新遗嘱确认了旧遗嘱，旧遗嘱作为遗嘱仍然是无效的，但上述确认却可以解释为遗产信托，因而，继承人必须根据新遗嘱向旧遗嘱设立的继承人返还遗产，就像概括的遗产信托那样。

被设立人实施的胁迫和诈欺不使继承人的设立无效，但是，该继承人将因其犯罪行为而成为"不配者（indegno）"，被排除在继承之外[1]；因而，在类似情况中，落空的财产将转归国库所有。

有些无效和撤销的原因同家庭权利和近亲属的权利相关，它们是：忽视了将自己的直系卑亲属设立为继承人或者剥夺了其继承权；未遵守自己的义务（officium），没有为最亲近的亲属确定任何遗产份额。对于这些情况，我们将在论述违反遗嘱的法定继承时加以介绍。

对于军人，简单的意思表示就足以撤除遗产继承，就像以此足以授予遗产一样。但是，这种撤销是有一定限度的，在现代法中，撤销也根据这些限度而得到承认（《民法典》第 920 条），也就是说，只有当旧遗嘱中的处分同新遗嘱中的处分不相容时，前一种处分才被加以撤销。"军人可以多次订立遗嘱（militi licet plura testamenta facere）"。

---

[1] 参见 D. 29, 6, 3; C. 6, 34, 1—4。

III. 无遗嘱继承或法定继承

§210. 一般概念

无遗嘱继承或法定继承只是当缺乏遗嘱时才发生，或者由于遗嘱绝对缺乏，或者由于遗嘱是无效的。因而，无遗嘱继承不一定都是随继承人死亡而开始，有时候，当遗嘱因后来发生的事实而变为无效的时，它则在这之后出现。

法定继承相对于遗嘱继承具有从属的特点，罗马人明显地意识到这种特点并在其称谓中表示了出来。通过遗嘱设立继承人所享受的优待（favor testamentorum）不扩大适用于无遗嘱继承。不仅不能让法定继承人同遗嘱继承人一同参与遗产分配，而且，在将遗产中的一份分配给了后者之后，只要存在着遗嘱，就不考虑法定继承人；对于法定继承人的潜在权利，对于"写就的继承人（heres scriptus）"所不承认的遗嘱人意愿，也不予保障（见§207）。

血缘权利对遗嘱的反抗发生在历史时代；但是，在优士丁尼法中，它仍未完全改变罗马继承的精神以及两种继承之间的关系。

遗嘱继承的历史表现出继承法在其起源时所具有的政治特点。在早期法中，它的基础仅仅是"罗马家庭"；该家庭（familia）或宗亲家庭的成员和家族的（gente）成员按照不同的顺序被设立为继承人。后来经历了一个漫长的发展进程，它从裁判官法开始，继之以古典法时期和希腊—罗马时期的帝国法，直到优士丁尼，才在颁布了《民法大全》之后，以两项著名的《新律》彻底完成了这一进程，只是由于这样的演进，**自然家庭**和**血缘关系**才在旧的宗亲基础之旁争得一席之地，逐渐地排斥该基础，并最终将其清除。

在无遗嘱继承之中存在着各种不同的顺序，在每个顺序中又有不同的等级。值得一提的是古典法，在那里不承认后续的继承指命，无论是**在各继承顺序**（successio ordinum）之间，还是在**各继承等级**（successio graduum）之间，也就是说，如果在某一顺序或某一等级中指定的继承人不接受继承，下一个顺序或等级的人不能去继承，并且遗产处于落空状态。但是在裁判官法中，人们承认顺序间的接替，也承认在血亲的新顺序范围内等级间的接替。优士丁尼也曾承认在宗亲顺序中等级间的接替，后来，他彻底改变了继承法的基础。

在人、代、系中也存在着不同的接替关系。**人头继承**（successio in capita）可以说是惟一的原始制度。只是相对于第一顺序的成员，《十二表法》才承认**代的继承**（successio in stirpes），下一代的各个成员只能去分割他们已故的家长的继承份额。优士丁尼将这种继承也扩大适用于兄弟姐妹的子女。**系的继承**（successio in lineas）完全是罗马—希腊法的新观念，它是指在父系尊亲属和母系尊亲属之间分割遗产。

最后，在新时代中还出现了一般继承和特殊继承的概念。**一般继承人**（successori ordinarii）是指那些只有权在前一顺序或等级的成员告缺时实行继承的人；**特殊继承人**（successori straordinarii）则是指那些可以同任何一般继承人共同继承一份遗产的人。

§211. 依据早期市民法的无遗嘱继承

《十二表法》指定"自家人（sui）"实行第一顺序的无遗嘱继承。所谓"自家人"是指一切直接隶属于父权的"家子"，他们因"家父"的死亡而变为自权人（sui iuris），因而还包括服从"家父"夫权（manus）的妻子（也就是说"家女〔filiafamilias〕"）。第二等级的"家子"和受"家子"的夫权支配的妻子不继承，因为他（她）们将不变成自权人，仍维持原有的地位，只是对他（她）们拥有父权（patria potestas）或夫权（manus）的人变换了。然而，可能出现这种情况：他（她）们未来的"家父"先死或者先脱离了父权并因此而离开了家庭；在这种情况下，上述人员随现时"家父"的死亡而变成自权人并且实行继承。

Ⅲ. 无遗嘱继承或法定继承

继承在同一等级中按人头（in capite）分配；在不同的等级中（比如，当先于被继承人死亡的儿子有数个子女接替他时），按代（in stirpes）继承。

如果注意到遗产继承的财产特点日益明显，而且随着最广泛的原始"家庭"的瓦解，妇女获得了特殊的地位，那么，妇女也参加继承就不算是什么奇迹；这些妇女虽然没有变为家长，但却成了自权人。此外，在《十二表法》时代，宗亲属对妇女的保护仍很类似于"夫权（manus）"。

第二个继承人顺序是**近宗亲属**或同一亲等的近亲属。"如果未立遗嘱而去世的人没有自家继承人，近宗亲属取得家产（Si intestato moritur cui suus heres nec escit, aguatus proximus familiam habeto）"。这里所说的由宗亲属继承的"家产（famiglia）"即指遗产。在宗亲继承中，最初也不区分性别。只是法学理论根据《沃科尼法》的限制精神把妇女继承局限于同血统姊妹范围以内。这或许是对妇女的不断解放作出的一种反应。这种限制被优士丁尼所废除，在此之后，他发布了他的最后一项改革措施，清除掉了宗亲制度的所有痕迹。

在宗亲属顺序中，最近的亲等完全排除最远亲等，因而即便最近的宗亲属放弃继承或不接受继承，也轮不到最远的亲等。恰恰允许宗亲属实行"遗产的拟诉弃权（in iure cessio hereditatis）"，或许是为了对上述情况作一些补救（见§199）。

第三个顺序是族人（gentili）。"如果无宗亲属，族人获得家产（Si agnatus nec escit, gentiles familiam habento）"。在这个顺序中，家族的个人单个地实行继承。在安东尼时代，最古老的家族法已完全消失了踪迹。

被解放的奴隶的继承问题以一种颇为不同的方式受到调整。第一个顺序仍然是自家人（sui）。但在第二个顺序中，则是庇主实行继承。在第三个顺序中，庇主"家庭（familia）"中的直系卑亲属（即仍受宗亲家庭关系约束的人）实行继承。最后则是宗亲属和族人。显然，这种继承次序同生来自由人的继承次序是一样的，只是解放自由人只能有"自家继承人"，超越了这个范围，则由他曾为之做过奴隶的那个家庭继承。

对于脱离父权的"家子"，按照与被解放的奴隶的继承相类似的方式实行继承。

§212. 依据裁判官法的无遗嘱继承

（参考：J. 3, 9; D. 37 和 38）

市民法的继承完全是根据与血缘关系不同的并且很类似于市民间关系的纽带进行的。显然，对政治性关系的绝对考虑导致从继承中排除受最密切的血缘和感情关系约束的人，在原始政治共同体的重要性消失之后，这种情况就表现为严重的不公正。为了指出《十二表法》在这个问题上是一个"严法（strictum ius）"，盖尤斯恰恰注意到：脱离了父权的子女或由于其他原因而不受父权支配的人（比如：取得了罗马市民资格的异邦人，在接受父权统辖之前出生的子女，等等）被排除在继承之外；遭受使宗亲关系破裂的"最小人格减等"的宗亲属被排除在继承之外；所有女方的亲属也都被排除在继承之外，因为他们不是宗亲属，而只有血亲关系；甚至母亲不能继承子女，子女也不能继承母亲。最后还需补充的是：妻子（不言而喻是指摆脱了"夫权"的妻子）也不能继承丈夫。

在安东尼时代，这种制度早已不存在了，人的意识也发生了变化，收养开始表现为一种人为的关系。至于解放自由人的继承，盖尤斯认为，如果"自家人"确实是死者的子女，庇主则被"自家人"所排除，这是公正的，但是，如果庇主也被解放自由人所收养的子女排除，那肯定是不公正的（aperte iniquum）。

盖尤斯补充道：类似的不公正已被裁判官告示所纠正。裁判官法完全不改变继承的基础，而是在罗马家庭和自然家庭之间，在宗亲权利和血亲权利之间，搞了一种妥协，刺眼的不公平的确因此而被消除。当然，裁判官允许他所指命的人实行"遗产占有"。

裁判官法继承，从其最后的发展（我们可以白西塞罗时代起追溯）情况看，包括四个继承顺序。第一个顺序是**子女**（liberi），即死者的所有子女，无论是"自家人"还是已脱离父权的子女。在这第一个顺序中，血缘关系得到完全的承认。

第二顺序是**法定继承人**（legitimi），即法律让其继承的人。由于"自家人（sui）"是在第一顺序中作为子女实行继承而且"族人（gentiles)"也消失了,这一继承顺序在古典法时代只包括**宗亲属**(agnati)。

第三个顺序是**血亲**(cognati)并且包括直至第六亲等的一切有血缘关系的亲属和直至第七亲等的、由表兄弟姐妹(a sobrino vel sobrina)所生的子女。这种分配尤其有利于母亲和母亲方面的亲属,即女系亲属;也可能对遭受了"最小人格减等"宗亲属有利。如果最近的亲等告缺、拒绝继承或者没有在规定的期限内要求"遗产占有",裁判官则也承认在这一顺序中的其他继承等级(successio graduum)。非婚生子女继承母亲和母系亲属。

最后一个顺序是**配偶**(vir et uxor)。

为了避免当"家父"使儿子脱离父权却认为孙子处于自己权力之下时在继承问题上发生不体面的情况,萨尔维·尤里安在告示中引进了一个以他名字命名的条款,根据这一条款,孙子同其父亲一同继承单一的遗产份额,该遗产在他们之间一分为二。

关于解放自由人的继承问题,裁判官在第一顺序中规定了子女(即被解放的奴隶的所有子女);在第二顺序中规定了法定继承人(legitimi),即男女庇主和他们"家庭"的直系卑亲属;在第三顺序中规定了解放自由人血亲属;在第四顺序中规定了庇主的宗亲属;在第五顺序中规定了庇主的庇主及其直系卑亲属和尊亲属;在第六顺序中规定了解放自由人的配偶;在第七顺序中规定了庇主的血亲属。这种继承关系之所以这么复杂是因为必须在双层意义上调和继承的新旧基础,即调和解放自由人和庇主两方面的关系。为了帮助记忆并为了抓住裁判官法的精神,需要指出:在前四个古典的继承顺序中,有利于解放自由人的裁判官法可以说是同有利于庇主的市民法相互交替的,而在后三个继承顺序中,有利于庇主的裁判官法则同有利于解放自由人的裁判官法相互交替。

脱离父权的子女的继承也由裁判官法按照与解放自由人的继承相类似的方式加以调整;不过,如果脱离了父权的子女先由"家外人(extraneus)"而不是亲属(parens)所解放(参见§50),根据 Unde decem personae 告示,近血缘亲属优先于法定继承人。

§213. 以后的发展 德尔图里安和奥尔菲梯安元老院决议以及希腊—罗马时期的改革

（参考：J, 3, 3—4; D. 38, 17; C. 6, 56—57）

在整个的后期发展中，皇帝的作用取代了裁判官的作用，继承越来越以血缘关系为基础，纯宗亲关系的政治纽带受到摈弃。在这方面的最早规定是《德尔图里安元老院决议》和《奥尔菲梯安元老院决议》。前一个元老院决议是在哈德良时代发布的，它确立了母亲对子女的继承权。这样一种密切的血缘关系在市民法中丝毫不被承认，因为，根据市民法实行的继承有着完全不同的基础；只有当母亲和子女均为宗亲属（即均服从于同一"家父"，直至其死亡）时，母亲才继承子女并且子女才继承母亲，这种情况发生在伴随着"夫权（manas）"的婚姻当中。但是，在裁判官法中，母亲和子女只是在第三顺序即宗亲属顺序中相互继承。有时候，根据《尤利法》的精神，只允许有3个子女的生来自由人母亲或者有4个子女的解放自由人母亲享受继承权。此外，根据《奥尔菲梯安元老院决议》，子女是母亲最近的继承人，他们的存在排除其他任何宗亲属或血亲属的继承，然而，《德尔图里安元老院决议》则让母亲和同父异母的姊妹一起排在已故儿子的直系卑亲属和生父之后继承，无论后者是作为解脱子女者（emancipatore）享有继承权（法定继承或违反遗嘱的遗产占有〔bonorum possessio contra tabulas〕），还是作为宗亲属实行遗产占有（bonorum possessio unde cognati）；同父异母的兄弟相对于母亲也拥有继承优先权。在无直系卑亲属、父亲和兄弟的情况下，遗产在母亲和同父异母的姊妹之间一分为二。

对于这两项决议，在希腊—罗马时代，均按照新的发展倾向作了调整。从母亲方向，改革主要涉及"因生子女而取得的权利（ius liberorum）"。君士坦丁规定，如果母亲不享有"因生子女而取得的权利"，她可以获得财产的三分之一。狄奥多西和瓦伦丁尼安允许母亲获得三分之二，这一规定持续到优士丁尼完全废除了"子女权"之时。"如果只是少生了子女，母亲何罪之有（quid enim peccavit mater, si non plures, sed paucos pererit）？"

至于《奥尔菲梯安元老院决议》，一般的直系卑亲属（不仅子女）

均可以继承母系尊亲属的遗产。如果孙子女与父亲一同继承,上述孙子女继承其父应获得的遗产的三分之二;如果孙子女同其他宗亲属一起继承,则获得四分之三。优士丁尼规定:相对于旁系宗亲属,孙子女独自地继承。

最后的改革趋向于消灭已脱离父权的子女和未脱离父权的子女之间的区别,这一区别在裁判官法规定的第一顺序中已被废除。阿那斯塔修让所有的同父异母的兄弟姊妹一起继承;但是,当已脱离父权的子女与未脱离父权的子女发生竞合时,前者应当只获得后者所继承的遗产的二分之一。优士丁尼废除了这一限制,他使同父异母的兄弟姊妹与同母异父的兄弟姊妹处于同等的地位,让同父同母的兄弟姊妹处于优先于他们的地位。优士丁尼还让已脱离父权者的子女和未脱离父权者的子女同样地继承其叔叔的遗产,并使姊妹们的子女与兄弟们的子女处于同等的地位。优士丁尼的另一项谕令消除了男性和女性之间的差别,并且承认宗亲顺序中的等级继承原则。最后,他允许配偶获得四分之一的遗产,这一规定后来被限制适用于遗孀。

§214. 《新律》118 和 127

在罗马继承法发展的最后阶段,新旧制度间的调和已经成为历史,人们曾借以掩盖所实行的革命的、一系列名义上的妥协,构成一种无益的、复杂的怪诞制度。优士丁尼在完成了他的法典编纂活动后,决心改变这种妥协的方向,并采用《新律》118 和《新律》127 对无遗嘱继承进行了重大的改革,这应当被视为他最美好的决心。

上述《新律》为继承确立的根据完完全全地是**自然家庭**,即带有自己亲等的**血亲关系和婚姻**。只是收养仍受到尊重,因而它保持着早期制度的痕迹;然而,优士丁尼本人对收养做了彻底的改造,实行收养的家外人(adoptio minus plena)只在自己和被收养人之间建立起关系,被收养人也只继承收养人,因而,收养实质上**第一次在罗马法中**确立了一种类似于遗嘱的意愿继承关系。

一般继承人的顺序有 5 个:第一,所有的直系卑亲属,子女、孙子女,等等;第二,最近的直系尊亲属以及同父母兄弟姊妹或他们的子女;第三,单亲兄弟姊妹,即同父异母或同母异父的兄弟姊妹,以及单亲兄弟姊妹的子女；第四，其他最亲近的亲属；第五，配偶。对于这后一个顺序，优士丁尼只不过是再次确认了"配偶的遗产占有（bonorum possessio unde vir et uxor）"。

真正属于优士丁尼的四个顺序可以用下列顺口溜加以表述：

继承顺序分四等，
直系卑亲位最先。
直系尊亲紧随后，
兄弟姊妹子包含。
同父异母另起序，
异父同母亦第三。
第四顺序来拾遗，
其他近亲往里站。

（Descedens omnis succedit in ordine primo.
Ascendens propior, germanus, filius eius,
Tunc latere ex uno frater, quoque filius eius
Denique proximior reliquorum quisque superstes.）

下列人员为特殊继承人：第一，被收养的自权人，他获得财产的四分之一（quarta divi Pii），如果他已脱离了父权但不具备审判员所准可的充分理由。然而，由被收养的自权人继承的四分之一并不是遗产份额，而是由法律规定的遗赠。第二，非婚生子女，即产生于姘合（见§54）的子女，他们获得父产的六分之一，如果死者未留下妻子或婚生子；否则，他们只有权获得扶养费。第三，遗孀，当她同四个以上的子女共同继承时，获得遗产的四分之一或获得平等的份额（porzione virile），如果遗孀有自己的子女，她所继承的份额则只表现为用益权，而且在任何情况下，她的继承份额不得超过100金镑（libbre d'oro）。

遗产的分配按人头进行；只是在尊亲属之间以及在孙子女和侄子（子女的子女或兄弟的子女）之间，才分别按系分配和按代分配。

在无任何亲属的情况下，自罗马—希腊时代起，死者所属的某些团体则实行继承，如：军人所属的军团，市政委员会委员（decurione）所属的库里亚，僧侣或修道士所属的教堂和修道院，等等。最后，国库收敛无人继承的遗产（见§223）。

Ⅲ. 无遗嘱继承或法定继承

这些《新律》也完全废除了"家父"收回特有产的权利，也就是说，实质上废除了特有产制度（罗马—希腊时代的法律和习惯已部分地对其作了变通，允许子女、兄弟或生父对特有产实行继承）；上述《新律》还完全根据继承法规则处置"家子"的财物。这时，"家子"也可以有继承人了；这是古典法根本不承认的事情（见§188）。

§215. 财产合算

（参考：D.37, 6；37, 7；C.6, 20）

财产合算（collazione）是一项起源于裁判官法的制度，在希腊—罗马时代，它的基础和功能发生了变化，只是在优士丁尼时代，它才获得符合其新特点的完满形象。

裁判官法中的财产合算主要目的是纠正因继承人（主要是"自家人"和脱离了父权的子女）法律地位的差别而产生的异常的财产性后果。由于原始社会制度的本质发生了变化，所有的子女均可以接受其父亲的遗产，这无疑是公正的。但是，脱离了父权的人，在因此而变为"家父"之后，可以建立自己的财产，而仍留在家庭内部的"自家人"却继续为自己的"家父"取得财产；已脱离父权者所参与继承的遗产正是"自家人"积累的财产，如果不考虑到这一情况，那就很不公正了。

为了弥补这一不公正的情形，裁判官要求已脱离父权的人以及所有在死者去世时不受父权管辖的子女，比如：被其他家庭收养了的人，已出嫁的、归顺了他人夫权的女儿，在其父取得罗马公民权之前出生的子女（由于这种公民权只是在后来授予的，因而不使这些子女处于其父亲的罗马父权之下），必须将自己的财产并入到遗产之中，使遗产能够在所有人之间平等地加以分配。这就是真正的**遗产合算**（collatio bonorum）。

裁判官还要求已出嫁的、归顺了他人夫权的女儿必须也将嫁资并入遗产。这叫作**嫁资合算**（collatio dotis），安东尼将它扩大适用于市民法继承。

财产合算囊括已脱离父权者的全部财物，后者也可能要对已不再占有的财物负责。对于在父亲死亡前曾占有的财产，他只是在诈欺的情况

罗马法教科书 2017年校订版
ISTITUZIONI DI DIRITTO ROMANO

下才负责；对于后来遭受的损失，他所承担的责任直至轻过失〔1〕。如果已脱离了父权的子女在继承中相互竞合，则不发生财产合算的义务；如果在某些特殊情况下"家子"不会因同脱离父权者在继承中竞合而遭受损失，相对于上述"自家人"，也不适用财产合算。

在希腊—罗马时期，"家子"因特有产的发展而获得了独立性，"家庭（familia）"的重大变化逐渐使受治于父权的人和不受治于父权的人之间的差别减退，而且许多财物不再是合算的对象，从而削弱了该制度的重要性。但是，该制度从此获得了新的特点。

这时的宗旨是使各个继承人相对于死者留给他们的财产处于平等的地位。每个人事先获得的财物被视为提前继承。

该制度的这一新功能曾在"嫁资合算"中初露端倪，在高尔迪安的一项谕令中明显地表现出来，这位皇帝规定：父予嫁资应当被拿出，同所有兄弟们（"自家人"和已脱离父权者）共同分享，就像产生于父产的嫁资一样。

在拜占庭时代，利奥皇帝要求**所有的**直系卑亲属必须把以嫁资或婚前赠与名义从直系尊亲属那里得到的财产并入遗产。最后，优士丁尼通过《新律》118 规定：在无遗嘱继承和遗嘱继承中，对直系卑亲属均实行财产合算，嫁资、婚前赠与以及因取得职位（militia）而得到的钱款均应当被合并计算。那些既未得到嫁资又未得到婚前赠与的人也应当把一般的赠与物拿出，与以其他名义实行财产合算的直系卑亲属共同分享。

财产合算不再是通过保证金（cautio）实行，而是采用实物合并或在分配时计算价值的方式进行。

如果死者明确宣布某些财物免于合算，新的合算制度的根据即终止。

---

〔1〕 参见 D. 37, 6, 2; 37, 6, 1, 23。

Ⅳ. 违反遗嘱的法定继承

§216. 一般概念

违反遗嘱的法定继承是同"家父"立遗嘱的绝对权利相对抗的，这种权利在失去了其原始的意义之后，既可以被用来为保护自然家庭而限制纯宗亲的或家族的关系，也可能被个人用来任意排斥宗亲属和血亲属。

所采纳的限制手段开始时仅仅具有形式特点，它们可用来约束意愿。后来出现了一些不同于前者的实际的限制。现代人通常用"形式的必要继承"和"实际的必要继承"这两个术语来区分上述两种类别的限制；但是，最好不要使用"必要的（necessaria）"这个修饰词，因为罗马人也用它表示另一种含义（参见§189）。

在这个问题上，优士丁尼开始时是遵循早期制度的踪迹，并做了一些改革，但是，在完成了编纂活动后，他颁布了一项谕令（《新律》115），使两种继承相互接近，不过，尚未实现完善的相互融合。

在军人的遗嘱和未适婚人替补当中，不发生法定继承人的这种权利。

§217. 形式的法定继承

形式的法定继承是为遗嘱人规定的这样一种义务：不得遗漏第一顺

序的无遗嘱继承人,或者说,不得以沉默的方式略过他们,而必须或者将他们设立为继承人,或者明确地剥夺他们的继承权。

法学理论承认第一顺序的市民法继承人(即"自家人〔sui〕"顺序)享有上述法权,这符合罗马家庭制度的精神,根据这种精神,"自家人"在道德上是家产的共有人[1]。将他们设立为继承人或者剥夺其继承权均应当按照法定的方式(rite)进行。对"自家人(filius suus)"继承权的剥夺应当逐个指名(nominatim),剥夺女儿和孙子女的继承权可以合并进行或以"余者排除(inter ceteros,〔ceteri omnes exheredes sunto〕)"的方式进行。

对"自家人"的遗漏使遗嘱无效。对一名女儿或一名孙子女的遗漏只使被遗漏者有权同其他继承人共同继承特定的份额(ius adcrescendi ad certam portionem),相对于"自家人",它是一个平等的份额,相对于家外继承人,则是上述份额的一半。

对于一类特殊的"自家人"应当采取另一种方式,他们就是"后生子"(遗腹子 postumi sui),即所有因出生、他权人收养或自权人收养等原因而在遗嘱订立之后变为"自家人"的人。他们未被遗嘱人提及;因而,他们的突然出现必然使遗嘱无效,即所谓"遗嘱因后生子而中止(testamentum agnatione postumi ruptum)"。但是,法律和法学理论逐渐地弥补了这一糟糕的情况,允许将各种类别的后生子设立为继承人或剥夺其继承权(由公元 26 年的《尤尼亚和韦勒雅(Iunia Vellaea)法》调整的顺序除外),上述类别的后生子是:(1)在遗嘱人死亡后出生的**婚生后生子**(postumi legitimi);(2)在遗嘱人死亡后的法定时期内来自于一位先死的儿子的**阿奎利亚后生子**(postumi Aquiliani);(3)在遗嘱订立后出生的**韦勒雅**或**尤尼亚后生子**(postumi Velleiani 或 Iuniani);(4)在订立遗嘱之后因一位"自家人"先死而变为"自家人"的**准韦勒雅后生子**(quasi Velleiani);(5)在遗嘱订立后出生的并因一位"自家人"先死而变为"自家人"的**尤里安萨尔维后生子**。

裁判官将形式的法定继承适用于第一顺序的继承人,即死者的所有子女(liberi)或直系卑亲属,无论他们是"自家人"还是已脱离父权者。裁判官还对孙子(不包括女性)扩大适用关于逐个指名设立为继承

---

〔1〕 参见 D. 28, 5, 1。

Ⅳ. 违反遗嘱的法定继承

人或指名剥夺继承权的规定。

对于上述人的遗漏不使遗嘱和被设立人的继承人身份无效，但是，后者是"不胜诉的继承人（heres sine re）"，因为裁判官允许被遗漏者实行"违反遗嘱的遗产占有（bonorum possessio contra tabulas）"。马可·奥勒留的一项批复规定：女儿和孙子女只应当获得根据市民法取得的财产。

优士丁尼完全废除了在等级和性别方面的一切区别，规定对所有继承人的设立或废除均须指名，否则遗嘱无效，然而，仍允许有关的市民法制度和裁判官法制度继续存在，并保留自家人（sui）、后生子（postumi）和子女（liberi）之间的区别。

§218. 实际的法定继承和法定继承份额制度

（参考：J. 2, 18; D. 5, 2; C. 3, 28; C. 3, 29; C. 3, 30; Nov. 18）

实际的法定继承是对遗嘱自由的实际限制，它要求遗嘱人必须留出一份财产给无遗嘱继承人中的最亲近的亲属（portio legitima 或 debita）。

这种有关法定继承份额（特留份）的限制与日耳曼的"家庭保留"制度截然不同，在现代法中，法定继承份额同后一制度混合在一起。罗马法定继承份额不是从来就有的，它产生于颇晚的历史时代；它不是产生于家庭长子对财产的权利，而是产生于对"公平（pietas）"的考虑，文明社会和国家是这种"公平"观念的解释者；它的目的不在于维护家庭的统一和体面，而在于保证死者最近的亲属能够平等地参加死者财产的分配并获得基本的生计手段。罗马的遗嘱制度与所谓日耳曼的遗嘱制度具有不同的特点，前者是原始的制度，它旨在维护家庭的统一并在一个对长子继承制全然不知的共同体内部转移权力；后者则是在较晚的时代出现的，它伴随着家庭统一的解体和个人的解放而产生，家庭中的个人向统一家庭的代表隐瞒自己的财产；如果人们了解到这种差异，就能够很好地理解法定继承份额制度和家庭保留制度之间的区别。简言之，法定继承份额制度代表着新的社会意识，而家庭保留制度则是原始时代的社会制度和观念的残余。

法定继承份额的出现不早于帝国时代。它起源于百人团审判，因为有关遗产继承的争议需在百人团面前审理。为了在明显不公正的情况下撤销遗嘱以支持提起"要求继承之诉（hereditatis petitio）"的法定继承人，人们采用雅典法的一种拟制：把根本未提及法定继承人的遗嘱人视为精神不健全者（quasi non sanae mentis testator fuerit）。但是，百人审判团对于裁判官法的无遗嘱继承人无权进行审判，对于居住在行省的罗马公民也无权审判。为了适应新的需要，似乎是通过"非常审判（cognitio extraordinaria）"来解决问题，这种审判就是"不合义务遗嘱之告诉（querela inofficiosi testamenti）"。执法官将以非常方式（extra ordinem）撤销这种遗嘱，因为遗嘱人严重地未履行自己的法定义务（officium），并因对其近亲属的忽视而对该近亲属造成侵犯。在第三时代，这种非常措施同前一种措施结合在一起，但是，优士丁尼的有关制度，在名称和特点方面，更多地反映的是"不合义务遗嘱之告诉"，而不是在百人团面前审理的"要求继承之诉"。

  这些手段的采用致使人们为近亲属确定法定的继承份额，以避免遗嘱被宣告为"不合义务的（inofficiosum）"并被撤销。法定继承份额在优士丁尼以前的法中是无遗嘱继承份额的四分之一。优士丁尼规定：如果法定继承人为四人或少于四人，法定继承份额则为三分之一；如果超过四人，则为二分之一。在计算法定继承份额时应当考虑所有的无遗嘱继承人，即便他们不是法定继承人；还应当考虑遗嘱人死亡时的财产净额状况。

  只是在罗马—希腊时代才以固定方式加以确定的法定继承人包括：直系卑亲属，直系尊亲属，亲兄弟姊妹和同父异母的兄弟姊妹，后一类人只是当对他们拥有优先权的人是污秽者（persona turpe）时才被承认为法定继承人。

  人们可以采用任何临终处分的方式安排法定继承份额，包括采用遗赠或死因赠与的方式。优士丁尼甚至规定：遗嘱人生前实行的先行给付以及以计入法定继承份额为条件而实行的简单赠与均在法定继承份额中加以计算[1]。

  既然法定继承份额是一个最低限额（minimum），人们就不能为它附加条件和期限。

---

[1] 参见 C. 3, 28, 35; J. 2, 18, 6; D. 5, 2, 25pr. 。

Ⅳ. 违反遗嘱的法定继承

因侵犯法定继承份额而提起诉讼叫作"不合义务遗嘱之告诉（inofficiosi testamenti）"或"不合义务赠与或嫁资之诉"（inofficiosae donationis 或 dotis）（后两种诉讼在亚历山大·塞维鲁时代受到承认），它们分别适用于不同的侵犯行为。这种诉讼，同在类似情况中向百人团提起"要求继承之诉"一样，以"精神不正常表现（color insaniae）"为根据，同时与早期的诉讼一样，以侵犯行为为根据，也就是说，它是一种"当事人间的报复性诉讼（actio vindictam spirans）"。这种诉讼（querela）针对的是被设立为继承人的人。如果后者迟迟不宣布自己是否接受继承，则为他规定6个月的期限；在他不在场的情况下，此期限为10个月；期限一过，即认为他已接受了继承。这种诉讼具有初审的特点，人们可以根据它获得对遗嘱的撤销，然后，法定继承人可以通过"要求无遗嘱继承之诉（hereditatis petitio ab intestato）"要求获得他的份额。遗嘱可以被全部撤销，也可以被部分撤销；在后一种情况下，则出现对"不得实行部分遗嘱继承和部分无遗嘱继承（nemo pro parte testatus pro parte intestatus）"原则的新例外。法定继承人应当在审判中证明他品行端正，不应遭受死者所施加的凌辱；如果他不能够证明这一点，他将败诉。此外，对某一法定继承人的排除也可能出自于善良意图（bona mente），但这应当明确加以宣布。比如，打算设立孙子而不是儿子作为继承人。

这种诉讼还表现出一些特别之处，它们尤其产生于优士丁尼以前法中同名制度的特殊性质。它的时效为5年，诉权不向继承人转移，除非已经做好了争讼的准备或者继承人是法定继承人的子女；它因继承人明示或默示的弃权而终止。如果法定继承人败诉，他将丧失包含在遗嘱中的、对他的所有馈赠。最后，应当以法定继承份额全部受到侵犯为条件，否则，法定继承人在古典法中只可提起"要求继承之诉"，以补够遗嘱人留给他的法定继承份额的最低限额；如果这个最低份额是通过遗赠留给他的，则提起"遗嘱之诉（ex testamento）"。如果遗留下的遗产较少，但以专门条款规定在不足的情况下应当给予补充，则可提起"补充特留份额之诉（actio ad supplendam legitimam）"，这种诉权是由君士坦兹和优里安确定的。优士丁尼规定，上述规定在任何情况下都是不言而喻的。"不合义务遗嘱之告诉"的这些特殊规则不适用于上述补充诉讼。

§219. 《新律》115

优士丁尼颁布的《新律》115规定：直系尊亲属和直系卑亲属必须被设立为继承人。对这些人继承权的剥夺只能以该《新律》所列举的重大理由为根据，它们是：侵害生命，不可容忍的侵辱，刑事指控，等等。可以出于善良的意图剥夺继承权。

对于法定继承份额，早期的各项原则保持不变，只是应当以遗产继承的名义将它留给尊亲属和卑亲属。如果在亲兄弟姊妹和同父异母兄弟姊妹之前存在着一名享有优先权的污秽者，对他们的权利没有另行做出任何新规定。如果违反该《新律》的原则剥夺继承权或发生遗漏的情况，将出现怎样的后果？对此存在着激烈的争论。应当认为该《新律》是形式权利的一个飞跃，而不是在规定真正意义上的法定继承份额，因而应当提起的诉讼不是"不合义务遗嘱之告诉"，而是要求宣告遗嘱无效的诉讼。

V. 遗赠和遗产信托

§220. 遗赠的概念和历史

遗赠也是取得的一般原因，因为人们可以通过它取得各种不同性质的权利；遗赠同遗嘱继承一样属于死因取得。

在罗马法中，遗赠在以下方面不同于遗产继承：遗赠是一种**单纯的**和**直接的**财产转移；而遗产继承则取决于继承人资格的取得。因此，继承法的特有后果对于遗赠不发生，因为遗赠丝毫不意味着继承法律地位（successio in ius）；这就是说，受遗赠人不继承死者的法律地位，因而不继承他的债务、善意或恶意、占有瑕疵等等，而且，即使死者对他实行概括的遗赠或者将其财产的一部分遗赠给他（在罗马法中这是可能的），受遗赠人并不概括地取得财产，那些不可转移的权利也不向他转移。总之，遗赠是一种常见的转让原因和财产取得原因，优士丁尼的学说将这些原因归入"单个物继承（successio in res singulas）"范畴之内，使它与继承建立起一种相互接近同时又相互对立的关系（参见§22和§187）。

在现代法中，由于一个被误解的历史传统（见§200），在确定继承人和受遗赠人的方式方面才出现了差别：那些被指命概括地或按份额继承财产的人是继承人，那些被指命取得单个物或特定物的人则为受遗赠人，即便受赠物可能穷尽死者的财产（1865年《民法典》第760条，1942年《民法典》第588条）。这种差别在罗马法中并不存在，在那里，被指命概括地或按份额取得财产的人也可以是受遗赠人，因为判断是否属于继承人的根据是继承人资格，而不是按怎样的形式分配财产。

很可能在最初时遗赠只不过是死因赠与。在所有的原始社会中，家长在临终时一般都可以处分一定数量或质量的财产；家庭真正的共同财产不能脱离家庭和新的家长或其代表。这种死因赠与不应同设立继承人的罗马继承相提并论，后者具有另一种性质。当类似的死因赠与可以**在指定继承人的同时进行**（大概是从《十二表法》开始的）时，这一步在罗马法中就具有决定性意义，但这是很容易和自然的一步。这时，这些死因赠与取名为遗赠（legata），这个词很像是产生于"legare（委托）"，因为它确实是向继承人的托付。

在古典法中，遗赠只能在设立了继承人之后以庄严的形式加以安排。人们区分四种具有不同效力的遗赠。它们当中的两种是真正的基本类型，即直接遗赠（legato per vindicationem）和间接遗赠（per damnationem），前一种遗赠的最古老形式是"我给（do）"，"我赠（lego）"；后来也采用"你取得（sumito）"，"你得到（capito）"，"你自己保留（sibi habeo）"。这种遗赠直接将物的所有权转移给受遗赠人，因而后者可以针对继承人提起"要求返还所有物之诉（rei vindicatio）"。按照其效力，人们只能以这种遗赠转移遗嘱人依市民法（ex iure Quiritiulm）对其享有所有权（在订立遗嘱时和死亡时）的物；对于可替代物，遗嘱人在死亡时享有此所有权即可。

间接遗赠的典型形式是："我的继承人有义务给付（heres meus damnas esto dare）"，但人们也承认其他一些具有同等效力的形式："他将给付（dato）"，"他将履行（facito）"，"我命令给（dare iubeo）"。这种遗赠并不转移物的所有权，但使受遗赠人获得对继承人的债权，前者可以据此对后者提起对人之诉要求他以法定形式转让所有权。采用此种形式可以遗赠任何标的，包括不属于死者所有但归继承人或第三人所有的物。

直接遗赠的次要形式是**先取遗赠**（per praeceptionem）；间接遗赠的次要形式是**容受遗赠**（sinedi modo）。前者采用的套语是"你将先取（praecipito）"。它也可以使受遗赠人直接取得所有权，它同直接遗赠的惟一区别在于：它是针对数名共同继承人之中的某人而确定的，死者允许这名共同继承人以自己的名义从遗产中提取特定物，使该物免受分割。普罗库勒学派认为人们也可以采用这种形式向外人（非继承人）实行遗赠。

容受遗赠所采用的套语是:"我的继承人将容忍卢其·第提得到并拥有奴隶斯第库(heres meus damnas esto sinere Lucium Titium servum Stichum sumere sibique habere)"。它同间接遗赠的区别是:人们不能以此方式遗赠第三人的物品,因为继承人只有义务容忍。这种遗赠形式可能是针对某些事实关系而设立的,这种事实关系不是权利,至少相对于市民法不属于权利,比如:对公田(ager publicus)的占有,善意拥有,等等。

每种遗赠的形式和要件都有着严格的后果,《尼禄(Neroniano)元老院决议》大大地削弱了这些后果,规定:如果直接遗赠本身无效,它可以作为间接遗赠而有效,因为后者的形式比较广泛(optimum ius),在这种情况下,间接遗赠的受赠人有权为获得物而提起对人之诉。但是,同其他与纯粹的罗马传统相联系的形式一样,这些遗赠形式在希腊—罗马时代都消失了。君士坦丁皇帝首先完全废除了对上述各种遗赠形式的遵守,优士丁尼最终取消了一切差别,赋予所有的形式以相同的效力,最重要的是,赋予所有形式的遗赠以有关债法和物法的诉权,除非遗赠的是第三人的物。

§221. 遗产信托和遗嘱附书的概念和历史

(参考:J. 2, 23-25; D. 29, 7; C. 6, 36)

遗产信托(fidei commissum),顾名思义,是出于对他人的信任而实行的托付;从技术意义上讲,它是一种临终处置,它被委托给继承人(遗嘱继承人或法定继承人)或其他受益人执行。许多制度尤其是继承法中的制度开始时都只不过是信托制度。致使人采用这种极端手段的原因很多,主要地讲,并不是所有的市民尤其是身处异邦的市民都便于通过遗嘱来安排遗赠,而且有时候人们还希望向无权接受遗赠的人留些财产。奥古斯都皇帝首先在一些特殊情况中从法律上认可了这一制度,要求执政官通过"非常方式(extra ordinem)"处理这类情况。这一制度非常符合当时的社会意识,以致克劳迪皇帝任命了两名裁判官处理这类诉讼。狄托皇帝把他们减为一人。在行省则由总督行使这种职责。

在开始时,遗产信托不受任何形式的限制,人们通常当面实行委托，或者采用后来得到普及的书面形式，即所谓"遗嘱附书（codicillo）"。因而遗产信托的历史同遗嘱附书的历史交织在一起。后来，越来越多的处置采取遗产信托的形式，人们承认在遗嘱中得到确认的遗嘱附书也可以包括遗赠，甚至包括对继承人的指定，但该继承人也应当在遗嘱中依法加以设立。只是继承人的设立和对继承权的剥夺仍然被排除在遗嘱附书的范围以外，但另一方面，随着在遗嘱中列入有关附书条款做法的出现，遗嘱在作为遗嘱无效的情况下可以作为遗嘱附书受到采纳。

遗嘱附书可以采用各种各样的套语，比如"我请求（rogo）"、"我希望（volo）"，"我要求（peto）"、"我托付（mando）"、"我想（desidero）"，"我吩咐（impero）"。

然而，由于遗嘱附书的价值大大增加，出现了在罗马法的历史中并不鲜见的一种结果：从极端繁琐发展到过分自由。在最后时代，人们对此做出反应，出现了将遗嘱的形式要求扩大适用于遗嘱附书的趋势。君士坦丁规定：无遗嘱的（ab intestato）遗嘱附书应当在 7 名或至少 5 名见证人面前制作，就像当时合法遗嘱所要求的那样。在公元 424 年，狄奥多西二世要求所有的遗嘱附书（无论是有遗嘱的还是无遗嘱的）均按此形式制作，但是，他以有关遗嘱的新律废除了在 5 名见证人面前订立遗嘱的做法，这也影响到遗嘱附书。

在见证人问题上，优士丁尼部分地回到早期的规定，恢复了制作遗嘱附书需有 5 名见证人在场的规定〔1〕。他还规定：不符合手续的遗嘱附书使受益人有权要求遗产信托的义务承担人提供宣誓。

有关行使遗赠权的限制性规定也一并扩大适用于遗嘱附书和遗产信托，《贝加西安元老院决议》将单身汉和不生育者排除在外；"法尔其第法的四分之一标准"（quarta Falcidia，见§226）也适用于此，在哈德良时代，异邦人和某些身份不确定的人被排除在外。至于接受遗产信托的能力，似乎只有尤尼亚拉丁人才只能通过遗产信托而不能通过遗赠接受财物。

由于这种发展的作用，遗赠和遗产信托越来越相互接近，所保留的惟一差别主要涉及死者在遗产信托中的意思。优士丁尼废除了一切差

---

〔1〕 参见 C. 6, 36, 8, 3。

V. 遗赠和遗产信托

别，将两种制度合二为一，吸取了两者中最为有利的规范，这主要是指遗产信托中的规范。

§222. 优士丁尼法中的遗赠和遗产信托

（参考：J. 2, 20—24；D. 30—34；C. 6, 37—43）

在《法学阶梯》中，遗赠的定义是："由死者[1]留给某人的并由继承人负责实施的赠与（donatio quaedam a defuncto relicta, ab herede praestanda）"。在《学说汇纂》中收入的佛罗伦丁的定义是："遗嘱人在继承人概括取得的遗产中依其意愿为某人提留的遗产（delibatio hereditatis qua testator ex eo, quod universum heredis foret, alicui quid collatum velit）"[2]。所谓"遗赠是对遗产（它被理解为死者的财产）的扣除"的说法在古典法时代就已经不再准确，因为从那时起人们已可以对继承人的物或某一第三人的物实行遗赠。说遗赠的给付由继承人负担，在新法中也不是准确的，因为不仅继承人而且任何遗嘱受益人均可能承担遗赠的义务，遗赠也不必非在遗嘱中实行。

遗赠是一种无偿给予行为（atto di liberalita）或广义的赠与；因而，如果债权人不能从中受益，那么向自己的债权人实行债务遗赠就是无效的。

综上所述，遗赠可以定义为："死者意图据以使某人从遗产受益人那里得到好处的、单方面无偿给予的行为。"

应当将**单项物遗赠或遗产信托同概括的遗产信托**分开来论述（在新法中概括的或按份的遗赠同概括的遗产信托混在了一起），因为，由于某些特别的改革，后者已非常接近遗产继承，尤其是当原始的遗产继承观念发生蜕变之后。因而，我们首先谈谈单项物的遗赠或遗产信托。

在遗赠中需要加以考虑的人有：1. 死者，即**原所有主**；2. 承担义务的人，也就是**义务人**（onerato）；3. 遗赠的受益人，即**受益人**（onorato）。

---

[1] 在古典文献中为"遗嘱（testamento）"或"遗嘱人"。
[2] 参见 D. 30 (1), 116pr.

原所有主必须具有遗嘱能力（testamenti factio），无论是在立遗嘱时，还是在他死亡时。

至于义务人，在优士丁尼以前的法中（这里谈的是遗赠而不是遗产信托），他只能是遗嘱继承人；在优士丁尼法中，由于遗赠与遗产信托发生了混合，任何从死者那里得到死因取得的人均可以是义务人，因而也包括受遗赠人、遗产信托受益人、死因赠与受益人（如果生者间赠与是可撤销的，生者间赠与的受益人也可成为义务人）、法定继承人、遗产债务人、作为最后继承人的国库等。

在优士丁尼以前的法中，受益人应当具有与死者相对应的遗嘱能力（testamenti factio）。在这个问题上，遗赠与遗产信托的混合也致使原有的严格性降低。在遗嘱人死亡时尚未被怀上的新生儿也可以成为受益人。自尼禄时代和哈德良时代起，城邦可以成为受益人；自马可·奥勒留时代起，某些团体可以成为受益人；优士丁尼法允许自家后生子（postumi sui）、他人后生子（postumi alieni）、获得赦免的被流放者[1]以及一切合法团体成为受益人（见§201）。

如果所有继承人都是一项遗赠的义务人，每个人均须按照各自的遗产份额履行义务。如果指名要求某些人承担义务，履行义务则由这些人平均分担，即按照平等的份额分担义务[2]。

如果安排数个受遗赠人分享同一标的（无论是同时安排还是分别前后安排），根据优士丁尼法，每个人均可获得该标的平等份额。在数名接受遗赠的继承人之间也实行同样的程序，丝毫不考虑继承的份额。

同设立继承人一样（见§207和§26），不可能条件不使遗赠产生瑕疵，但被视为并未附加。

根据标的的不同，区分不同种类的遗赠：特定物遗赠（legatum speciei），概括物遗赠，钱款遗赠，年息或月息遗赠（legatum annuum, menstruum），扶养金遗赠，他物权遗赠（iura in re aliena），对他人债权的遗赠（legatum nominis），对受遗赠人的债权的遗赠（也就是使受遗赠人摆脱债务 legatum liberationis），向债权人遗赠自己的债务（只要这对债权人有利），嫁资遗赠，最后还有选择性遗赠和种类物遗赠。在这后

---

[1] 参见 D. 32, 7pr.。
[2] 参见 D. 30, 124。

V. 遗赠和遗产信托

两类遗赠中，如果遗嘱人未做其他规定，对遗产标的物的选择由受遗赠人进行；但在种类物遗赠（legatum generis）中，受遗赠人不得选择标的中最好的物，进行选择的继承人也不能给受遗赠人最坏的物[1]。

根据优士丁尼法，遗赠既可在遗嘱中安排，也可在遗嘱附书中安排。

遗嘱附书被区分为有遗嘱的遗嘱附书和无遗嘱的遗嘱附书。前者涉及一项已订立的或应订立的遗嘱，并且依赖于遗嘱的命运；后者则无论法定继承人是谁，都具有价值，国库也必须尊重它，除非某些法定继承人没有被明确规定。如果遗嘱是无效的，它可以因附有遗嘱附书条款而用作遗嘱附书。所谓**遗嘱附书条款**（clausola codicillare）是指遗嘱人借以要求按其意思行事的任何声明，由于它的效力，遗嘱人的所有处置，对继承人的设立，均同向法定继承人安排的遗嘱信托一样保持完好无损。

§223. 遗赠的取得

（参考：D. 36, 2；D. 7, 3；C. 6, 53）

在遗赠取得问题上应当区别两个时间：开始实行遗赠的时间和受益人最终取得遗赠的时间。按照罗马法的表述，第一个时间叫作"遗赠让与日（dies legati cedit）"，第二个时间叫作"遗赠获得日（dies legati venit）"。

一般来说，"让与日"是遗嘱人死亡之时，"获得日"是接受继承之时。在优士丁尼以前的法中，根据《尤利和巴比·波培法》的规定，"让与日"被推迟到遗嘱启封之日。优士丁尼恢复了早期的规定。

让与日的意义在于：从此时起，为一定的人确定了遗赠，由此产生的主要结果是：如果受遗赠人在"获得日"之前死亡，遗赠将转移给他的继承人。

作为例外，可能出现这样的情况："让与日"不是遗嘱人死亡之时，这种情况发生在附条件遗赠之中，遗赠的确定取决于条件的出现；在定

---

[1] 参见 D. 30, (1), 110; §119。

期给付的赠与中，遗赠被划分为许多的年度给付，因而只是对于第一次给付来说，"让与日"是遗嘱人死亡之时；在用益权或其他人役权的遗赠之中，由于这些权利是不可向继承人转移的，因而实际上没有"让与日"；在向被解放的奴隶的遗赠中或在这类遗嘱所包含的遗赠中，情况同样如此。

在一些特殊情况下，"获得日"也可能在接受继承之日以后，比如，在附一定期限的遗赠中，该期限在接受继承之时尚未届满。

在古典法学理论时代，普罗库勒学派认为，为了最终取得直接遗赠，除需有"获得日"外，还必须有受遗赠人的明示接受；在此之前，遗赠标的是无主物（res nullius）。我们不应当把这理解为第一个先占者可以获取该物，因为"无主物"这个词指的是一切在现实中没有主人的物品或权利，即便它是为一定目的而保存的或为某一主体所保留的，国家为该目的或该主体而保护这一物品或权利。然而，优士丁尼接受了萨宾的理论，根据这一理论，在"让与日"，受遗赠人当然地（ipso iure）取得遗赠，即便遗赠是背着他实行的。然而，受遗赠人的弃权具有回溯力。

在强令性否定条件的情况中可以取得遗赠，但需提供"穆齐保证（cautio muciana，见§207）"。

§224. 共同受遗赠人之间的合并和增添权

（参考：J. 2, 20, 8; C. 6, 51）

共同受遗赠人之间的增添权不同于继承的增添权，它有着特殊的且独立于继承性质的特点，以死者通过实物合并（coniunctio re 或 coniunctio re et verbis）所表达的意思为基础，即通过让数个受遗赠人分享同一标的而实现，无需在受益人之间作任何划分。

在古典法中，遗赠的不同种类致使人们根据合并的性质，对死者的意思作不同的解释。

在间接遗赠中，所产生的只是债，因而不可能产生增添权问题。如果同一标的在同一个决定中一并（coniunctio re et verbis）遗赠给数人，债则从一开始就当然地（ipso iure）在数名受遗赠人之间划分（damnatio

V. 遗赠和遗产信托

partes facit）。相反，如果同一标的以不同的决定（coniunctio re tantum）分别（disiunctim）遗赠给数人，那么就产生了两个全额之债。当然，继承人可以向第一个来到的受益人偿付遗赠标的，对另一个则负价款之债。这种情况也适用于遗产信托，遗产信托只产生债。

而在直接遗赠或先取遗赠中，如果遗嘱人在未做分割的情况下将同一标的遗留给数个受益人，无论是以合并的方式还是以分别的方式，那么共同受遗赠人都接受整个标的，只是竞合使他们进行分配（concursu partes fiunt）；因而，当因其中一人在"让与日"之前死亡或因其弃权而使竞合结束时，落空的部分必然增添到另一者身上。

《尤利和巴比·波培法》也冲击了这种增添权，规定：在遗嘱中提到的父亲可以行使"落空份额要求权（ius caduca vindicandi）"，以此取代增添权；如果没有父亲，国库则可行使这种要求权。只是对死者三亲等以内的尊亲属和卑亲属，增添权仍保持完全有效。此外，在共同受遗赠问题上，遗嘱中提到的父亲们对继承人的优先权，也是增添权的痕迹。

优士丁尼以他关于"取消落空份额（de caducis tollendi）"的谕令完全废除了《尤利和巴比·波培法》关于增添权的矫揉造作的顺序。在各种遗赠形式相互混合之后，对物的权利被直接取得，就像在早期的直接遗赠中一样，因而人们就按照直接遗赠的规范调整增添权。既然共同受遗赠人之间的增添权应当同死者的意思相和谐，在各种不同形式消失之后，人们仍可以自由地研究死者的意图是怎样的，是否打算把给第一个受益人的物全部剥夺而转赠给第二个受益人（translatio legati），或者是打算把它全部给予这两位受益人；在这后一种情况中，第一个受益人得到物，第二个则得到价款[1]。

在用益权遗赠中，由于用益权具有特殊的性质，不能向继承人转移，因而，当共同受遗赠人在取得了部分用益权后告缺时，也发生增添。

---

[1] 参见 D.30，33。

§225. 受遗赠人的诉权和保障

在古典法时代，根据遗赠形式的不同，受遗赠人的诉权也各不相同。

在优士丁尼法中，在可能的情况下，即当遗嘱人遗赠了他自己的物时，受遗赠人一概有权提起"要求返还所有物之诉"；在其他情况下，他只能对继承人提起对人之诉，即所谓"因遗嘱的对人之诉（actio personalis ex testamento）"或"遗赠之诉（actio legati）"。但是，即便遗赠人遗赠了他自己的物，仍应当认为受益人可以根据优士丁尼法提起对人之诉以要求获得该物，在这种诉讼中，如果物已灭失或腐坏，人们可以要求继承人赔偿利益损失。继承人获得产生于过渡时期之内的孳息和其他一切添附，除非死者要求他将这些都归还给受遗赠人。

为维护受遗赠人的利益，优士丁尼按照他自己的制度，规定可以对义务人从遗嘱人那里获得的财产实行一般抵押，使这些财产成为不可转让的并使被遗赠的物不受时效取得的影响。

根据一定的条件或期限接受遗赠的人有权要求义务人提供保证金以保障将来的清偿。如果他没有获得该保证金，他可以对义务人从遗嘱人那里获得的财产实行"保障履行遗赠义务之占有（missio in possessionem legatorum servandorum causa）"。马可·奥勒留允许遗嘱人免除继承人提供保证金的义务。

另一项保障是"安东尼尼安占有（missio Antoniniana）"，它可能是由爱拉卡巴尔皇帝引进的，如果受遗赠人在合法传唤继承人之后6个月内未获得清偿，则有权要求实行此种占有，它可以扩及义务人的一切财产，包括不是从遗嘱人那里获得的财产，受益人还有权以这些财产的孳息实行自我清偿。

义务人也可以要求获得有关遗赠的令状（interdetto quod legatorum），在古典法中，这种制度是为"遗产占有人"规定的，优士丁尼将它扩大适用于继承人，当受遗赠人自行实行占有时，继承人可以通过此诉讼程序要求返还被遗赠的物，或者当继承人支付了法定保证金或给付了遗赠标的时，要求返还由受益人看管的物品。

V. 遗赠和遗产信托

§226. 削减遗赠"法尔其第法的四分之一"

（参考：J. 2, 22; D. 35, 2; C. 6, 50）

遗产继承在最初时并不是以单纯的财产转移为目的，证明这一点的最简单的论据之一就是：在罗马的早期历史上，遗嘱人可以只向被设立的继承人遗留光秃秃的继承人名义，并且将全部财产通过遗赠加以分配；在需要时，捐赠也可以超过他的财产能力。在遗产继承的目的真正具有财产性之后，继承同遗赠发生了冲突。如果继承人身份只使他有权获得财产，而在一定情况下这些财产却被捐赠所占去甚至被捐赠的数额所超越，那么，对于被设立的继承人来说，接受继承就不再划得来。但是，既然罗马的遗嘱实质上是一种旨在设立继承人的行为，那么当继承人不接受继承时，遗嘱就同其他处分一起失去了效力（testamentum destitutum 或 desertum）。由此产生了一系列立法活动，无论从现代的遗产继承的观点看，还是就所追求的目的以及为实现该目的而确定的手段而言，这种立法都是很特别的。第一个法律是《关于遗嘱的富里法（lex Furia testamentaria）》，它可能产生在公元前183年，它为遗赠规定了一个最高限额——1000assi，除非是对血亲属的遗赠。这项法律或许是针对这种情况的：遗嘱人授予某人继承人的资格，却把财产遗赠给另一人；当然，它对于大量穷尽了财产的、数额为1000assi的遗赠无济于事。公元前169年的《沃科尼亚法》规定：任何人不得在遗赠中接受超过继承人所得数额的财产。但是，这个法也无法完满地实现它的意图，因为，遗嘱人可以通过把财产划分为许多小额遗赠而只给继承人留下很少一点遗产，甚至不够补偿该继承人在管理遗产中的花费。这项法律直到公元前40年仍然有效；在这一年中制定了《法尔其第法》，该法律规定：在任何情况下，遗产的四分之一（quadrans）必须保留给继承人，为此目的，必要时应按比例削减超过四分之三限额（dodrans）的遗赠。从这时起，正如罗马法学家所明确指出的那样，至少相对于遗赠来说，继承人只是在遗产的负荷能力范围内（quatenus patrimonii vires sufficiunt）承担义务，他不再有义务给付超过所获遗产数额的遗赠（plus legai nomine praestarequam ad eum ex hereditate pervenit）。

这项法律后来从遗赠扩大适用到遗产信托,优士丁尼将它扩大适用于任何种类的、应由继承人负担的义务,包括为执行某一条件而应给付的钱物(condicionis implendae causa)。安东尼·比乌的一项批复也把由法定继承人承担的无遗嘱的(ab intestato)遗产信托义务限制在这样的范围以内。

对四分之一的计算以在**遗嘱人死亡时即接受继承之前**的财产状况为基础,扣除一切负担,如债务、对奴隶的解放、丧葬费和管理费用等等。在计算了纯盈余之后,如果遗赠超过了四分之三的比例,它们则当然地(ipso iure)削减;如果继承人已经支付,他可以根据不同的情况采用"错债索回之诉(condictio indebiti)"或"要求返还所有物之诉(rei vindicatio)"或"诈欺之诉(actio doli)"获得返还。

继承人只应当将他**以继承人名义**接受的钱物计入他的四分之一数额之中。

继承和遗赠之间的类似调和在历史上是一个过渡性措施,一旦能够把遗嘱看作一种纯粹的财产性行为(无论是在遗赠问题上,还是在设立继承人问题上),这种过渡性措施的使命就结束了。因而,早在古典法中,军人遗嘱就排除了"法尔其第法的四分之一"。优士丁尼在完成了《民法大全》的编纂之后,以《新律》1和2给予该制度以致命一击,规定:如果遗嘱人明确拒绝接受"法尔其第法的四分之一"规则,继承人则必须遵从此意愿;在拒绝接受继承的情况下,这位皇帝维护遗嘱中的一切处分,要求继承的替补人、共同继承人、概括遗产信托的受托人、受遗赠人、遗产信托的受托人、在遗嘱中被解放的奴隶、无遗嘱继承人或最后实行继承的国库必须执行这些处分。从此,遗嘱和遗嘱附书之间的区别趋于消灭,《法尔其第法》不再是强制性法律或公法,完全丧失了它的特点及其原始的目的[1]。

在扶养费遗赠、向妻子遗赠自用品、慈善遗赠中,禁止实行"法尔其第法的四分之一"扣除,如果继承人忽略了对遗产清单的编制,也不实行该扣除。

---

〔1〕 参见 C. 6, 50, 19; D. 39, 5, 20, 1; D. 33, 1, 21, 1; D. 35, 2, 25, 1。

V. 遗赠和遗产信托

§227. 遗赠的无效

（参考：D. 34，4；D. 34，7）

首先，遗赠可能因形式上的瑕疵、遗嘱人的意思瑕疵或者主体或标的缺乏能力而成为无效的。

诈欺或错误产生通常的后果。胁迫不使遗赠无效，但受益人作为不配者（indegno）而丢掉遗赠。

遗赠的初始无效，即在遗嘱订立时的无效，不能因无效原因后来终止而获得补救。这一基本原则的推论是："一开始就具有瑕疵的事物，不可能在以后的时间进程中获得补救（Quod ab inito vitiosum est non potest tractu temporis convalescere）"[1]。然而，值得注意的是，"开始（initium）"即行为实施的时间，被确定为订立遗嘱和安排遗赠之日，而不再是死亡之时或"让与日（dies cedens）"。这条拒绝一切补救可能性的规则从其发明者那里得名，被称为"卡多规则（regula catoniana）"。

遗赠也可能因受遗赠人死亡或在取得遗赠前丧失能力或者以其他名义取得了标的（§135）而随后变为无效的。最后，遗赠可能因单纯的撤销（ademptio）或新受遗赠人的替补（translatio）而变为无效。

撤销（ademptio），对于遗赠来说，根据古典法必须按照与允予遗赠相同的程式进行，但是，这种严格性在古典法中就已减退。遗产信托因任何相反的意思表示而被撤销，也可以因在遗嘱人和受益人之间出现了严重的敌对而被撤销。在优士丁尼法中，一切都归结为对意思的解释，这可能造成细微的问题。

如果遗嘱丧失效力（即中断、失效或被弃置，见§209），遗赠也无效。如果被设立的继承人为了以无遗嘱继承的方式接受遗产或将它转移给他人（替补人、无遗嘱继承人）而没有接受遗嘱继承，受遗赠人可以根据裁判官法（iure praetorio）提起诉讼。还应当注意，从塞维鲁时代起，指名要求继承人承担的遗赠负担向替补人转移，就像在适用增添权

[1] 参见 D. 50, 17, 29; D. 50, 17, 210。

的情况下向共同继承人转移一样；在落空份额制度中，它由要求获得该份额的人承担。

同一般原则相违背（见§139）；如果继承人在无过错的情况下毁灭了被遗赠物或使之丧失交易特性（比如：解放了奴隶，将遗赠的材料并入建筑物），遗赠并不消灭。这项特殊原则可能是由尤里安第一次在遗产信托问题上加以确立的，后来被扩大适用于间接遗赠；优士丁尼又将它适用于新的统一类型。这项原则的理由应当从遗嘱人可推定的意思中去寻找，这种意思不应当因继承人的行为而受到架空。在优士丁尼法中，受遗赠人一般取得对被遗赠物的所有权，因而继承人不能使这一所有权丧失交易性，除非遗嘱人遗赠的是继承人自己的物。

在古典法中，"惩罚性（poena nomine）"遗赠可能被宣告无效，这是指为了强迫继承人做某事或不做某事而设置的遗赠，也就是说，使某人以罚金的名义从继承人那里获得利益。这种遗赠因而具有违约金（stipulatio poena）的相同功能。优士丁尼出于对死者意思的尊重，承认这种遗赠完全有效[1]。

§228. 先取遗赠

遗产继承的罗马概念在一项制度中产生着同遗赠有关的特殊后果，这项制度就是**先取遗赠**（prelegato），人们使用这个名词表示对某一继承人所实行的遗赠。

当只设立了一名继承人时，对该继承人实行的遗赠是无效的，因为这位独一无二的继承人根据其名义取得全部财产。然而，罗马人之所以说这种遗赠是无效的，不仅是因为它是空洞的，而且也因为继承人不能自己对自己提出诉求。"让继承人向自己实行遗赠是徒劳无益的（Heredi a semetipso inutiliter legatur）"；"继承人不能对自己负债（heres ipse sibi debere non potest）"；"继承人不能对自己提出返还请求（heres a semetipso vindicare non potest）"。

但是，死者可以向数个共同继承人之一实行遗赠。在这种情况下，如果先取遗赠未明确要求数个共同继承人中的某个人承担，则由全体继

---

[1] 参见 J. 2, 20, 36; C. 6, 41, 1。

V. 遗赠和遗产信托

承人承担，它是大家的债务，每个人都应当按照各自的继承份额比例偿付它。值得注意的是：那个作为受益人的继承人也包括在义务人之列；由于他不能对自己所承担的那份债务实行自我清偿，**就这一部分来说，遗赠是无效的**。这不意味着他取得的少了，因为这一部分一般不会从他那里被拿去，他只是以继承的名义取得它（这一部分之所以无效，恰恰是因为它属于他的继承份额），他以遗赠的名义从其他共同继承人那里接受分摊的财产。这样，我们假设：遗嘱人设立某甲、某乙和某丙按照平等的份额继承90元的遗产，并指定某丙为27元遗赠的受益人。上述三位继承人每人继承30元，但是，某甲和某乙各应支付9元遗赠，从而他们的份额减少到21元。某丙以遗赠的名义从共同继承人那里获得18元，他不用自己向自己付出9元；由于他仍然保持着30元的继承份额，他就一共获得了48元，也就是说，比其他共同继承人多得27元。只有18元是以遗赠名义从共同继承人那里获得的，另外30元均以继承名义取得。

作为先取遗赠受益人的继承人被视为自己的债务人，这种观念也同样产生于这样的事实：在古典罗马法中，继承人是死者惟一的和真正的接班人（successor），**而受遗赠人则不是接班人**（参见§22，§184—§186）。

因而，任何财产负担都必然地由继承人所取得的财产来负担，这是一种与继承人相关的取得。

这种观念在许多情形下产生出明显的和出乎预料的结果，致使先取遗赠的理论成为与现代意义最不相容的理论之一。如果以合并的方式向继承人和一位家外人遗赠了某一标的，遗赠的落空份额则可能根据增添权由作为共同受遗赠人的家外人取得，而且它实际上从继承份额中加以扣除。如果数个继承人按照不同的份额实行继承（比如一个按照11/12，另一个按照1/12），他们被设立为同一块土地的先取遗赠受益人，那么，按较小份额实行继承的人就较多地占了先取遗赠的便宜，因为按11/12份额实行继承的人向自己的共同受遗赠人给付土地的11/12，并且只从后者那里接受1/12，这意味着：如果所设定的遗产只是这块土地，那么先取遗赠就把遗产继承的分配结果颠倒了过来。如果概括遗产信托要求某一继承人（也是先取遗赠的受益人）向遗产信托受益人返还遗产，那么该继承人也必须返还他以继承名义保有的那一部分先取遗赠。

需要注意的是：只有当继承人在接受继承后处于上述状况时，才发生先取遗赠的部分无效。如果继承人放弃了继承，他则以遗赠的名义获得全部先取遗赠。

在现代法中，遗产继承变成了一种由死者分配财产的、单纯的和直接的制度，遗赠也变成了新意义上的继承，该词的意义已经改变，因而先取遗赠消失了。这两种对继承人有利的处分当然是相互追加，继承人总是有权以遗赠的名义取得全部遗赠。人们不会说继承人是在向自己清偿，因为**继承人和受遗赠人均为死者的接替人**。但在优士丁尼法中，排除先取遗赠的企图被完全合法化，因为优士丁尼把继承（successio）的概念扩大适用于一切取得（successio in universum ius, successio in res singulas）；继承和取得之间对立的早期含义不仅不存在于拜占庭人的精神之中，而且根本不被理解。另一方面，拜占庭的法学家们的旁注似乎摈弃了先取遗赠的理论，就其最富有特色的后果而言，我们不相信它们在实践中发生过。无论如何，在古典法中同遗产继承的精神相吻合并且在逻辑上从"继承（successio）"概念演变而来的东西，在优士丁尼法的编纂中似乎是未得到很好阐释的实在规定。

§229. 概括的遗产信托

（参考：J. 2, 23; D. 5, 6; D. 36, 1; C. 6, 49）

在罗马法中，活人间概括地或按份额被指命接受财产可以成为概括赠与，它不是"继承（successio）"或人们通常所说的"概括继承"，如果这发生在临终时（mortis causa），将构成概括遗赠，它不授予继承人资格，因而不是对死者法律地位的继承（succerssio in ius defuncti）。在《法尔其第法》之后（至少直到优士丁尼，他把该法降低为任择性法律），遗嘱人已不能够在遗赠中穷尽他的全部财产，他只能在四分之三的限度内实行遗赠。但是，由于债务和债权不能当然地（ipso iure）转移给受遗赠人（就像转移给继承人那样），因而在必要时，继承人和受遗赠人需要达成一项要式口约，相互保证：继承人将向受遗赠人清偿其债权份额；而受遗赠人则按照份额承担债务负担（stipulationes partis et pro parte）。这一制度叫作**遗赠划分**（partitio legata）。

V. 遗赠和遗产信托

这种早期的自由伴随着遗嘱信托而存在了一段时间，人们可以要求继承人向某一第三人返还全部遗产或其中一部分（在古典法中叫作 fideicommissum hereditatis vel partis hereditatis，在优士丁尼法中叫作 fideicommissum universitatis；参见§187）。受信托的继承人在此情况下应当以法定方式向第三人转移单项遗产标的物；至于债权和债务，则采用在遗产买卖中所实行的相互担保（stipulationes emptae et venditae hereditatis），整个活动甚至就是一种"微价（nummo uno）买卖"，它纯属一种拟制。为了避免这些相互担保发生难堪，尼禄时代的《特雷贝里安（Trebelliano）元老院决议》（公元55年或56年）规定：受信托人在执行返还时将所有的主动的和被动的诉权均移交给遗产信托受益人；根据当时的做法，裁判官根据上述元老院决议以扩用的方式授予这些诉权。受信托人可以向债权人提出"遗产已被返还抗辩（exceptio restitutae hereditatis）"，反过来，债务人也可以对受信托人提出此抗辩。

然而，有一个弊端未得到上述元老院决议的补救，它后来致使立法对遗赠权加以限制：受托返还遗产的人可以不接受继承，从而使遗产信托化为乌有。在维斯帕西安时代颁布的《贝加西安元老院决议》也将《法尔其第法》扩大适用于遗产信托，承认受信托的继承人有权留置遗产净额的四分之一，并在遗嘱人使返还的数额超过3/4的情况下，对《特雷贝里安元老院决议》实行变通。

自那时起，受信托人和遗产信托受益人的各自地位就呈现为下列态势：如果受信托人受托返还少于四分之三的遗产，则适用《特雷贝里安元老院决议》；遗产信托受益人是准继承人（heredis loco），同遗产占有人（bonorum possessor）一样，有关继承的诉权，在他和受信托人之间，根据继承份额按比例地加以划分，无需相互提供担保。如果受信托人受托返还的遗产超过3/4，则适用《贝加西安元老院决议》，返还部分削减到遗产的3/4；由于遗产信托受益人不再被视为"准继承人"，就必须重新实行"遗产买卖要式口约（stipulationes emptae et venditae hereditatis）"。如果受信托人拒绝接受继承，裁判官则强迫他接受，在这种情况下，受信托的继承人完全被排除在遗产的受益和负担之外，因为裁判官以扩用的方式允许遗产信托的受益人行使有关诉权，并要求所有的有关诉讼都针对该受益人提出。

这种情况是颇为错综复杂的，根据《贝加西安元老院决议》所应采用的要式口约是颇为危险的。因此，优士丁尼宣布废除《贝加西安元老院决议》，只保留《特雷贝里安元老院决议》；但实际上，他只不过是废除了《贝加西安元老院决议》的复杂返还方式。在优士丁尼法中，根据遗产信托返还遗产须遵循下列规则：1. 遗产信托的受益人在任何情况下均被视为他那份财产的继承人，也就是说，无论死者是否遵守了四分之一的限度，一律适用《特雷贝里安元老院决议》中的规定。2. 如果死者未遵守有关四分之一的限度，受信托人仍有权留置四分之一。3. 如果受信托人不愿意接受继承，执法官则强迫他接受，但在此情况下，也剥夺其根据《特雷贝里安元老院决议》享有的四分之一份额（被人错误地称为由《贝加西安元老院决议》扩大适用于遗产信托的"法尔其第法的四分之一"）。然而，受信托人仍有权获得非遗产性利益，比如：对他实行的先取遗赠，从强迫接受继承到返还遗产这一段时间内的遗产孳息，遗产继承的非财产性余额（如丧葬费和被解放的奴隶的劳作）。如果由于其他原因（比如受信托人失踪或死亡）而使返还成为不可能的，情形同样如此。

关于特定物遗赠或遗产信托的规范也适用于概括的遗产信托。我们在这里只谈一下一些特殊规范。

首先，在概括的遗产信托中，取得不是在"让与日"直接实现，在优士丁尼法中仍存在着返还的必要性。然而，不需要实际执行返还，也就是说，遗产信托受益人无须实际实现对遗产的占有；只要继承人（受信托人）宣布遗产信托受益人当然地（ipso iure）取得遗产的所有权利和所有诉权就足够了。

直到返还之时，受信托人可以掌管财产。然而，任何转让行为均无效，除非实行转让是为了清偿遗赠或遗产的债务或者为了设立嫁资债或者为了防止遗产丧失或腐坏。受信托人获得在自接受继承至返还期间收获的孳息，但应当返还其他孳息。在新法中，受信托人必须采用对自己物所采用的勤谨注意，也就是说，他的责任以具体过失为限[1]。

如果遗嘱人责成受信托人在一定时间之后只返还遗产的剩余部分，受信托人可以在提供担保之后根据善良人的意愿（ad arbitrium boni viri）处分财产。优士丁尼明确规定：他可以处分财产的四分之三。

---

[1] 参见 D. 36, 1, 23 (22), 3. 并参阅本书 §34 和 §35。

V. 遗赠和遗产信托

§230. 遗产信托受益人的替换和家庭遗产信托

遗嘱人可以要求遗产信托受益人必须在其死亡时或在一定时间之后将遗产全部或部分退还。这一制度叫作**遗产信托替换**（sostituzione fedecommissaria），它的最重要的适用形式就是**家庭遗产信托**（fedecommesso di famiglia）。

上述返还义务使得受益人无权转让他所接受的财产。在这类情况中，不适用"法尔其第法四分之一"扣除。

家庭遗产信托应当向死者所指定的亲属或者受信托人所选择的人转移，但必须是在特定的家庭范围内。如果受信托人未作任何抉择，则遵循无遗嘱继承的顺序；在无亲属的情况下，优士丁尼允许将家庭遗产信托转给女婿、媳妇以及被解放的奴隶[1]。

优士丁尼还允许在上述范围之外实行有效的家庭遗产信托[2]，他以《新律》159将第四代确定为极限，在到达这个极限之后，家庭遗产信托则不应当继承下传。

当不再存有亲属时或者所有现存的各代亲属均同意转让时，家庭遗产信托消灭。

---

[1] 参见 C.6, 38, 5。
[2] 参见 D.31, 32, 6。

VI. 各种死因取得

§231. 死因赠与

(参考：D. 39, 6；C. 8, 56 (57))

死因赠与是一种特殊的赠与，它的最终效力以赠与人先于受赠人死亡为条件（参见 §182 和 §183）。赠与人直至死亡之前均可任意撤销它，除非他放弃了对这一权利的行使。

同一切赠与一样，死因赠与（donatio mortis causa）既可以表现为转移物和物权，也可以表现为赠与允诺或对债务的免除，也就是说，它可以通过给予（dando）、允诺（promittendo）或者解除债务（liberando）加以实现。死因赠与也可以包括死者一切财物；但应注意的是：同生者间概括赠与一样（见 §181），这不属于概括继承（successio），因而，需要采用转移单项权利时所使用的法定方式，受赠人也不对债务或赠与人在占有问题上的恶意负责。

对于死因赠与，也适用一般赠与有关当事人能力和有关程式的规范。收益赠与一次性全部取得，不像遗赠那样按年度取得。优士丁尼规定：在死因赠与中，5 名见证人的出席可以取代债权登记（insinuazione）。

随着遗赠逐渐丢掉了它们的特有程式并同遗嘱以及继承人的设立相分离，在这种早期的手段中显露出死因赠与和遗赠之间的相似性，它们最初时可能是同一个东西，并且都代表着蛮人法和一般比较法中的所谓遗嘱。这致使人们逐渐将为遗赠规定的限度扩大适用于死因赠与，直到

VI. 各种死因取得

优士丁尼最终宣布遗赠完全将死因赠与吸收。

优士丁尼的这种看法有些过分，因为这种表现为吸收的同化并未普遍实现。它涉及法定继承人的权利和债权人因损害而要求撤销这种赠与的权利，涉及"法尔其第法四分之一"规则、"穆齐保证（cauzione muciana）"、用益权保证，总之，涉及所有为遗赠规定的限制。此外，受遗赠人还可以成为遗产信托的义务人。

§232. 死因得利

罗马人所说的**死因得利**（mortis causa capiones）是指可能在某人死亡时发生的、不真正构成死者慷慨给予行为的获利情形。比如：根据遗赠人为继承人或其他受益人规定的条件而接受财产（condicionis implendae causa datum）；为了使继承人接受或者拒绝继承而给予继承人的财物；设立人要求在妇女先死情况下予以退还的嫁资（见§66）。

"死因得利"也已经为遗赠所同化，因为接受人可以成为遗赠或遗产信托的义务人。"法尔其第法的四分之一"不予考虑，但"特雷贝里安法的四分之一"则予以考虑。

§233. 国库继承

（参考：D. 49, 14; C. 10, 1）

当继承人告缺或者被设立的继承人处于不配者境地时，国库继承落空的财产。最初时是由城邦的金库（erario）继承，但随着帝国时代的进步，取得权转归国库（fisco），就像在落空份额（caduca）的继承问题上一样。

国库不是以遗产继承名义取得财产，因而它并不继承死者的法律地位（ius defuncti），这是真正的财产取得，其标的只包括盈余部分，即罗马人真正称之为"财产（bona）"的那一部分。然而，如果说国库无义务超负荷（ultra vires）清偿债务的话，债权人也应当在国库所要求获得的财产范围内得到清偿，因为，我再重复一遍，这种取得只涉及盈余，此外，在优士丁尼法中，国库应当清偿死者安排的一切遗赠。

索 引 [1]

（各词条后面数字系本书各节 [即§] 的编号）

A

Abbandono 遗弃
- del neonato 遗弃新生儿 95
- della quota 放弃（自己的）份额 95

Abdicatio tutelae 监护弃权 73

Abitazione 居住权 103

Aborto 堕胎 12

Acceptilatio 正式免除 122, 131, 135

Accessione 添附 78, 80, 83, 85, 91, 109

Accessio possessionis 占有添附 91

Accrescimento（参见 Ius adcre-scendi）

Accusatio suspecti tutoris 控告嫌疑监护人之诉 74

Actio 诉讼，诉权 9, 38, 39, 40, 117, 124, 168
- ad exibendum 出示之诉 39, 83, 93, 115, 159, 179
- ad supplendam legitimam 补充特留份之诉 218

- aestimatoria 估价之诉 140
- aquae pluviae arcendae 排放雨水之诉 39, 95, 96, 97, 121
- auctoritatis 合法性之诉 88
- Calvisiana 卡尔维西安之诉 54
- certae creditae pecuniae 特定贷款之诉 128, 158
- commodati 使用借贷之诉 45, 159
- communi dividundo 共同财产分割之诉 39, 85, 95, 122, 172, 198
- confessoria 确认役权之诉 95, 100, 108, 151
- utilis 扩用诉讼 99, 106, 110, 151
- contraria 反诉讼 74, 127, 159, 161, 165, 170
- curationis 保佐之诉 170
- de aestimato 行纪之诉 167
- de arboribus caedendis 关于砍树的诉讼 95, 96
- de constituta pecunia 关于原有钱款

---

[1] 斜体为拉丁文术语，正体为意大利文术语。

索 引

债务的诉讼 143
- *de eo quod certo loco* 关于在特定地点之债的诉讼 158
- *de effusis et deiectis* 落下物或投掷物致害之诉 176
- *de in rem verso* 转化物之诉 56，128，158
- *de liberis agnoscendis* 承认子女之诉 64
- *de partu agnoscendo* 承认分娩之诉 64
- *de pastu* 放牧之诉 177
- *de pauperie* 动物损害之诉 177
- *de peculio* 特有产之诉 56，95，128，158
- *depositi* 寄托之诉 160
- *de positis et suspensis* 放置物或悬挂物致害之诉 176
- *de servo corrupto* 贿赂奴隶之诉 177
- *de tigno iuncto* 添附材料之诉 83，97
- *directa* 直接诉讼 159，160，161，165，17
- *doli* 诈欺之诉 31，39，96，119，154，158，166，177，226
- *dolis* 嫁资诉讼 68，218
- *empti*, *venditi* 买卖之诉 162
- *exercitoria* 船东之诉 56，95，128，158
- *ex sponsu* 承诺之诉 62
- *ex stipulatu* 依要式口约之诉 65，68，154
- *ex testamento* 遗嘱之诉 218
- *Fabiana* 法比安之诉 54
- *familiae erciscundae* 遗产分割之诉 39，122，172，198
- *fiduciae* 信托之诉 147，157
- *finium regundorum* 地界调整之诉 39，96
- *funeraria* 丧葬之诉 170
- *furti* 盗窃之诉 60，83，85，94，115，159，174
- *hypothecaria* 抵押诉讼 68，147，151
- *iniuriarum* 侵辱之诉 45，55，60，77，82，175
- *incerti civilis* 不确定的市民法诉讼 166
- *inofficiosae donationis* 不合义务赠与之诉 218
- *inofficiosi testamenti* 不合义务遗嘱之诉 218
- *institoria* 经管人之诉 56，95，128，158
- *iudicati* 已决案之诉 43，128
- *legati* 遗赠之诉 225
- *legis Aquiliae* 阿奎利亚法诉讼 39，95，151，175
- *locati conducti* 租赁之诉 163，179
- *mandati* 委托之诉 122，132，145，165
- *negatoria* 排除妨害之诉 94，110，151
- *negotiorum gestorum* 无因管理之诉 75，132，145，170
- *pauliana* 保利安之诉 178，180，183
- *pignoraticia* 质押之诉 151，161
- *prohibitoria*（参见 -*negatoria*）
- *pro socio* 合伙人之诉 122，164
- *Publiciana* 布布里其安之诉，善意

占有之诉 39，80，88，96，99，108，113，149，194
- *quanti minoris* 减价之诉 140，162
- *quasi institoria* 准经管人之诉 56
- *quasi Serviana* 准塞尔维之诉，准抵押担保诉讼 147
- *quod inssu* 依令行为诉讼 56，128，158
- *quod metus causa* 胁迫之诉 32，39，121，177
- *rationibus distrahendis* 侵吞财产之诉 74
- *redhibitoria* 解除买卖契约之诉 140，162
- *rei uxoriae* 妻物之诉 65，68
- *rerum amotarum* 被窃取物之诉 60
- *sepulchri violati* 侵犯陵墓之诉 177
- *Serviana* 塞尔维之诉，质押担保之诉 147，149
- *suspecti curatoris* 嫌疑保佐人之诉 75
- *tributoria* 分配之诉 56
- *tutelae* 监护之诉 74，75
- *contraria* 反诉之诉 74
- *vectigalis*（- *in rem vectigalis*）赋税田之诉 109，110
- *vi bonorum raptorum* 暴力抢劫财物之诉 174
- *utilis ad exemplum institoriae* 扩用的经管人之诉 128

Actiones adiecticiae qualitatis 增附性诉讼，主人或家父责任之诉 56
- *arbitrariae* 仲裁诉讼 39
- *bonae fidei*（参见 *Iudicia bonae fidei*）
- *civiles* 市民法诉讼 39，68

- *incerti* 不确定的诉讼 166
- *contro il padre* 针对父亲的诉讼 64
- *famosae* 影响名誉的诉讼 164
- *ficticiae* 拟制诉讼 39，88，194，196
- *honorariae* 荣誉法诉讼 39
- *in bonum et aequum conceptae* 善良公正之诉 39，68
- *in factum* 事实诉讼 39，40，41，45，212，159，160，163，166，168，175，177
- *in ius* 权利诉讼 40，41，45，157，159，160
- *in personam* 对人之诉 39，95，117
- *in rem* 对物之诉 39，95，83，110，117，147，162
- *in rem scriptae* 确定事实之诉 32，39，121
- *mixtae* 混合诉讼 39，175
- *noxales* 损害之诉 56，95
- *perpetuae* 无限期诉讼，永久诉讼 45
- *poenales* 罚金之诉 39
- *populares* 民众诉讼 17，39，41，74
- *praeiudiciales in rem* 对物之诉的预备审 39
- *praescriptis* 依诉求前书之诉 68，166，167，168
- *rei persecutoriae* 损害赔偿之诉 39，174
- *stricti iuris*（参见 *Iudicia stricti iuris*）
- *temporales* 时效诉讼 45，178
- *utiles* 扩用诉讼 39，106，128，129，170
- *vindictam spirantes* 当事人间的报复性诉讼 45，175，186，218

索 引

- *vulgares* 普通诉讼 39
Actor 原告 38，74
Actus 负重通行权，行为 79，102，135
- *legitimi* 法定行为
Addicti 债务奴隶 17
Addictio in rem 择优解除简约 92，137，162
Ademptio legati 撤销遗赠 227
Aditio 接受继承 20，72，187，191，199，206，210，223，227，228，229
Adiudicatio 分配裁判 40，89，97，106，110，149，198
Administratio 经管 54，72，74，75，90，128，141，162
Adoptio 收养 46，48，50，64，124，212，214，217
- *plena* 完全收养 48，64
Adrogatio 自权人收养 48，50，63，124，185，214，217
Adsertio in libertatem 宣告自由 14
Adsertor 释奴人 41
Adsignatio 公共分配 97，109
Adstipulator 副缔约人 132
Adulterio 通奸 59，61，62
Adversaria 对照账 155
Aedes 建筑物 79
Aequitas，aequus 公平 2，14
Aerarium 金库 20，82，233
Aestimatio taxationis causa 为确定标准估价 68
- *venditionis causa* 卖因估价 68
- *possidendi*（参见 *Animus possidendi*）

Affectio maritalis 婚意，结婚意愿 58，61，63，114
- *societatis* 合伙意愿 164
Affinita 姻亲 17，59，62，181
Affirmatores 确认监护人的适宜性的人 74
Ager assignatus 分配的土地 109
- *desertus* 撂荒地 89
- *limitatus* 划界地 80
- *occupatorius* 占据地 109
- *publicus* 公田 109
- *quaestorius* 官卖地 109
- *vectigalis* 赋税田 109
Agnazione 宗亲 71，72（参见 *Cura*，*Successione*，*Tutela*）
Agrimensore 土地测量者 97，163
Agronomo 农艺师 163
Alimenti 扶养 54，63，64，125，130，132，185，212
Alluvio 淤积地 83
Alveus derelictus 被弃置的河床 83
Ambitus 缘线 97
Analogia 类推 8
Anatocismo 驴打滚利息，复息 141
Animali 动物 82
Animus coeundae societatis 合伙意愿 164
- *aliena negotia gerendi* 管理他人事务的意图 170
- *donandi* 赠与意愿 180
- *furandi* 盗窃意图 174
- *lucrifacendi* 获利意图 174
- *nocendi* 损人的意图 98
- *novandi* 更新意愿 134

- *possidendi* 占有心素 112，114
- *revertendi* 返回的习性 82
- *stipulandi* 缔约的意图 154

Anticresi 典质收益 86，150，161

Apocha 还债收据 133

Apostati 脱教者 188

Aqua et igni interdictio 流放令 61
- *pluvia* 排放雨水 96
- *profluens* 流水 77
- *viva*, *perennis* 活水，永流水 102

Aquae ductus 引水 102
- *haustus* 汲水 102

Arbiter 仲裁人 168，206
- *familiae erciscundae* 遗产分割仲裁人 198，206

Arbitrium 仲裁 39，168，175

Argentarii 钱庄主 136，141，158，160

Arrha confirmatoria 定金 143

Arrha sponsaliciae 订婚保证金 62

Arricchimento ingiusto 不当得利 171

Ascendenti（参见 Successione）

Asse ereditario 遗产 187

Assenza 失踪 16
- *rei publicae causa* 因公共事业而失踪 44

Atti giuridici 法律行为 23，34（参见 Negozi giuridici）
- di emulazione 争斗行为 98
- illeciti 非法行为 35，98，126，173

Attore 原告 38

Auctoritas 合法性保证 88
- *tutoris* 监护人准可 17，23，71，79，88，90，91，96，124，171，201

Auctoritatis interpositio 给予监护人的准可 72

Autore 原主 22，222

Avente causa 获得人 22

Avulsio 冲刷地 83

B

Banchieri（参见 Argentarii）

Beneficia legis 法律照顾 5，122

Beneficium abstinendi 弃权照顾 5，193，208
- *cedendarum actionum* 诉权转让照顾 122
- *competentiae* 能力限度照顾 5，60，64，68，132，164
- *divisionis* 诉权划分照顾 122，145
- *excussionis* 先诉照顾 145
- *inventarii* 财产清单照顾 5，193
- *separationis* 分离照顾 193

Beni parafernali 嫁资外财物 35，68，149

Bigamia 重婚 17，58

Bis de eadem re agi non potest 不得对同一事提起两次诉讼，一事不两诉 45，134

Bona 财物 9，54，233
- *caduca*（遗产的）落空份额 192，233
- *materna* 母亲的遗产 53
- *vacantia* 无继承人的遗产 82
- *fides* 诚信，善意 90，91，116，158

Bonorum cessio ex lege Iulia 尤利法的财产转让 43，132
- *distractio* 财产零卖 43
- *emptor* 财产买受人，遗产买主 43，136

索　引

- *possessio* 遗产占有 72, 88, 188, 194, 196, 197, 207, 209, 212, 213
- - *contra tabulas* 违反遗嘱的遗产占有 195
- - *cum re* 胜诉的遗产占有 195, 213, 217
- - *decretalis* 根据裁决的遗产占有 194
- - *edictalis* 根据告示的遗产占有 194
- - *ex Carboniano edicto* 依卡尔波尼安告示的遗产占有 194
- - *furiosi nomine* 为精神病人的遗产占有 194
- - *praetoris mortui* 对死者的遗产占有 194
- - *praetoris vivi* 对生者的遗产占有 194
- - *provvisoria* 临时遗产占有 207
- - *secundum tabulas* 根据遗嘱的遗产占有 202
- - *sine re* 不胜诉的遗产占有 195
- - *unde cognati* 血亲属的遗产占有 212
- - *unde legitimi* 法定继承人的遗产占有 212
- - *unde liberi* 子女的遗产占有 212
- - *unde vir et uxor* 配偶的遗产占有 212, 214
- - *ventris nomine* 为胎儿的遗产占有 157
- - *venditio* 财产拍卖 43, 117

Bottino 战利品 82

C

Calumnia 诬告，中伤 177
Canone 租，地租 109, 121, 163
Capacita di agire 行为能力 17, 23, 114, 189
- di stare in giudizio 诉讼能力，参与审判的能力 17, 41
- giuridica 权利能力 11, 15, 16, 17
- naturale 自然能力 59

Capacitas (*ius capiendi*) 能力，取得能力 201

Caparra 定金 143

Capiones mortis causa 死因得利 232

Capitis deminutio 人格减等 16, 50, 51, 61, 73, 103, 105, 107, 122, 124, 164, 185, 188, 201, 209, 212
- - *magna* 大人格减等 16, 50, 73
- - *maxima* 最大人格减等 16, 61, 164, 185
- - *media* 中人格减等 16, 61, 194
- - *minima* 最小人格减等 16, 50, 107

Caput 个人，人格 16, 50, 107, 124, 164, 185, 212
- (*capitale*) 资本 141
- *in mancipio* 处于财产权下的人 55

Caso fortuito 意外事件 93, 119, 122, 139, 159, 170

Causa 原因 27, 38, 65, 87, 124, 126, 127, 130, 152, 155, 166, 170, 171, 180
- *falsa* 错误原因 204
- *generica* 一般原因 27, 162, 220
- *lucrative* 获利原因 27, 135
- *onerosa* 有偿原因 27, 65
- *perpetua* 永久性原因 101
- *prossima* 近原因 27, 171
- *remota* 远原因 27, 171
- *specifica* 特殊原因 27

Cautio 担保，保证 94，104，108，120，194，215，225

- *damni infecti* 潜在损害保证 96，154
- *de amplius non turbando* 不扩大侵扰担保 108，154
- *rem ratam dominum habiturum* 已获授权保证 96，154
- *Muciana* 穆齐保证 207，223，232
- *usufructuaria* 用益权受益人保证 104，232

Cautiones 保证约据 154

Celibato 独身，独身者 17，201，221

Cessatio fraudulosa 故意停缓 138

Cessione 转让，转移 129
- di beni 财产转让 43，149

Chiese 教会 87，91

Chirografo 亲笔字据 156

Ciechi 盲人 17，73，203

Cittadinanza 市民籍 11，15，64

Civitas 城邦 47，50，52

Clausola penale (参见 *Stipulatio poenae*)

Codex accepti et expensi 收支簿 155

Codice giustinianeo 优士丁尼法典 1
- Teodosiano 狄奥多西法典 1

Codicillo 遗嘱附书 221
- *testamentario* 有遗嘱的遗附书 221
- *ab intestato* 无遗嘱的遗嘱附书 221

Coemptio 买卖婚 49，58，71
- *fiduciaria* 信托买卖婚 71，201

Cognazione 血亲 17，59，72，181

Cognitio extraordinaria 非常审判，非常诉讼 40，41，163，218

Cognitor 诉讼代表 41，129

Collazione 财产合算 215

Collegia funeraticia 殡仪会 13，19

Collegium 社团 19

Colonato 佃农制 17

Colpa 过错，过失 34，118，119，138，171，176，196
- Aquiliana 阿奎利亚法过错 34，174
- contrattuale 契约过错 34，138
- extracontrattuale 契约外过错 34
- grave (参见 – *lata*)
- in astratto 抽象过失 34
- in concreto 具体过失 34，67，74，164，172
- *in faciendo* 作为过错 34
- *in non faciendo* 不作为过错 34
- *lata* 重过失 34，74，160，167
- *levis* 轻过失 34，74，104，139，159，170，215
- *levissima* 极轻微的过失 34，175

Commercium 交易资格，通商权 11，13，14，15
- *mortis causa* 死因交易资格 15

Comodato 使用借贷 35，87，112，127，128，139，159，171，174

Compensazione 抵销 122，124，136

Compravendita 买卖 87，91，106，109，127，128，140，155，162，167
- aleatoria 卜测不定的买卖 162
- condizionale 附条件的买卖 162
- di cosa altrui 对他人物的买卖 162
- di cosa futura 对未来物的买卖 162

Compromesso 仲裁协议 168

Comunione (参见 Condominio)
- incidentale 共有 35，172，198

索 引

Conceptus（参见 *Nasciturus*）
Concordato 清偿协议 132, 193
Concorrenza delle azioni（concursus actionum）诉讼竞合 45
Concubinato 姘合 58, 63, 201
Concursus causarum 原因竞合 135
Condemnatio 判决程式 40, 129
Condicio 条件 26, 207
- causale 偶然条件 26
- impossibile 不可能条件 26, 206, 207, 222
- legale（*condiciones iuri*）法定条件 26
- mista 混合性条件 26
- necessaria 必要条件 26
- negativa 否定性条件 207
- passata 过去条件 26
- potestativa 权利性条件，强令性条件 26, 207
- presente 现时条件 26
- risolutiva 解除性条件 26, 92, 207
- sospensiva 停缓性条件，生效条件 26, 207
- tacita 默示条件 26
- turpe 不净条件，下流条件 26, 207
Condictio 请求给付之诉 39, 40, 93, 156, 166
- *causa data causa non secuta* 因未获得回报的请求给付之诉 166, 171
- *cautionis* 请求给付保证金之诉 104
- *certae pecuniae* 请求给付特定款之诉 158
- *certi* 请求给付特定物之诉 39, 154, 158
- *ex iniusta causa* 因非正当原因的给付之诉 60
- *ex lege* 法定请求给付之诉 39
- *ex poenitentia* 因反悔的请求返还之诉 166
- *furtiva* 请求返还被窃物之诉 83, 151, 174
- *incerti* 请求给付不特定物之诉 39, 167
- *indebiti* 错债索回之诉 171, 124, 128
- *liberationis* 清债后的给付之诉 171
- *possessionis* 关于占有的请求给付之诉 115
- - *ob causam finitam* 债因消失后的请求返还之诉 171
- - *datorum* 因给付的请求返还之诉 166, 171
- *ob turpem vel iniustam causam* 因受讹诈的请求返还之诉 171
- *sine causa* 无债因请求返还之诉 87, 171, 174
- *triticiaria* 请求给付小麦之诉，请求给付特定物之诉 39, 154
Condominio 共有，共同所有权 85, 95, 172
Conduzione（参见 *locazione*）
Confarreatio 祭祀婚 49, 50, 58, 184
Confusione 混合 85, 107, 122, 158
- *subbiettiva* 主体混同 107, 121, 135, 151
Coniuncto re 合并，数个继承人继承同一份额 192, 224
- *re et verbis* 用相同的词句让数个继承人继承同一份额 192, 224

Connubium 通婚权 11，13，15，59

Consenso 同意，合意，协议 28，58，62，127，135，154（参见 Contratti consensuali，Matrimonio）

Consilium frandis 欺诈意图 178

Consolidazione（身份）合并 107

Constitutio personalis（参见 *Privilegium*）

Constitutiones 谕令 7

Consuetudine 习惯 7

Contestazione della lite 争讼程序 45，93，96，122，124，141，151，196

Contratti 契约 27，118，126，132，169

- a favore dei terzi 为第三人达成的契约 128

- a favore dell'erede 为继承人达成的契约 128

- a titolo gratuito o lucrativo 无偿契约，获利性契约 127

- a titolo oneroso 有偿契约 127

- bilaterali 双务契约 127，167

- - imperfetti 不完全的双务契约 127，159，160

- casuali 因果契约 127

- consensuali 合意契约 127，162，163，164，165

- formali 要式契约，正式契约 127，134，180

- innominati 无名契约 68，127，166，167

- *iuris civilis* 市民法契约 127

- *iuris naturalis* 自然法契约 127

- letterali 文字契约 127，155，156

- materiali 实际契约 127

- non formali 非正式契约 127

- reali 实物契约 127，157，158，159，160，161

- (quasi) 准契约 126，170，171，172

- sinallagmatici 双务契约 127

- unilaterali 单务契约 127

- verbali 口头契约 127，153，154

Contratto estimatorio 行纪契约 167

Contrectatio 取得，窃取 174

Controversia de fine 地界之诉 96

- *de loco* 地域之诉 96

Contubernium 同居 13

Conventio（参见 *Consenso*）

- *in manum* 归顺夫权 49，71，184，185

Convenuto 被告 38

Convenzioni legittime 法定协议 127

- pretorie 裁判官法协议 127

Corporazioni（参见 Collegia）

Corpus 团体，物体，身体 55，77，78，93，117

- *possessionis* 占有体素 112

- *iuris civilis* 民法大全 1，8

Cosa（参见 *Res*）

- del principe 君主的物 91

- litigiosa 有争议的物品 87

Costituto 债务协议 127，169

- di debito altrui 关于他人债务的协议 146

- - proprio 关于自己债务的协议 143

- possessorio 占有协议 87

Credito 债权

Creditore 债权人 118

- *ipotecario* 抵押债权人，质押债权人 150
- *pignoratizio* 质权债权人，质押债权人 128, 150

Cretio 限期决定继承 208

Crimen expilatae hereditatis 侵吞遗产之罪 90

Cristiani 基督教徒 17

Cura 保佐 12, 17, 70, 87, 114, 130, 170
- *agnatizia* 宗亲保佐 75
- *dativa* 官选保佐 75
- *dei pazzi e mentecatti* 对精神病人和痴呆者的保佐 17, 59, 75, 87, 128, 189, 194
- *dei prodighi* 对浪费人的保佐 17, 75
- *legittima* 法定保佐 75
- *minorum* 未成年人保佐 17, 75, 189
- *testamentaria* 在遗嘱中指定的保佐 75
- *ventris* 胎儿保佐 12

Curator adiunctus 增补的保佐人 74
- *bonorum* 破产保佐人 178

Custodia 看管 137, 139, 159, 174

D

Danno 损失，损害 34, 35, 108, 115, 119, 120, 137, 139, 159, 162, 163, 167, 173
- *diretto* 直接损失（害）34
- *emergente* 明显损失（害）34
- *estracontrattuale* 契约外损害 175
- *fatale* 不可避免的损害，灾害 139, 159
- *indiretto* 间接损失（害）34

- *iniuria datum* 非法损害 175
- *negativo* 消极损失（害）34
- *temuto*（参见 *Cautio damni infecti*）

Datio in adoptionem（参见 *Adoptio*）
- *in solutum* 清偿 132, 133
- – *necessaria* 必要清偿 132

Debitor 债务人 117

Decreta 裁决 7

Dediticii（参见 *Peregrini dediticii*）

Deductio 扣除 106, 132, 136

Deiectio 剥夺，夺取 115

Delegatio 替代 132, 134

Delitto 犯罪，私犯，侵权行为 126, 173
- (*quasi*) 准私犯 126, 176
- *pubblico* 公犯 173
- *privato* 私犯 173

Demonstratio 请求原因 40, 166, 204

Denunciatio 通知 130
- *actionis* 诉讼通知 41
- *litis* 诉讼通知 41

Deportazione 驱逐出境 61

Deposito 寄托，寄存，提存 35, 87, 127, 128, 136, 158, 160, 177
- *irregolare* 非常寄托 160
- *miserabile* 灾害寄托 160
- *necessario* 必要寄托 160

Derelizione 遗弃 92

Detenzione 持有 93, 112, 116, 167

Dies（参见 *Termine*）
- *ad quem* 终止期限 26, 36
- *a quo* 起始期限 26, 36
- *incertus* 不确定的期限 26
- *inter pellat pro homine* 期限代人催

债 138
Diffarreatio 解除祭祀婚 50，61
Digesto 学说汇纂 1
Diligentia 勤谨注意 34，35，118，139
Diritti（acquisto dei）权利（的取得）22
- di credito（参见 Obbligazione）
- （difesa dei）权利的保护 38
- （perdita dei）权利的丧失 22
- patrimoniali 财产权 9
- （possesso dei）权利占有 116
- reali 物权 9
Diritto 法，法学 2
- civile 民法，市民法 2，3，6，13
- comune 普通法，共同法 1，5
- consuetudinario（参见 Consuetudine）
- delle genti 万民法 3，6，13
- d'accrescimento（参见 Successione）
- elleno-romano 希腊—罗马法 3
- naturale 自然法 6
- obbiettivo 客观法 9
- onorario 荣誉法，法官法 3
- privato 私法 4，9
- pubblico 公法 4
- quiritario 奎里蒂法，纯罗马法，罗马法 3
- singolare 个别法 5，8
- subbiettivo 主观法 9
- di fam.（参见 *Familia*）
- delle cose（参见 Diritti reali）
- delle Pandette 学说汇纂法 1
- di successione（参见 Successione）
Discendenti 直系卑亲属，卑亲属
Diseredazione 剥夺继承权 206，209，217，219
Distanza delle piantagioni 种植园间的距离 97
- e altezza delle costruzioni 建筑物距离和高度 97
Divorzio 离婚 61，69
- *bona gratia* 善因离婚 61
- *ex iusta causa* 根据正当原因的离婚 61
- *per litteras* 通过书面通知的离婚 61
- *per mutuo consenso* 合意离婚 61
- *per nuntium* 通过传信人通知的离婚 61
- *sine causa* 无原因离婚 61
Dolo 诈欺，故意 31，34，35，74，93，118，122，159，162，167，177，189，215
- *causam dans* 成因诈欺 31
- *incidens* 附带诈欺 31
- *malus* 恶意 31
Domicilio 住所 17
Dominica potestas（参见 *Potestas*）
Dominium（参见 *Proprieta*）
Dominus negotii 被经管人 25，165
- *proprietatis* 用益物所有主 104
Donativi dell'imperatore e dell'imperatrice 皇帝和皇后的赐品 53
Donazione 赠与 87，180
- *a causa di morte* 死因赠与 26，60，87，182，200，218，220
- *ante nuptias* 婚前赠与 69，215
- *inter virum et uxorem* 夫妻间的赠与 60
- dei generali 将军赠与 181

- condizionata 附条件赠与 231
- imperiale 皇家赠与 181
- (insinuazione della) 赠与登记 181, 231
- (impugnabilita della) 对赠与的异议 183
- liberatoria 解除债务赠与 180
- modale 负担赠与 92, 182
- nuziale 结婚赠与 69
- obbligatoria 债权赠与 180
- *perfecta* 完善的赠与 181
- *propter nuptias* 结婚赠与 69, 215
- reale 实物赠与 180
- remuneratoria 酬劳赠与 182
- (revoca della) 赠与的撤销 183
- - per ingratitudine del donatario 因受赠人与忘恩负义撤销赠与 183
- - per inadempimento dell'onere 因未履行义务撤销赠与 183
- - per sopravvenienza di flgli 因增添子女撤销赠与 183
- speciale 特殊赠与 182
- universale o *universitatis* 概括赠与 180, 228
- tra ascendenti e discendenti 父子间的赠与 53

Donna 妇女 17, 37, 49, 51, 66, 74, 165, 213
- (capacità di alienazione della) 妇女的转让能力 79, 90
- (capacità tutelare della) 妇女的监护能力 73
- di stare in giudizio 参与诉讼的妇女 17
- di obbligarsi 负债的妇女 17
- (eredi della) 妇女的继承人 68
- (intercessione della) 妇女的承保 144
- (usucapione della) 妇女的时效取得 79
- (usufrutto legale della) 妇女的法定用益权 69
- (successione della) 妇女的继承 201, 211, 212, 217
- *sui iuris* 自权人妇女 49
- *testamenti factio attiva* 妇女立遗嘱的权利 201
- passiva 妇女被指定为继承人的权利 201

Dote 嫁资 65, 87, 125, 128, 232
- *adventicia* 外来嫁资 66
- (alienazione della) 嫁资的转让 67
- (amministrazione della) 嫁资的经管 67
- (collatio della) 对嫁资的财产合算 215
- (costituzione della) 嫁资的设立 66, 125, 149
- durante il matrimonio 婚姻存续期间的嫁资 67
- (frutti della) 嫁资的孳息 68
- (ipoteca della) 嫁资的抵押 68
- (obbligo della) 嫁资义务 125
- (perdita della) 嫁资的丧失 61
- *profecticia* 父予嫁资 66, 68
- *recepticia* 回复嫁资 66
- (restituzione della) 嫁资的返还 68, 125, 149

Do *ut des*, *ut facias* 互易, 劳务互易

127（参见 Contratti innominati）
Duplicatio 再抗辩 42
Dupondium 遗产份额乘二 187

E

Eccezioni 抗辩 42
Ecclesiastici 教会人员，教士 163，165
- （privilegi degli）教士的特权 163
Edictum de alterutro 关于通奸的告示 68
- *Antonini* 安东尼告示 52
- *Carbonianum* 卡尔波尼告示 194
- *Constantini* 君士坦丁告示 17
- *perpetuum* 永久告示 7
Edifici 建筑物 97
Editio actionis 起诉要旨 41
Effusum et deiectum 落下物或投掷物致害 176
Emancipati 脱离父权者 50，51，212，213，215
Emancipazione 脱离父权 50
- *Anastasiana* 阿那斯塔修法脱离父权 50
- *giustinianea* 优士丁尼法脱离父权 50
Emblemata Triboniani（参见 Interpolazioni）
Emptio spei 买希望 162
- *tollit locatum* 买排斥租 163
Emptor familiae 家产买主 202
Enfiteusi 永佃权 76，80，99，109，112
Epistula 批复，书信 7
Erede 继承人 200，209，221
- fiduciario 受托继承人 229
- -（alienazione dell'）受托继承人的转让 229

-（morte dell'）受托继承人的死亡 229
- testamentario 遗嘱继承人 200，220
Eredità 遗产继承，遗产 193
- coeredi 共同继承人 198，220，226
- -（concorso dei）共同继承人的竞合 192
- -（rapporto tra）共同继承人间的关系 198
Eredità（creditore della）遗产的债权人 193
- dannosa 损益遗产 187
-（delazione della）继承指命 188，191，199，201，207
-（debitori della）遗产的债务人 222
- devoluta agli schiavi 分给奴隶的遗产 189
- - *ai filii familias*，分给家子的遗产 189，211
-（donazione di）遗产的赠与 199
-（inventario）遗产清单 193
-（testimoni dell'）遗产清单的证人 193
- *iacens* 尚未继承的遗产 20，189
-（*in iure cessio della*）对遗产的拟诉弃权 199
- istituzione d'erede 继承人的设立 200，204，207，221
-（istituzione di più eredi）设立数名继承人 205
- - accrescimento della quota nell'ist. di erede 设立继承人中的继承份额增添 192，205
- -（riduzione della quota nella）继承

份额减少 205

— istituzione d'erede in un oggetto de terminato（*ex re certa*）设立特定物继承人 206

— istituzione d'erede condizionata 附条件设立继承人 207

— — di *erede captatoria* 欺骗性设立继承人 207

— — — *modale* 附义务设立继承人 207

— istituzione *excepta re certa* 在设立继承人时排除特定物 206

— *legittima*（参见 *Successio ab intestato*）

—（*onere della*）遗产继承的负担 226

—（*prova della*）遗产继承的证明 196

—（*rinuncia alla*）遗产继承的放弃 189, 191, 211

—（*successio graduum nella*）继承等级 210

— —（*in capita nella*）人头继承，按人继承 210

— —（*in stirpes nella*）代的继承，按代继承 210

— —（*in lineas nella*）系的继承，按系继承 210

— —（*ordinum nella*）继承顺序 210

— *testamentaria* 遗嘱继承 188, 200

—（*vendita della*）出卖遗产 199

—（*designazione dell'erede*）继承人的指定 188

Ermafroditi 两性人 17

Errore 错误 17, 30, 37, 91, 125, 227

— *circa indolem et naturam* 有关特性和性质的错误 30

— *di diritto* 法律错误 17, 37

— *di fatto* 事实错误 37

— *essenziale* 实质性错误 37

— *in quantitate* 数量的错误 30

— *in substantia* 对实体的错误 30

— *scusabile* 可谅解的错误 91, 144, 158, 171

— *sull'oggetto* 有关对象的错误 30

— *sulla persona* 对人身的错误 30

Esecuzione 执行 43

— *manu militari* 强制执行 43

— *personale* 人身执行 43

Esibizione 出示 179

Esistenza dell'uomo 人的存在 12

Esposizione di neonato 遗弃新生儿 52

Espropriazione per causa di utilità pubblica 出于公共利益原因的征用 97

Età 年龄 17

Evirati 被阉割者 17

Evizione 追夺 118, 140, 162, 163, 167

Exceptio 抗辩 42, 131, 136, 151

— *doli* 诈欺抗辩 31

— *excussionis* 质押之诉被告的抗辩 151

— *in factum* 事实抗辩 93

— *iuris iurandi* 宣誓权抗辩 45

— *iusti dominii* 正当所有权之抗辩 83, 99

— *legis Anastasianae* 阿那斯塔修法抗辩 130

— *legis Cinciae* 琴其亚法抗辩 42, 169, 181

— *ligis Plaetoriae* 普莱多里法抗辩 17,

42, 75
- *longae possessionis* 长期占有抗辩 45
- *longi temporis*（参见 *Praescriptio longi temporis*）
- *metus* 胁迫抗辩 32, 42
- *ne praeiudicium hereditati flat* 未进行关于遗产继承的预备审的抗辩 198
- *non numeratae pecuniae* 未付款抗辩 133, 154, 156
- *pacti conventi* 既定简约抗辩 26, 45, 136, 143, 168
- *precariae possessionis* 临时使用占有抗辩 167
- *quod metus causa* 胁迫抗辩 32
- *rei iudicatae* 已决案抗辩 45, 136
- *in iudicium deductae* 经审判物抗辩 45, 136
- *rei pignoratae* 被质押物抗辩 149
- *rei venditae et traditae* 出卖和让渡物抗辩 88, 93
- *restitutae hereditatis* 遗产已被返还抗辩 229
- *sc. Macedoniani* 马其顿元老院决议抗辩 42, 124, 136
- *sc. Velleiani* 韦勒雅尼元老院决议抗辩 42, 136, 144
- *veluti pacti ex compromisso* 仲裁协议抗辩 168

Exceptiones 抗辩 42
- *perpetuae* 无限期抗辩 42
- *temporales* 有限期抗辩 42

Excusationestutelae 监护的免责理由 73
Expensilatio 支出 155
Expromissio 债务承担 134, 144

Extraneus 家外人，外来人 52, 72, 97, 212

F

Falcidia 法尔其第 226
Falliti 破产者 17, 132
Famiglianaturale 自然家庭 46, 48, 57, 194, 210, 213
- （*successione della*）自然家庭的继承 194, 213

Familia 家庭 17, 46, 48, 51, 53, 55, 57, 186, 187, 194, 210, 211（参见 *status familiae*）
- （*essenza e origine storica della*）家庭的实质及历史起源 46

Fas 神法 52
Fatti giuridici 法律事实，法律行为 9, 22, 23, 126, 131, 173—179
- - *in senso proprio* 本义的法律事实 23
- *volontari* 自愿法律事实 23
- *illeciti* 非法行为，违法行为 177

Favor libertatis 自由权优先，优待自由权 14, 54, 95
- *matrimonii* 鼓励结婚 201
- *testamentorum* 遗嘱优先 200

Fedecommesso 遗产信托 26, 149, 221, 226
- *singolare* 单项物遗产信托 222（参见 *Legato*）
- *universale* 概括的遗产信托 209, 222, 229
- *eredità fedec*（*restituzione della*）信托遗产的返还 229
- *sostituzione fedecommissaria* 遗产信

托替换 230
- di famiglia 家庭遗产信托 230
Fedecommissario 遗产信托受益人 149, 196, 230
Ferruminatio 熔合 83
Fictio legis Corneliae 科尔内利法拟制 16, 209
Fideicommissumhereditatis 遗产继承信托 187, 229
- universitatis 概括的遗产信托 209, 222, 229
Fideiussio indemnitatis 补偿担保 145
Fideiussione 偿还保证, 担保 122, 124, 136, 145, 151
Fideiussor 担保人, 保证人 74
Fiducia 信托 147, 157
- cum amico 朋友间的信托 157
Figli legittimi 婚生子 64
- naturali 亲生子 63, 64, 201, 214
Filia familias 家女 49, 52, 56
Filii spurii 私生子 64
- (succ. alla madre dei) 私生子对母亲的继承 213
Filii familias 家子 17, 47, 50, 51, 53, 55, 64, 185, 188, 208
- (acquisto dei) 家子的取得 53, 114
- (acquisto ex iussu patris dei) 家子依父指令取得 53
- (adizione dei) 家子接受继承 189
- (ammissione nella famiglia dei) 家庭接纳家子 48, 49
- (capacità dei - di aver un successore) 家子获得继承人的权能 188, 201, 214

- (capacità di succedere dei) 家子的继承能力 188
- (capacità di stare in giudizio dei) 家子参与诉讼的权能 41
- (tutelare dei) 对家子的监护 73
- (danni recati dai) 由家子造成的损害 56, 177
- (delitto dei) 家子的犯罪 52
- (diritto di proprietà dei) 对家子的所有权 52
- (mutui dei) 家子的借贷 124
- (esclusione dalla famiglia dei) 家子脱离家庭 50
- (facoltà di alienazione dei) 对家子的转让权 52
- (peculio dei) 家子的特有产 53
- (incapacità di testare dei) 家子无权立遗嘱 201
- (rapporti coi terzi dei) 家子同第三人的关系 56
- (successione dei) 家子的继承 211
- (traviamento dei) 腐蚀家子 177
Fisco 国库 20, 82, 87, 136, 141, 163, 192, 196, 201, 209, 214, 224, 233
Foenus unciarium 十二分之一息 141
Foenus nauticum 航海借款 158
Fondazione 基金会 18, 20, 91, 138
Fondi dotali 嫁资土地 67, 80, 87
- Italici 意大利土地 79, 80, 90
- provinciali 行省土地 67, 79, 80, 90, 106, 113, 162, 163
- stipendiarii 元老院行省的土地, 贡赋地 80

- *tributarii* 皇帝行省的土地，纳税地 80

Fondo 土地 79，80，97
- *dominante* 需役地 101
- *inferiore* 下方土地 96
- *rustico* 乡村土地 79，101
- *superiore* 上方土地 96
- *urbano* 城市土地 79

Fonti del diritto 法的渊源 7

Forma 形式，要式，程式 65，127
- *ad probationem* 为证明的程式 24
- *ad solemnitatem* 为合法性的程式 24

Formulae 程式 40，41
- *arbitrariae* 仲裁程式 44
- - in factum conceptae 关于事实的仲裁程式 44
- *in ius conceptae* 关于权利的程式 41

Frammenti Vaticani 梵蒂冈的片段 1

Fratelli consanguinei 同父异母的兄弟 213，218
- *germani* 同父同母的兄弟 213，218
- *uterini* 同母异父的兄弟 213

Fraus creditorum 对债权人的欺诈 178

Frutti 孳息 68，71，78，86，93，99，104，105，110，148，151，157，161，196，229
- *acquisto dei* 孳息的取得 86，104
- *civili* 民法的孳息 78
- *consumpti* 已消耗的孳息 78，86，93，99
- *exstantes* 现存的孳息 78，86，93，99
- *pendenti* 孕育中的孳息 78
- *percetti* 已收获的孳息 78，86

- *percipiendi* 应收获的孳息 78，93，196
- *separati* 已分离的孳息 78，86

Funerali del congiunto 亲属的丧葬 125

Furiosi 精神病人 17，70，75，87，128，201，203，208

Furto 盗窃 17，74，136，139，174
- （commesso dai dipendenti）由从属人实施的盗窃 176
- tra coniugi 配偶间的盗窃 60

Furtum rei 窃取物品 174
- *possessionis* 窃占 174
- *usus* 窃用，非法使用 160，161，174

G

Garanzia 保证，担保 142，187，193
- *obbligatoria* 债的担保 142
- *reale* 物的担保 147

Gens 人民，民族，家族 6，47

Gentili 族人 71，75
- （successione dei）族人的继承 211

Gestio pro herede 作为继承人经管 189

Gestione degli affari altrui（参见 *Negotiorum gestio*）

Gestum per aes et libram 称铜式清偿，要式买卖 153

Giudizii 审判，诉讼 38
- *bonae fidei* 诚信审判，善意审判 39，42
- *centumvirali* 百人团审判 218
- *di impero* 依权审判 40，45
- *divisorii* 析产审判，析产诉讼 39，89
- *depositi* 寄托审判 39，160
- *de conducto* 租赁审判 39

- *de empto* 买卖审判 39
- *ex locato* 租赁审判 39
- *ex vendito* 买卖审判 39
- *fiduciae* 信托审判 39
- *legittimi* 法定审判 40，45，71
- *mandati* 委托审判 39，165
- *negotiorum gestorum* 无因管理审判 39
- *pro socio* 合伙审判 39
- *rei uxoriae* 妻产审判 39
- *tutelae* 监护审判 39
- （rappresentanza del curatore in）保佐人在审判中的代理 41

Giuramento 宣誓 42，45，143
- purgativo 涤罪性宣誓 64
- promissorio 保证性宣誓 143
- volontario 自愿宣誓 169

Giustizia（amministrazione della）司法 40

Grado senatorio 元老院议员资格 48

Gregge（rivendicabilità del）要求返还畜群 78，93

H

Habitatio 居住权 105

Hereditatis petitio 要求继承之诉 39，196，218

Heres suus 自家继承人 90，189，193，211，215
- *necessarius* 必要继承人 189
- *cum re* 胜诉的继承人 195，209
- *sine re* 不胜诉的继承人 195，209，217
- *ex asse* 全部遗产继承人 190，196，205
- *pro parte* 部分遗产继承人 190，196，205
- *sine parte* 无确定份额的继承人 205，206
- *ex re certa* 特定物继承人 206
- *scriptus* 写进遗嘱的继承人 209，210
- *extraneus vel voluntarius* 家外继承人
- *legitimus* 法定继承人 188，192，201，202，205，206，210，212

Honor matrimonii 婚姻待遇 58，63

Honorarium 报酬 163，165

Hostis 外人 15

Hyperocha 余款，余额 150

I

Ignoranza 不知，无知 30，37

Immissio 进入（他人土地）96，97，98

Implantatio 栽植 83

Imposta fondiaria 土地税 80

Imposte 税，纳税 150

Impuberi 未适婚人，未成年人 17，24，48，59，62，72，165，189，201

Inaedificatio 建筑 83

In bonis habere 善意所有，善意拥有 80，88，90，93

In causa mancipii 受役状态，处于他人财产权下 55

Incendio 火灾，139，160

Incestus superveniens 后发乱伦 61

Indebito（参见 Condictio indebiti）

Indegnità 不配，丧失权能 15，201，209，233

Indennità 补偿，赔偿 35

In diem addictio 择优解除简约 137，162

Infamia 不名誉，羞辱刑，丧廉耻 17，43，74，132

- facti（参见 Turpitudo）

Infanti 幼儿 17，24，34，87，114，189

-（rappresentanza degli）对幼儿的代理 72

Ingenui 生来自由人 14，48，63

Ingiuria 侵辱 17，64，175，178

In iure cessio 拟诉弃权 48，66，71，79，81，88，90，106，107，157，181

- hereditatis 对遗产继承的拟诉弃权 199

- tutelae 对监护的拟诉弃权 73

In ius vocatio 传唤受审（出庭）41

In rem versio 转化物，转化物之诉 56，128，141

Insinuazione 登记 181

Institor 经管人 128

Insula 住区 97

- in flumine nata 产生于河流的滩涂 83

Intentio 原告请求 40，117，129

- incerta 不确定的原告请求 166

Intercessione 债务承保 142

Interdetti 令状，命令 44，115

- adipiscendae possessionis 获得占有令状 44，194

- de aqua cottidiana et aestiva 日常夏季用水令状 116

- de clandestina possessione 针对秘密侵占的令状 115

- de cloacis 有关阴沟的令状 116

- de fonte reficiendo 恢复水源的令状 116

- de glande legenda 关于收获果实的令状 96

- de itinere actuque privato 个人事实通行令状 116

- de itinere reficiendo 恢复通行令状 116

- de liberis ducendi 返还子女令状 52，60

- de liberis exhibendis 出示子女令状 52，60

- demolitorium 拆除令状 96

- de rivo reficiendo 修复水道令状 116

- de tabulis exhibendis 出示遗书令状 179

- de uxore exhibenda et ducenda 出示和返还妻子令状 60

- duplicia 双重令状 44

- exhibitoria 出示性令状 44

- fraudatorium 欺诈给付令状 178

- possessorii 占有令状 44

- prohibitoria 禁止性令状 44

- quasi possessorii 准占有令状 116

- quod legatorum 关于遗赠的令状 225

- quod precario 临时让与令状 167

- quod vi aut clam 防止暴力和欺瞒令状 95

- quorum bonorum 获得占有令状 90，91，194，197

- recuperandae possessionis 恢复占有令

状 115

- *restitutoria* 返还性令状 44
- *retinendae possessionis* 维护占有令状 44, 115
- *Salvianum* 萨尔维令状 147, 151
- *unde vi* 制止暴力剥夺令状 115, 167
- *uti possidetis* 现状占有令状 109, 115
- *utrubi* 优者占有令状 115, 181

Interessi 利息 125, 141, 158, 163, 165, 170

- *legali* 法定利息 125, 141
- (*patti degli*) 关于利息的简约 141
- *scaduti* 到期利息 141

Intermediario 中介人 128

- (*acquisto dell'*) *non soggetto* 非从属中介人的取得 128

Interpellatio 要求清偿 132

Interpolazioni 添加，篡改 1

Interpretazione del dir. 对法的解释 8

Intestabiles 不可立遗嘱者 201

Invecta et illata (*ipoteca degli*) 对随带物的抵押 147

- - (*pegno degli*) 对随带物的质押 149

Inventio 发现 82

Ipoteca 抵押 147, 148

Istituzioni 法学阶梯，法学总论，教科书 1

Iter 通行权

- *limitare* 划界小道 97
- *at sepulchrum* 墓地通行权 107

Iteratio manumissionis 通过解放 88

Iudicati 被判罚人 17

Iudiciumcontrarium 反诉讼（参见 Actio contraria）

- *bonae fidei* 诚信审判 39, 136
- *curationis* 保佐人审判 75
- *de moribus* 关于风俗的审判 68
- *domesticum* 家庭审判 52
- *stricti iuris* 严格审判，严法审判 39, 136, 158

Iura in re 对物的权利 76, 80, 97

- - *aliena* 他物权 76, 97, 100
- *aquarum* 用水权 102
- *itinerum* 通行权 102
- *luminum* 采光权 102
- *parietum* 立墙权 102
- *praediorum* （参见 *Servitù prediale*）
- *stillicidiorum* 通水权 102

Iurisdictio 司法权，司法管辖权 40

Iurisprudentia 法学 2

Ius 法，法学，权利 2, 7

- *adcrescendi* 增添权 95, 192, 224
- *caduca vindicandi* 落空份额要求权 224
- *capiendi* 取得能力 201
- *civile* 市民法 2, 6
- *commercii* （参见 *Commercium*）
- *connubii* （参见 *Connubium*）
- *distrahendi* 出卖权 147, 148
- *emphiteuticum* 永佃权 109
- *gentium* 万民法 3, 6
- *honorarium* 荣誉法，法官法 3
- *Italicum* 意大利权 80
- *liberorum* 因生子女而取得的权利 71, 201
- *naturale* 自然法 6, 81
- *non scriptum* （参见 *Consuetudine*）

· 447 ·

- *noxae dandi* 移交罪犯权 52
- *nudum* 虚有权利，裸权 88
- *offerendi* 出价权，质押接替权 150
- *patrium* 父权 52
- *peculii* 特有产权 53
- *perpetuum* 永租权，永佃权 109
- *possidendi* 占有权 147, 148
- *postliminii* 复境权 16, 60, 82, 114, 209
- *praelationis* 优先权 109
- *privatum* 私法 4
- *prohibendi* 否决权 95, 96
- *protimiseos* 优先赎回权 109
- *publicum* 公法 4, 52
- *quodammodo fraternitatis* 一定程度的兄弟权 164
- *Quiritium* 奎里蒂法，纯罗马法 3
- *respondendi* 解答权 7
- *retentionis* 留置权 147
- *scriptum*（参见 *Legge*）
- *sepulchri* 墓葬权 77, 229
- *singulare* 个别法 119
- *suffragii et honorum* 表决和任职权 15
- *tollendi* 去除添附的权利 68
- *utendi fruendi*（参见 *Usufrutto*）
- *variandi* 改变选择权 119
- *vendendi* 出卖权 52
- *vitae et necis* 生杀权 52, 54

Iussus 命令，指示 56, 128, 189
Iusta causa 正当原因（参见 *Causa*）
- – *traditionis* 让渡的正当原因 87, 162, 167
- *erroris* 错误的正当原因 91, 67
- *possidendi* 占有的正当原因 99
- *usucapionis* 时效取得的正当原因 91, 167

Iustae nuptiae 合法婚姻 48, 59
Iustitia 正义 2
Iustus 正义 2
- *titulus* 正当名义 91

L

Lacune legislative 立法漏洞 8
Ladro 小偷，盗贼 117, 159, 174
- (*possesso del*) 小偷的占有 112
Latini 拉丁人 15
- *coloniarii* 殖民区拉丁人 15
- *Iuniani* 尤尼亚拉丁人 14, 15, 221
Laudatio auctoris 辩护 93
Laudemio 认可税 110
Laudum 仲裁裁决 168
Legato 遗赠 220
- (*acquisto del*) 遗赠的取得 223
- (*ademptio del*) 遗赠的撤销 227
- *alla moglie* 向妻子的遗赠 227
- *al servo manomesso* 向被解放的奴隶的遗赠 223
- *alternativo* 选择性遗赠 222
- *annuum* 遗赠年息 222
- *a termine* 限期遗赠 225
- *condizionato* 附条件遗赠 223, 225
- *congiunzione di collegatarii* 共同受遗赠人的合并 224
- *coniunctio* 遗赠合并 224
- – *re et verbis* 对同一物的合并遗赠 224
- – *re tantum* 对同一物的分别合并遗赠 224

索 引

- della cosa altrui 对他人物的遗赠 220, 222
- di alimenti 扶养金遗赠 222
- di debito 债务遗赠 222
- (*dies cedens nel*) 遗赠的让与日 223
- di dote 嫁资遗赠 222
- (*dies veniens nel*) 遗赠的获得日 223
- di genere 种类物遗赠 222
- di *iura in re aliena* 他权物遗赠 222
- di obbligazione 债的遗赠 220
- di prestazioni periodiche 定期给付的遗赠 222
- di proprietà 所有权的遗赠 220
- diritto di accrescimento tra collegatarii 共同受遗赠人的增添权 224, 228
- di una cosa a più legatarii 向数人遗赠一物 222, 224
- di usufrutto 用益权遗赠 224
- *liberationis* 摆脱债务的遗赠 222
- nel testamento 遗嘱中的遗赠 222
- *nominis* 对他人债权的遗赠 222
- *per damnationem* 间接遗赠 122, 162, 220, 222
- *per praeceptionem* 先取遗赠 220, 224
- *per vindicationem* 直接遗赠 88, 220, 224
- (restituzione del) 遗赠的退还 225
- (rinuncia al) 遗赠的放弃 223
- *sinendi modo* 容受遗赠 222
- *speciei* 特定物遗赠 222
- *universitatis* 概括遗赠 200, 222, 228
- di patrimonio 财产遗赠 226
- (estinzione del) 遗赠的消灭 227
- garanzia del legatario 受遗赠人的保障 225
- (invalidità del) 遗赠的无效 227
- – per difetto di capacità 因缺乏权能遗赠无效 225
- – per dolo 因诈欺遗赠无效 225
- – per errore 因错误遗赠无效 225
- – per vizio di forma 因形式瑕疵遗赠无效
- – di volontà 因意思瑕疵遗赠无效
- (nullità del) 遗赠无效 227
- (revoca del) 撤销遗赠 227
- (riduzione del) 削减遗赠 226

Leges mancipii 要式买卖的附加简约 88, 168

Legge 法律，约定 7, 26, 125, 149

Lex Aebutia 爱布兹法 40
- *Aelia Sentia* 艾里亚和森迪亚法 14, 15, 55
- *Aquilia* 阿奎利亚法 34
- *Atilia* 阿梯里亚法 72
- *Atinia* 阿梯尼法 90, 91
- *Calpurnia* 坎布尔尼亚法 40
- *Canuleia* 卡努勒亚法 59
- *Cincia* 琴其亚法 169, 181
- *collegii* 社团法规（规约）19
- *commissoria* 解除约款 92, 147, 162
- *Cornelia* 科尔内利法 16, 54, 209
- *Falcidia* 法尔其第法 226, 229
- *Fufia Caninia* 富菲亚和卡尼尼亚法 14, 55
- *Furia testamentaria* 关于遗嘱的富里法
- *Genetivae (coloniae)* 杰内第瓦法 97
- *Hortensia* 霍尔滕西法 7

- *Hostilia* 霍斯第里法 41
- *Iulia* 尤利法 40, 59, 61, 82
- *Iulia repet* 关于索贿的尤利法 91
- – *et Papia Poppaea* 尤利和巴比·波培法 192, 201, 223
- – *et Plautia* 尤利和普劳蒂法 90
- – *et Titia* 尤利和提第法 72
- – *de adulteriis* 关于惩治通奸罪的尤利法 59, 67
- – *de maritandis ordinibus* 关于嫁娶的尤利法 17, 63, 71, 213
- *Iunia Vellaea* 尤尼亚和韦勒雅法 217
- *Malacitana* 马拉其塔法 97
- *mancipii* 要式买卖简约 168, 202
- *nexi* 关于债务奴隶的规约 153
- *Petronia* 贝特罗尼法 54
- *Plaetoria* 普莱多里法 17, 42, 75
- *Poetelia* 博埃得里亚法 43, 117, 153
- *Pompeia de parricidiis* 关于弑亲罪的庞培法 62
- *regia* 君王法 52
- *Rhodia de iactu* 关于弃物的罗迪法 163
- *Scribonia* 斯克里波尼亚法 106
- *Silia* 西利法 40
- *Tarentina* 塔棱蒂法 97
- *Voconia* 沃科尼亚法 17, 201, 211, 226

Legis actio 法律诉讼，法定诉讼 40, 41, 43
- *sacramento* 誓金法律诉讼 40
- *per condictionem* 请求给付的法律诉讼 39, 40
- *per iudicis arbitrive postulationem* 要求审判员或仲裁人的法律诉讼 40
- *per manus iniectionem* 拘禁之诉 40
- *per pignoris capionem* 扣押之诉 40
- (*rappresentanza nella*) 在法律诉讼中的代理 41

Legittimazione 认领 64
Lesione enorme 严重损伤 162
Libellus conventionis 协议诉状 41
- *repudii* 休妻通知 61
Libera persona 自由的人，独立的人 114, 128
Liberi 自由人 17 (也参见 *Statuliberi*)
Liberi (*successione intestata dei*) 子女（直系卑亲属）的无遗嘱继承 212
- (leg. form. dei) 子女（直系卑亲属）的形式法定继承 217
- *in potestate* 父权下的子女 47, 53
- *naturales* 亲生子 63
Libero (*vendita del*) 出卖自由人 162
Libertà 自由，自由权 13
Libertae 女解放自由人 63
Liberti 解放自由人 14, 17, 54
- (*successione nei beni dei*) 对解放自由人财产的继承 54
- (*successione dei*) 解放自由人的继承 211, 212
- (*obblighi dei*) 解放自由人的义务 54, 125, 153, 229
Libertini 被解放的奴隶 13, 17, 54
Libripens 司秤 88, 153
Limitatio 划界 97
Limites 边界 80
Limiti dei campi 田地的界标 77

Lite 争议，纠纷 38，41
- （mandato speciale per）诉讼代理委托书 165

Litis aestimatio 诉讼标的估价 102

Litis contestatio（参见 Contestazione della lite）

Locazioni 租赁 86，87，109，112，127，127，139，163
- di cose 物的租赁 163
- di opera 雇佣租赁，承揽 163

M

Madre（successione della）母亲的继承 63，213

Magister 主管 128

Mala fede 恶意，故意 91，113

Mancipatio 要式买卖 24，48，50，55，66，79，81，87，90，106，107，153，157，168，180，202
- *ex noxali causa* 因损害的要式买卖 55
- *familiae* 家产要式买卖 202
- *fiduciae causa* 因信托的要式买卖 157
- *nummo uno* 微价要式买卖，象征性买卖 88

Mancipium 财产权，受役状态 47，52，55，72，80，88，153，168

Mandato 委托 35，122，127，128，129，141，165，170
- （estinzione del）委托的消灭 165
- generale 一般委托 165
- imperiale 皇帝训示 7
- qualificato 特定委托 146
- speciale 特别委托 87，114，165

- vero 真正的委托 165
- （revoca del）委托的撤销 129，165

Manichei 摩尼教徒 201

Manomissione 解放 14，72，212，223
- （del figlio）（参见 Emancipazione）
- dello schiavo 解放奴隶 14，53，88，227
- *censu* 登记解放 14
- *inter amicos* 在朋友面前解放 14
- *in sacros. ecclesiis* 在神圣教堂中解放 14
- *per epistolam* 通过书信解放 14
- *per mensam* 在宴席上解放 14
- *testamento* 遗嘱解放 14，200
- *vindicta* 诉请解放 14

Manus 夫权，权力 14，17，48，50，52，58，60，61，64，65，71，184，211
- *iniectio* 拘禁 40，43

Mare 海 77
- （lido del）海滨 77

Materia et substantia 材料 84

Materiali congiunti a un edificio 已并入建筑物中的材料 83，87，97

Matrimonio 结婚，婚姻 24，58，114
- con la schiava 同女奴结婚 59
- con la concubina 同姘妇结婚 58，63
- con peregrini 同异邦人结婚 59
- （consenso del paterfamilias al）家父对婚姻的同意 59
- （divieto ai militari del）对军人结婚的禁止 63
- （impedimenti al）婚姻的障碍 59
- assoluti 婚姻的绝对障碍 59

- *relativi* 婚姻的相对障碍
- （*intervento del magistrato nel*）执法官对婚姻的干预 59
- *iuris gentium* 万民法婚姻 61
- （*scioglimento del*）婚姻的解除 61
- *tra assenti* 缺席者间的婚姻 58

Mentecatti 痴呆者，精神病人 17，24，34，75

Merces 酬金 163

Merx 商品 162，166

Metus 恐吓，胁迫 32

Miniere（*diritto di escavazione delle*）采矿权 78，97，104

Minori 未成年人 17，37，75，128，149，159，170，188，193

Missio Antoniniana 安东尼尼占有 225
- *in bona* 财产占取 43，149
- *debitoris* 占取债务人财产 149
- *in possessionem* 授权占有 96，147，149，194
- - *legatorum servandorum causa* 为维护遗赠而占有遗产 149，225
- *ventris nomine* 为胎儿的占有 149

Mobilia et moventia 可动物 79

Modo 负担，义务 26，182，207

Moneta 货币 88

Monstrum 怪胎 12

Mora 迟延 89，122，138，141，163，196

Mores 习惯，习俗 52，54，65

Morte 死亡 16，45，49，51，52，60，73，163，165，188，223，230
- （*prova della*）死亡证明

Munera 报酬 163，165

Municipes，*municipia* 自治市市民，自治市 19

Mura della città 城墙 77

Muti 哑人 17

Mutuo 消费借贷 117，127，128，137，158，171
- *in derrate* 食品消费借贷 158

N

Nasciturus 胎儿 12，149，194

Naufragio 搁浅 139，160

Nautae 船长 177

Nec vi，*nec clam*，*nec precario* 非暴力，非欺瞒，非临时受让 90，113，116

Negotiorum gestio 无因管理 72，114，132，170，189

negotium contractum 契约，合同 127

Negozi giuridici 适法行为 23
- *astratti* 抽象适法行为 28
- *a titolo gratuito* 无偿适法行为 28，178
- *a titolo oneroso* 有偿行为 28，177
- *bilaterali* 双方行为 28，126，127
- *concreti* 具体行为 28
- *di buona fede* 善意行为 28，136，141
- *di diritto civile* 市民法行为 28，71
- *di dir. nat.* 自然法行为 28
- *di dir. on.* 荣誉法行为 28，71
- *formali* 要式行为 24，28
- *di stretto dir.* 严法行为 28
- *inter vivos* 生前行为 28
- *mortis causa* 死因行为 28
- *non formali* 略式行为，非要式行为 28，87，153

- unilaterali 单方行为 28
Negozio giuridico（invalidità del）适法行为的无效 29
- delle genti 万民法行为 28
-（volizione nel）适法行为中的意思 24
Nemo pro parte testatus pro parte intestatus decedere potest 按份设立的遗嘱继承人不能同无遗嘱继承人兼容 190
Nexi 债务奴隶，因债服役者 17
Nexum 债务口约 153
Nipoti（successione dei）孙子的继承 212，217
Nomen transcipticium 债权誊账 155
Nominatores privati 提名人 74
Non facere 避免做某事，不做 97
Norme imperative e dichiarative 命令性规范和宣告性规范 4
- dispositive o suppletive 任择性规范或补充规范 4
Novazione 更新 124，134，141，144，155
Novelle 新律 1
Noxae deditio 损害投偿 13，133（参见 ius noxae dandi）
Nuntiatio operis novi 新施工告令 95，96
Nuncupatio 附约 202
Nuntius 传信人 25

O

Obbietto del diritto 法律主体 9
Obbligazione 债 9，75，87，97，117，121，134

- accessoria 附加债 131，137，142，224
- alternativa 选择之债 119
-（cessione della）债的转移 129
-（volontaria della）债的自愿转移 130
- -（necessaria della）债的必要转移 130
- -（legale della）债的法定转移 130
-（civile）市民法债 123，124
- con soggetto variabile 同可变主体的债 121
-（costituzione della）债的设立 127
-（delle persone alieni iuris）他权人的债 56
-（diritto della）债法 117
- divisibile 可分之债 120
-（efficacia della）债的效力 124
-（estinizione della）债的消灭 124
- ex delicto 产生于私犯的债 117，173
-（fonti della）债的渊源，债的根据 126
-（garanzie obbligatorie della）债的担保 142
-（garanzie reali della）债的实物担保 147
- parziaria 份额之债 122
-（inadempimento della）债的不履行 138，143
-（interesse nelle）债的利息 118
- correali 共有之债 122
- generiche 种类之债 119
- naturali 自然债，自然法债 124
-（obbietto delle）债的标的 117，118，134

- onorarie 荣誉法债 123
- （pluralità di subbietti delle）债的多元主体 122
- quasi ex contractu 产生于准契约的债 126
- delicto 产生于准私犯的债 126
- （requisito dell'oggetto nelle）债标的的条件 122
- solidali 连带之债 122
- successione nelle 债的继承 129
- ex delicto, ex maleficio 产生于私犯的债 126, 129, 176

Obligatio 债 117, 121
- rite facta 正确给付的债 138

Obligationes faciendi 要求做某事的债 118
- propter rem 因事之债 121

Obsequium 服从关系 54, 64

Occupazione 先占, 占据 24, 82, 109, 114
- bellica 对敌人物品的先占 82

Officium 职责, 义务 125, 209, 218
- iudicis 审判员的职责 136, 138, 206

Oneri matrimoniali 婚姻生活负担 65, 67
- municipali 市政负担 17
- reali 实物负担 121

Opere 劳作, 作业, 劳务 96, 163, 166
- dello schiavo 奴隶的劳作 105
- degli animali 牲畜的劳作 105

Opus coeptum 开始的劳作 152
- novum 新作业（施工）96

Oratio 建议, 提议 7

Orbi 鳏夫 201

Ordini maggiori 较高等级 59

Ordo（参见 Corporazione）
- iudiciorum privatorum 私人审判制度 40

Origine 籍贯 17

P

Pacta adiecta 附加协议 137, 162, 168
- nuptialia 婚姻简约 66

Pactio 契约, 协议 19, 28

Pactum 简约, 协议 26, 28, 137, 168, 180
- conventum 既定简约 168
- de lucranda donatione 获取赠与简约 69
- de non petendo 不提出请求之简约 45, 122, 136, 168, 180
- de non alienando 关于不转让的简约 137, 162
- de non manumittendo 关于不解放奴隶的简约 162
- de retro emendo 回赎简约 162
- de retro vendendo 退卖简约 162
- displicentiae 退货简约 162
- distrahendi 出卖简约 147
- di riscatto 典卖简约 147
- dotale 嫁资简约 66
- hypothecae 抵押简约 169
- nudum 无形式简约 168
- successorio 继承简约 188

Padre naturale 生父

Pagamento 清偿, 支付 91, 119, 122, 124, 132, 133, 138, 165, 180
- indebito 不当清偿 171

Pandette（参见 Digesto）

Parentele（参见 Cognazione）
Parricidium 弑亲罪
Pars pro indiviso 未分物的部分主人 95
Parte della cosa 物的部分 78
Parti delle ancelle 女奴的产儿 78
- *degli animali* 动物的产儿 78
Partitio legata 遗赠划分 229
Passo necessario 必需的通道 97
Pater 父亲 47，50，224
- *familias* 家父 17，47，48，50
- - （*acquisto al*）为家父的取得 53
- - （*arricchimento del*）家父的得利 56
- - （*citazione in giudizio del*）对家父提起诉讼 64
- - （*diritti patrimoniali del*）家父的财产权 53
- - （*rappresentanza per parte dei filii del*）家子对家父的代理 53
- - （*responsabilità del – per debiti dell'arrogato*）家父对被收养的自权人债务的责任 185
Paternità（*prova della*）对父亲身份的证明 64
Pati 容忍 97
Patientia 容忍 106
Patria potestas 父权 47，49，50，52，53，54，55，61，64，71，72，124，184，186，211，501，215
Patrimonium 财产 9，187
- （*acquisto del*）财产的取得 184
- （*confusione del – dell'erede con quello del defunto*）继承人财产与死者财产的混合 187，193

- （*pegno di*）对财产的质权 148
- （*trasmissione del*）财产的转移 184，187，199，210，220，226
Patronato 庇主资格，庇主权 19，53，54
Patronimico 姓氏，父姓 48
Patrono 庇主 54，72，125，153
- （*donazioni del*）庇主的赠与 183
- （*tutela del*）庇主的监护 72
Patti 简约，协议 66，137，162，168
Patto successorio 继承简约 188
Peculio 特有产 53
- *avventizio* 外来特有产 53
- *regolare* 正常的外来特有产 53，91
- *straordinario* 非常的外来特有产 53，189
- *castrense* 军营特有产 53，56，188，201
- *profecticium* 父予特有产 53
- *irregolare* 特殊特有产 53，56
- *quasi castrense* 准军营特有产 56，158
Pegno 质权，质押，质押物 10，76，112，127，128，147，161
- （*estinzione del*）质权的消灭 151
- *generale* 一般质押 149
- *giudiziale* 司法质押 149
- *legale* 法定质押 149
- *pretorio* 裁判官法质押 149
- （*privilegio nel*）质押中的优先权 150
- （*prova del*）对质押的证明 151
- （*pubblicità nel*）质押中的公共性 150
- （*rappresentanza nel*）质押中的代理 149

- (rinuncia al) 对质押的放弃 151
- (riscatto del) 赎回质押 128
- speciale 特别质押 149
- su cosa altrui 对他人物的质押 149
- (sull'edificio per la ricostruzione) 对建筑物的质押 149
- (vendita del) 变卖质押物 133

Pena 惩罚，罚金，刑罚 52, 61, 62, 74, 117, 128, 141, 143, 168, 173, 174
- pubblica 公共刑罚 173

Pensio 年金，租金 109, 163

Perduelles (incapacità di succedere dei) 敌对分子无权继承 201

Peregrini deditícii 归降异邦人 15

Peregrinus 异邦人 15, 59

Periculum et commodum (参见 Rischio)

Permuta 162, 166, 167

Persone 人，人格 11, 54
- alieni iuris 他权人 17, 47, 124, 188
- extraneae 家外人，外来人 25, 128
- giuridiche 法人 12, 18, 114, 128, 187
- - (acquisto delle) 法人的取得 128
- - (capacità di succedere delle) 法人的继承能力 187
- - (usufrutto delle) 法人的用益权 104
- - (rappresentanza delle) 法人代理 128
- - (estinzione delle) 法人的消灭 21
- in potestate 处于支配权下的人 48
- sui iuris 自权人 17, 188
- manu mancipio 处于夫权或财产权下的人 48, 55

Petitiones (参见 Actiones in rem)

Piae causae 尚未继承的遗产 20, 91

Pictura 绘画 83

Pietas 仁慈，尊重 14, 64

Pignoris capio 扣押 40

Pignus in causa iudicati captum 已决案诉讼中的扣押 43, 150

Plebiscitum 平民会决议 7

Plumbatura 焊接 83

Plus petitio 过分请求 41, 95

Pollicitatio 允诺 126, 152, 169
- dotis 嫁资允诺 169

Pomerio 城界 80, 97

Pontefice 祭司 49

Populus Romanus 罗马民众共同体，罗马国家，罗马人民 19

Porte della città 城门 77

Portio legitima 特留份，法定继承份额 218

Possesso 占有 76, 79, 80, 82, 87, 89, 91, 93, 99, 109, 112, 151, 158, 171, 183, 194
- (abbandono del rappresentante nel) 代表抛弃占有 114
- accessio possessionis 占有添附，占有时间的增加 91
- (acquisto del - per intermediario) 通过中介取得占有 114
- (acquisto derivativo del - dello schiavo) 对奴隶占有的传来取得 114
- (acquisto orignario del) 对占有的原始取得 114, 165
- ad interdicta 导致令状保护的占有 113
- ad usuacapionem 导致时效取得的占有 113

- civilis 市民法占有 113
- （clandestinità del）占有中的欺瞒 116
- （conservazione del）占有的保持 114
- corporalis 占有体素，对物的实际占有 112
- corporis 准占有 116
- del filius familias 家子的占有 114
- del precarista 临时受让人的占有 112, 167
- dell'usuafruttuario 用益权受益人的占有 112
- dei diritti 对权利的占有 116
- dei fondi italici 对意大利土地的占有 80
- di buona fede 善意占有 86, 90, 93, 99, 113, 151, 175, 193, 196
- di mala fede 恶意占有 93, 113, 193, 196
- durata del –（nell'usuacapione）（在时效取得中）占有的持续期 90, 91
- iusta possessio 正当占有 113
- （interversione del）占有的内心活动 174
- iusta causa possessionis 正当原因占有 90, 99, 113
- iuris 权利占有 113, 116
- iuris quasi possessio 权利占有或准占有 76, 113, 116
- uusta causa possidendi 正当原因占有 90, 99
- iusta possessio 正当占有 90, 113
- legittimo 合法占有 90

- （lesione del）对占有的侵犯 90
- （manutenzione del）维护占有 116
- missio in possessionem ex secundo decreto 根据裁决实行占有 96
- （morte del rappresentante nel）在占有中代表死亡 114
- naturalis 自然占有 112, 113, 114
- （pazzia del rappresentante nel）占有代表患精神病 114
- （perdita del）占有的丧失 114
- possessione（esse in）占有，持有，留置 96, 112, 167
- possessore legittimo 合法占有者 90, 91
- pro alieno 以他人名义占有 167
- pro herede 作为继承人占有 91, 196
- pro suo 自我占有 91
- provinciale 行省土地占有 80
- （rappresentanza nel）占有的代理 72, 128, 165
- （reintegrazione nel）占有的恢复 115, 116
- （restituzione del）占有的返还 115
- successio in possessionem o in usuacapionem 占有继承或时效取得继承 91, 175
- （successione nei vizi del）继承在占有方面的瑕疵 187, 220, 231
- （trasmissione del）占有的转移 87, 114
- （turbativa del）对占有的侵扰 112, 147
- （tutela del）对占有的保护 112, 115, 116

- （vizi del）占有的瑕疵 113，115
Postumi alieni 他人的后生子 201
- sui 自家后生子 201，217，222
- （altre specie di）其他种类的后生子 217
Potestas 支配权，权力 17，47，70
- dominica 主宰权，主人权 47，54，184
Praedes 保证人 43
Praediatura 地产抵押 147
Praefectus urbi 城市行政长官 54
Praescriptio 前书，时效 42，45，122，124，151，166
- acquisitiva 取得时效 106（参见 Usucapione）
- estintiva 消灭时效 45
- longissimi temporis 特长时效取得 91
- longi temporis 长期取得时效 45，90，91，106，116
- triginta annorum 三十年时效 45，91
- nel diritto giustinianeo 优士丁尼法中的时效 91
Praescriptiones 前书，时效 42，45
Praestare 给付 117
Praestationes 保障，相互的债关系 172
Precario 临时让与 35，112，146，167
Precarista（possesso del）临时受让人的占有 112，167
Prelegato 先予遗赠 167，206，228
Premorienza 先亡，先死
- （della donna）妇女先期死亡 69
- （del donante）赠与人先死 231
Prenome 姓氏 48
Preside delle province 行省总督 52，162

Prestazioni 给付
- accessorie 附带给付 118，137
- di fatto 事实给付 124
- d'opera 提供劳作 166
- - fungibili 提供可替代的劳作 120
- （possibilità e impossibilità della p.）给付的可能性和不能 118，119，135，137，139
- （rifiuto colposo delle）有过错地拒绝给付 137
- rimesso alla volontà del terzo 取决于第三人意思的给付 118
- creditore 取决于债权人意思的给付 118
- debitore 取决于债务人意思的给付 118
Presunzioni 推定 42
Pretore 裁判官 7，14，40，64，68，88，96，97，104，106，127，131，143，146，147，158
- peregrino 外事裁判官 15
Prezzo 价格，价金 87，119，162，163
- （determinazione del - rimessa al terzo）由第三人决定价格 162
- -（alle parti）由当事人决定价格 162
- （riduzione del）减价 162
- （sostituzione del）价金替代 162
Privilegi 特权 5，68，75
Procedimento 诉讼，程序
- in iudicio 裁判审 40，42
- in iure 法律审 40，42，88
Procedura per formulas 程式诉讼 40，42

- *esecutiva* 执行程序 43
Processo (*inizio del*) 诉讼起始 41
Proclamatio in libertatem 声请自由 13
Procura 代理，委托 165
Procurator 代理人 41, 87, 114, 128, 165
- *ad litem* 诉讼代理人 165
- *in rem suam* 自我事务代理人 129
- *omnium rerum* 全部事务代理人 165
Prodighi 浪费人 17, 75, 87, 165
Professioni infami 不名誉的职业 17
Prohibitio 否决，反对 95, 96
Promessa 允诺，承诺 152
- *di comprare e vendere* 买卖允诺 162
- *semplice* 简单允诺 152
- *dotale* 嫁资允诺 169
- *di donare* 赠与允诺 169, 180
Proprietà 所有权 54, 66, 76, 77, 79, 80, 87, 91, 92, 96, 109, 116, 117, 120, 135, 148, 158, 162
- (*acquisto della*) 所有权的取得 49, 72, 81, 165
- (*alienazione della*) 所有权的转移 81, 92
- *bonitaria* 善意所有，善意拥有 80, 88, 90, 99, 112, 113, 194 (参见 *in bonis habere*)
- *collettiva* 集体所有 79, 80
- (*costituzione contemporanea della*) 所有权的同时享有 92
- (*divieti di alienazione della*) 对转让所有权的禁止 81, 90, 91
- *ex iure Quiritium* 市民法所有权，纯罗马法所有权 80, 220
- (*garanzia della*) (参见 *Auctoritas*)
- *individuale* 个人所有权 79, 80
- (*limitazione della*) 对所有权的限制 80, 96, 97
- *nuda* 赤裸所有权 104
- (*perdita della*) 所有权的丧失 92
- (*perpetuità della*) 所有权的永久性 80
- *pretoria* 裁判官法所有权 80, 88, 90, 99, 112, 113, 166, 220
- (*prova della*) 所有权证明 90, 93, 94
- *provinciale* 行省所有权 79, 80
- *quiritaria* 市民法所有权 80, 82, 194
- (*rappresentanza nella*) 在所有权问题上的代理 128
- *revoca della* 所有权的撤销 92
- (*rivendicazione della*) (参见 *rivendicazione*)
- *sociale* 社会所有权
Promissio iurata 誓言 153
Prove 证据，证明 16, 42, 90, 93, 94, 112, 130, 133
Puberi 适婚人，成年人 17, 70, 73
Pupillo 受监护人 17, 70, 87, 91, 96, 114, 128

Q

Quantitates 量物 78
Quarta Divi Pii 财产的四分之一 214
- *Falcidia* 法尔其第法四分之一 221, 226, 229, 230
- *Trebelliana* 特雷贝里安四分之一 229

Quasi delitti（参见 *delitti*）

- *possesso* 准占有 76，116
- -（*turbativa nel*）对准占有的侵扰 76，116
- -（*acquisto del*）准占有的取得 116
- -（*perdita del*）准占有的丧失 116

Quasi traditio 准让渡 89，106，116

Quasi usufrutto 准用益权 104

Querela non numeratae pecuniae 未付款之诉 156

- *inofficiosi testamenti* 不合遗嘱义务之告诉 178，218

Quota legittima 法定继承份额，特留份 218

R

Ragione fattasi 自我救助 38

Rapina 抢劫 174

Rapporti giuridici 法律关系 9

- *di fatto* 事实关系 61，114，220
- *di vicinanza* 相邻关系 96，98
- *tra genitori e figli* 父母与子女的关系 52，64
- *obbligatorii dipendenti da un rapporto* 依赖于一种关系的债关系
- *obbligatorio* 债关系 126，131，162
- *patrimoniale* 财产关系 17
- - *intrasmissibile* 不可转移的财产关系 187

Rappresentanza 代理，代表 25，72，87，114，128，132，138，158，189，194

- *in giudizio* 诉讼代理 41
- *necessaria del filius familias* 家子的必要代理 154

- *necessaria degli schiavi* 奴隶的必要代理 154

Rati habitio 准可，批准 33

Ratio iuris 法原理 5，8

- *separata* 独立经营 54
- *naturalis* 自然理由 71

Receptum 承保 139，177

- *arbitrii* 接受仲裁协议 169
- *argentariorum* 钱庄协议，钱庄承保 143

Redemptor operis 工程承包人 163

Redemptores litium 讼棍 130

Regola Catoniana 卡多规则 227

Regresso（*diritto di*）追索权，追偿权 122，145

Rei aestimatio 物的估价，物的价值 35

- *vindicatio* 返还所有物之诉 39，68，83，85，88，93，96，97，99，104，109，115，174，179，181，194，196，220，225，226
- - *utilis* 扩用的返还所有物之诉 88，109

Rei di libellus famosus 重大案件的被告人 201

Religione 宗教，信仰 17

Remancipazione 要式退卖 50，61

Remissio 撤销 96

Remissione del debito 对债的撤销 122，136

Rendimento di conti 汇报账目 165

Rendita（*costituzione di*）定息的设立 181

Replicatio 答辩 42，83，99，131，181

Repromissio 再允诺 162

Repudium 离婚，休妻，片面离婚，退婚 61, 62

Res 物，事，案件 77, 117, 127
- *accessoria* 从物 78, 83
- *certa* 特定物 166
- *communes omnium* 共用物 77
- *composta* 复合物 78
- *comuni* 共有物 77, 95
- *consumabili* 消耗物 78, 104, 159
- *corporales* 有形物 151
- *credita* 债款 117, 127
- *derelictae* 遗弃物 77, 82, 89
- *divini iuris* 神法物 77
- *divisibili* 可分物 78
- *extra commercium* 非交易物 77, 91
- – *patrimonium* 非财产物 77
- *fiscales* 国库的物 91
- *fungibili* 可替代物 78
- *furtivae* 被窃物 91
- *habilis* 物的能力 91
- *humani iuris* 人法物 77
- *immateriali* 非实体物 77
- *immobili* 不动物，不动产 68, 79, 90, 109, 147, 161
- *in commercio* 可交易物 77, 114
- *inconsumabili* 非消耗物 78, 104, 159
- *incorporales* 无形物 88
- *indivisibili* 不可分物 78, 198
- *infungibili* 不可替代物 78
- *in patrimonio* 财产物 77
- *mancipi e nec mancipi* 要式物和略式物 66, 71, 79, 81, 88, 97, 99, 106, 147, 153, 157, 162, 181, 186
- *mobili* 可动物 79, 90, 91, 132, 147
- *nullius* 非财产物，无主物 77, 78, 83, 89, 223
- *principale* 主物 78, 83
- *produttiva* 生产性物 86
- *pubblica* 公有物 77
- *quae numero pondere mensura consistunt* 以数量、重量、度量计算的物 78
- *religiosae* 神息物 77
- *sacrae* 神圣物 77
- *sanctae* 神护物 77
- *semplici* 简单物 78
- *soli* 地面物 79
- *universitatis* 团体物 77
- *iudicata* 已决案 45
- *uxoria* 嫁资 65
- *vi possessae* 强占物 90

Rescripta 批复 7

Responsabilità legale 法定责任 137

Restipulatio 复要式口约 44

Restituzione in intero 恢复原状 17, 44, 59, 75, 122, 189, 191, 192, 208

Retentiones 留置 68, 93, 124

Reus stipulandi 要约人 117, 154
- *promittendi* 受约人 117, 154

Rischio 风险 139, 158, 167
- *nella comprav* 买卖中的风险 162

Riserva familiare 家产保留 218
- *mentale* 真意保留 29

Rogatus 被请求人 167

Romei 朝圣者 3, 15

Ruina 坍塌 139, 160

Rustico 没有文化的人，粗人 37

S

Sacra 圣物，圣事，宗教事务 52，186
- （successione nei）对圣物的继承 186

Salariati dello stato 国家的领薪员 53

Sanità di corpo 身体健康状况 17
- di mente 精神健康状况 17

Satio 播种 83

Satisdatio secundum mancipium 所有权担保 162

satisdationes 保证，担保 41，73，74

Schiavitù 奴役，奴隶制 13
- （fonti della）奴隶制的渊源，奴隶的来源 13
- （libero ridotto in）自由人沦为奴隶 184
- （revoca del liberto in）解放自由人重新沦为奴隶 184
- （riduzione della donna in）妇女沦为奴隶 184

Schiavo 奴隶 13，16，47，54，71，79，96，114，115，124，153，165
- （acquisto dello）奴隶的取得 54，95
- （atti di alienazione dello）奴隶的转让行为 54，87
- （danni recati dallo）由奴隶造成的损害 56
- （debiti dello）奴隶的债务 124，185
- （delitto dello）奴隶的犯罪 54，124，176
- （erede necessario dello）奴隶的必要继承人 193，201
- （istituzione dell'erede dello）设立奴隶为继承人 188，201

- （manomissione dello）（参见 Manomissione）
- （obbligazione dello）奴隶的债 56，196，124
- （opere dello）奴隶的劳作 54，124
- （rapporti con terzi dello）奴隶同第三人的关系 54，124
- （uccisione dello）杀死奴隶 54
- （vendita dello）出卖奴隶 54，162

Scriptura 书写 83

Scuola storica 历史学派 3

Seconde nozze 第二次结婚 69

Senato 元老院 7

Senatori（matrimonio dei）元老院议员的婚姻 63

Senatus consultum 元老院决议 7
- Acilianum 阿其利安元老院决议 97
- Claudiano 克劳迪元老院决议 13
- Giovenziano 乔温兹安元老院决议 196
- *Hosidianum* 霍西迪安元老院决议 97
- Liboniano 里波尼安元老院决议 203
- Macedoniano 马切多尼安元老院决议 158
- Neroniano 尼禄元老院决议 220
- Orfiziano 奥尔菲梯安元老院决议 213
- Pegasiano 贝加苏元老院决议 221
- Tertulliano 德尔图里安元老院决议 213
- Trebelliano 特雷贝里安元老院决议 229
- Velleiano 韦勒雅元老院决议 17，144
- Volusiano 沃鲁西安元老院决议 97

Sentenza 判决 43
- （esecuzione della）判决的执行 149
Sentenze di Paolo 保罗的《判决》1
Separatio bonorum 遗产分离 193
Separazione di cose congiunte 对已并入其他物体中的物的分离 83
Sepolcri 墓葬 77
Sepulchrum violatum 侵犯陵墓 177
Sequestratario 扣押保管人 112
Sequestro 扣押，提存 160
Servi（参见 Schiavi）
- *poenae* 刑罚奴隶 13，61
- *publici* 公共奴隶 54，201
Servigi illiberali 非自由服务 163
Servitù 役权 76，79，88，89，96，100，110，120，198
-（alienazione della）役权的转让 101
- *aquae hustus* 汲水役权 97，102
- - *ductus* 用水役权 97，102
- cosa servente 供役物 100
-（costituzione delle）役权的设立 103，104，106
-（esercizio delle）役权的行使 101
-（estinzione delle）役权的消灭 107
-（indivisibilità delle）役权的不可分割性 95，101，120
- irregolari 特殊役权 103
- legale 法定役权 97
-（*longi temporis praescriptio delle*）役权的长期取得时效 106，116
- negative 消极役权 100
- personali 人役权 100，103
-（pegno delle）对役权的质押 148
- prediali 地役权 97，100，101

- positive 积极役权 100
-（possesso delle）役权的占有 116
-（*quasi traditio delle*）役权准让渡 106
-（rinuncia alle）役权的放弃 107
-（usucapione delle）役权的时效取得 106，107
- *vindicatio servitutis* 役权诉讼 108
Sesso 性别 17
Silenzio 沉默 24，59，68，209
Singrafe 约据 156
Società 社会，社团，合伙，公司 19，35，122，127，132，164，172
-（amministrazione della）合伙的经管 164
- domestica（参见 Famiglia naturale）
-（estinzione della）合伙的消灭 164
- - *ex actione* 合伙因诉讼消灭 164
- - *ex personis* 合伙因人的原因消灭 164
- - *ex rebus* 合伙因物的原因消灭 164
- - *ex voluntate* 合伙因意思消灭 164
-（rendimento dei conti nella）合伙中的汇报账目 164
-（trasmissione dei beni nella）合伙中的财物转移 164
Societas（参见 *Corporazione*）
Socio 合伙人 95
Sodalicia 团体 19
Sodalitas（参见 *Corporazione*）
Soggetto del diritto 权利主体 11
Solarium 租金 109
Soldati espulsi dall'esercito 被军队开除的士兵 17

Soluti retentio 清偿留置 124

Solutio 清偿 87, 91, 117, 132

- *imaginaria* 想象清偿 135

Solutionis causa adiectus 为接受清偿而增设的人 132

Solvere aliud pro alio 为取代一物而偿付另一物 119

Sordi 聋人 17, 201

Sorelle consanguinee 同父异母的姊妹 213, 214, 218

- germane 同父同母的姊妹 214, 218

- uterine 异父同母的姊妹 214

Sors 资本，本金 141

Sostituzione esemplare 准替补，模仿替补 208

- fedecommissaria 遗产信托替换 230

- pupillare 未适婚人替补 208

- quasi pupillare 准未适婚人替补 208

- volgare 一般替补 208

Species 新物，特殊物 84

Specificazione 加工 84

Spergiuri 做虚假宣誓者 17

Spese 费用，支出 68, 78, 93, 110, 151, 159, 164, 196

- ordinarie 正常费用 78

- necessarie 必要费用 68, 78, 93, 151, 159, 163, 164, 165

- (risarcimento delle) 赔偿费用 93

- straordinarie 非常费用 78

- utili 有益费用 68, 93, 196

- voluttuarie 奢侈费用 68, 78, 93, 196

Sponsali 订婚 62

Sponsalicia largitas 未婚夫妻间的赠与 62

Sponsio 誓约 145, 154

- *poenalis* 罚金誓约 44

Sponsores 应保人 74

Stabularii 客栈主 139, 177

Stato 国家 19

Statu liber 待自由人 14

Status 地位，身份 11

- *civitatis* (参见 *Cittadinanza*)

- *familiae* 家庭身份 17

- *libertatis* 自由地位，自由的 11

Stipulatio 要式买卖 24, 44, 65, 68, 117, 125, 132, 134, 141, 154, 158, 162, 168, 169

- *convenzionale* 协议要式口约 154

- *ad dandum* 要求给付的要式口约 162

- *Aquiliana* 阿奎里要式口约 135

- *cautionalis* 保证性要式口约 154

- *duplice* 加倍罚款要式口约 162

- *emptae et venditae hereditatis* 遗产买卖要式口约 229

- *habere licere* 关于合法拥有的要式口约 162

- *iuris gentium* 万民法要式口约 154

- *necessaria* 必要要式口约 154

- *per prestazione di fatti o servizi* 为做某事或提供服务的要式口约 154

- *poenae* 违约金条款 62, 128, 143, 227

- (prova della) 要式口约证明 154

- *rem pupilli salvam fore* 保障受监护人财产完好要式口约 128

- *scripta* 书面要式口约 154

Stipulationes partis et pro parte 按份额承

担债务保证 229

Strade 道路 77

Subpignus 派生质权 148

Successio 继承，继受 22，184，187，229

- in ius 继承（接替）法律地位 187，193，205，220
- ab intestato 无遗嘱继承 188，190，200，210，216，218
- a causa di morte 死因继承 186
- a titolo particolare 个别继承，个物继承 22，185，187，220
- a titolo universale 概括继承，概括物继承 22，184
- capacità di succedere a causa di morte 死因继承人的权能 188
- costitutiva 创设性继承 22
- del fisco 国库继承 233
- graduum 继承顺序，继承等级 192，210
- （incapacità di succedere）无权能继承 188
- intestata 无遗嘱继承 188，210
- - degli agnati 宗亲属的无遗嘱继承 211
- - dei gentili 族人的无遗嘱继承 211
- in universum ius 继承法定地位（参见 Successio in ius）
- - res singulas 个物继承 22，228
- istituzione fiduciaria（参见 Fedecommesso）
- legittima 法定继承 53，188，190，199，210
- - contra tabulas 违反遗嘱的法定继

承 216，217，218
- - dei cognati 血亲属的法定继承 212
- - contro il testamento 违反遗嘱的法定继承 188，216
- - dei liberti 解放自由人的法定继承 211
- - dei legittimi 婚生子的法定继承 217
- - dei nipoti 孙子女的法定继承 217
- - dei postumi 后生子的法定继承 217
- - dei sui 自家人的法定继承 211，217
- - delle figlie 女儿的法定继承 211，217
- - degli ascendenti e dei discendenti 尊亲属和卑亲属的法定继承 214，218
- - formale 形式的法定继承 217
- - quota nella 法定继承的份额 218
- - reale 实际的法定继承 218
- - nella buona o nella mala fede del defunto 对死者善意或恶意的继承 187，193，220
- nelle azioni 对诉讼的继承 45，187
- in o per universitatem（参见 successio in ius）
- in res 个别继承 22
- pretoria 裁判官法继承 188（参见 Bonorum possessio）
- ordinum 继承顺序 210
- successor ab intestato 无遗嘱继承人 190，192
- testamentarie ed intestate（rapporto tra

le）遗嘱继承同无遗嘱继承的关系 210

- *traslativa* 平移性继承 22
- *universale a causa di morte*（参见 Eredità）
- *per adrogationem* 因自权人收养发生的继承 185
- *tra vivi* 生者间继承 184，185

Superfici 地上权 76，80，109，111，116

Surroga ipotecaria 抵押接替 150

T

Tabulae testamenti 书面遗嘱，遗书 202

Tabularius 文书官 41，203

Tempo 时间 36，91，143
- *continuo* 连续时间 36
- *utile* 用益时间 36

Termine 期限 26，92，134，138，151，159，163，207
- *risolutivo* 解除期限 26
- *sospensivo* 停缓期限 26

Terre fiscali 出租地 163

Tesoro 埋藏物，宝藏 82，112

Testamento 遗嘱 188，190，200，216，222，225，226，231
- *olografo* 自书遗嘱 203
- （*annullabilità del*）遗嘱的无效 209
- （*apertura del*）遗嘱的开启 223
- *apud acta* 公证遗嘱 203
- *barbarico* 蛮人的遗嘱 200
- *calatis comitiis* 会前遗嘱 202
- *del cieco* 盲人遗嘱 203
- *dell'analfabeta* 文盲遗嘱 203
- *desertum* 被废置的遗嘱 209，226

- *destitutum* 被废置的遗嘱 209，226，227
- *giudiziale* 司法遗嘱 203
- *iniustum* 不正当遗嘱 209
- *inofficiosum* 不合义务的遗嘱 218
- *in procinctu* 战前遗嘱 202
- *inter liberos* 设立子女为继承人的遗嘱 203
- *irritum* 失效遗嘱 209
- *militare* 军人遗嘱 5，203，205，206，207，208，210
- *municipale* 在市政当局面前订立的遗嘱 203
- （*nullità del*）遗嘱的撤销 206，209，218
- *nuncupativo* 口头遗嘱 203
- *non iure factum* 不合法遗嘱 209
- *orale* 口头遗嘱 203
- *per aes et libram* 称铜式遗嘱 202
- *pestis tempore* 在瘟疫流行期立的遗嘱 203
- （*prescrizione del*）遗嘱的时效 209
- （*preterizione dell'erede*）对继承人的忽略 217
- *pretorio* 裁判官法遗嘱 203
- *prinicipi oblatum* 御前遗嘱 203
- *pubblico* 公共遗嘱 203
- （*rescissione del*）遗嘱的撤销 218
- （*revoca del*）遗嘱的撤除 209
- *ruptum* 遗嘱中止 209
- *ruri conditum* 在乡村立的遗嘱 203
- *straordinario* 非常遗嘱 203
- *tripartitum* 三元遗嘱 203

Testimoni nel testamento 遗嘱的证人

17, 203

Textura 编织 83

Tignum iunctum 并入建筑物的材料 97

Tinctura 印染 83

Titolo（参见 *Iustus titulus*）

- *pro derelicto* 因遗弃（占有）91
- *pro donato* 因赠与 91
- *pro dote* 因嫁资 91
- *pro herede* 作为继承人 91
- *pro emptore* 因购买 91
- *pro suo* 因自己 91
- *pro soluto* 因清偿 91
- *putativo* 因错误 91

Traditio 让渡，交付 23, 66, 79, 81, 87, 88, 164, 167, 168, 180

- *brevi manu* 短手让渡 87, 114
- *ficta* 拟制让渡 87
- *ex iusta causa* 因正当原因的让渡 87, 91, 99, 106
- *in incertam personam* 向不特定人让渡 89
- *longa manu* 长手让渡 87, 114
- *servitutium* 对役权的让渡 106
- *simbolica* 象征性让渡 87
- *tacita* 默示让渡 87

Transazione 和解协议 168

Transcriptio a re in personam 记物于人（改变债因）155

- *a personam in personam* 记人于人（改变债务人）155

Transmissio ex capite infantiae 因年幼的继承转移 191

- *ex capite in integrum restitutionis* 因恢复原状的继承转移 191

- *ex iure deliberandi* 因决定权的继承转移
- *ex iure patrio* 因父权的继承转移 191
- *ex iure sanguinis* 因血缘关系的继承转移 191
- *Iustinianea* 优士丁尼继承转移 191
- *Theodosiana* 狄奥多西继承转移 191

Trasmissione 继承转移 191

Tribuni 护民官 52

Tribus 部族 47, 48

Trinoctii usurpatio 妻子离夫家三夜 49

Tuitio praetoris 裁判官保护 14

Turpitudo 秽名 17

Tutela 监护 35, 70, 71, 72, 73, 74, 130, 170

- *agnatizia* 宗亲监护 50, 71, 72
- *dativa* 官选监护 71, 72
- *degli impuberi* 对未成年人的监护 72
- *del manomissore* 解放者监护 72
- （*dispensa dalla*）免除监护职责 17, 73
- *legittima* 法定监护 71, 72
- *maritale* 丈夫监护 71
- *muliebre* 妇女监护 71
- －（*esenzione dalla*）妇女监护的免除 73
- *onus tutelae* 监护义务 72
- *testamentaria* 遗嘱监护 71, 72

Tutor 监护人 17, 72, 73, 114, 128, 162

- *contutore* 共同监护人 128
- *fiduciarius* 信托监护人 71, 72
- *honorarius* 执法官选定的监护人 74
- （*rappresentanza in giudizio del*）监护

人在诉讼中的代理 41
Tutoris optio 监护人选择 71
- *plena* 对监护人的充分选择 71

U

Uccisione dei neonati 杀死新生儿 52
Unde vir et uxor 配偶间（遗产占有） 195，212
Unitas actus 连续行为 154，203
Universitas 团体，社团，集合体 19，78，187
- *facti* 物的集合体 78
- *personarum*（参见 *Corporazione*）
- *rerum* 物的集合体 78
- （pegno della）对整个财产的质权 148
Uso 使用权，时效婚，占有 49，58，90，105，116，174，185，187
- normale 正常使用 98
Usucapio（参见 *Usucapione*）
- *ex lucrativa causa* 因获利原因的取得 90
- *improba* 不正当得利 90
- *libertatis* 自由时效取得 107，110
- *lucrativa pro herede usucapio* 获利性作为继承人的时效取得 91
- *pro herede* 作为继承人的时效取得 90，91
- *pro suo* 自我时效取得 90，91，107
Usucapione 时效取得 49，66，80，90，91，93，251，99，106，107，113，147，167，193
- degli immobili 对不动物的时效取得 90，91
- （interruzione della）时效取得的中断 91
- *iusta causa o iustus titulus usucapionis* 正当原因的时效取得 90，91
- nel diritto giustinianeo 优士丁尼法中的时效取得 91
- delle servitù 对役权的时效取得 106
- *straordinaria* 特殊的时效取得 91
Usufruttuario 用益权人 35，104，112
- （difesa interdittale dell'）对用益权人的令状保护 112
Usufrutto 用益权 35，48，80，87，88，95，96，100，104，105，108，110，116，175，187
- （cessione dell'）用益权的转让 104
- （costituzione dell'）用益权的设立 106
- del marito 丈夫的用益权 106
- （divisibilità dell'）用益权的可分割性 120
- （inalienabilità dell'）用益权的不可转让性 104
- legale 法定用益权 53，104，106，189
- （legato di）对用益权的遗赠 103，104
- （pegno di）对用益权的质押 148
- quasi us. 准用益权 104
- （rinuncia all'）放弃用益权 104
- （riserva di）保留用益权 104
Usure 利息，高利贷 17，141，158
- *centesimae* 百分之一利（月息）
- *dimidia centesimae* 年息百分之六
- *legali* 法定利息 141
- （obbligo delle）支付利息的义务 141

- *quae officio iudicis praestantur* 由审判员确定的利息 141
- *quae in obligatione consistunt* 表现为债的利息 141
- *ex mora* 迟延利息 141
- *rei iudicatae* 已决案利息 141
- (*tasso delle*) 利率 141
- *volontarie* 约定利息 141

Usureceptio 时效收回 147

Uxor in manu 归顺夫权的妻子 49, 211

V

Vadimonium 出庭保证 41

Vectigal 税, 赋税 109

Vedova 寡妇 59
- *povera* 遗孀 214

Vendita trans Tiberim 特韦雷河旁出卖 13

Venia aetatis 年龄恩准 17

Vestali（*capacità di testare delle*）贞女的遗嘱权 201

Vindicationes（参见 *Actio in rem*）

Violenza 暴力, 胁迫, 恐吓 32, 44, 136, 187, 209

- （*credito nascente dalla*）产生于胁迫的债权 136
- *materiale* 物质胁迫 32
- *morale* 精神胁迫 32

Vis absoluta 绝对胁迫 32
- *compulsiva* 胁迫 32
- *iniusta* 非法胁迫 32
- *maior* 严重胁迫 32

Vita 生命, 生活 12

Vitium in iure transferentis 转让者权利的瑕疵 140

Vizi occulti 暗藏瑕疵 140, 162, 167
- （*responsabilità dei*）对瑕疵的责任 140, 162

Volontà 意思, 意愿 29, 127
- *apparente* 表面意思 29
- （*manifestazione della*）意思表示 29
- （*prova della*）对意思的证明 127
- *simulata* 假冒意思, 虚假表示 29
- （*vizi della*）意思瑕疵 29

Voto di castità 守贞愿望 59

Votum（向神）誓愿 152

译后记

　　1988年5月，我应邀在意大利讲学，一个偶然的机会使我同意大利"罗马法传播研究组"的两位教授相识，他们当时迫切希望同中国法学界建立合作关系，力劝我利用自己的优势，致力于罗马法研究和有关的合作项目。两位教授的热情以及立即采取的一系列实际行动感动了我，从那时起，我开始同罗马法结了缘，这两位教授——罗马第一大学的别朗杰罗·卡达拉诺（*Pierangelo Catalano*）和罗马第二大学的桑德罗·斯奇巴尼（*Sandro Schipani*）后来也成了我的好老师、好朋友和合作伙伴。

　　整整四年过去了，我现在感到自己当时做了一个很正确、很有意义的抉择。罗马法文献中所蕴藏的深刻的哲理、严谨的逻辑、强烈的正义精神和精细的方法，令我折服，使我更加热爱法律科学。我深切体会到：从一定意义上讲，民法（罗马法恰恰为它奠定了基础）是一切部门法的基础，其他各种法可以说都是从不同侧面对民事法律关系和基本原则的保护、充实和发展，或者为它们的完满实现创造必要的法制条件和环境。作为一名刑法学者，研读了罗马法著作之后，我似乎进一步悟出了现代刑法学说和规范的道理，并且认为人们可以而且应当从现代民法学中去探寻解决刑法学疑难问题的根据和方法。

　　彭梵得教授的这本《罗马法教科书》是由"罗马法传播研究组"的朋友们从无数意大利文的罗马法教材中精选出来并推荐给中国法律界的学者、大学生和法学爱好者的。有关背景情况，请参阅桑德罗·斯奇巴尼教授专为本书的出版而撰写的《前言》。这里我只

译后记

想就翻译中的一些技术性问题作一些简单的交代。

在罗马法文献的翻译工作中,最大的难题是对术语的移译。译者在这个问题上竭力尊重国内已规范化或已经使用的译法,为此,参考了已出版的一些中文罗马法著述,尤其是江平和米健的《罗马法基础》一书。同时,译者对部分译法作了些更新,比如将"曼兮帕蓄(mancipatio)"译为"要式买卖";将"要物契约(contratti reali)"译为"实物契约";将"successio ab intestato"译为"无遗嘱继承"(而不是"法定继承")等等。译者无意标新立异,只希求让有关于译法更为明确和恰当。

在罗马法中,有些拉丁文术语的内在含义在不同情况下必须用不同的中文词来表达。比如"actio"一词,它同"ius(法)"一词相同,含有主观法和客观法的双重意思,当表达前一种意思时,我把它译为"诉权",当表达后一种意思时,则译为"诉讼"。拉丁文"culpa",当它泛指非法行为的主观要件(包括诈欺或故意)时,我将它译为"过错",当它同诈欺相对立表示特定的过错形式时,则将它译为"过失"。这类一词多译的情况在本书中不少。

罗马法中一些诉讼、令状、法律、元老院决议等的名称译法也是个问题,它们一般都是以发明者或创立者的名字或开头的用词命名的。为了明确起见,我有时采纳了意译的办法,比如将"actio publiciana(布布里其诉讼)"译为"善意占有之诉";但在大部分情况下,则是按音译的。但需说明一点,由于在这些拉丁文名称中人名变为了形容词,它的发音也有了变化,比如,法学家阿奎里(Aquilia)的名字的阴性形容词为"Aquilius(阿奎利亚)"因而"《阿奎利亚法》"的译名同创立该法的法学家的译名是有差别的;鉴于某些约定俗成的情况,译者没有去将它们加以统一。至于罗马主要法学家和罗马皇帝译名的拉丁文—中文对照,请参阅拙译《正义和法》("民法大全选译"第一辑,中国政法大学出版社,1992年4月版)的附录。

为了便于读者的研读,译者将本书中援引的所有拉丁文术语和句子的原文均在译文中列出(还列出了一些意大利文术语),我想这不仅有助于读者对这些术语和引语的使用、援引和理解,也有助于读者对我的译法进行检查并纠正可能出现的错误。

　　此外，译者把原作者为各节列举的参考文献的索引也一并译出，但略去了《优士丁尼民法大全》以外的参考文献目录。在罗马法文献和论著中"D."代表《学说汇纂》(*Digesta*)，"C."代表优士丁尼《法典》(*Codex*)，"J."代表《优士丁尼法学阶梯》(*Justiniani Institutiones*)，"Nov."代表《新律》；后面的数码依次代表编、章、条、款的编号，"Pr."代表头段(*Principium*)。在本教科书中也采用上述缩写形式。

　　译者在本书的翻译和与此有关的研究活动中，得到了意大利朋友 *Sandro Schipani* 教授、*Aldo Petrucci* 博士以及 *Giuseppe Terracina* 博士的悉心指导和帮助，借此机会我对他们表示由衷的谢意。我还应当感谢中国政法大学出版社的各位朋友们，他们对出版学术著作所给予的关注和支持，令译者油然而生敬意。当斯奇巴尼教授在近日访华期间见到堆放在笔者写字台上的一尺来高的手稿居然在三天后变成了漂亮的激光照排清样时，也惊喜非常，他对中国出版界朋友们的效率和实干精神表示钦佩。

　　看着案头的清样，我本人既有一种完成任务后的欣慰感，又似乎隐约地有一种"失落感"：我希望尽快地投入到新的有价值的研究工作中去，继续体尝在重负下工作的乐趣和兴奋……

黄　风

1992年5月24日于武昌